中西交流　鉴往知来

——国外及港台学者在社会科学战线发表文章荟萃　历史卷

主　编　马　克　刘信君
副主编　于德钧　尚永琪　王永平

本卷主编　刘　莉
副 主 编　高　峰

吉林出版集团／吉林文史出版社

目　　录

“黄俄罗斯的士兵村”

——沙俄在满洲的军事殖民计划

〔苏联〕Ф. Б. 斯维尔斯基

【说明】19、20世纪之交，俄国为了侵略中国，争霸太平洋和亚洲，诱逼清朝政府同意修筑一条横贯中国东北的铁路——中东铁路，同时武力侵占了旅顺口，把侵略势力扩展到渤海沿岸。俄国统治集团踌躇满志，认为中国东北这块肥肉已是唾手可得。因此，俄国统治集团当中就有人公开叫嚷要在“小罗斯”、“白罗斯”之外，在中国东北建立一个“黄罗斯”。1900年义和团起义时期，俄国陆军大臣库罗巴特金以为有机可乘，建议仿效中亚布哈拉汗国，在中国东北建立一个形式上独立、实际上从属于俄国的附属国。野心勃勃的俄国资产阶级也不甘落后。它的代表人物也在为俄国统治集团出谋划策。当时，在俄国远东地区和中国东北开设若干企业的资本家列维托夫，就曾讥笑那些担心远东地区寥寥无几的“俄罗斯分子”会“淹没在人数众多的黄种人浪涛之中”的人目光短浅。相反，根据他本身的经验，他强调指出，不利用廉价的“黄皮肤苦力”，俄国的远东地区便得不到开发。后来，他又极力鼓吹建立“黄俄罗斯”，作为俄国的缓冲殖民地。

这些都是当时俄国朝野围绕建立“黄俄罗斯”提出的一些谋划。

镇压义和团起义之后，俄国加速推行建立“黄俄罗斯”的计划，这项计划的主要内容是在中国东北实行殖民，即迁入“俄罗斯分子”，而且首先实行军事殖民。沙皇政府曾经明令指示，要将带家眷的现役军人、退役军人和哥萨克士兵迁入拟议建立的“士兵村”和“哥萨克村镇”，充作“黄俄罗斯的先锋队”。

这项计划在修筑中东铁路时就有所酝酿，而且已经付诸实施。在截至1903年的《修筑中东铁路决算报告》中已经载有，由中东铁路出资，在中东铁路沿线建立一批安置五百户外阿穆尔军区现役军人和退役军人的特设的“士兵村”。以后中东铁路公司每年都拨出可观的资金建立这种“士兵村”。

本文所讲的就是俄国统治集团筹建“士兵村”的一些阴谋活动。

后来事态的发展，一度妨碍了这一阴谋的进行。但直到1910年前后，俄国朝野仍然念念不忘这个计划。俄国前财政大臣柯柯夫曹夫仍在等待出现“新的情况”，以便向铁路割让地内迁入大批“俄罗斯分子”。而俄国的文化特务施坦非尔德则建议向“土地肥沃的满洲迁入百万俄罗斯农民”。然而，面对日益高涨的俄国革命和中国革命，沙皇统治集团在中国东北建立“黄俄罗斯”的迷梦终于破灭了。

本文作者斯维尔斯基生平不详。只知他曾为《东省杂志》专栏《满洲的过去》撰写一些文章，内容都与中东铁路有关。

日俄战争初始，“俄罗斯国家的伟大统帅”库罗巴特金将军预感到未来的胜利，更因受到西伯利亚大铁路“感恩戴德的居民”的隆重欢迎而志得意满，在盛大的欢迎仪式中驱车驶入哈尔滨。

当地俄国当局竭力奉承这位贵宾。首先举行了“合乎品级”的军事大演习。陆军某部参加了这次大演习，以受财政大臣指挥的护路部队作为进攻对象。大演习似乎故意象征两个部间的敌视——库罗巴特金和财政大臣维特之间的龃龉磨擦对谁都不是什么秘密。为了使库罗巴特金感到更大的愉快，护路部队奉有“不要施行压迫”的秘令，于是纯陆军部队便获得了完全的“胜利”。

翌日，邀请总司令巡视当时正在施工的工务处第八工段。库罗巴特金由他的将军团、地方行政官员和军事长官簇拥陪同，听取了总监工的报告。总监工指着近处军队占用的工棚和建筑物说，为了顺利完成工段内正在进行的工程，军队必须把这些工棚腾出来。听罢此言，库罗巴特金奋臂一挥，断然打断总监工的话，摆出一付傲慢的姿态喝道：“胡说，俄国士兵的铁蹄不管踏在那里，就决不能再从那里后退。”

有一些档案文件，记载着沙皇政府曾经如何企图向满洲移入俄国大兵，又如何不得不放弃这个计划。在翻阅这些档案时，人们不由地想起了库罗巴特金的那句名言。

还在20世纪最初几年，即在1896年合同① 签订后不久，沙皇政府的统治阶层内就酝酿着在铁路割让地内进行大规模殖民的计划。其中首先提出了军事殖民，借口是铁路缺乏足够的守卫。这个计划未曾实现，不过其原因与旧俄政权完全无关。

沙皇政府的任务，或如当时所称，在满洲的“俄国的事业”究竟是什么呢？关于这点，报界讲得很坦率，沙皇政府的官吏对此也不加隐讳。在这方面，就其帝国主义的厚颜无耻的嘴脸来讲，后边援引的柯柯夫曹夫大臣的讲话，打破了所有的记录。另一位沙皇大臣说，既然在帝国的组成中有“小罗斯”和“白罗斯”，那么，何尝不可以包括“黄罗斯”呢。这个“俏皮的玩笑”不久就具备了完全明确和实在的轮廓。列维托夫曾被沙皇统治阶层视为“满洲问题”专家，经他提倡之后，“黄俄罗斯”这一术语就被公认下来。

① 即中东铁路公司合同——译者。

然而，即使在当时，即在对日战争之前，关于沙皇铁拳坚不可摧的幻想还十分盛行，要想一下子吞并大块满洲也是不可能的。必须十分谨慎，为了取得成功，凡属必行之举，都要以准备措施形式进行。

“以俄罗斯分子在满洲进行殖民的计划”，便是作为决定问题实质的这种准备措施炮制出来的。

很难确定，这个计划究竟何时出笼。但据某些材料判断，时间当在1900年年初或年中，因为1900年12月，驻哈尔滨的路方代表盖尔贝次、霍铎罗夫斯基和茹格维志由于未能洞悉这项深奥的政策，怎么也无法理解，彼得堡何以需要如此庞大数量的土地。他们在哈尔滨就地讨论问题时，得出迥然不同的结论，即必须限制割让土地的规模，因为大幅度取得土地会使国库蒙受损失，也会引起中国居民的不满。直到以后，这些地方活动家才弄清了事实的真相。

不言而喻，为了实行已经决定的殖民计划，需要必要数量的土地，因而俄国政府提出尽量增加从中国人手中割让土地的数量，“以应铁路之需”。于是，便开始了割让……

但是，从法律上看，这件事如何呢？1896年合同第六条规定，将向中东铁路公司提供“建造经理防护铁路必须之地”。十分明显，按照合同规定，土地的割让应当仅限于满足铁路的纯技术需要。但沙皇的大臣们有解释合同的特殊方法，何况由冬宫伸出的巨拳实际上粉碎了中国人对1896年合同条款进行限定解释的一切企图。1902年，维特来到哈尔滨，他这个善于把一切责任推给别人的狡猾的沙皇宫廷权贵当时诡称，土地数量必须增加，这是“上边”的指令。

就在他主持下的会议上制订了增加土地数量的计划，规定南线每站要割让600俄亩，东西线各站每站平均割让3000俄亩。从这时起，土地的割让便具备了大规模土地租让，或更确切些说，大规模土地掠夺的性质。如此一来，要想打出“铁路技术需要”这个幌子已经不再可能了。

正如通常在这种情况下发生的一样，军人挑开了伪装，泄露了外交秘密。第一个“公开讲话”的是赫赫有名的阿穆尔沿岸军区司令格罗迭科夫将军。

格罗迭科夫将军送呈彼得堡一份奏折，他指出1900年的义和团起义暴露了“守卫中东铁路这样投资巨大的企业的困难性”。格罗迭科夫把问题直言不讳地提了出来。他写道，必须向割让地内移入稠密的俄罗斯分子，“因为分散在中东铁路沿线广阔地区内的护路部队，在铁路的每个个别地点上，其数量是不足的，而这些俄罗斯分子至少能够对受到武装进攻的铁路沿线进行起码的守卫”。

俄国驻黑龙江省的军事特派员鲍格达诺夫中校也出来为格罗迭科夫将军帮

腔。他向彼得堡发出电文，报告中国政府正在采取紧急果断措施，向前不久还人烟稀少的满洲，特别是中东铁路地区，迅速加紧移入在中国内地出生的居民。

这时彼得堡政府决定赶紧动手，于是尼古拉二世批准了格罗迭科夫的题为《关于为守卫和保障中东铁路不间断营业必须采取的措施暨向割让地内移入俄罗斯分子问题》的奏折。据知情人证实，尼古拉二世在这份奏折上加满了批语和记号。

就此侵占地盘的问题，在彼得堡召开了一系列会议。个别的理智声音淹没在侵略狂和大国沙文主义狂热里。一如往常，军事集团占了上风。

根据同一个格罗迭科夫将军的方案，军事部门向满洲移入外贝加尔哥萨克。计划通过了，但附有当时通行的要求是移民必须“在政治上可靠”的保留条件，而且除哥萨克村镇外，还决定建立“士兵村”。接着连续发出了一系列旨在实施这一殖民计划的行政指示。

比如，1901 年 3 月 30 日颁布了《关于给予驻防满洲应转入预备役的军事部队士兵自退役日算起免费返回俄国五年权利的上谕》。瞧，未来士兵村的候选人已经在案了。

接着，1903 年 7 月 30 日，财政大臣批准了《中东铁路附属地内外阿穆尔军区退役军人士兵村、镇条例》这份文件。与此同时，根据“皇上批准的”财政大臣和农业大臣之间的协议，由阿穆尔移民大队编内拨出一个特别考察队归中东铁路管理局调遣，负责为护路部队士兵村、镇采点。

“士兵村”安置的对象是在役的外阿穆尔军区带家眷的士兵，而村镇安置的对象是转入预备役但希望留居满洲的士兵。为了在村、镇盖造房屋和置备家俱什物，在 1903—1905 年间，根据铁路预算，规定每年拨款 20 万卢布。

《中东铁路附属地内外阿穆尔军区退役军人士兵村镇条例》只字未提在士兵村中是否维持军事秩序和划留军官份地，但是这个在外国设立军屯的计划中，“军事警察性质”，是完全够说的。

还在颁布《俄国臣民迁入在满中东铁路公司附属地条例》之前，1903 年初，为了统一在满洲殖民问题上的前述各种观点，在彼得堡由财政大臣助理罗曼诺夫主持召开了一次特别会议。作为会议讨论的结果，公布了皇上于 1903 年 5 月 23 日批准的《俄国臣民迁入在满中东铁路公司附属地条例》。好一个“迁入”，这个术语用得有多么中听！

《条例》规定，委托中东铁路公司办理俄国臣民迁入中东铁路附属地之事务（第一条）；准许公司为此目的通过购买或无偿（！）割让，取得适于建立村、镇的土地（第二条）；该项土地得供俄国臣民无偿使用 10 年（第六条）。

《条例》适用于外阿穆尔军区带家眷的现役士兵、转入预备役的士兵以及驻满俄军中退役后留居满洲的士兵。上述人员还享受本条例没有规定的其他特权(第十四条)。

沙皇政府就这样狡猾地诱骗“士兵”迁入其在满洲设立的军事殖民地。把“黄俄罗斯”并入帝国的军事先锋队就这样拼凑起来了!

上面概略介绍满洲军事殖民方案，大概在彼得堡的官厅里作了周详的规定，但却未能实现。日俄战争开始了。这场战争把所有那些好作空洞计划的俄国帝国主义分子久久地打翻在地。

但是，这个老计划显然未被遗忘。不然便很难理解 1909 年初财政大臣柯柯夫曹夫写给外交大臣伊兹沃尔斯基的公函。这封信突出地表达了沙皇政权一位显赫代表对中东铁路占地数量的意义的观点。

这封信中说道:“任何国家政府，在批准在本国修筑铁路的特许权时，通常都自己担保铁路企业的资本和收入……在这方面，中东铁路的修筑却完全建立在另外的基础之上。这条大铁路干线的资本和收入，本该由中国政府担保，但并未这样做，反而由俄国政府担保了。代替上述担保，中国方面对这项事业的唯一支持，是根据特许权提供需要数量的土地，供中东铁路公司使用，同时承担义务，不干预这些土地的管辖，而把管辖权完全交给公司。这项义务极端重要，因为只有在这种条件下，才可以期望在铁路地带为铁路建设及其正常营业创造必要的环境。”

1909 年 10 月 12 日，柯柯夫曹夫巡视哈尔滨中东铁路管理局，他发表了一篇有趣的讲话。在这篇讲话中，对未来的恐惧、沙皇官吏的刚愎自用和不加掩饰的帝国主义分子的狂热，统统搅在一起。这篇讲话不久以前才在报刊上披露出来，不过完全是出于另外的考虑。我们且把其中的一大段援引出来:

> 我承认，一进入满洲境内，我便看到用俄国资财建设起来的这些宏伟的建筑物和一座座城市。然而，所有这一切都得交给别人，而且还是无代价地交出。一想到这里，我便感到恐惧，这种感觉一直伴随着我……建筑者气魄大得很。哈尔滨最能表明他们胸怀的宏图。尽人皆知，建筑者大胆地瞩目未来，而这未来在他们看来是不可改变的、不可动摇的。
>
> 我们为了拉直西伯利亚铁路，通过一条最短的线路，将俄国和大洋①连结起来。这时尽管没有明言，我们心中想到的却是，我们是在为俄国修筑一条永久性的铁路。真是不惜血本。铁路无疑修得坚固、漂亮，可能超

① 指太平洋——译者。

过俄国任何地方。我虽然不是技师，但却完全相信这点。铁路修得非常之好，而且时间短得惊人。同时我还坚信，倘若建筑者预见到不久以后出现的事变（他此处暗示 1905 年的战败和失去南线），他们是决不会表现出如此宏伟的气魄的。现在我们必须只从租让这个字眼上看待未来。对我们来说，这个字眼是沉重的。我们建立了这样一项宏大的事业，用自己的黄金灌溉他人的土地，而这一切却都得拱手交给别人，在期满之后还得无偿地交出。思念及此，怎能叫人不感到痛心。这个结局已经不远了。对一个人的生命来讲，租让的期限是漫长的，但对一个国家来讲，这个期限就显得微不足道。将铁路移交给中国的那一天会不知不觉地到来，而铁路越是修得漂亮，放弃它也就越觉得沉痛。自然，我并不想作一个悲观的预言者，也不去断言，不会出现其他情况。

这位沙皇大臣说“我们为自己修筑了一条永久性的铁路”，在这句话里，他把他心里的打算，全都讲了出来。然而政治局势发生了变化，在 1904—1905 年间的耻辱之后，俄国的国际地位发生了动摇，从前在铁路上的那种牢固的地位也发生了变化。但是，这个沙皇的老臣仆丝毫也不感到垂头丧气。无论对于战败，无论对于中国在政治上迅速成长这一重要事实，这个刚愎自用的官僚一点也不服输。柯柯夫曹夫在等待“新情况”，而在等待中，则要施展他原来那套国际间的阴谋诡计，攻击中国的薄弱之点，以期巩固现有的阵地。

我们在上边引证了柯柯夫曹夫讲的话。恐惧不安的心理溢于言表。这是由何引起的呢？这就是，中东铁路备用的土地扩大得极其缓慢。中国人不再相信沙皇铁拳的威力，他们看穿了“向割让地内移民”的险恶用心，于是便起而抵制。如果说 1902 年中国地方当局对于中东铁路掠夺未作任何阻挠，那么以后，在 1904—1905 年间，便看得出他们对“割让土地”进行了明显的抵制和破坏。

中国自然要怀疑，大规模割让土地是否确实为中东铁路顺利和合理的经营所必需。“士兵村”根本违背中国的利益，而鉴于新的“国际局势”，阻挠这一思想实现，对于中国已经不再是什么难事。

然而在对日战争以后，在根据朴茨茅斯条约削减俄国在满洲的兵力之后，这些“士兵村”对于俄国就比以前显得更加重要。

但是，在割让地内大规模殖民的计划，尤其是军事殖民计划，终归是破产了。中东铁路只限于当众转租地亩，而且参加转租的不仅有俄国人，其中还有中国人。

就在这时开始了苏中谈判，后来形成北京协定和奉天协定，两个协定规定通过勘分地亩，划出铁路必需用地，对土地问题作出了有利于双方的解决。

这项名为“黄俄罗斯士兵村”的沙俄计划，还没来得及实现，就变成了历史。但正像在一滴水中能够反映出太阳来一样，在这个“士兵村”方案里，也反映出沙皇俄国对外政策、特别是满洲政策的整个性质。

（郭燕顺　译）

（《社会科学战线》1978 年第 2 期）

对中国的称谓*

——中日关系史中的微妙问题

〔日本〕实藤惠秀**

作者按：中国和日本，不但在地理上相邻，而且在文化上也极相近。过去两国学者之间交换意见、互相争鸣的事是数见不鲜的，可是最近30年来却中断了，这是很可惜的。现在中日两国历史进入新阶段，我能在和约成立之后，首先应中国权威刊物《社会科学战线》之约，向中国有识之士发表我的意见，实在是件莫大光荣的事。尤其承40年来旧交汪向荣先生亲为校读，更是感激。当然我的想法不一定正确，希望中国的读者能本着“百家争鸣”的方针，提出意见。

一

一千几百年以来，日本从中国接受了文化上的恩惠和影响：汉字不必说，其他在思想、文学艺术、历法、官制、医道乃至衣食住各部分和生产技术工具方面，都可以见到中国的影响。因为这样，所以过去日本人对中国、中国人的尊敬概念是很强的。

从古时候到明治中叶为止，我们称中国为Morokoshi、Kara，稍后一些又称Toh（唐）。① 这些言词中间，都带有一种崇敬的概念在；所以每一提到“唐人”，就会联想到是可尊敬的，自然而然要正一下衣襟以表示敬意。“唐物”一直到明治时代，还是作为进口高级舶来品的代名词而使用的。

** 作者单位：早稻田大学教授，圣德大学文学院院长，日本国语审议会委员，文学博士。

① Karaカラ、MorokoshiモロコシTonタウ都是日本人对汉字“唐”的读音———汪向荣注。

在中国，虽然有唐、宋、元、明、清那样朝代的更迭，可是日本使用Morokoshi、Kara、Toh的名词，却是永远也不变的。因此在谈到中国事情时，就会有这样的说法："Morokoshi的唐玄宗怎样……"

二

进到18世纪之后，对中国的称呼多少有了些改变，这是由于受到了西洋人的影响。

1713年，新井白石在询问漂流到九州屋久岛的罗马人之后，根据从他那里听到的世界情势，再参考中国的世界地理书籍而写了本名为《宋览异言》的世界地理书，里面称呼中国时，用片假名チヤイナ，下面还注以"支那"两个小字。

"支那"这名词，早在古代的《东大寺要录》或空海的《性灵集》中就见到了，就是说是由佛教徒输入的，他们是模仿《支那〇〇三藏》佛经译者所用，而把它作为Morokoshi的别名，也就是美称输入的，和一般人民是不相干的。现在新井白石用这"支那"名词，与其说是当作美称，还不如说是当作实用的语言而提出的。

当时这个名词也并没有成为日本人常用的言语，而只在世界地图中用到而已，原来在地图上称中国为汉土，现在改称"支那"了，一般人不用它。

江户时代经常发生漂流事件，那些人回来后写过不少漂流记。其中有涉及西洋人的，他们称中国为China，在日本就写作"支那"，像"支那的香港"。由于那时候的人对"支那"两字的意义还不太明白，所以在下面，往往还要加上"kara、Morokoshi唐山也"等等小字的说明。

1823年，国学者佐藤信渊写了一本名为《宇内混同秘策》的可怕的书。他说：日本是一个神国，负有一统世界的使命；要一统世界就得占满洲、吞支那，然后才能改全世界为日本的郡县。这书中称中国人懦弱、卑怯。并且把"支那"作为一个地理名词来使用。这书在当时（江户时代）只是靠辗转传抄相流传的，所以影响不大。可是到1888年，甲午战争之前却印刷出版，成了陆军将士的必读书，影响就扩大了。后来，日本陆军的所作所为，几乎完全是依照这书干的。

新井白石把"支那"这名词当作地理名词使用，就像播下了种，以后地图和漂流记中使用这名词，就像种子受到了水的浸润，慢慢地让它在日本这土壤上长根了，可是还没有出土，更谈不上枝叶了。

"支那"这个名词，大概到明治中叶以后，才在日本语中出土。

明治初年，日本人中有不少上西洋留学的，他们在说到中国事物时，就用“支那”这名词了。1879 年冈本监辅把西洋人写的《世界史纲》译成汉文出版，叫《万国史记》，其中谈到中国，用“支那”这名称时，怕人不懂，还在右旁注以チヤイナ等音符。从这种标音，可以知道在明治初年，虽然已经有用“支那”两字的，但其发音和以后的“xina”是不同的。

原来是高崎藩主的大河内辉声，在中国首任钦差大臣到达东京之后，常到使署去和使署人员笔谈，上自钦差大臣何如璋、参赞黄遵宪，下至仆从，他都要笔谈，这记录到现在还保留着。他曾在 1873 年 1 月 3 日问王治本，“支那”两个字的起源是什么。从这件事上可以知道，连在当时日本知识分子心目中，这两个字还是件新鲜事呢。

1894 年，日本挑起了甲午战争。有个叫竹柴其水的在这年 10 月，写了本有关时局的剧本《会津产明治组重》，其中有几个角色：阿铃、阿兼和阿仙等，都是没有什么知识的街道妇女，当她们谈战争时，只知道在朝鲜打仗，可是什么支那也打，就莫名其妙了。看来这三个人是不知道支那在那里的。

剧本中有另外一个场面，描述有个叫金太的男子，他自言自语地独白说：“到了明治年代，和一个什么叫支那的对手打起仗来了。我听人家说，支那就是 Morokoshi……”由此可知，“支那”这个词，在普通老百姓中间还不是很普遍的。在这个剧本中，一共用“支那”这词有 27 次，而用“南京”来代表中国，也有 17 次。另外，还用了侮辱中国人的名词 Chanchan。

三

1895 年，日本从下关条约中得到了 2 万两的赔款和台湾的割让。日本人到处兴高采烈地欢呼：“日本打胜了！‘支那’败了！”这样，开始对向来畏敬的中国，转为轻蔑了。以这次战争为分水岭，日本对中国的称呼，也从 Morokoshi、Kara 而变成“支那”了。就是说，“支那”这个名词在日本语中，已经出了土，而且逐渐长叶了。

四

甲午战争中惨败的中国，也不能不开始考虑、研究，为什么一个小国的日本，能够这样强盛。研究的结果是因为教育普及和法治，于是决定派留学生到日本去留学。1896 年开始向日本派留学生，第一批不过是 13 名官费的，但不久就增加到数以百计，后来又越过了千，1905 年在日本的中国留学生总人数已超过8000了。

这时候，中国人对日本人叫中国为“支那”，还没有起什么反感。可是，对于日本人用Chankoro这样轻侮的话相称，那是有很大反感的。最初到日本留学的13名学生中，就有4个人因受不了这种侮辱，宁愿不学而回国的。

在当时的中国人中，有不少认为“清国”这个词，意味着异族统治中国，所以嫌恶它，而“支那”这词就不具有这样的刺激感，所以宁可用“支那”而不愿用“清国”的。例如：增田贡的《清史揽要》到上海出版时，特地改名为《支那最近史》；梁启超也用“支那少年”作他的笔名，并且还写了本《支那之怪杰李鸿章》这样的书；黄兴他们也出版了一种杂志，名为《二十世纪之支那》。

早稻田大学清国留学生部学生，在毕业时留念题词的几本《鸿迹帖》中，把自己的籍贯写作“支那”的人，还不在少数。现在把在第四册（1907年的部分）中题词的95人（有35人没有写籍贯）对籍贯的写法作一个分析：

支那	18人	中国、中华	7人
清国	12人	不记国名的	23人

由此可知，在当时留日青年学生心目中，“支那”是否定“清国”的一个具有革命意义的名词。

就是在日本人中间，比起以后大正时代，也要友好得多。因为那时候中日两国之间还没有发生什么大的冲突，所以“支那”这个称呼，在中国人看来，也不认为是一个成什么问题的名词。

五

可是一到大正时代（1912—1925），事情就发生了变化。

那时候起，中日两国间，无论在政治上，还是在外交上，都发生了很大的冲突：1915年日本向中国提出了苛酷的二十一条，激怒了中国人。1918年日本建议中国共同出兵西伯利亚，订立中日军事协定，促使2000余名北京学生齐集总统府，要求废除这协定；留日学生也组织救国团，集体回国，日本政府当局逮捕了救国团干部。1919年中国青年对巴黎和会作出不利于中国的决定表示愤慨，5月4日在北京，5月7日在东京举行规模很大的反对日本帝国主义的示威游行，日本官方在东京拘留了23名留学生，以后有7人被判有罪。

接二连三地侵略中国、压迫中国的暴行使所有的中国人民都感到愤怒，尤其是在日本留学，了解日本情况的留学生们更是愤慨万分。

日本的国策是侵略中国，随着其程度的加深，日本一般人民蔑视中国的倾向也一天比一天厉害，从这种轻侮的心理出发，称中国、中国人为“支那”“支那人”，理所当然地会刺激对方，使他们发生不愉快的感觉。

郁达夫在小说《雪夜》中说：“支那或支那人这个名词，从东邻日本人，尤其是从妙龄少女口中说出的时候，使听到的人脑中不知会产生多大的屈辱、绝望、悲愤和苦痛的感觉。这决不是没有在日本生活过的同胞所能想象的。”

在《沉沦》中，他又说：“日本人都叫中国人作‘支那人’，‘支那人’三字在日本，比我们骂人的‘贱贼’还难听。”

郭沫若在1936年9月号的《宇宙风》上写过一篇《日本人对中国人的态度》一文，其中说：日本人称中国人为“支那”，本来没有什么恶意，是从“秦”这个音转讹而来的。可是从日本人嘴里说出，一听就觉得比欧洲人说犹太人更坏。

夏衍在《法西斯细菌》一剧中，假女主角静子（俞实夫的日本籍爱人）说，对于中国人说来，一听到日本人说“支那人”这句话，真比针刺还难受。

日本人藐视中国人，称他们为“支那人”，这不是什么文字上的问题，而是因为看不起对方，所以用这种蔑视的态度来轻视、侮辱对方所致。

当时有些中国留学生和华侨，曾写信给日本报纸，要求日本人不要再用“支那”这个称呼，改用“中国”两字。对此，日本人出来反驳，引起了论争。论争继续了很久，可是谁也说服不了谁，最后报社用“对这问题的讨论，就到这里为止”来结束，什么结果也没有。

这样的论争，中国人对日本人怎样称呼他们的问题的论争，曾反复过几次。

日本人反对不用“支那”而改称“中国”的理由，分析一下，大概可以分为四点：

（1）“中国”这个名词，是对东夷、西戎、南蛮、北狄而言的，是一个傲慢而自大的名词。

（2）作为历史的通称而论，除了用“支那”这个名词以外，就没有其他名词可用。

（3）“支那”是China的译音，而China是世界上对中国的通称；没有听说过中国人对西洋人称他们China有过非难和不满，唯独对日本人称他们“支那”表示反感和非难，这是不公平的。

（4）在日本也有称中国的地方，如果用中国这名词，就容易相混。

当然这些理由也不是完全没有道理的，但议论总不能一致。事实上是日本人根本没有想改变“支那”这个称谓，所以提什么理由都没有用。（例如上面第二个理由中说，“支那”是个通称，那么用Morokoshi、Kara等的时间不是更长吗?)

论争继续了数年之久。日本人中参加论争，并成了论争中坚骨干的，有不少是汉学者、东洋史学者等从事有关中国问题研究的人。他们都只研究古代的中国，而看不起研究近代的中国，也不理解近代中国人的事。在他们看来，只有古代中国的事物，才有“研究”的价值；而对近现代的中国，就没有“研究”的必要，所以只能称为“调查”；在他们看来，研究近现代中国事物的，要比研究古代中国低一等。对研究近现代中国的学者，也发生了轻蔑的倾向。

日本的汉学者对古代的中国（特别是对孔子）是极度尊敬的，可是对现代的中国却瞧不起。他们认为只有在日本，还存在着孔子之道，而作为孔子子孙的现代中国人，却不但不实行孔子之道，反而还非难、批评孔子的学说，这是孔门之贼，因此蔑视和憎恶他们。在他们看来，学习古代中国才是“研究”，而探索现代中国，则不过是“调查”而已，要比“研究”低一等，算不上是“研究”。

为了批判日本汉学界的这种不正风气，竹内好、武田泰淳和冈崎俊夫等人在 1934 年成立了一个“中国文学研究会”，“研究”现代中国文学。可是就连这样一个会，竟然也被当时的日本政府视为危险物。

六

日本的汉学者、东洋史学者拒绝使用“中国”这个名词，说：“支那”这名词是过去沿用下来的，没有更改的必要。其中也有人说，中国人之讨厌“支那”这个名词，是因为“支”是“支店”的“支”，而日本的“本”却是“本店”的“本”，让日本当本店，那是不行的；至于“那”，又和性有关。因此中国人不爱用“支那”这两个字。所以他们不用这两个汉字，而改用片假名“シナ”两字来代替。(按：シナ两假名是支那的音)

其实，对于中国人来说，根本不是什么文字的问题，厌恶的就是这两个字的音。1919 年王拱璧在《东游挥汗录》中说：“‘支那’两字在倭文中，究竟作什么讲呢？‘支那’两字的倭音 Shina 的意思是将死 Shinan，物件 Shinamono，此外，Shina 这音和 hina 音相近，而 hina 的意思是傀儡。”这些话，在稍懂日本语的人看来，很容易知道是臆测，不是真的。

日本人认为是“支那”两个汉字不好，而中国人却讨厌 Shina 这个音；想法不同，问题就无法解决。其实，“支那”这两个汉字并不坏，Shina 的音也并不含什么恶意。日本的汉学者在一提到“Shina 的孔子样”时，总是必恭必敬，抱着十分尊崇的心情，这说明这个音本身并不含什么恶意。问题在于日本人用这个名词，提到现代支那、支那人的时候，总是带着一股轻侮、藐视的心理，这样才引起中国人的愤怒和反感。由此可知，问题的症结在于日本人使用Shina这名词时的心理和态度，而不是文字本身和声音本身，因为用轻蔑的神情说，使语言本身也不知不觉地带上了使人讨厌的气味。

攻的方面（中国人）没有提到要停止用轻蔑的心情来说“支那”这名称，防的一方（日本人）也没有想到要纠正这种轻蔑的神情。大家都只在表面上做文章，问题当然得不到解决。

可是，在论争中，也有一个日本人的信中是这样写的：

好，支那人，你们不是讨厌用支那这称呼吗？那么就改称中国吧！可是日本人用了中国这名称以后，你们要再讨厌，那么又该怎么办？

写这封信的人是很懂得语言作用的，同样一个词，由于使用时情绪和态度的不同，使对方得到的印象也是有天壤之别的。既然知道这一点，那么就改吧！可是还继续用轻蔑的心情来刺激对方，这是多么残酷的心情呀！

就这样，对国号称谓的论争还在进行的中间，1930年，从民间的事变成两个政府间的事了。那时的中华民国中央政治会议中通过了一项决议，说日本政府用“支那”这名称来称呼中国，甚至连正式文件上也用“大支那共和国”的字样。今后要求一律改称中华民国。这个决议，由当时的中国国民政府外交部通知了日本政府。所以从这一年的年底起，日本政府所发出的正式文件中，都已改称中华民国了；可是在民间，不但论争没有停，而且更热闹了。并且始终是平行线，谁也说服不了谁。

这时代是日本用“支那”来称呼中国的最盛时期，用植物来作譬喻，那就是枝叶最茂盛的时候。就在这状态中迎来了可悲的中日战争。

七

从1931年的柳条沟事件起算是15年，由芦沟桥事件开始算也有8年，日本对中国发动了侵略战争。最后以日本接受波茨坦公告、无条件投降结束了这场战争。在这场战争中，中国战胜了，而向来以不败自夸的日本却战败了。

联合国占领了战败国日本，战胜国的中国也派了代表团到了东京的麻布区。这个代表团于1946年6月，用“命令”的方式通知被占领国日本的外务省，从此以后不许再用“支那”这名称。这不是什么抗议通告，而是占领军的“命令”。这样，在同年6月6日，日本外务次官向各报社、出版社；7月3日，日本文部次官向各大专院校校长分别发出“有关避免使用‘支那’名称”的正式文件，里面说：

> 用“支那”这样的名词来称呼中国，在过去是件普通的事，但在以后必须改用中国等字样。“支那”这两字，在中华民国是极为嫌恶的，因此在战争结束后，该国代表团曾一再正式或非正式地提出不能再使用该项字样的要求。鉴于目前情况，你们应懂得这一点，以后务请不再使用对方所嫌恶的称谓。改用：中华民国、中国、民国；中华民国人、中国人、民国人、华人；日华、米华、中苏、英华等等。但对历史、地理上或学术性的论述时，可以不受上列限制，如东支那海、日支事变等。
>
> 另外，现在对满洲就应称满洲；不得再称满洲国。此点亦请注意。①

在正式文件中，使用“应懂得”这样的字句是少见，或者说是前所未有的。这意味着：“我们本来是有理的，不过因为是占领军命令，没有办法。纵然是不愿意，但也不能不改，没有办法，别再用‘支那’吧！”

这道命令，对新闻出版界是立竿见影、生效的。以后果真没有再称“支那”，都改为“中国”了。可是在谈话之间，却很少有称中国，仍然是“支那”长，“支那”短。本来，人们对说惯了的言语要改过来，除非受到很大的冲击，否则是很难改的。连在写文章时接二连三用“中国”的人，在和友朋之间谈话时，也仍然用“支那”，而没有改称“中国”。

1949年10月1日，中华人民共和国诞生。次年，爆发了朝鲜战争，当战火延及中国边境的时候，中国派出了志愿军；在朝鲜战场上，他打败了装备优良的美国军队。同时，也就在和美国作战的同时，中国开始了国内建设，一年比一年进步、有成绩：过去连圣人也办不了的大治水工程完成了，钢铁、食粮的增产乃至文字改革等等，都一项一项地实现了。这些事实使日本人，无论其对中国是抱好感或恶感的，都面临了一个必须改变对中国看法的时候了，过去蔑视的，今天也不得不刮目以视了。

明治以来，在政府教育下培养起来的轻蔑中国的思想，逐渐逐渐地减少了，对中国的看法也开始有所改变了。这样，向来只有在写文章中才用到的“中国”这个名词，也慢慢地在谈话中用上了。

八

在文字上，由“支那”改到“中国”的时间是统一的，可是在言谈中，却就不能统一。先从一部分人开始，再慢慢地扩展、普及。在把“支那”改

① 文下的点，是实藤所加。

称“中国”的人里面，还有各色各样的。例如：有只把现代中国的事，称之为“中国”，而对历史上的，那么还继续使用“支那”这词来称呼的。

中华人民共和国成立以后，又不知从那里涌出一股使用“中共”这名词的风气，连报社、广播电台也是一口一个“中共”，而不称“中国”。有人说“中共”指的是在中国共产党统治下的中华人民共和国，因为它和日本的政治制度不一样，必须加以警惕，特地用“中共”这样一个国号（?）来称呼；也有说是想和台湾的国民政府加以区别，才用这样一个称呼的。就这样，对中国的国号怎样称呼，在日本语中成了五花八门——有称支那、中国、中共，各色各样，因人而异。甚而同一个人，也往往会因时、因地的不同，而使用两个或三个不一样的称呼的，真是蔚为奇观。

这正是由于日本语言的不统一，意识混乱而发生的怪现象。不过也不能不指出，在使用“支那”这个名词以外，又使用了别的名称，这正说明“支那”这个称谓，已经衰老了。用植物来比喻，那么可以说是已到落一叶而知天下秋的地步了。

九

从1948年开始，我就在早稻田大学讲授现代中国文学。1952年以后，每年我在上课的第一小时，向学生介绍自己和授课方针之前，向学生们提出：

> 我有一点希望大家的，就是在日本的西邻有一个大国，过去诞生过孔子的国家，现在是在以毛泽东主席为中心的国家，你们是怎样称呼它的？我不是说在写文章时怎样写，而是问你们在普通言谈中是怎样称呼的。请大家如实地回答我。

然后让大家写在纸上用书面回答。对这些回答，我逐年作过统计、比较：

1952年

支那	69	支那、中国	37
中国	84	**合计**	190

问到为什么并用支那和中国，以及怎样用时；有一个学生回答说，提到有关古代的事，像思想、文学、艺术时，就用“支那”；而提及现代政治、经济、外交等时，则用“中国”。也有的学生说：对用“支那”的老师，就用“支那”；对讲“中国”的老师，就用“中国”。是呀！连老师里面也还有两派，真是混乱不堪。

到1953年，就更复杂了：

支那	17	中共	53
中国	91	支那、中国	82
中国、中共	29	**合计**	291
其他	19		

称“支那”的少了，“中国”的多了“中共”这名词也开始出现了。把中国称作“中共”的学生说，在谈到历史事实的时候用中国，而一提到现代的政治什么的时候，就要用中共了。这些学生把去年以前的支那称为中国，去年以前的中国，则称之为中共。真是个了不起的变化。

看一下到 1956 年、1957 年的情况吧：

1956 年

支那	10	中华人民共和国	4
中国	106	两种并用	23
中共	48	三种或三种以上	10
支那、中国	14	**合计**	237
中国、中共	22		

1957 年

支那	5	中华民国	2
中国	53	其他	35
中共	31	**合计**	137
中华人民共和国	11		

对邻国的国号而有三种以上的称谓，这正说明是由日本语的混乱所致；而日本语的混乱，说明日本人心目中对中国观的混乱。

一个日本人对邻国的国号，用两种或三种称呼。作为一个日本人来说，可以说是态度不鲜明，或者是无知。也可以说是对他人采取不负责的迎合主义。

用“支那”又用“中国”，多数说是在谈及历史事物时用“支那”，而对现代的则用“中国”。至于用“中共”这名词，多数是在涉及政治方面的谈话；而在谈论和学术有关问题时，多数用“中国”。有些并用“支那”和“中共”两种称谓的学生，解释说：“根据不同的情况，有时用‘支那’，有时就用‘中共’。”

1958 年

支那	3	两种以上	59
中国	69	**合计**	149
中共	18		

使用两种以上称呼的学生们，其所说明的用法：在和老年人谈话，和孩子们谈话或和妇女们谈话时，随对方的不同而改变；也有说谈话对象是研究古典的，或者存心轻侮的时候，还是用“支那”。

至于什么时候用“中国”这名词呢，他们说，在对军人说话的时候，像提到他们出征大陆什么呀；改正称呼或者是在讲到文学什么的时候……

讨论时事，或者谈及政治问题时，就用“中共”……

现在把一些学生的原答案，摘录在下面：

A：“中共”是谈到现在一些事情时最普通的称呼，在学校里谈到1世纪以前的事什么时，用“中国”这样的名词，至于“支那”这名词，那么是在提到历史事物时偶一用之。

B：中国（和普通朋友谈话的时候用）
中华人民共和国（主要在和弟妹们谈到报上新闻的时候用）
支那（主要是对父母亲用）
台湾（为了区别两者，只有必要时才用）

从上面的事例中，可以知道：大学生之间虽然已经大部分用“中国”这名词了，但一般老百姓中间，仍然是多数在用“支那”这老称呼。

1960 年

支那	5	中国、中共	17
中国	39	其他	16
中共	8	**合计**	90
支那、中国	5		

1961 年

支那	1	两种以上	70
中国	42	**合计**	135

中共	22		

1962 年

支那	0	中国、中共	37
中国	81	其他	4
中共	4	**合计**	130
支那、中国	4		

事情有了些改变，但仍然是不稳定的，看 1966 年：

1966 年

支那	1	中国、中共	24
中国	41	其他两种并用的	2
中共	22	三种并用的	7
支那、中国	2	**合计**	99

同时使用三种称呼，即“支那”“中国”“中共”的学生说：

1. 在政治上用“中共”，文化方面用“中国”，而对“支那”这名词，一般差不多不用，只有在和老年人谈话，而且不注意的情况下，才偶尔用一下。

2. 想用来和台湾相区别的时候，用“中共”，因为“中国”这名词易于和台湾相混。至于“支那”这称呼，是在讨厌中国人时，或在发生错觉的情况下用一下。总之，一般情况下都用“中国”这名称。

3. 在和中华民国（台湾）区别的时候，就用“中共”，普通提到大陆，而用不到区别时，都用“中国”；至于“支那”这名称，我以为很可能正像津田博士所说那样，说不定到是正统的。（实藤按：津田左右吉博士说，中国有很多朝代，要用一个名称来概括其全部，除了称“支那”以外没有别的名词了。这位日本史权威的博士，怎么忘了古时候我们用 Morokoshi、Kara 而不用“支那”的事）

4. 提到 1911 年以前的事，有时会用“支那”这称呼，而对 1949 年以后，则常常称“中共”。这一年以来，才知道关心中国的事，知道应该用“中国”这称呼。

5. 在谈到位于日本旁边国家的地理位置时，用“中国”，而谈到政治方面的事时，则用“中共”；只有在议论旧中国的事物时，才用“支那”。

6. 在提及学术方面，像历史、文学等的时候，用“中国”，而谈到核试验、整风运动什么时，用“中共”；讨论比较深奥的学术如哲学的时候，就用“支那”这名词，像“支那哲学史”等等。

7. 和在农村的父母、爷爷等谈话时用“支那”，而在和朋友聊天什么，即最日常的谈话中，用“中国”。“中共”这个称谓，一般不用，不过因为友人中有参加“中研”的，有时就胡乱称他为“中共”，其实“中研”的正式名称是中国研究会。

1966 年我退休离开讲坛以后，虽然不再有机会调查学生们的想法，但对于社会上怎样称呼中国这问题，还是很注意的。据我的观察，“支那”这个称呼，是逐渐在消失了。

到 1960 年代终了时，连“中共”这个名词也慢慢地不见了。日本最大的三家报纸（朝日、每日、读卖）中，也只有一家还继续在用“中共”这名称；因为其他两家使用“中国”，那一家不知在什么时候也改成“中国”了。广播电台方面，也只有一家还在用“中共”的称呼，因为其他多数都改用“中国”，那一家也改用“中国”了。总之，现在无论是在文字上也好，还是口头上也好，很少再见有用“支那”或“中共”’这样的字样了。（当然也有时在某些年老的学者中，发生一开口用了“支那”什么，而立刻就改口称“中国”那样事的。也就是说，仍然是幽魂未散）

1960 年，我写了一本《中国人日本留学史》，在其第 29 节中，提到了“国号问题”，这节的末尾是这样写的：

> 这样一来（指中国国内建设突飞猛进和在朝鲜没有败给美军等事），就是没有政府的号召，中国这个名词也会从日本人口中发出的。“支那”这称呼，尽管在现在，从量上说，还是最多的，可是它的命运却是注定要成为日本语中死语的。

十

现在如果你问一下小学生：“你们知道不知道有个叫支那的国家?”他们的回答，肯定是“不知道”。

1969 年出版的《角川国语辞典》中，在“支那”这名词下面的注解是“中国的旧称”。“支那”这个名词，已经在日本语中死亡、消灭了，只有在辞书中，还可以见到其亡魂。

一切事物都是从发生、发展、老衰而死亡的，“支那”这个名词在日本语中的情况也这样，从发生、发展、老衰而到现在的死灭。

20 世纪 30 年代，中日两国之间发生激烈冲突的时候，谁也不会想到“支那”这个名词会从日本语中消失的。就是我，不知道写过多少文章以呼吁不要用“支那”，而用“中国”这名称的我，也万万想不到，居然在我眼中还能亲自见到“支那”这个名词消灭的。

时代改变了，意识也随之改变；意识一改，言语当然也不得不跟着改。

（1978. 11. 25）

余　谈

我是 1896 年，即甲午战争后一年生的。那时正是“支那”这名词在日本诞生的时候。以后我开始从事研究工作，才知道，从这年起中国开始向日本派遣留学生，商务印书馆也是那时成立的；可是在当时，只知道中国的国号是“支那”，其他是什么也不知道的。

20 世纪 20 年代，研究中国现代文学以后，从郁达夫、郭沫若等的作品中，知道中国人对称他们为“支那人”这点，是极端嫌恶的。1928 年我在早稻田大学教书时，那班上有一个还是两个中国留学生，在讲台上，我是不用“支那”而用“中国”这词的。在现在看来是无所谓的，可是在当时却需要相当勇气的。我记得有一天，一进教室就见到在我面前两块相连的黑板上，写满了“中国中国中国中国……”的字样，整个儿全被盖满了。我想这是对我的讽刺和威胁，因为用“中国”这词，使他们产生了异样的惑觉。

对学生还比较简单，而在友朋之间，用中国这词就要难一些，最困难的是在家属间，只能一点一点地来。

在文章里面用“中国”这名称，我记得有过这么一件事。1940 年我把过去发表过的文章，编辑成册出版；书的名称，我用了《日本文化对中国的影响》，可是出版社方面却以用“中国”两个字会影响销路，坚决不同意。没有办法，只能妥协，改成《日本文化对支那的影响》。不过里面文章中还照样用“中国”这名词。

1939 年，日华学会出版我所写的《中国人留学日本史稿》（非卖品），从封面直到文章里面，都用了“中国”这名词的。1930 年报上发生国号问题争论时，我曾用“实东”的笔名写了篇《称中华吧!》的读者来信，参加了这论争。

1934 年以竹内好、武田泰淳和冈崎俊夫为中心，成立了中国文学研究会。次年，《中国文学》月报创刊号出版不久，武田动员我参加。由于志同道合，所以我立刻就成了会员。这个会除上述三人外，还有比他们年长的增田涉、松枝茂夫、曹钦源、小野忍和我，比他们年轻的饭冢朗、斋藤秋男、千田九一和猪股庄八等人。这些人不用说，都是使用“中国”这名称的。

我在以后写的文章中，也几次提到对中国国号的问题：

日本人呀！别再用“支那”，改用“中国”吧！中国人呀！要知道“支那”这词本身并没有恶意呀！”

后来一想，才知道我这种提法是离题了。

“支那”这个词，从文字意义上看，的确不含任何恶意；就在音声中，也没有什么坏的意思。问题在于日本人用轻蔑中国人的情绪和态度来说，当然会让对方产生嫌恶感觉的。因此上面那句话，要改成这样才行：

日本人呀！别再轻侮中国。中国人呀！告诉日本人，别再轻视我们。

虽然我们是做了些工作，但并没有起什么作用，并没有改变日本人用“支那”来称中国的风气。

就这样，因为我对国号这问题有特殊的关心，所以在早稻田大学讲授现代中国文学讲义之前，总要收集他们怎样称呼中国的材料。我相信有一天会改变的，现在，正像我在文章结尾所写，以我这样年逾 80 的老龄，竟然还能见到“支那”这个名词在日本语中消失，真是意想不到的，我的高兴也是望外的。

怎样对待一个国家的称号，虽然说不是什么大问题，可是往往也能成为两国人民友好途中不可逾越的障碍。今天，中日两国友好关系进入了新阶段，回顾一下这个微妙的问题，不能说是没有意义的。

（《社会科学战线》1979 年第 1 期）

陈天华蹈海殉国是在 1905 年

（香港）游学华

《社会科学战线》1978 年 1、2 期刊有胡华同志所写有关周恩来总理青少年革命事迹的两篇文章。胡同志是研究中国现代史著名学者，对周总理生平特有研究，前些时并曾出版《青少年时期的周恩来同志》一书。该两篇文章及该书利用许多可靠的历史记载、文物资料和访问材料，详尽而真实地记述了周总理青少年事迹，令读者阅后不但对周总理的生平加深认识，而且可以从中得到教育和启发。

胡同志提及周总理于 1917 年东渡日本时所作的《大江歌罢掉头东》七言绝句，并认为诗中末句“难酬蹈海亦英雄”是借用近代革命志士陈天华蹈海殉国的事例。周总理原意是否如此，暂时不加讨论（因为有人认为此句是用战国时期鲁仲连义不帝秦的故事）。但胡同志在记述陈天华跳海自尽的时间方面，恐有不确之处。《为中华崛起　为共产花开》一文中说是 1904 年，而《青少年时期的周恩来同志》一书中说是 1906 年（见第 19 页）。但根据其他有关资料记载，陈天华跳海自尽是在 1905 年 12 月 8 日（清光绪三十一年十一月十二日）（可参阅吉林师范大学中国近代史教研室：《中国近代史事记》，上海：上海人民出版社，1959 年，第 305 页；中国社会科学院近代史研究所：《民国人物传》第 1 卷，北京：中华书局，1978 年，第 49 页）。

上述误记虽然只属小疵，但若要不加辨正，则恐怕会以讹传讹。

（《社会科学战线》1979 年第 1 期）

近代科技史作者纵横谈

——在第十五届国际科学史会议开幕式上的讲话

〔英国〕李约瑟*

主席先生、朋友们:

我了解我今天指定的任务是谈一下有关第二届国际科技史会议的情况，那是过去在联合王国召开的唯一的一次会议；还要介绍一下这个群岛曾经产生的几位重要的科学史学者；并花一些时间把我们的思想导向科学、技术和医学的历史编纂法，也就是说，人们应该借助这种指导思想来编写历史。已经有许多发言对我们开会地点的城市和大学表示感谢，我现在很难再补充什么。不过，在这时候来到这一中世纪以来即人材辈出的“北方雅典”，我个人的心情是非常激动的。

1931 年的会议是六七月份在伦敦举行的。我是那时参加会议的少数人中的一个，我确信那个理事会的成员中只剩下我一人了。我是应大会书记狄金森(H. W. Dickinson)的邀请而参加那个机构的，他是一位伟大的蒸气机和普通工程学的历史学家。或许我应该把我之被选入大会领导机构归因于胚胎学的研究史，当时我已经写完了《化学胚胎学》第一卷，并且在那一年早些时候出版了。大会的主席是辛格(Charles Singer)，司库是结晶学家和物理学家勃拉格爵士(Sir William Bragg)。当然，会议的组织者首先是国际科学史委员会，梅里(Aldo Mieli)是它的终身书记。会议在南肯星顿(South Kensington)的科学博物馆举行。会议期间访问了肯特(Kent)地方唐寓(Down House)达尔文的住宅；到大英博物馆参观了从布鲁诺(Giordano Bruno)到牛顿的英国早期科学成就的展览；观看了国家肖像陈列馆所展出的许多著名科学家的肖像画；还去过和摩尔爵士(Sir Thomas More)的名字有联系的彻尔雪市(Chelsea)的克劳斯贝厅(Crosby Hall)。此外还有许多参观活动，可以从我带来的

---

* 作者单位：英国剑桥大学。

那份日程表上了解。我今天还高兴地佩带着一枚有浑天仪图象的当年的大会纪念章。论文集中某些文章特别令人感兴趣。例如：在“古今物理学和生物学的内在联系”这一项目中撰稿者有海尔登（J. S. Haldane），这是他所写的最后一篇论文，还有伍裘（J. H. Woodger）、霍格本（Lancelot Hogben）、威特（L. L. Whyte）、约飞（A. Joffe）等。

但是主要轰动会议的是不期出现了一个重要的苏联代表团，领队的不是别人，正是布哈林本人。代表团至少由 12 个人组成，我清楚地记得，在他们每个代表发言到 20 分钟时，辛格在主席座上用一种有趣的手段就是不断敲着一个很大的船形钟来试图阻止俄国人的发言。俄国人来到这里，自然希望他们每个人至少能作 1 小时的发言，而他们的发言也的确是值得听取的。引起最大反响的，是黑森（Boris Hessen）的论文《牛津定律的社会基础和经济基础》。在这篇论文中，他坚持认为不管牛顿的爱好看来和普通人距离多么遥远，实际上这些爱好是受到新兴资产阶级在商业贸易、运输、战争等方面的需要而引发的。在今天，这可能被称为“庸俗的马克思主义”，然而我宁愿认为它是一篇赤裸裸的克伦威尔式的发言。它开始了一场论战，这场论战的回声甚至在这次大会的一篇论文中还能听到。另一篇重要的文稿是那位倒运的瓦维洛夫（N. I. Vavilov）的《根据调查来看世界农业的起源问题》。第三篇文章是关于科学哲学的分界线论述，那是柴伐道夫斯基（B. Zavadovsky）的《有机体进化过程的“物理性”和“生物性”》，这种观点对关心理论生物学的人们的思考有很大的影响。俄国人对未能充分阐明他们的观点而感到恼火，就把所有的论文都由那时在伦敦的一家苏联《书籍》出版社出版，《处于十字路口的科学》这本书的影响，可能远远比他们自己即使有充分时间发言所产生的效果要大得多。这本书 1971 年由伦敦的卡斯出版社（Cass）再版，维尔斯基（P. G. Werskey）作了一篇新的序言。

想到伦敦会议，不能不回忆起极其和蔼善良的学者辛格，虽然我一次也没有出席过他所作的正式演讲，但我要求自己像子女辈那样的关系来尊重他。辛格（1876—1960）先是在牛津工作，1917 年他在那里发表了《对科学方法和科学史的研究》。接着短期内他出版了许多堪称规范的著作，1925 年有解剖学史，1928 年有医学史，1931 年有生物学史，1941 年有科学通史，最后，年逾古稀之时，还作出了 5 大卷光辉文献，是关于技术通史方面（在其他编辑和来稿者的帮助下），于 1954—1958 年出版。他的夫人桃乐赛·辛格（Dorothea Singer，1882—1964），按她自己的名义来说也是一位突出的科学史学者，最令人注目的是她在 1924 年和 1931 年之间公布了拉丁文炼金术手稿的编目，以及在 1950 年发表的她的最后著述，是关于布鲁诺的。在 1920 年代后期我研究胚胎学发展史的时候，我和我的妻子认识了辛格夫妇，建立了私人的友谊，我可以这样说，他是我的私淑老师，这种关系一直持续到1960年代他们逝世那时为止。我们常常和他们一起度过周末或整个星期，起先是在伦敦，后来是在康华黎（Carnwall）州的基尔马特（Kilmath），那座俯视圣奥斯特尔湾（St Anstell's Bay）的美丽的庄园式房屋，离开巴尔镇不远，紧靠着波尔克利的小渔村。因此我能使用他那浪漫式结构的出色的私人图书馆俯瞰大海。我甚至可以说，在过去20年中如果有一个人使我比其他任何人更为怀念的，那就是辛格。他除了具备渊博的学识外，还有一个判断力很强的头脑，但并不妨碍他的永远生气勃勃的幽默意识和基本上是个乐观主义者。记得有好多次我在基尔马特图书馆的一个角落工作时，忽然听到他独自在另一个角落里咯咯作笑。我察看以后，明白他是在翻译古希腊医生加仑（Galen）有关解剖学的一些论述。我常常羡慕他那种在最枯燥的古代作家书本中寻找乐趣的才能。我有许多回忆是和基尔马特有关的，例如：我陪着辛格到波尔克利去，他带着那根威风凛凛的铁头登山杖，在那里收集了水手们留给我们的长嘴硬鳞鱼，因为它在一般市场上并无出售。这种鱼吃起来非常鲜美，而普通人不喜欢吃它，原因是它有绿色的骨头会积聚胆绿素。有时我们到波尔克利码头的终点处去游泳，或者花整个下午时间用砍刀在房地周围的道路上除去蔓草。辛格还做了一些事情，就我所知其他科学史家还没有做过。他大量收购田地，远比他工作上实际的需要量要多，然后花费一点时间去描述它们的细目，再通过商人把它们出售，这样，就成功地增加了他的研究经费。不论在过去或现在，辛格是不会被忘却的。

只要他还在这里，他将比我更好地来综述这个群岛在过去几世纪中对科学史所作的贡献。我们确实是一个国际性的会议，如果允许用几分钟时间来颂扬接待世界各地代表的东道国人民的成就，也是合情合理的。如果说弗兰西斯·培根是“召集智者的钟声”，那么近代科学可以说是从培根、伽利略和其他人开始的，这样，科学史就可以看作近代科学的成果之一。对于我们剑桥人来说，韦威尔（William Whewell，1794—1866）是在朦胧中出现的最伟大的一位，具有重要意义的是他1837年出版的《归纳科学的历史》一文序言，他把自己的思想追溯到培根的《知识的进步》和《新工具》。他将这本书献给另一位英国天文学家海塞尔爵士（Sir John Herschel），但他的工作是奠基于欧洲其他国家的早期科学史著作，其中著名的人物有数学方面的蒙都克拉（Montucla），天文学方面的德朗勃（Delambre）和巴意（Bailly），化学方面的格梅林（Gmelin），植物学方面的斯普仑格尔（Sprengel），他们都属于18世纪或19世纪早期的人。这部著作发表后3年，他出版了《在归纳科学史基础上建立的归纳科学哲学》，献给塞吉威克（Adam Sedgwick）。1848年，他在剑桥建立了自然科学和伦理学的荣誉学位考试制度，18 年以后，他病故时是三一学院（Trinity College）院长。从根本上来说，他是一名地质学家和矿物学家，而他在潮汐的现象和理论方面也做了大量的工作。在他之前，剑桥大学有没有其他人研究过任何科技史，我不清楚，但我怀疑。在他以后 100 年中剑桥肯定在这方面的著作很少或没有做出什么事情，剑桥大学死板的习惯使研究路线如此狭窄，墨守成规。

但是，在韦威尔著作首次发表之后几乎有一个世纪，冰块开始打破。1936 年发生的两件事开创了一个新的纪元。首先是唐宁（Downing）学院的植物学家汤姆士（Hamshaw Thomas，1885—1962）在沃尔特学校组织了从各个科学部门和学院搜集到的历代科学仪器的租借品展览会。它汇集了一批值得纪念的收藏品，展品由根塞（R. T. Gunther，1869—1940）编成目录，根塞后来在《剑桥的早期科学》一文中作了描述。根塞的成名还由于他在 1932 年出版了一本关于古代天文观测仪的书籍。1936 年夏季，剑桥生物学第二学部被我的喋喋不休的口号激怒了，这种类似“迦太基必须被摧毁”（Carthago delenda est）的口号①，就是说剑桥必须在科学史方面有所作为。他们委任我为一个委员会的委员，并接纳其他人以组织一个科学史演讲的规划。我在生物学第一学部、物理学学部和化学学部的支持下顺利地进行了这一活动。我们的第一个委员会除了有汤姆士外，还包括邓庇尔爵士（1867—1952），他的名著《科学史》于 1929 年问世；贝纳耳（1901—1971），结晶学家；勃脱菲尔特（生于 1900 年），历史学家（后来成为彼得豪斯院长，他因科学革命的权威报告而出名）；波斯登，经济史家；书记是巴格尔（Walter Pagel），他是当时的结核病理学家，后来因对海尔蒙脱（Helmont）和派拉塞斯（Paracelsus）② 的研究而闻名于世。这些就是剑桥科学史系的发端，现在它包括一个专业教授、两个高级讲师（其中一位是牛顿手稿文集整理的著名编辑）、两个大学讲师、一个助理讲师。系在领导管理方面和韦普尔（Whipple）科学史博物馆有联系。

“现在，让我们来赞颂那些杰出人物和培育我们的前辈……”我们已经在上面提到了韦威尔、辛格和邓庇尔，还不应该忘记另一位科学通史学者的姓名，他就是伦敦的大学学院（University College）的沃尔夫（Abrabarm Wolf）。他的非常有用的关于十八世纪科学史、技术史和哲学史等书籍是在 1935 年和 1938 年公诸于世的。我还应该回顾一下南肯星顿科学博物馆温和可亲的馆员

① 这是古代希腊历史家普鲁泰克（Plutarch）的一句名言。

② 海尔蒙脱（1577—1644），荷兰医生；派拉塞斯（1493—1551），瑞士医生。

普来治（H. T. Pledge），他在1939年出版的《十五世纪以来的科学》对我们极有益处。关于探讨希腊科学的背景有几位名家，例如贝烈（Cyril Bailey，1871—1957）是研究希腊原子论的学者，康福（Francis Cornford，1874—1943）写过关于希腊科学哲学的综述，还有法林登（Ben Farrington，1891—1974），他在1941年和1948年之间研究了古希腊科学的社会关系。

在数学领域中，英国产生了一位真正特出的学者希思爵士（Thomas Heath，1861—1940），我们得感谢他写了好几本书来阐明希腊的数学，也许其中最有名的是1921年出版的那一本。还有福瑟林汉（J. K. Fotheringham，1874—1936），他精通古代数学、天文学和历法学。在天文学本身方面，我们可以回溯到更早一些时候，回溯到科学革命时代中的一个杰出人物哈雷（Edmund Halley，1656—1742），哈雷彗星就是以他的名字命名的，由于他对希腊的数学和天文学进行了大量的研究，1710年就这一题材出版了一本重要的著作。正是在1710年，柯斯泰（Ceorge Costard）诞生了，他继哈雷之后成为天文学史家，在他1782年逝世之前，他发展了哈雷的工作，从阿拉伯学者那里获得了许多资料。在这一领域内他自然还追随着另一位剑桥阿拉伯学专家格里夫斯（John Greaves，1602—1652）。英国在印度天文学方面涌现出许多专家，这也是合乎情理的。著名的有布吉思（Edward Burgess），他在1860年出版了须梨耶天文历书（Sūrya siddhānta）的译文。当然，远在他之前还有威廉·琼斯爵士（Sir William Jones，1746—1794）在加尔各答创建了《亚洲研究》。杰出的梵语学者柯尔勃鲁克（H. T. Colebrooke，1765—1837）深入研究了印度的数学。这里爱丁堡有位普来斐阿（John playfair，1748—1819），是自然哲学教授，对印度天文学有浓厚的兴趣。不过，有关中国天文学史的许多早期研究成果是在法国进行的。在英国的其他天文学历史家中，人们应该提到苏格兰的格兰特（Robert Grant），他的物理天文学史是在1852年发表的；还有贝利（Arthur Berry，1862—1929），1898年出版了天文学简史；丹麦出身的德莱游（J. L. E. Dreyer，1852—1926），编辑了勃拉黑（Tycho Brahe）① 的论文集，并在1906年撰写了一本关于行星天文学的精湛书籍。最后是泰勒（Eva Taylor，1880—1966），她关于16世纪航海天文学的两本著作：《寻找避风港的技术》和《都铎王朝与斯图亚特王朝的数学家》，为她获得了国际声誉。

谈到物理学，汤姆逊（Silvanus P. Thompson，1851—1916）的名字立刻涌现眼前，他的名著是有关磁学和电学的历史。另一位是苏格兰人窦布耳

① 勃拉黑（1546—1601），丹麦天文学家。

（H. W. Turnbull，1885—1961），他发起编集牛顿信件，这工作至今仍在进行。化学方面的人物更多，或者说更丰富多彩。休华特·泰勒（F. Sherwood Taylor，1897—1956）是牛津老阿许摩博物馆（Old Ashmolean Museum）① 科学史部门第一任理事，他是希腊原始化学的杰出的鉴别家，1949 年出版了一本炼金术方面的权威性著作。作为一个虔诚的罗马天主教会信徒，他更易于领会服痕（Thomas Vaughan）、特拉赫内（Thomas Traherne）这类 17 世纪人物的神秘的炼金术。另一方面，派丁顿（J. R. Partington，1886—1965）是一位非常讲求实际并且是好学不倦的少有的人物。由于大半生占据化学学部主席这一席位，他在这一项目下出版了许多扎实的著作，就算他别的什么都没有干，单是化学史方面的许多著作就足以使他获得极高声誉。我回忆起他在 1935 年出版的《应用化学的起源和发展》以及后来他将去世前的数卷巨著《化学史》。我一想起他总是怀着极大的热爱，就像我对辛格一样。他退休之后安居在剑桥一个颇为简陋的区域——罗姆塞镇上，孤独地和一个老年管家在一起，就像欧洲大陆上的高僧一样。我和我的第一个合作者王静宁经常到那儿去访问他。他的另一部巨著是《希腊的火和火药的历史》（1960），由于他对中国人没有任何直接的接触，因此我和王都乐意在这方面使他有正确的看法。我记得我们在皇家广场的饭馆里欢乐地进餐，讨论这些问题。气氛总是讲求实际的，因为派丁顿在第一次世界大战时是一名工程兵官员，他非常清楚地知道使物体爆炸的具体情况，这和我自己作为一个不成熟的海军中尉军医的经历完全不同。另一位需要提一下的人物是霍尔米亚特（Eric Holmyard，1891—1959），专长于阿拉伯炼金学，据我所知，他在阿拉伯语言方面的知识首先是从伊斯兰教清真寺阿訇那里获得的，并充分利用在 1957 年出版的他那本炼金术书中。最后，我们必须提到一位麦基（Douglas Mckie），他也是苏格兰人，在伦敦的大学学院工作，特别熟悉拉伏西（Lavoisier）时代，在他所编辑的《科学年鉴》中写了许多有关 18 世纪化学的论文。

我也了解并赞赏生物学历史家。植物学方面我特别记得阿耳培（Agnes Arber，1879—1960），她在草本植物史方面的优秀著作首次于 1912 年出版，后来又经过多次修订和再版。她是维多利亚时代基尔东（Girton）式精神“生活朴素、思想高尚”的典型代表人物，多年来她一直单独和她的女儿居住在亨丁顿路一间非常朴素的屋子里，她对于研究科学史的青年学者的欢迎比什么都热情，我们剑桥的东亚科学史图书馆为自己藏有她的一些著作而感到光荣。还

① 该博物馆由英国文物收藏家阿许摩（Elias Ashmole，1617—1692）创立。

有两位友人哈维-吉布生（R. J. Harvey-Gibson）和莱诺兹-格林（J. Reynolds-Green），他们的植物学史于1920年前后问世。阿耳培以后研究草本植物科的有洛特（Rohde），其著作在1922年出版。动物学方面我记得罗塞尔（E. S. Russell，1887—1954）在1916年发表了《形体和功能》，是一本生物哲学史经典著作。出身自里丁（Reading）郡的柯尔（F. J. Cole，生于1872年），如果说他缺少一些哲理性的爱好，那么他倒是非常细心的，他那本比较解剖学史大作是在1944年和1949年出版。最后我们不能忘记拉文（C. Raven，1885—1964），他是一名牧师，这似乎和他所获得的卓越的基督教社会主义者和和平主义者的盛名并不相容，他同时是女王陛下的牧师和剑桥基督教学院的院长。他生于1885年，是17世纪剑桥柏拉图主义的真正信徒，强调有机论，反对机械论哲学，在广义上奠定了博物学史的基础，他论述赖依（John Ray）① 的书于1942年发行，5年以后又出版了一部重要著作《从内铿（Neckam）到赖依的英国博物学者》。拉文是一位博学的人，仪表非凡，笃信宗教，所以当他是副校长的时候，他授予英国皇太后以荣誉学位，然后导引她在仪仗队中穿越大街到基督教学院，他做得如此出色，不论中世纪的大主教还是伊丽莎白的朝臣都不能比拟。

最后，在医学史方面，上面已提到的一些人也和它有关。例如辛格，他的许多著作牵涉到医药事业和基于医学的科学。虽然英国在过去100年中没有医学史巨著，但某些情况不得不涉及这一学科，以致迫使我们的钦定讲座教授如阿尔蒲特爵士（Sir Clifford Albutt，1836—1925），罗耳斯东爵士（Sir Humphrey Rolleston，1862—1944）撰写有关这一学科的历史。薛林顿爵士（Charles Sherrington，1857—1952）是另一个恰当的例子。我在年青时有一种印象，就是有关这一学科的所有伟大人物的姓名都以S字母起首，不仅是辛格，还浮想起沙顿（Sarton）、苏道夫（Sudhoff）、西格里斯特（Sigerist）等名字，他们完美地阐述了我们这一学科在国际上的声誉。关于英国的专门的医学史学者，特别在苏格兰，我们应该想到古斯里（Douglas Guthrie，生于1885年），1945年他发表了医学史著作。此外，有许多人的注意力投入微生物学和原始动物学的历史研究中，著名的有布洛赫（William Bulloch，1868—1941）的著作，其中第一部历史书出版于1938年；还有道贝耳（Clifford Dobell，生于1866年），他的名著是《安东尼·范·黎文霍克和他的“小动物”》②，于1932年出版。

---

① 赖依（1628—1705），英国博物学家。

② 黎文霍克（Antoon Van Leeuwenhoek，1632—1723），荷兰博物学家。

作为我个人应尽的责任，我还应该介绍一下我的一位同学，来自凯厄斯（Caius）的勃洛克班克（William Brockbank），他终身担任曼彻斯特皇家医院的顾问，他的专论《古代治疗术》为医学史作出了良好的贡献。

最后，要谈一谈科学的史料编纂法了。由于无视韦威尔的卓越见识，对于科学的历史和科学的哲学性之间总是存在着难以调和的状态，我们自己的国际协会划为两个分支就承认了它们的区别，但是对于它们的同一性，或者应该说对它们的联姻，还没有得到正确的补救办法。这是因为人文科学的院校要主管这一方面，科学院校又要主管那一方面。例如在英国，皇家学会负责历史，而英国学士院则管辖哲学方面，我认为可以有几种方法使它们结合起来，例如：多召开些联合会议；或者引导研究科学的哲学家们从狭隘的现代物理学范围跳出，打开更广阔的视野；或者共同调查欧美西方世界以外文化领域中的科学进展。

我想大家一般都同意只有一元化的自然科学，在各个人类集团的世世代代的努力下，即使是很慢的，但还是或多或少地靠拢起来，或多或少成功地、持续地建立了一元化自然科学。这就是我们可以期望追踪出一个完全的连贯性，从古代巴比仑、埃及天文学、医学的最初起源，经过中世纪中国、印度、阿拉伯和古典时代西方世界自然知识的发达，一直到后来欧洲文艺复兴时代的突破，这时正如曾经所说过的，科学发现的最有效的方法是它本身的发现。

当然，有些科学显示出比其他科学有较大的连贯性。例如古代希腊和古代中国的球面天文学，可以说现在仍然在方位天文学上使用。这就是为什么沃尔夫（R. Wolf）有可能写出他的《天文学手册》（1890），这是一部优秀的普通天文学教本，其中根据光学或电学这类新科学对历史上球形几何和古代人的观察给予应有的地位，一直继续到文艺复兴以后的发现。这样的阐述可能在生物学上是困难的，在医学上是不可能的。但是，一切科学都清楚地包含了一种思想上的连贯性，就像“记事本末”那样从开始直到结束。

自然，另外还有一种观点。特别令人困惑的一种观点是和斯本格勒（Oswald Spengler）的名字有关，他是德国20世纪30年代的世界史学者，他的著作特别是《西方的没落》一时极度风行。按照他的看法，不同种类的文明产生的科学，好像是分离的、互不相容的成果，只适用于他们自己的时空结构关系中，它们不可能被归入一个单独的历史或一个单独的永远上升的结构中。但有些事实确也奇怪，在人类经历的其他形式中，确实其“进步过程”是很少或几乎没有什么可记述的。至于科学，进步是不可避免的。人们很容易看到：艺术的风格和表达形式，宗教的仪式和信条，或者各种不同的音乐，都有不可比拟的倾向。数学、科学、技术的情况就有变化，在涉及它们的特性时，人们总是处于相对的持续的环境中，因而人们对它们的认识如果是真理，就会是一种持续的结构。显然，我们不应在传统的中国或印度的科学中简单地去寻找现代科学的“失去了的原型”。我们必须深入培育这种文化的人民的思想中，了解他们是如何得出他们的结论。我们绝不能否定所有科学的基本上的连贯性和普遍性。

一方面，某些近代科学知识的各个先兆表示了科学在缓慢而稳步地发展。另一方面，中世纪中国、阿拉伯、印度和古典西方世界研究科学的哲学家之间的世界观，总的说是存在着差异，而他们又和近代基督世界科学的观点不同。我们需要研究近代科学出现之前的所有古代和中世纪的体系，并且在和当代思想形式比较时加以说明，当然，现代科学思想形式本身也不是到达了顶点。遵循这一方法，我们不仅应该对公元前 1 世纪以来中国人的太阳黑子记录，对陶弘景在 5 世纪作出的世界上最早的钾盐燃烧试验，对 1300 年胡特卜·阿丁·设拉子（Qutb al-Din al-Shīrazī）① 关于虹的光学现象第一个作出的正确解释表示我们的敬意，把他们看作走向近代科学的明确的步伐。而且，我们必须注意考察培育出这些创举的不可缺少的思想和实践体系。近代基督世界的科学确实是他们的共同结果，但他们的出现，只能用他们那一时代和国家的思想、价值和社会倾向的总和中公开或隐蔽存在的各种可能性的来龙去脉来说明。

对人类科学连贯性和一致性这个概念的唯一危险，是轻率地把近代科学看作最终成果，只是用近代科学眼光来判断过去的一切。这一点已由阿加西（J. Agassi）在那篇科学史编纂法的生动专论中公正地提出了批评，他讥笑了那种编纂法，就是仅仅“用编年体次序重新排列近代科学教科书”，仅仅根据古代科学家的发现在现代知识体系中还占多少分量来给他们打上黑白记号。应该承认，判断方面的因素是难以避免的。韦威尔在他的《归纳科学的历史》一书序言中说：“不能不看到，写作这种历史的作者会对自己带来一个非同寻常困难的和微妙的任务，因为他必须在所有科学中对各个时代的所有伟大的自然科学家的特点和成就作出判断。而承担这一判断地位的不可避免属于历史学家的职能（不管他的专题是什么），因此他不应当地被认为是专断的。”不过，这种培根式的、归纳式的撰述科学史的方法从来没有公正地对待过哈维（Harvey）和牛顿的“阴暗面”，撇开派拉塞斯不谈，那些炼金术的神秘灵感和思想源泉领域，虽然我们难以理解，然而正如巴格尔那本生动的著作中所成功地指出，它们对思想史的进程具有重要的意义。从他那本著名的专论《十七世

① 胡特卜·阿丁·设拉子（1236—1311），波斯天文学家和地理学家。

纪医学生物学的宗教动力》开始，许多人跟随他阐明了容格（Jung）① 的梦幻世界，启发了许多近代科学伟大先驱者的思想。东西方在这方面的唯一区别：亚洲文明的思想世界对我们许多人很不熟悉。在估价古代、中世纪中国和印度的科学成就时，没有人使用，也没有人愿意使用任何“西方”科学的标准，我们所使用的是近代基督世界科学的标准，以它作为所有人类的共同财富。近代基督世界科学起源于西方当然有它的理由，但我们所强调的重点不在于历史上的偶然性，而要强调它的多方面性。

不仅是这个问题，对科学史用“考核者的记分簿”理论的真正麻烦，是现代知识的主体每天都在变化和发展，我们无法预见从现在起 100 年内它的前景。皇家学会的会员们喜欢谈论“自然现象的真正知识”，但他们除了谈论外，并不了解这些知识多么具有暂时性。基督世界的近代科学既不能绝对地独立于西欧历史事件之外，也不能像最终的上诉法院那样对古代西方、东方的科学发现的价值作最后判决。只有我们不忘记它的暂时性的性质，它才是可以信赖的衡量尺度。一句话，近代科学不是静止不动的。谁能够说，将来的分子生物学、化学、物理学所采用的有机体理论要比目前久已盛行的原子论、机械论会走得多远。又有谁知道将来关于精神病体学概念在医学的需要中会发展得怎样？所有这些方面，只要我们承认今天的科学是过去所有科学的发展趋势，传统的中国科学的思想复合体在所有科学面临决定性情况时，可能仍会发挥比我们所承认的还要多的作用。事物总是比它们的表面现象要复杂得多，智慧不是与生俱来的。为了编写科学史，我们必须把近代科学作为我们的尺码，因为这是我们唯一能做的事情，但是近代科学将会发展，还没有达到终点。

当然，还有许多问题依然在议事日程上。我在前面曾提到了 1931 年俄国人的闯入，科学史的内因和外因之间的讨论从那时起就开始了，虽然我们希望现在已能达到 40 年前所不清楚的高级水平。如果说有什么事情使辛格的辉煌的《技术史》失去一些光彩，或许就是他对于发明和改革的社会经济背景总是具有一只固执的纳尔逊瞎眼。在这方面还有大量的工作要做。要说明为什么欧洲，并且只有欧洲才是近代科学的诞生地，这一点将非常困难，但更困难的是，怎样来说明这种发展何以不在中国或印度发生。我们怀疑所谓“模式”（Paradigm）的说法会对这些问题作出满意的答复，这种“模式”论经常被人

① J. H. 容格（1740—1817），是德国物理学家，又是神秘主义者、歌德的友人。著有神秘主义的书籍。

赞颂得像“美索不达米亚”① 一样，但我们毫不后悔地宁可向黑森② 的幽灵焚香，相信不同社会的社会和经济结构必须和他们之间的知识差异的各种因素一起来考虑。不管怎样，整个世界现在正在联合起来努力解决这些令人困惑的问题，正如一位预言家所说：“新西兰人将站立在伦敦桥的废墟上”。今天的日本同事正在研究法国以及荷兰的科学革命，而中国朋友正在调查波兰哥白尼的生平事迹。我一想起我的一位英语世界学生，总是非常高兴，他对科学革命具有渊博的知识，他是古吉拉特人（Gujarati，译者按：即指印度人）。在我们能够回答斯芬克斯（Sphinx）关于自然科学发展的问题之前，还有一个漫长的艰苦过程，这有待于我们大家共同努力去完成。

1977 年 8 月 11 日在爱丁堡

（龚方震、翁经方　译）

（《社会科学战线》1979 年第 3 期）

① 这里的“美索不达米亚”是用了一个典故，意思是尽管讲得娓娓动听，实际完全不可理解。

② 此黑森即 1931 年参加伦敦会议的一名苏联代表团成员。

从日本古坟文物中看到的中国文化*

〔日本〕網干善教**

这次应中国社会科学院、吉林省社会科学院的邀请到了长春，能和各位研究工作者见面，获得通过学术研究增进日、中友好及加深相互理解的机会，我感到很光荣。

我是研究日本考古学、古代史的，其中包括日本古坟与中国、朝鲜古坟之间的关系，尤于吉林省集安的墓室壁画、陕西省西安附近的唐墓以及朝鲜高勾丽、百济时代的墓室壁画与日本古坟之间的关系，是我最为注意的问题。我的研究还包括日本古坟墓的筑造形式与中国、朝鲜文化之间的关系问题。我对日本古坟出土的铜镜、武器、马具等与中国、朝鲜出土文物比较做年代先后的研究，日本古代宫殿遗迹的研究，日本佛教文化的伽蓝布局、瓦当纹饰的研究，通过这些以探讨日本与中国、朝鲜的关系也至感兴趣。兹仅就日本古坟文物问题作一次发言。

一

位于东亚一隅的日本的古代文化，从史前时代以来，受中国文化的强烈影响，这是不必多说的。特别是青铜时期以后更为显著，《汉书·地理志》、《后汉书·东夷传》的建武中元二年（57）条、安帝永初元年（107）条、后来的《魏书·倭人传》《宋书·倭国传》《晋书》等文献，都记载着日、中交流的历史。从考古文物看，中国青铜器文化很早就传播到日本。据考证，汉、三国

---

* 这篇论文是1979年8月6日在长春市由吉林省社会科学院主持召开的学术报告会上的讲演要旨。

** 作者单位：日本关西大学。

六朝的鉴镜等许多文物由海舶载运到日本。

在日本的考古学上，把建造高冢坟墓的时代称为“古坟时代”。这是从3世纪末到8世纪初的时期。在这400多年期间的日本古坟中发现许多种从中国带进来的文物和以中国的文化为背景生产出来的文物。因此，日本的考古研究者在研究器型、年限的时候，对实际的年代问题，不断关心和注视中国的研究成果。

从我所研究的“弥生时代”到“古坟时代”的陪葬品看，这种情况特别明显。如奈良县天理市东大寺山古坟出土的直刀（铁刀）有“中平□年”的纪年铭；又如从“弥生时代”后期到整个“古坟时代”，随遗骸埋葬的文物中有鉴镜。这种青铜鉴镜有兵库县森尾古坟和群马县紫崎古坟出土的魏正始元年铭镜，大阪府和泉黄金冢古坟出土的魏景初三年铭镜，山梨县乌居原古坟出土的吴赤乌元年铭镜，兵库县安仓古坟出土的吴赤乌七年铭镜等，都是有中国纪年铭而运进日本的舶载镜；还有模仿中国镜的日本仿制镜。这些文物，说明古代中国镜输入日本，日本人学习中国文化和技术制造了鉴镜，这对研究古代日、中关系史是一种确证的资料。

日本古坟出土的鉴镜中有一种称之为“三角缘神兽镜”，它的特征是外缘部分的断面成三角形。这种鉴镜是从中国输入还是仿造的，看法不同，其说不一。一种看法是“根据三角缘神兽镜”载有“陈是作竟甚大好上有王父母左有仓龙右白虎宜远道相保”（神奈川县真土大冢山古坟、冈山市汤迫车冢古坟、京都府椿井大冢山古坟出土）“张氏作竟真巧仙人王高赤松子师事辟邪世少有渴饮玉泉饥食棘生如金石天相保兮”（京都府椿井大冢山古坟、群马县三本木古坟出土）和魏正始元年纪年等铭文，认为是中国产品输入日本。另一种看法是从日本古坟中三角缘型式镜出土最多，而在中国没出过土（据说出过有小型的），因此认为是仿造镜。

另一个问题是有人认为鉴镜的出土分布与《魏书》所记载的“耶马台国”的所在位置有关，因为魏送给“耶马台国”女王“卑弥呼”的物品中有“铜镜百枚”。这要看这些铜镜是什么型式的鉴镜。

有关鉴镜还有一个“同范镜”和“同型镜”铸造技术的问题。“同范镜”是用原有同一范模铸造的；“同型镜”是用一面镜子作范样铸造好几面大小不等的镜子。在很多“三角缘神兽镜”中有大小、纹饰完全一样的。这种情况下，有的认为这些镜是“同范镜”，有的认为是“同型镜”，不易判定。

不管怎样，日本古坟出土的重要文物——青铜鉴镜，其渊源应当从中国文物中探索。所以，在古坟研究上我们要注视中国出土的文物。

类似的例子还不少。青铜或铁制的刀剑、铸带金具的龙文透彫和近几年我们发掘的奈良县新泽千冢第126号墓出土的金制冠饰龙文、5世纪以后日本古坟出土的木心包铁轮镫等，可以认为是受了中国文化的影响。还有1977年从奈良县牵牛子冢古坟中发掘的棺饰金具——“有线七宝”，我们认为也受了中国优秀工艺技术的影响。

二

1972年3月，我们在奈良县高市郡明日香平田发掘高松冢古坟，发现了彩色极浓的壁画和陪葬的文物。这种壁画见于中国的唐代坟墓和吉林省集安古坟以及在朝鲜的高句丽、百济墓，而在日本则是初次发现。

高松冢古坟位于7世纪日本古都西面较低缓的丘陵地南坡。这个古坟是直径约18米，高约5米的圆形坟丘。石槨在坎丘中部，用凝灰岩石砌成，天井为4块，底部3块，东西两壁各3块，北侧里壁1块，南侧封闭1块。石面研磨得很平展。石槨长265.5公分，宽103.5公分，高113.4公分。天井和两侧石壁上涂垩一层薄薄的石灰，上面绘制壁画。壁画可分为以下几个部分：

（1）天井画有星宿图；（2）东西两壁上部画有日月图；（3）四面壁中部画有四神图（南壁朱雀部分因盗掘而剥落，已失去原样）；（4）东西两壁画有人物群像图。我想更具体地讲一下壁画的情况，谈谈个人的见解。

第一是画在石槨天井上的星宿图。画在中间上部约1米的范围内，表现的手法是用红线标出星辰位置，再用金箔剪成约0.9公分的圆形贴在上边。所贴大部分金箔仍留存，已剥落的可根据其痕迹查知。

星宿图以表示所谓紫微垣天极五星、四辅四星为中心，四方各有七个星宿，即东方七宿、南方七宿、西方七宿、北方七宿等二十八宿。这样的星宿图在日本是初次发现。

不用说，星宿发源于中国。据天文学家京都大学教授中西一清（花山天文台台长）说：古代的东方，星星具有政治意义；在西方则具有文学意义。

中国的星宿图有名的是南宋淳祐七年（1247）制作的“苏州天文图”即“淳祐天文图”。近几年中国发掘出许多星宿图，如1973年第10期《文物》发表的《吐鲁番县阿斯塔那——哈拉和卓古坟群简报》记载的“65TAM38号二十八宿图”；1975年第3期《考古》刊载尹世同先生的《最古的石刻星图——杭州吴越墓石刻星图评介》和浙江省文物管理委员会《杭州临安五代墓中的天文图和秘色瓷》。后两篇论文谈到的吴越第二代钱天瓘（文穆王）墓、次妃吴汉月墓的石槨后室天井星宿图，对研究日本高松冢是一个很重要的参考资料。又如陕西省乾陵的永泰公主墓在天井画有星辰；1972年第7期《文物》

所载，陕西省博物馆乾陵发掘调查组关于“唐章怀太子墓发掘简报”，谈到“星辰金箔”“星辰的贴金”和“懿德太子墓发掘简报”说：“后室顶部银河系……顶部画满天星斗。”这些都说明天井部画有星辰图。还有1959年第8期《文物》载山西省文物管理委员会关于“太原市金胜林第六号唐代壁画墓”的报告说：“东西两壁顶部空隙各绘日月星辰”，从这些情况看，高松冢埋葬的大概是个尊贵人物。

第二，高松冢东壁中上部画着日像，而对面西壁中上部绘有月像。日像是复元直径7.2公分的圆形，以贴上去的金箔表示。在日像下面还用十几条平行红线画着云形，中间绘有绿色的山形。西壁月像是贴上银箔和日像相同的图形。这种在东西两壁画日月像的情况，在永泰公主墓、吉林省集安和高句丽古坟中都可以见到。

第三，高松冢四壁画着四神图（南壁相当于朱雀图的部位，因盗掘剥落，壁画无存）。不用说，四神图表示的是东为青龙，南为朱雀，西为白虎，北为玄武。其形象的由来是四方的七宿，即二十八宿。《尔雅》“释天”，言“春为青阳，夏为朱明，秋为白藏，冬为玄英”。表示四季用青春、朱夏、白秋、玄英等词。这些词与四神图的用词有相通的所在。

关于古坟壁画四神图的含义和龙虎的含义，我曾经发表过我的看法。其中有代表性的是：《高松冢壁画墓和它的意义》（《高松冢论批判》，创元社）、《高松冢古坟壁画论序言》（《关西大学文学论集》第25卷）、《壁画墓中的四神图和龙虎图》（《纪念井川博士论文集》）、《关于高松冢古坟壁画论》（1）（2）（《佛教大学鹰陵史学》）、《高松冢古坟和药师寺》（《藤原弘道先生颂寿纪念论文集》）。

四神的背景正如中国鉴镜的铭文所写的“左龙右虎掌四彭朱雀玄武顺阴阳”，是阴阳思想。日本的四神图有奈良药师寺本尊台座、正仓院宝物——12支八卦背圆镜的镜背。从中国传来的有唐永徽元年（650）铭文的四神镜（黑川古文化研究所藏品）。朝鲜有高句丽古坟出土的唐武德五年（622）铭文四神镜。中国湖南省长沙隋第一号墓出土的四神镜也有同样的四神图。按日本古代文献，《续日本纪》文武天皇大宝元年（701）春正月乙亥朔条关于朝贺之仪中记载：“天皇御大极殿、受朝、其仪于正门树乌形幢、左日像青龙朱雀幡、右月像玄武白虎幡、蕃夷使者陈列左右、文物之仪于是始备矣”。这种情景与高松冢古坟壁画基调相同。

这种四神是基于中国古代思想，对高勾丽、百济、日本在文化上有较强烈的影响。

第四，有人物图。东壁南侧男4人，北侧女4人；西壁南侧男4人，北侧女4人，共16人，画的都是群像。东壁南侧的人物，都手有所持。关于人物像还有冠、服饰形式等问题，然而仅从这些还不能决定这个古坟的筑造年代。

这样看来，高松冢古坟壁画可分为两大要素：（1）日月、星辰、四神按其绘制的基调看，是壁画的主题，说明葬者的尊贵身份、地位；（2）与此相照应的人物群像，应是被埋葬者的侍从，和日月、星辰、四神有不同的意义。我认为前者的根本思想是阴阳五行说。

1976年第4期《文物》有任世龙先生写的资料——《浙江省上虞县发现唐代天象镜》。这面镜直径24.7公分，有星宿、日月、四神、人物像，与高松冢古坟壁画有共同点。这是值得注意的。

还有一个问题是陪葬品。发现了一面海兽葡萄镜。和它一样的同型镜在西安市十里铺出土，这是已经知道的；还有两面在日本，但出土地点不明。同样铸型的镜子在中国西安和日本飞鸟出土，这件事具有极重要的意义。

更为重要的是高松冢古坟棺饰金具——铜制透镂器是唐代很典型的纹饰，广泛地分布在唐朝势力所及的高句丽、百济、新罗、日本等东亚地区。还有出土的银装大刀，它的外装具中的佩带金具——“山形金物”，其纹饰有唐草纹和一匹走兽纹。这也是值得注意的。

高松冢古坟的葬者装在涂漆木棺中，据人骨鉴定是一个壮年男尸。但无论从文献或考古资料看，都不能辨明是什么人。

三

1975年12月，我们发掘了位于高松冢古坟西北约200米处的中尾山古坟。我们认为这是8世纪初筑造的火葬古坟。这个古坟外形八角三成（三段），其外围还有两层八角的设施，直径约30米，高约5米。

日本古坟中成八角形的有686年逝世的天武天皇陵（是女皇，后其丈夫持统天皇死后合葬）。这是根据文历二年（1235）的文献《阿不几乃山陵记》所记：“件陵、形八角石坛一迎一町欤”而知道的。天武天皇陵为什么成八角形？以前的学说是联系到佛教思想而考虑的。但这样解释有许多矛盾。我认为这是受中国礼仪思想的影响。理由是：（1）《旧唐书》卷第22《礼仪志》所记唐高宗永徽三年（653）关于明堂制的有司奏言中说：“上基象黄琮为八角”。又同书总章二年（669）三月的诏书中写道：“基八面象八方按周礼黄琮礼也……以象地形故以祀地则知地形八方。又按汉书武帝立八觚坛以祀地登地之坛形象地故令为八方之基以象地形”。（2）《旧唐书》卷第23《礼仪志》记载的唐高宗麟德二年（665年）二月的封禅诏书说：“又为降坛于首山上方坛八隅一成八阶如方丘之制……”同书还记载永淳二年（683）十一月于嵩山的封禅诏书，其中有“禅祭坛上饰以金四面依方色为八角八坛……禅祭五色土封为八角方封”等语。（3）《大唐郊祀录》卷第 8《祭礼》的“夏至祭皇地祇”条中写道：“其坛长安在宫城北四里、洛阳在徽安门道东一里、其丘八角三成……”从上述情况看，八角造型与中国古代的明堂、封禅制的祭礼有重要的联系。

另从文字看，八寅、八裔、八宇、八隅、八极、八区、八紘等词，意味着国土。“则天文字”——圀字形象也是如此，□中写八方，按“国”的意义使用。

日本的古代文献《古事记》和《万叶集》中有“八隅知之”的词句。它和“王”的意义联系着，其语源有与“国土”（国家）相关的思想。

日本天皇的登极仪式自古以来在宫中的紫宸殿举行，设置御座的部分是八角坛台。中国和朝鲜的宫城建筑有的是八角形，1973 年第 7 期《文物》登载傅熹年先生的论文——《唐长安大明宫含元殿原状的探讨》说，这个宫殿内部有八角形结构。1972 年在日本大阪市古代宫殿——“难波宫”遗迹西侧重要的一角（被推测为前期太极殿所在位置）发现了八角形建筑物遗迹。这样的例子是不少的，追其根源，可以认为来自于中国的礼仪、祭祀思想。筑造八角形古坟的思想背景也是中国的，我认为有这样解释的可能性。

综上所述，日本古坟时代的整个期间，可以看到中国文化的强烈影响。特别是日本古代的政治大革新——“大化改新”（645）是引进中国的法律制度而建立起来的政治制度，这是很清楚的。因此，在这个时期以后的古坟筑造中更显著地看到中国思想文化的影响。总之，研究日本古坟必须考虑不断成为其渊源的中国古代文化，弄清其传入的具体情况。

（裴万久　译）

（编者按：原译文刊出时，其中所载照片、插图即模糊不清。再版时，因无法呈现清晰图片，故一并删去，请读者谅解。）

（《社会科学战线》1979 年第 4 期）

从陶磁贸易看中日文化的友好交流

〔日本〕三上次男*

自古以来，日本在文化的许多领域中都接受中国的影响，从而形成了日本的文化，窑业也是其中的一个方面。从古代到近世，日本人始终珍视中国的陶磁器，以获得中国陶磁为快。因此，大量的中国陶磁器传到了日本，其中有些是访问中国的日本人带回来的，有的是通过贸易渠道传来的。这对于日本人了解中国文化，发挥了很大作用。不仅如此，而且日本的陶工们在学习中国先进技术的基础上，发展了日本的窑业技术，他们不仅仿照中国陶磁生产陶磁器，而且还制造了具有独特风格的日本陶磁。

以下仅就各个历史时期，中国陶磁向日本出口的情况加以探讨，从中可以发现日本人是怎样认识并接受中国陶磁的，以及中国陶磁在日本陶磁发展过程中所起的作用。同时，它是研究日本如何接受并吸收中国文化的一种方法。

日本，在新石器时期的绳文时代就出现了绳文土器，它具有独特的造型和装饰，是日本新石器时期制造的特殊的土器。大约从公元前3世纪开始，日本进入金属器时期的早期，即弥生时代。这一时期又出现了无论在造型和装饰方面都有别于绳文土器的弥生土器。约从4世纪开始进入古坟时代，在5世纪初叶生产了须惠器，这是一种质地坚硬的陶器。弥生土器和须惠器的制作技术，可能都是从朝鲜半岛的陶工那里学来的。因此，这个时期，还很难说日本是直接地学习了中国的制陶技术，在造型等方面受到了中国的影响。

然而，在中国汉代时期，中国的施釉陶器和硬质土器却大量地传到了朝鲜北部，而且在朝鲜中部的古坟（江原道原城郡法泉里2号墓和忠清南道天安郡花城里花院墓）中，发现了东晋时代的越州窑青磁。还有，从朝鲜南部百济武宁王（501—523）的墓中，也发现了南朝时代越州窑青磁的罐、壶和碗。

* 作者单位：日本东京大学。

而在日本至今尚未发现过隋代以前的中国陶磁。

如上所述，从朝鲜半岛发现了汉、魏、晋、南北朝时期的陶磁，这就说明当时朝鲜半岛对中国陶磁的需求是多么强烈，进而可以看到中国陶磁对朝鲜陶磁器制作技术的影响。实际上，三国时代（4 世纪中叶至 7 世纪中叶）朝鲜南部的新罗、百济、伽耶诸国早期的硬质土器，就是学习了中国南朝各国硬质土器的制作技术而生产的——虽然，其后期的土器具有独特的造型和花纹。因此，日本通过学习朝鲜南部的土器制作技术和造型而生产的须惠器，可以说是间接地接受了中国陶磁的影响。

6 世纪末，推古天皇（593—628）即位，日本的统一政府和中国的隋朝建立了邦交，于是日本便开始积极地吸收中国文化。日本向隋派遣使者，学习中国的政治制度和文化，携带中国的文物回到日本。中国陶磁直接给予日本以影响，就是从这一时期开始的。

目前，日本已发现的最早从中国传来的陶磁器，是一个双耳盘口的青磁罐（高 26.5 公分），曾保存在推古天皇建造的法隆寺里。这个罐涂有暗青绿色的釉彩，可能是在 6 世纪末 7 世纪初的隋代，由浙江省的越州窑制成的。据传说它是由去中国的日本僧侣带回的，而不是作为贸易商品传来日本的。这种中国陶磁虽然在日本十分受到重视，但是，在推古时代，日本还没有掌握制作上述施釉陶器的技术。不过，在须惠器中已经有了中国式造型的罐，说明当时已在努力制作中国风格的陶器了。

到了 8 世纪的奈良时代，就可以明显地看出中国陶磁器的影响了。8 世纪的唐三彩，在下列日本的诸遗址都有所发现。

福冈县冲岛（敛口长颈贴花纹瓶的碎片）

福冈县大宰府观世音寺（贴花纹的镀的碎片）

奈良县大安寺遗址（陶枕和壶的碎片）

奈良县安培寺金堂基坛遗址（镀的兽足碎片）

奈良县御坊山古坟（圆面小砚）

如上所述，唐三彩都是从当时的首都奈良附近和设有重要对外交涉机构的福冈附近的祭祀遗址、寺院遗址和古坟中发现的。在中国，唐三彩可能是由政府亲自管理，并非旨在追求利润的贸易品。因此，传来日本的唐三彩，可能是赴唐的日本使者或僧侣接受的礼品，带回到日本的，或者是来自唐朝的使者，赠送给日本宫廷或大寺院的。

日本的统治阶级十分珍视唐三彩的优美造型和高雅风格，希望更多地占有它，但这是不可能的。因此，奈良宫廷就研究唐三彩的制法，使用基本与唐三彩同样的制法，制作了在造型和釉色花纹方面都酷似唐三彩的一种陶器，现在我们将它称之为奈良三彩。奈良三彩生产的数量较大，用于宫廷和祭祀场所。当贵族、显宦死后埋葬时，也用以作藏骨器或陪葬品。目前，日本的正仓院收藏许多奈良三彩，同时，从曾是奈良时代宫城的平城宫遗址也有不少的发现。此外，东起关东，西至九州，在祭神的祭祀遗址、寺院遗址和古坟中，都有奈良三彩出土。釉色为白、绿、黄褐三色，或使用其中两色和一色，但没有使用青色。制造奈良三彩的窑，至今尚未发现。

奈良三彩的制造，充分说明当时的日本统治阶级，曾经多么强烈地寻求中国的陶磁。对于中国陶磁的迫切需求，促使日本生产奈良三彩，从而奠定了日本陶业发展的基础。

奈良时代不仅生产了奈良三彩，而且还以须惠器制作了和唐代陶磁极其相似的四系罐（四耳壶）、长颈瓶、有盖罐（药壶）、双耳瓶和三足壶等。由此可见，在8世纪的奈良时代，除唐三彩外，似乎还有其他的中国陶磁器传到了日本。

饶有兴趣的是，当9世纪前期过后，在中国，唐三彩的流行过时，而日本也就停止了奈良三彩的生产。

进入9世纪，就是日本的平安时代。平安时代的早期，即9世纪到10世纪的前半期，相当于中国的唐代后期和五代。这一时期，从中国传到日本的有越州窑青磁、长沙窑的黄绿釉彩画、彩纹磁和白磁等三种。这三种中国陶磁不仅传到了日本，而且在同一时代的朝鲜半岛、菲律宾、印度尼西亚等东亚国家，甚而远至巴基斯坦、伊朗、伊拉克等国都有发现。由上述事实可见，这些陶磁与8世纪的唐三彩不同，是作为贸易陶器出口的。在日本的许多地方都出土了这三种陶磁，出土地点遍及中部、西部，直至冲绳。现将出土情况简示如下：

1. 越州窑

从全国近50处遗址中都有发现。其中，尤以当时日本的新旧都城平安京（京都）和平城京（奈良）以及设有接待外宾机构的福冈附近（包括大宰府）为多。

2. 长沙铜官窑

发现于京都、奈良、九州的博多和久留米、种子岛以及日本最西端的西表岛等处的寺院遗址、居民遗址和古墓中。多数是造型为黄釉贴花纹多口的水罐和黄釉绿褐彩纹碟。

3. 白磁

出土于奈良、福冈等西日本的10余处遗址。这些遗址主要是官衙、寺院和坟墓。出土文物中，圈足较宽的碗居多数。此外，死于903年的著名的政治家和文人菅原道真所使用过的砚台，现在仍保存在大阪府的道明寺天满宫内。它虽然不是出土文物，但对于考证白磁砚的年代，有很好的资料价值。

烧制白磁的窑虽然不详，但估计可能是华北的窑。

上述三种陶磁，在奈良、京都和福冈（包括大宰府）都有发现。除这三种陶磁器外，还有褐釉陶磁的罐也传到了日本。

根据日本历史的通常观念，认为自平安时代初期决定停止派出遣唐使（894）以后，就中断了日中两国间正式的友好往来，杜绝了中国文化向日本传播的途径。然而，如上所述，9 世纪以后中国陶器仍然出口到日本，就这一事实可以看出，政府间的友好往来虽然中断，但商人往来仍在继续，贸易仍然相当繁盛。关于这一情况，历史上也有明文记载，842 年（唐会昌二年，日本承和九年）唐商人李鄰德从明州出发前往日本①，以此为开端，9 世纪有相当数量的唐船到达日本九州的港口。这些记载只是流传了中国船来日的部分事实，而实际上可能有更多的私人贸易船只进入西日本，尤其是由九州豪族所控制的港口。

随着日本对中国陶磁需求的日益增加，约从 10 世纪以后，日本也开始烧制与之相类似的陶磁器，出现了两种新的日本陶磁，一种是淡青釉陶器，另一种是绿釉陶器。

淡青釉陶器主要是由位于名古屋东边的猿投窑烧制。猿投窑自 9 世纪到 13、14 世纪为止，除烧制大量的硬质土器外，还烧制淡青釉陶器。这种淡青釉陶器是涂上一层薄薄的含有铁分的灰釉，再由较弱的还元炎烧制而成。这同中国烧制青磁的方法是一样的。但是，猿投窑是烧制须惠器的，要烧制青磁，就不可能充分还元，而且不可能烧出美丽的青色。猿投窑烧制的陶器，就其造型来说，无论是施釉陶磁，还是无釉陶磁，许多都与同一时代中国的罐、瓶、水罐、碗、钵相同。有的还刻有与中国越州窑陶磁同样花纹的暗花。

猿投窑的制品运给首都京都的宫廷和贵族，他们以此作为中国陶磁的代用品。

另一种绿釉陶器，是约于 10 世纪出现的一种施釉陶器。它是在经过烧制的质地坚硬的陶器上，薄薄地涂上一层绿色铅釉，呈淡绿色。制成后，令人感到颇与中国五代和北宋时期的越州窑青磁相似。其中，水罐、唾壶和钵等尤其如此，还有的刻有与越州窑青磁钵的花纹同样的暗花。窑址位于首都京都的附近和爱知县名古屋东部的猿投。京都西部长冈窑的制品，是将陶胎烧好后，再

① 见园仁：《入唐求法巡礼行记》。

涂绿釉，在另外的小窑中烧成。日本的陶工为了烧制中国式的器物，而采用了这一新的方法。这些陶磁都由首都的宫廷贵族、全国的豪族以及神社、寺院等使用。

此后，从10世纪后半期至11世纪前半期，是日本平安朝中期，相当于中国北宋的前半期，这时的中国陶磁在日本没有太多的发现。但是在九州福冈的寺院遗址（圣福寺）和京都宇治的寺院遗址（净妙寺）等，曾发现这一时期越州窑青磁的水罐。此外，还有不少关于宋人东渡日本的文字记载。由此可见，当时陶磁器的贸易可能仍在进行。北宋成立的这一时期，由于中国国内需要数量增加，用于贸易的陶磁器数量相对减少，从而向日本出口的数量也就不多了。

从11世纪后半期到12世纪初，中国陶磁向日本大量出口，到13世纪，数量有了显著的增长。这一时期，在日本是平安朝后期直到镰仓时代，相当于中国的北宋后半期到南宋。

进口到日本的中国陶磁，以浙江龙泉或龙泉系统的青磁为主，此外还有江西景德镇的青白磁和白磁、福建晋江流域诸窑的白磁和青釉磁（包括少量的绿、褐釉陶）、福建建阳和江西吉州等地的黑磁（天目）、广州西村窑的褐釉磁等。其他还有不少产地不明的陶磁。就数量来看，大部分是浙江的青磁和江西的白磁、青白磁，华南南部的陶磁较少。

其中，在福建晋江流域各窑烧制的白磁小盒子，多数是从具有明确年代的经塚中发现的，用作舍利容器。由此可见，这种白磁盒，在12世纪曾大量进口到日本。

这一时期的中国陶磁，在日本出土地点的分布极为广泛。北起东北地方，南至冲绳，各地的中世遗址都有所发现。发掘这一时期港口遗址、豪族的城址和住宅遗址、寺院遗址、祭祀遗址等，几乎无处不曾发现中国陶磁。尤其在当时的政治与商业中心的京都、镰仓、广岛的福山、九州的福冈及其附近，以及冲绳诸岛均有集中的发现。

从中可以推测，当时的日本人，对于中国陶磁的需求之强烈，以及进口数量之庞大。

由于日本迫切需要中国的青磁、青白磁、白磁和天目黑磁，因而从13世纪中期，日本在爱知的濑户开始仿照龙泉窑青磁和天目生产陶磁，这一类陶磁被称作古濑户或濑户天目。濑户位于平安时代盛产淡青釉陶器、绿釉陶器和硬质土器的猿投以北，它得天独厚，拥有用之不尽的陶土和高岭土。

然而，濑户烧制的青磁，开始阶段未能烧出美丽的青色，釉色呈褐色或青褐色。这是因为它使用的是过去烧制硬质土器或灰釉陶器的窑，不能充分还元，铁釉酸化而变成褐色或青褐色。但是，利用酸化炎烧制的天目，都获得成功。及至14至15世纪，濑户才烧出美丽的绿色的青磁。值得玩味的是，濑户还大量烧制了梅瓶形的瓶。中国的景德镇曾以青白磁和白磁生产许多梅瓶，并向日本大量进口，青白磁的梅瓶很受日本人欢迎，却很少以龙泉窑的青磁烧制梅瓶。于是，日本的陶工们使用青磁，模仿中国白磁或青白磁（影青）的梅瓶造型，制成梅瓶。它反映了日本接受中国陶磁的一种方式，是值得注意的。这一点同朝鲜半岛的高丽接受中国陶磁的方式是一致的，濑户的工人或许参考了高丽青磁也未可知。古濑户的花纹是将印文捺在陶胎上，这也同高丽象嵌青磁的施文方法极其相似。此外，漱户还生产了中国磁州窑带有搖座的小罐的仿制品，用作茶罐。

与中国的青磁和天目相类似的制品，是在日本东部的濑户窑烧制的，这是一个值得深思的问题。它固然是由于濑户拥有大量的优质陶土和高岭土，但同时，也是针对日本东部的豪族对中国陶磁的迫切需求而采取的一种对策。日本东部远离中国，交通不便，不能像日本西部那样充分获得中国陶磁。因此乃制造一种仿制品，借以满足中国式的嗜好。相对来说，西部日本由于不断地进口大量中国陶磁，就没有必要使用古濑户之类的代用陶磁，因而也就没有烧制过中国式的日本陶磁。

基于上述情况，西部日本开始烧制中国式施釉陶器的时间，远远晚于东部日本。

14到16世纪，在中国是元和明代，在日本则是从镰仓时代的末期到室町时代。这时中国陶磁的进口更加繁盛，中国对陶磁贸易也极为热心。关于这一情况，在宋代朱彧的《萍洲可谈》卷二、赵汝适的《诸蕃志》、元代汪大渊的《岛夷志略》、明初曾参加郑和下西洋船队的马欢所著《瀛涯胜览》、巩珍的《西洋番国志》、费信的《星槎胜览》等典籍中都有记载。同时，最近（1976—1978）从朝鲜半岛西南新安郡的海中打捞起的一艘元代沉船中，发现了13 000件以上的青磁、白磁、青白磁和褐釉磁以及吉州窑等元代的中国陶磁。这些陶磁大部分可能是为了向日本推销而装船的。这一时期，不仅由中国商人将陶磁器运往日本，日本也向中国派出船只，采购中国陶磁。自1434年以后，由武人政府（室町幕府）亲自派遣大规模的贸易船只。此外，西部日本的大领主（大名——封建豪族）也积极向中国派出商船，采购中国制品。其中，1461年京都天龙寺为了筹集营建资金向中国派出商船，采购了大量青磁一类的中国陶磁，这时运到日本的青磁，在日本被称之为天龙寺手的青磁。

14和15世纪进口到日本的中国陶磁，包括青磁、白磁、青白磁、大目、褐釉磁、白磁青花和三彩等。其中最受日本人欢迎的，和以往一样是青磁，进口数量很大。其次是白磁，但就其数量来说，少于青磁。此外从 14 世纪中期开始又增加了白磁青花。14 世纪中期的白磁青花，在日本被称作“元染付”，目前，在关东的镰仓、近畿的根来、北陆的福井附近（一乘谷）、山阴的鸟取附近（尾高城）、冲绳的首里和胜连城、读谷村等地都有发现。元代的白磁青花，除日本外，几乎遍及整个亚洲，甚至在埃及也曾大量发现。出色的白磁青花一旦出现，立即作为贸易商品向远近各国推销。但是在白磁青花上绘有元曲戏文的陶磁，在外国却未曾发现。

元代以后，明代的前期和中期，白磁青花仍然进口到日本，但其数量远远少于青磁和白磁。这可能是由于到了 14、15 世纪时，白磁青花在日本不再受到重视的缘故。到了 16 世纪后半期，即嘉靖、万历年间，白磁青花的进口数量急剧增加，除青磁、白磁、青白磁、白磁青花、天目（黑釉磁）之外，还有杂彩磁器和褐釉磁。

进口到日本的中国陶磁，由首都的京都和日本全国的统治阶级使用。及至 16 世纪，日本开始盛行饮茶和聚餐，迫切需要茶具和餐具，除青磁和天目碗之外，还需要白磁青花和五彩等中国陶磁。

如上所述，对于中国陶磁需求的扩大，以及日本近代社会富人的增加，必然推动了日本陶磁业的发展。于是，位于日本中部的濑户窑、邻近的美浓各窑，开始烧制仿效中国青磁的古濑户和同中国黑釉磁属于一类的濑户天目，以及日本特有的黄濑户、志野、织部等陶器。但是，这些全是陶胎，当时还不能烧制白磁、白磁青花以及五彩等磁器。

16 世纪末，丰臣秀吉攻击朝鲜时，随同回国的日本军队一起来到日本的朝鲜陶工，第一次把烧制磁器的技术带到了日本。统治者要求朝鲜陶工在日本烧制和中国的青磁、白磁与白磁青花同样的磁器。经过陶工们努力的结果，16 世纪末或 17 世纪初，终于在九州佐贺县的有田发现了一座优质的陶石山（泉山），以这里的陶土作材料烧制青磁和白磁，后来又烧制了白磁青花。如上所述，最早成功地烧制白磁和白磁青花的虽然是朝鲜人陶工，但是，实际上日本人所需要的是中国式的青磁、白磁和白磁青花，因此，朝鲜的陶工从一开始生产的白磁青花就具有和明末的白磁青花同样的花纹——虽然其中也有若干具有朝鲜风格的花纹——对在日本被认为是最古老的磁器窑，即有田的天狗谷窑址进行发掘的结果，充分地证明了这一情况。

17 世纪，有大量的具有朴素的花纹，用于出口的五彩（吴须赤绘）从华南传到了长崎。日本有田的陶工们吸收了五彩的烧制技术，于 17 世纪中期，有田也制成了日本的五彩（赤绘）。日本的白磁青花或五彩，在最初阶段，其花纹与中国极其相似，后来，无论是花纹，还是画法或色调，都逐步转化为日本风格。到了 17 世纪后期，开始出现了被称作古伊万里磁器和柿右卫门磁器等具有独特风格的五彩磁器。

上述日本磁器，从 17 世纪中期开始，通过荷兰东印度公司的商船向欧洲出口，到了 17 世纪末，在欧洲极受欢迎，销路很好。甚至连中国的景德镇也烧制具有古伊万里和柿右卫门花纹的五彩磁器，连同中国固有的五彩磁器，一并向欧洲出口。此外，18 世纪 30 年代以后，在德国的迈森、法国的香蒂、英国的切尔西和伍斯特等地生产绘有日本的古伊万里和柿右卫门花纹的磁器。因此，今天在欧洲如果看到古伊万里和柿右卫门风格的磁器，有时居然难以区别哪些是日本制的，哪些是中国制的，哪些是欧洲制的。

长期以来，日本的陶磁器一直是单方面地接受中国陶磁器的影响和刺激而向前发展，直到 18 世纪才从装饰方面开始了两国之间的互相交流。

（贾玉芹　译）

（《社会科学战线》1980 年第 1 期）

东西方长生不老丹的概念与化学药剂*

〔英国〕李约瑟**

总　论

在欧洲和阿拉伯文化领域之内，研究炼丹术与古代化学的学人虽已写过上千页的著作，然而试图把中国和印度的类似的东西进行对比时，错综复杂的情况还要大得多。我们的经验是，为了必要的澄清，需得介绍一些至今还不大通行的专门术语。而且我们还得确定一下本文中所使用的“炼丹术”一词是何意义。今天我们所理解的化学当然是如像研究电学的物理学那样的一门科学——这完全是文艺复兴以后，实际上是18世纪的东西；但是化学的史前时代可以追溯到上古和中世纪，而当时人们具有的化学知识就是在“炼丹术”方面运用的。对这个概念需要作比以往更细致的分析。

在西方古代，即是说在1至5世纪，亚历山大城的原始化学家中，有两类人的努力方向完全不同，即从事“点金术”（aurifaction）与“拟金术”（aurifietion），这是一种在每个文化中都能找到的模式。

我们对拟金术所下的定义是有意地仿制黄金（范围扩大时，仿制品的名目繁多，如白银以及别的贵重物品，诸如宝石、珍珠之类），往往是有意欺骗——不管是用别种金属来“冲淡”金银也罢，用铜、锡、锌、镍等来制造酷似金银的合金也罢；或者用含有黄金的混合物，或汞齐镀金来把表面装饰一

* 这篇论文是尚未出版的李约瑟博士的巨著《中国科学技术史》第5卷（化学史）第4分册（丹炉及金丹术理论）中的一个重要篇章，经李老博士提供原稿的副本。由本刊请汶江同志译成中文，在中国提前发表。原文无注释，为方便读者，由译者作了注释。

** 作者单位：英国剑桥大学。

下，或者把金属放置在硫、汞、砷的蒸气里，或含有这些元素的挥发性合剂中，给它镀上一层色彩相当的表面薄膜也罢。在这定义里，欺骗顾客或以欺骗为目的，并非主要的东西，因为顾客也许对有黄金一样外表的东西就心满意足了，这种仿效的物件正符合他的心意，但那位原始化学技师一定明白他的产品是受不了烤钵试金法的起码检验的，因此他一定懂得，在作坊中说来，那东西是“赝品”，然而同一种操作方法可能被哲学的原始化学家用来产生一种在哲学意义上被认为是“真的”结果。

另一方面，我们给点金术所下的定义是相信可能用一种完全不同的东西，特别是未知的金属，来造成金子（“一种”金子，或一种人造的金子），和天然的金子毫无区别，（如果不是更好的话）也和天然金子完全一样的好。我们就会明白，这是哲学家的信念，而不是工匠们的信念。在这个定义里，原始化学哲学家的自我欺骗是主要的，不是由于他的轻信或拙劣，而是由于那个时代还不能认识到合金中的各种金属的原子常住不变。那种合金中的某些特点和性质恰好是徒有其名，当时并不认为必须使黄色金属的一切特性都和天然金子的相同。他们认为只要至少有一种特性相同就行了——如沉重、柔软、可塑性、韧性、内部均匀等等，而色彩却算是最重要的，因为诗人说过：“闪闪发光是黄金”。我们相信东方和西方的原始化学哲学家都不知道烤钵试金法（对此我们将提出一种社会学上的原因），即使他们知道，他们也许认为这和他们的命名法不相干。他们认为凡是多多少少具有金子的形状、属性或性质的任何东西都算是“金子”。过去往往认为这些观念的总汇就构成全部“炼丹术”，而我们却认为这大大有助于澄清点金术因素与长生术因素间的区别。

长生术这一常用术语，指相信能借助植物、动物、矿物，特别是化学知识而制成丹药。它可以延年益寿，超过寿老，使身心返老还童，使真人能长寿数百年，终于达到长生不老之境，灵躯升仙。这就是道家关于躯体不朽的观念。然而中国还有另一种自然倾向于炼丹术的原因，他们并没有类似那种长期支配欧洲的，加仑式（Galenical）的，反对使用矿物药剂的任何偏见；的确，中国人走向另一极端，数百年来始终惊人地配制含有金属以及别种元素（汞、砷、铅等以致黄金）的各种剧烈丹药，它给毅然服用的人造成说不完的损害。然而，道家如果愿意这样干，可以避免这些危险，因为还有别的许多求得躯体不朽的道术，不仅有炼丹与药物，还有服食、呼息、导引、房中、服日芒之法、静坐冥想等等，借助这一切，他能企冀列入仙班，或羽化而登仙。仙人是不朽、纯净、空灵、自由自在、长生不老的，像一种魂灵那样，悠然而自得地徜徉于出林之间，与得道真人为伍，任四时代谢、寒来暑往而永葆青春。

我们相信，刚论述的三个关键性概念适用于每个文化的古代化学的一切方面，并最能寻出他们之间的相互关系。从上述这些定义中，显然主要的是炼丹术应与拟金术及点金术分开。如果这样，希腊的原始化学家不应称为“炼丹家”，因为他们心目中极少或根本没有长生术。许多人认为“丹药”一词正好用来给“炼丹术”本身下定义，因为从 12 世纪起，随着阿拉伯的化学知识的传播，欧洲才开始为长生术着迷，因为炼丹术毕竟是一个带有阿拉伯文的词冠（al）的词，在那个时代来临之前，就说欧洲有这一门学问是不妥当的，然后还得要一些时间来发挥其充分效果。强调化学可以促使长寿，这在罗杰·培根（Roger Bacon，1214—1292）的著作中阐发得淋漓尽致。在那段时间以前，欧洲有许许多多拟金术、点金术以及原始化学，但都未打算配制延年益寿的东西，即我们通称的“长寿药”。另一方面，中国的原始化学自始就是真正的炼丹术，恰好是由于躯体不朽的观念支配着中国，也仅仅支配着中国。在前段开端论述长寿的那句话是用中文术语来说明的，这并非偶然，因为在中国文化中，那是实有所指的；虽然在希腊世界中也有一些极相似的东西，如 Pharmalkon tes athanasis，但进一步仔细研究就知道那多半是一种比喻罢了。

公元前 4 世纪，邹衍的时代以来，长生术与点金术这两个观念首先就一齐涌现于中国炼丹家的脑际，在各个文化中这似乎要算最早，我们就会明瞭，在中国也有拟金术，而且流行甚广，致使公元前 144 年朝廷下令，禁止未经许可就私自铸造和制造“伪黄金”①。如果这些冶金术的原始化学家没有其他方面兴趣的话，他们当然不算是我们意味中的炼丹家，然而仅仅在一二十年之后，公元前 133 年，当其李少君敦促皇帝支持他的研究时——公元前 125 年，当其刘安那群自然哲学家撰写《淮南子》时，点金术与长生不老之间的联系已经可以明显地看得出了（这也许源出于邹衍的早期学派）。制造不腐朽的金属，黄金与人们求得尘世上的不朽之间的联系就这样的开始了，若干世纪之后这传遍了全世界。最初它的形式是，用人造黄金所制的杯盘器皿具有一种魔力，可使任何使用这些器皿饮食的人长生不老，这定然是作为装盛原本为植物的长生丹“不死芝草”的容器而起作用，始而战国时代的封建诸侯，继而秦始皇帝本人都如此急切地寻求这种使人长生的灵芝草。似乎早在公元前 1000 世纪的中叶，“黄白之术”已为邹衍及其同伴所倡导。到了李少君、刘安、刘向（公元前 60 年）、茅盈（公元前 40 年）时，已成为众目睽睽的东西了。再有，所

① 这指汉景帝“六年……十二月……定铸钱伪黄金，弃市律”。见《前汉书·景帝纪》应劭注曰：“文帝五年听民放铸，律向未除，先时多作伪金，伪金终不可成，而徒损费，转向诳耀，穷则起为盗贼，故定其律也。”

谓“点金之法”，是以少量的有效药剂（如中世纪熟悉的“哲人石”）加入基质之中，使其全部变为贵金属的方法，至迟在公元前1世纪以来就已出现于中国，虽然我还无把握断定，程伟的传说究竟是以放在公元后15年或放在公元前95年左右为宜。人造的或天然的黄金不应封闭在不生锈的容器里，而应吞服下去，以某种形式存在于人体中，这一观念也开始在滋长。最早提到食金的记载见于成书于公元前80年的《盐铁论》①。1世纪封君达用水银，而王兴却用一些不可言传的“金液之丹”的配方。别的真人也力图用矿物或金属东西来点化服用的朱砂；关于这种做法我们有比道家的神仙传更加可靠的证据。因为淳于意医师在一份官方的报告中告诉我们他怎样在公元前160年，诊断过一位因服用过量矿物药剂而致病的医生②。

综上所述，中国古代炼丹术的传统出自三个不同的根源：（1）对于作长生不老的植物的药物学与植物学上的研究；（2）拟金术与点金术制作过程中冶金学、化学上的发现；（3）医疗术中无机物的药用矿物的使用。所有这三者至少早在战国时代，远在秦汉以前，就已开始，而三者合一的传统如果不是在1世纪初，必定在该世纪末就已成为固定形态。在4世纪初由葛洪使之系统化，5世纪的陶弘景，7世纪的孙思邈等人加以扩充。这必然成为中国古代化学史的基础。

在人们心目中，黄金与长生不老之间的关系就这样建立起来，并注定要延续了近20个世纪之久，在适当时期形成这样的公式，即别的一切金属，都要生锈、腐蚀，像血肉之躯的人要患疾病一样。所以哲人石会对人类和金属一样是最好的药剂。它会使两者都不腐不朽，它的主要旨趣是改变“不完善的”东西为“完善的”。

众所周知，阿拉伯的炼丹术比起希腊的原始化学，尤其比冶金学，具有显著得多的医药特色。中国的炼丹术更是如此。中国历代道教中，医药和炼丹术总是密切结合的，这不仅在理论上如此，对人的本身也如此。毋庸置疑，阿拉伯实验者与作家受中国理想与发现的影响之深，绝不下于受拜占廷文化所保存

---

① 此事见于《盐铁论》卷六，“散不足”第二十九：“及秦皇览怪迂，信讥祥，使卢生求羡门高，徐市等人入海求不死之药。当此之时，燕齐之士释锄耒，争言神仙方士，于是趣咸阳者以千数，言仙人食金饮珠，然后寿与天地相称。”

② 指《史记·扁鹊·仓公列传》，所记淳于意（即太仓公）诊断齐王侍医遂事：“齐王侍医遂病，自炼五石服之，臣意往过之，遂谓意曰：‘不肖有病，幸诊遂也。’臣意即诊之，告曰：‘公病中热，论曰，中热不溲者，不可服五石，石之为药精悍，公服之不得数溲，亟勿服。色将发臃……意告之后百余日，果为疽发乳上，入缺盆，死。”

希腊点金术的原始化学的影响，人们甚至还可以进一步说，在东亚所发生的事情，对于建立炼丹术的固定风格有极大关系。这种风格在欧洲文化中从1150年前后起一直持续到利巴维（Libavius）、波义耳（Boyle）、勃里斯特莱（Priestley）、拉瓦谢（Lavoisier）的时代（1600—1800），在所有三大文化中引起化学和化学工艺方面的众多的发现。在1500年之后不久巴拉赛尔苏斯喊出他那句伟大的格言："炼丹术的任务不是制造黄金，而是配制药物。"他把古代中国的炼丹术与现代西方不可分割地联系在一起，形成今天的普遍的化学疗法。

一、希腊的原始化学

如果黄金、炼金与永生之间的联系真的首先发生于中国，那么这意味着怎样的一种永生呢？关于死后生活以及可能避免死亡的一些想法在所有古代文化中当然总是很模糊的。但用一番简短的比较研究即可以表明中国固有的观念与别的文化中的这种观念的差别了。我们也可估计这些观念发展的各个阶段的大致年代。主要必须证明的是，在中国文化中，也只有在中国文化中，来世论（eschatleogical）的条件恰好是真正相信有长生丹，即能使形体不朽的化学与生理学丹药的存在与效力的根源。在中国不曾有过来世的天堂与地狱在理论上的尖锐对立，而"臻于完美的君子心灵"及其躯壳一齐化为清虚空灵之形，会在下界或天上的星宿中享受永生——无论如何还是在自然界的范围之内，中国与印度—伊兰—欧罗巴的文化有根本的不同。虽然长生不老丹的思想在一定时期传遍了整个旧世界，但其形态被改变了、冲淡了，所以阐明它怎样才首先形成，具有重大意义。可见，在讨论这些思想的一般的比较研究的范围内阐述阿拉伯与拉丁对中国思想的反应之前，首先得阐明一点，即是说，尽管有时会有一种印象，在希腊原始化学家的文献中几乎没有关于长生不老丹的记载。

那些令人联想到这条思路的文章经不起仔细的审查。例如，在《为克娄佩特拉讲授哲人石的圣教术的哲学家兼高僧，卡玛留士（Camarius）之书》中，提到过"寿命之药"（pharmakon tes zoes）。该书书名可能是晚出的，但就该书的内容而论，肯定不属于"希腊炼丹术集成"中的晚期著作。不难看出其为2世纪的作品，其中有一处，在回禀克娄佩特拉时，奥斯坦及其同伴说：

> 在你的内心蕴藏着奇妙、惊人的奥秘。开导我们啊！以你灿烂的光辉阐明本质。使我们明瞭，至高如何降到至低，至低又如何上升为至高，中央又如何与至低及至高接近，使之合而为一。是什么要素在影响它们。指教我们啊，圣水如何自天而降，唤醒长眠于冥府深处，禁锢于黑暗中的死

者；寿命之药怎样使他们复甦，唤醒他们，使他们从长眠中惊觉，当他们拜倒时，火（光）的作用所生的新的甘霖怎样渗透他们，霭霭祥云自海上升起，扶持他们，支承圣水。

不久又接着说：

他们（物体）宛如出自汪洋深处，出自供他们驱使的清虚云体，把他们从黑暗引向光明，从悲哀引向欢乐，从疾病引向健康，从死亡引向生活，赐与他们前所未有的荣华……他们从长眠中苏醒，一起脱离冥府。

虽然用的是神秘的语言，大家一致认为上引章节是描写 Kero fakis 仪器中的反复蒸馏法。放在下层的汞、硫、砷的蒸气上升与放在上层的某些金属起化学反应，然后浓缩而流至容器边沿，这个循环过程可以任意延长。这种语言与神秘宗教的语言密切相关，也与赫尔梅斯派及灵知派的典籍和思想有关；有人说再没有比这些章节和保罗书翰中的神秘部分的用词造句更为相似的东西了。如在“生命之水”中再生这句，“生命之水”是指新入教的信徒用来涂身的圣水。祥云可与灵知派所焚的妙香比拟。这一切表明希腊的原始化学家与他们当时的宗教思想多么相近，但是“寿命之药”，甚至“长生丹药”在世界的这一部分地区主要是一种比喻，无论是基督教或者灵知派都经常用来作圣礼的诗意的描绘，不管是指洗礼或圣餐。从一贯的上下文含义看来主要是指“来世”，因为没有任何希腊宗教设想过在现世可以长生。

另一种可以作范例的古代文献是《奥斯坦致贝塔修斯书》，其中“神灵（或硫）之水”，即硫化钙的混合物，被视为万应药。奥斯坦说：

用这种贵重的神灵之水可治百病。它可以使盲人重见光明，使聋子的耳能听，哑子的舌能言，这是神灵之水的配方……这种水能使死者复生，生者死亡。变黑暗为光明，变光明为黑暗，它能使海水枯竭，烈火熄灭。

这段话无疑是谈金属上的硫化物表面薄膜所产生的色彩变化，但是最后一句话的模棱两可的语气大大冲淡了它具有长生丹的印象。的确，作者只是单纯用诗意的词藻在描绘硫化物表面薄膜变黄、变红、变黑的外观。

还有第三部提到长寿的文献，有人认为该书标题的一部分就是长寿，但实际上这只是对读者的贺辞，这是一本怪书，卢勒（B. Ruelle）称之为《摩西化学》，并且恰当地把它和《莱登 X 号文件》相比拟。虽然其中也包括有伪托德谟克利图斯著作的片断。此书无疑是属于原始化学行业中的犹太——阿历山大传统，这是在涉及《艾诺克（Enoch）伪经》以及与“化学”一词的起源问题时会遇见的东西；虽然它既无标题，又无作者姓名，此书一定是《集成》中一处提到的那部《先知摩西的家庭化学》或《摩西发酵术》。该书开篇说：“上帝对摩西说：我选定犹太族教士白基利为金、银、铜、铁以及一切可以加工的木石技师，为一切技艺的能手”。然后就投身于大量的秘方中，但在开篇有一段为读者的祈祷词：“事业成功，工程顺遂，多才多艺，长命百岁!”这类“万事如意”的话在每篇之末都要重复一遍。这决非该书标题的一部分，与长生不老的医药毫无关系。

从希腊到拜占庭时代所能找到的东西仅止于此。当然在13世纪，特别是罗杰·培根的时代，长生丹的观念很明显已经传入欧洲，即使还受到西方宇宙论与神学的限制，只是求长寿而不是求形体的不朽，正由于人们可以看出这种可能性的概念上的差别，现在我们就必须加以探究。但是，一经阿拉伯人传播之后，“不死之草”就在可能范围内为欧洲思想所明确吸收，其结果之一见于巴拉塞尔舒士（Panacelcuc）的《论长寿》一书（约写成于1526年，刊行于1562年）。他说：“寿命不过是一种不腐朽的木乃伊，用一种渗合盐类的溶液防止身体受致命的毒虫伤害，防止腐朽”——真是大胆的言辞，犹如黎明时的甘露，预示着现代科学的兴起。现在我们需要的是对各种文化中的来世论的观点加以探索，以阐明为什么长生不老丹在中国能如此走红运，为什么欧洲只能部分地分享。然而就在那时它完成了使炼丹术诞生的任务，因而，可算是对人类探索四周的化学世界的最伟大的唯一推动。

二、中国与阿拉伯世界

635至666年间，阿拉伯各部落人民受到先知穆罕默德的新宗教的鼓舞，决心要摆脱贫困，过更富裕的生活，大批涌进四周文化悠久的地区，一个具有自己的语言，并独具特色的新兴文化诞生了。如众所周知，它注定要吸收希腊科学技术的大部分，并在一定时期把它传给西欧拉丁区域。伊斯兰教不仅征服了近东和中东，而且征服北非和西班牙，这史实更在地理上促进了吸收、丰富与传播的过程，然而阿拉伯文化疆界向东延伸得更远，直达印度边境与新疆的范围，实际上包括了东至罗布泊这一线以及乍得与里海间全部区域内的各个地方。因此不难理解，希腊的学识决非注入伊斯兰湖泊的唯一河流——波斯（伊朗）的传统也被同化，并且强劲的有影响的潮流时而从印度，时而从中国向西方奔流。显然，当阿拉伯文化开始关心化学问题时，希腊世界的原始化学就会增添许多东西，下面我们得试图探索中国炼丹术的理论与实践西传的途径。

直到9世纪时阿拉伯炼丹术才算真正开始。然而有一件在8世纪末叶阿拉伯使者在拜占庭遇见到点金术的详尽记载，就意味深长了。此人名叫乌玛拉·伊本·罗萨（Umara ibn Hamza），是在772年奉哈利发阿尔-曼苏尔（Al-Mansur）的使命派遣去的。他参观过皇宫中一个秘密实验室里的示范表演，用白色的药方点后铅变为银，用红色的药方点后铜变为金。此事见于902年前后，哈马丹人伊本·阿尔-法基赫（Ibn al-Faqih）所写的地理学著作 Kitāf al-A, lāq al-Nāfisa 的书中。在该篇之末，乌玛拉断定说，正是此事引起了哈里斯对炼丹术的兴趣。我们没有特别理由不相信这个故事，不过点金术是否真算是第一件引起阿拉伯人好奇心的化学实验那倒是可疑的。因为至少早在我们即将阐明的时期，他们就已知道寻求长生不老之药了。那一定是从完全相反的方向传来的。

随着大量的书籍和用贾比尔·伊本·哈扬（Jabir ibn Hayyān）的名义所写的论文的涌现，阿拉伯炼丹术达到了极盛时期，可以有把握地确定其时期为9世纪下叶至10世纪上叶。了解这一点是解决化学史上最费解的难题之一的关键，即那位在13世纪之末，用拉丁文写作的格别尔（Geber）与生活于黑衣大食的黄金时代的贾比尔（Jabir）之间的关系问题。这在1930年同时发表的卢斯加（Ruska）与克劳斯（Kraus）的那两篇经典性论文中才豁然贯通。上一世纪的史学家如史密德尔（Schmieder）与荷费尔（Heefer）往往把格别尔与贾比尔混为一谈。虽然柯普（Kopp）首先就发现格别尔的书名不见于各种阿拉伯书目中。而粕尔塞洛特（Berthelot）与霍达斯（Houdas）不仅认出这两种文献中的重大差异，而且还知道早在987年 Fihrist 的作者就对贾比尔的著述业与史实表示十分怀疑。格别尔书中的许多东西贾比尔一无所知，也没有任何迹象表明格别尔是从阿拉伯文翻译的。虽然曾经发现过一些贾比尔著作的拉丁文译本。事实是贾比尔的著作编为《集成》，一部由具有共同哲学观点的许多作家的总集，其中没有一个作家早于850年左右，全书不仅编成于987年之前，而且早于950年，因为曾为伊本·阿尔-瓦西亚·阿尔-纳巴提（Jbn al-Wahshiya al-Nabati）所引用。至于贾比尔·伊本·哈扬本人是否真正存在，一直是，目前仍然是，争论中的问题，但是如果承认他是历史人物，他的时代大致约在720年至815年之间。也许还要晚几十年。至于他是否写过《集成》中的任何文章，甚至其中最早的作品，则悬而未决。

三、长生不老丹的概念与名称

在阿拉伯炼丹术的思想中 al-iksir（灵丹）这种东西一旦点入（tarh）任何不完美的物件中就会引起质量（Krasis）对比向好的方面转变，即嬗变（qalf 或 iqlāf）。甚至可能转变为黄金中所具有的完美的均衡。在有生命的东西中也可能有相似的完美，这种情况下即使其健康长寿，所以 al-iksir 自然令人想起丹药“医治人和金属的药剂”。正如 iksir 对植物、动物和人类所起的作用之强大绝不下于它对矿物和金属物品所起的。所以医治后者的丹药可以用这三个自然领域中之任一种方式来配制——这是中国的特色而不是希腊的。各种不同的学派（Tawā' if）各自强调以这三者之一为其原材料的出发点，贾比尔的《集成》中的著作之一，Kitāb al-Lāhut（神学篇）对此曾作详细的讨论。另一部书，也许是更古的一部，《巴利纳氏论矿物》（Kitāf al-Ahjārālā ra'y Balinas），记载有 7 种丹药，3 种是单剂的，3 种是用取自动物、植物及人类 3 种生物中两种的要素，以不同方式配制而成的，还有一种是兼取三者中的物质制成。在配制中几乎一直都要用蒸馏的方法。

al-iksir 一词的起源引起很大的争议，因为很显然这不是来源于阿拉伯文。贾比尔《集成》的作者对解决这一问题没有多大帮助，他们照当时人的方式搞的是想当然耳的字源学。例如：Kitāb al-Rahma al-Kabir 一书说：

> Al-iksir（灵丹）之所以称为 al-iksir，由于它对它所点化的物质有极大的效力，改变它们，并把自己的性质赋与它们。也有人主张这名称的来源是由于 alxir 本身要粉碎与分散，另外也有人认为由于它的贵重优良而得名。

也许上述的第二种提法离题不远，因为自从伏莱舍尔（Fleischer）提出他的看法以来，一般都假定 iksir 一词来源于希腊文 Xērion，此字在希腊的炼丹术《集成》中经常出现。在奥林匹约多鲁斯（Olympiodorus，1 世纪）的一篇明确的论述中，此字的定义是“点化用的干粉末”（epiballeiss ro Xerion，即加进铜里的砷），但贝塞洛特·卢埃勒（Berthelot Ruelle）指出，在别的许多情况下，此字兼有“点化”的意义，是不无道理的。甚至还有一个残篇名为《论粉末》（Peri Xerion）（也许是一篇佚文的残存部分），其中说最纯真的粉末（alētfertaion Xerion）有 3 种效力，即渗透、色泽与粘固。有意思的是 Xerion 这个字，原先也许指各种干粉末，只略有一点医学色彩。医师用来指适宜于撒在外部伤口的止血剂。

在一些主要以古代希腊资料为依据的，7 至 9 世纪的叙利亚文献中，此字的新形式——Ksyra Ksirin，iksin eksirin 还完全能认得出来，并且与“点”（arma 即投）字有关。事实上，此字用得更多，但似乎不仅有干粉末的意思，据说还指蜂蜜、冰、金属、锈、蒸馏液，甚至还指油类，这暗示在 8 世纪初，从完全不同的地方，有另一些观念传入阿拉伯世界，伴随着一些带有 X 或 KS 音素的类似的声音，字意却大为增加了（增加得简直可以视为新东西），从而 el iksir 就带有点医药的性质了。

这种想法使我们认为，从汉文中探索 iksir 一字的根源的建议有某些价值，正如我们在前面探讨过“Chem”一字的情况那样①，由于对单纯在阿拉伯文与希腊文中探讨感到不满意，马赫地哈桑（Mahdihasan）在1957年建议应该仔细考虑汉文的“药剂”或“药芝”二词。唐代的发音前者为iäk-dziei，后者为iäk-tsi。遗憾的是，两者都非古字，几年后马赫地哈桑改变主意，提出了一个更不可靠的“一气”，意即一元之气，（中古发音为ik-si），如果我们想到原始化学的炼丹术的话，这却不是一个与炼丹术有密切关系的词，不久之后，著名汉学家达布斯（Dubs）提出另一个建议，即“液质”意即“液体的本质”，或如他所说的“流体的物质”，唐代的读音为iäk-tsit。除了有马赫地哈桑的批评外，这个问题争论此后停止了。我们认为这个建议总的说来没有多大分量，正如把“金”附会为Chem的来源一样，但这也许还值得暂时保留一下，如果只把它作为语言上的考证虽然错误，却是富于启示性的，可能事例；如果我们想象8世纪时有阿拉伯商人在广州、杭州或新疆，与道教徒愉快的交往中谈论到炼丹术，我们不妨揣想当他发现有一个与他已经熟知的叙利亚语的iksirin，或阿拉伯语的iksir声音相似的词语时，他所感到的兴趣；我们知道在这种情况下往往很容易对事物本身作出错误的判断，“多奇妙呀！那正是我们所说的东西！”当然，在不知不觉中他已吸收了许多以往在叙利亚人、希腊人和阿拉伯人中不曾流行过的思想，比如，那种点化的药粉也是一种有效的医药品，可以用于人和金属的灵丹妙药。

四、伊斯兰的长生丹

为了证明阿拉伯人的看法，必须直接引证若干原著。

首先引证Kitāb al-imāma wa'l Siyāsa（论教权与民政），据称是伊本·郭台拔（Ibn Qutayba）所作，也许更可能是他的一位同时人所作的。哈里发—马利克（Abd al-Malik，685—705）任命他的兄弟毕昔尔·伊本·马尔温（Bishr ibn Marwān）为巴士拉总督，用穆沙·伊本·努塞尔（Musā iba Nusair）为首席顾问。毕昔尔耽于享乐，把一切公务交给穆莎掌管，这样他就无挂无虑了。

> 一个伊拉克人走到他面前说道：“神天鉴察。这正是你求之不得的事。我要给你一杯琼浆，饮后会使你永葆青春，能答应我对你提出的条件吗？”毕昔尔问：“你的条件是什么呢？”“四十昼夜内你不许发怒，不得骑马，不许近妇人，不得沐浴。”毕昔尔答应了这些条件，饮下了给他的

① Chem——即欧洲语言中化学（英Chemistry，德、法Chemie）的字根。

药液，隔绝众人，不管亲疏，独自幽居在深宫里。这样一直继续着，突然有消息传来，说他被任命为库法兼巴士拉的总督。听到这消息，他兴高采烈，无法抑制。他叫人备马，准备到库法赴任，但是那个人又来了，极力劝他安居原处，不要走动。毕昔尔哪能听他的话。那人见他为此坚决，就说："你得证明我没有害你，是你自己不听我的话?"毕昔尔照办了，证明此人不负任何罪责。

于是，他动身去库法。走不多几里时，他把手放在自己的胡须上，妙啊？胡须触手而落。看见了这回事，他立即回到巴士拉，留在那里不多几天他就死了。当毕昔尔的死讯传到马利克那里之后，他任命阿尔-哈贾杰·伊本·优素福（A1-Hajjaj ibn Yūsuf）继任总督。

这个故事可能有一定程度的虚构，但在这一事件发生之后，就流传得如此迅速，至少暗示毕昔尔死亡（可确定在694年）的那段时间，人们经常在谈论永葆青春或生命的灵丹。这个值得注意的故事又重见于一部确是郭台拔所著的书 Kitāb al-Ma'ārif（《博学篇》），其中说毕昔尔饮了一种称为 idhritūs 或 adhritus 的药品之后而死。

这里所用的专门术语可能源自希腊文，有一段的结尾甚至对一种药剂作了诗意洋溢的评介。然而永葆青春的药剂的思想却完全是非希腊的，加之，那故事中还包括了一些显著的典型的中国特色，尤其是在治疗或调理期间，必须克制一切情欲的禁令——是极其重要的；正如我们在内丹中所理解的那样，道教真人在献长生丹时就有很相似的规定。当然无需揣测上述故事中那个内丹家就真是中国人，仅可以揣测他一定和中国文化有过接触，曾经有人猜想，一位人士，即马莎尔贾瓦依（Masarjawayh）参与过上述事件。这可能是真的。此人是巴士拉的一位操叙利亚语的犹太医师，的确，住在巴士拉这样一个巨大的贸易中心，与中国人有深入的接触是完全可能的。

这种古代故事中涉及8世纪的一个景教大主教——哈兰的艾莎克（Issac of Harrān）的故事。出自一部作者佚名的叙利亚文残篇，已由布鲁克刊行并翻译。这个艾莎克是一个坏蛋，首先被破格授予 budmāsh 圣职；有一个古怪的游方僧人来见他，当面用一种丹药作了点金术，一两天后艾莎克陪同这个僧人上路，把他推下井去而杀害了他，然而在他的披衫里既找不到丹药的成品，也找不到配药的处方。艾莎克终于设法当上了一个大主教，因为他夸口懂得点金术，可是一旦证明他无法把这种技术教会世俗的穆斯林统治者时，756年都督下令把他处死了。因此除了留下这东西的名字外，关于长生术毫无所知。这个故事与这一时代前后中国典籍中所载的几百个故事有惊人的相似之处。

阿拉伯人大大超过以往西方之处，是他们真的把长生丹药给重病垂危的人吃。这一行动使他们与中国炼丹家医生的师承并驾齐驱。在众多的贾比尔的故事中已经译出3个惊人的故事，由于其独具特色并富于革命性质，值得全文引用。这2个故事都出自 Kitāb al-Khawāss al-Kabir 一书。

> （贾比尔说），当我已经享有盛名，成为博学之士与老师的高足时，有一天我来到雅希亚·伊本·哈立德（Yahya ibn khalid）家里。此人有一个极好的奴隶，国色天姿，聪明伶俐，富有教养，擅长音乐，无可伦比；由于患病，服了泻药，衰弱不堪，看来难以痊愈；她呕吐狼藉，呼吸困难，不言不语。
>
> 雅希亚从信差那里知道她的病情后，就问我对病情的意见。由于我不能见到她，我建议采用冷水疗法，因为当时我没有更有效的对付毒药的方法。然而并未见效。温水治疗法也不行，因为我建议用热盐烫她的腹部，用温水洗她的双脚。
>
> 由于她病情越来越恶化，雅希亚带我去看她，我发现她半死不活，衰弱极了，正好我带有一点这类长生丹，我要她用三两纯净的 Sukunjabin 服下二粒，谢天谢地！谢我师尊！不一会我就得在这个姑娘面前把自己的脸遮起来，不敢正视，稍过片刻她恢复了全部姿色。
>
> 于是雅希亚拜倒在我面前，吻我双脚，我要求他，亲如手足就不必拘礼了。他向我问起这种丹药，我把剩下的都奉送给他，他不肯收下。但从那时起，他开始钻研并实验这门学问，终于获得许多知识。他的儿子贾法尔在聪明与学识方面还超过他。

不必要求这个故事必须完全合乎史实，重要的是这说明化学药物可以这样使用。贾比尔对自己的女奴也有类似的经历。

> 据她所说，她在无意中吃了大约一两黄砒霜。虽然我试用了我所知道的各种解毒剂，仍然无法医好她。最后我只好让她用蜂蜜和水服下一粒这类长生丹药，在药物进入她身体后不久，她吐出了砒霜，恢复了健康。

第三个是被蛇咬伤的病例：

> 有一天，我出门要去贾法尔老师家，（上帝保佑他）我遇见一个人，他的右肋肿得吓人，说是绿得像甜菜也不算过分。有几处已经变得像青色了。我问他出了什么事情，他答道，自从他被毒蛇咬了以后就成了这个样子。我强迫他服下两粒用冷水溶化了的这种长生丹，因为我相信他已垂危。啊！青色、绿色的肿块消散了，恢复了人体的本色，不一会儿肿块逐渐消失了，右肋恢复正常。他复元到能说话以后，站了起来，动身回家，完全医好了。

人们不禁会想起在中文里毫无差别地使用“丹”这一术语来指长生不死

之药与合成药物。

贾比尔派的作家们的另一特色就是他们时时都实际上在和难以相信的高寿的能手打交道。希米雅特人哈尔比就是一个适当的例子。在 Kitab al-hasil(《成效论》)一书中说道，涉及平衡论中 glyphomantic 部分时，“贾比尔”曾向这位高寿达 463 岁的教长学过希米雅特语的金属名称。能够把它们放进一份并列着阿拉伯、希腊、亚历山大和波斯文的这类名目的表格里。哈尔比的名字再次出现于贾法尔派的其他多种著作中，据贾比尔说是他的老师，实际上其中有一部书的标题就是署名为哈尔比的。所以他本人一定是，或者可能是一位炼丹能手，这样长寿的一位教长几乎可以名列仙阶了。

现在我们可以看出，在阿拉伯的炼丹文献中实际上有大量的论长生丹药与长生不老的著述。当然，这在一般性质以及细节方面，都与我们在中国文献中所见到的有所不同——这是意料之中的——但是很明显，从 700 年以来，阿拉伯世界中的气氛与希腊的原始化学根本不同。如果依据那些用现代治学方法研究过并译成西方语言的典籍已能意识到上述情况，那么，还有几千卷未经钻研的阿拉伯炼丹书籍有待于国际学术界研究，一旦进行，将会有多大的发现？然而最后一点必须肯定，不死之药或长寿丹的思想只有通过伊斯兰文化才传至欧洲，景教徒的接触与传播有时是直接进行的。亚美尼亚王国有时可能是各种思想的焦点，在指南针的推广中，我们已经见到通过 12 世纪的西辽即哈喇契丹，传播的清晰的可能性。13 世纪的中叶，产生直接的影响还不算太晚。那正是卢布鲁克（William de Rubruquis）在中国讨论脉搏学，鄂多里克正在同大乘和尚争辩转世问题的时刻，14 世纪在杭州的意大利商人可能对晚期方面作过些少许贡献。甚至马可波罗及其同时代人也是这样，但伊斯兰与印度两者之间有短程渠道，也是毋庸置疑的。它们究竟传送了多少我们在这里所研究的思想，则尚待探索。

五、贾比尔试管中的婴儿

阿拉伯炼丹术中有一个非常重要的主题，以往似乎未曾就长生丹学说的来龙去脉对它作过适当的探讨，虽然克劳斯曾对它作过精审而渊博的研究，这就是所谓繁殖科学（Ilm al-Takwin），从事用人工的无性繁殖法在玻璃器皿里（in vitco）产生植物、动物甚至人类，更不用说在自然界和实验室里产生矿砂与矿物，包括从贱金属中产生贵金属了。把这种思想单纯地斥责为“中世纪的废话”是不妥当的。这可以使我们进一步洞悉那个时代人们的思想，这也可以阐明流传于许多人与人间的那种思潮。

因此，让我们更细致地审视一下这种不寻常的发展，因为这见于极明确的资料，即贾比尔的《集成》内的 Kitab al-Tajmi 一书中，用人类的工艺作用（sáni），做效造物主（Bari）而人工的创造矿物（Takwin al-ahjar），植物（takwin al-nabát），动物（takwin al-haya-wān），甚至创造出人和先知（takwin ashāb al-nawāmis），这是9世纪的基本信仰。在巴利纳（Balinas）文献中区别成两种繁殖（Kawn）或创造（Khalq）的方法：第一种是由上帝创造(al-kawn al-awwali)；第二种，即由人的创造（al-kawn al-thāi）。一位贾比尔派的作者谈到长生不老丹时说道：

> 如果你能把各种孤立的事物综合（或组合）起来，就能发现（世界之）灵魂同本体之间的确切关系。在这方面，孤立的事物同你的关系犹如（四种）品质（或性质）和你的关系——因而你将能随心所欲地把它们变成任何东西。

点金术只不过是这种普通原则的专门实例罢了。伊本·哈敦（Jbn Khaldūn）给炼丹术下的定义是："这是一门研究用来作人造金、银的东西（金丹），并讲解其操作方法的学问。"再者，探索人工繁殖（Takwinát）植物、动物的可能性并不局限于贾比尔派那个圈子内，大众都广泛地相信并讨论这一问题。在约成书于930年的伊本瓦西亚（Jbn washiya）所作的 Kitab al-Ta'fin（腐质篇）中就讲得不少。在地中海的另一端，在穆斯林统治下的西班牙，这也是众所周知的事情。约在1000年或其后几十年内的，伪马吉里蒂（Maslama al-Majriti）所著的 Kitāb Ghāyat al-Hakim 可以为证。这当然与天然的繁殖的思想有联系，在 Kitāb Sirl al-Khaliqa（约成书于820年）一书中就很显著，也许重要的要算 Rasa' il Jkhwān al-Safā 以及别的许多书籍都认为这种思想出自印度或锡兰，因此得认真考虑这全部情况，其实际操作法的指示中包括一些迷人的细节。

它们包含哪一类东西呢？照 Kitab al-Tajmi 一书中所记载的一种操作程序，有一个仿效所要的动物形状的玻璃哺育器，里面盛着精、血和要复制的机体的各部分的样品，以及遵照平衡法所规定的种类与分量而选定药剂与化学药品放在一起；这全部东西都封进一个宇宙模型，一个球状、格状、环状的天体（kura）的中心，用机械装置使它旋转不停，同时用强度适合的太初或唯一之火在下面慢慢燃烧，如果没有达到或超过了十分精确的时间，都不会取得任何结果，另一些学派是"腐质"（Sepsis，ta' fin）说的坚决支持者，或强调通气与高温的重要性，或认为血液比化学药品更为紧要；有的说，如果要使那个新生的东西具有说话的能力，精液是绝不可少的，如果要具有思维、记忆与想象力，也少不了脑子的各部分，甚至还断言更高级的生物能够从各种科学知识所装备起来的仪器中产生出来。毫无疑问，巴拉塞尔苏士（Paraceqsas）的有名的侏儒就源出于这里，当阿尔德思·赫胥黎（Aldous Huxley）① 发现他在《英勇的新世界》中描述的独立的全能性分裂球与人工孵育的“试管婴儿”的在阿拉伯炼丹家的梦想中就已预测到了时，他会感到多么惊讶，我们就无法说了。

在 Kitāb ál-Rāwaq（《滤器篇》）中有相似的章节，谈到在不断旋转的球形的宇宙模型中可以转变贱金属为黄金，此书有赛义德、侯赛英、纳失尔与克劳斯（Saia Hussain Nasr and Kraus）的译本可读。

所有这些结构似乎完全是非希腊的，而显然会令人想起中国式的用水力不断转动着的浑天仪与天球仪。这些仪器源出于极线——赤道系而非黄道——行星系，天文学。并且使用得远比西方的这类东西早得多。这也令人想到类似的印度思想，尤其是关于永恒运动的思想。关于这类炼丹术的宇宙模型，中国也有大量的先驱者和类似的事物。对旋转的宇宙外壳就只谈这些。

至于由中心赋予生息的问题，克劳斯充分发挥过他的聪敏才智，找出了希腊的先例，但是除了天然繁殖、自动装置以及宗教偶像显灵的仪式而外，现存资料极少，又大都不能说明问题。克劳斯承认，阿拉伯人意味中的人工繁殖是希腊著作中所无有的。当然，另一方面，欧洲许多世纪中普遍相信天然繁殖，如狮子的尸体腐蚀而成蜜蜂等等之类。在启蒙运动时代，随着现代生物学的发展，这类信仰才消失。在中国文化中这类信仰也曾同样广泛流行，但这种繁殖不是人力所能控制的。关于会转动和唱歌的自动机或傀儡就无需引证亚山历大城灵工巧匠的著作了，但是另外还有更多的希腊—埃及的，关于会说话的雕像与转动不停的圆柱的惊人的故事为阿拉伯人所继承下来。然而这里还涉及荣誉问题，因为中国也有丰富的关于自动机的传说，其中一些，如《穆天子传》中那个道教的机器人，就近乎有人造的血和肉了。第三点，“贾比尔”把人工繁殖学派与造像者（eidolopoioi，musawwirūn）联系在一起，从而提出由神通而赋予生息的技术问题。这不是一个只需使神像行动的问题，而是把神像造成宛如人们顶礼膜拜的神灵的真正栖息之所，使人们有祭神如神在之感。

新柏拉图主义者也接受了这种思想，并写过许多有关其实际做法的文章。我们从一份材料中知道，那些祈祷者观察天象以选定吉日良辰，然后把合用的芳草、珠宝、香料放进神像里，神像是用泥土掺和圣水、香料以及别的经过筛

① 阿·赫胥黎是现代英国小说家与文艺评论家（1894—），《英勇的新世界》是他所写的类似科学幻想小说的著名作品。

选的物品之粉末渗合着碾碎的金属、宝石等物塑造而成的。这再一次表明希腊与东亚的实际做法并无多大差别，因为在中国和日本要备制足以表现神祇、护世者（Lokapala）和菩萨风采的偶像时，甚至要在模型里塞进内脏才算完备，要使外形显得神乎其神，还得装上瞳孔。人们只能得出结论：阿拉伯人不必完全依靠希腊文化，因为他们懂得（或自以为懂得）关于天然繁殖，用机械操纵的幻影或使宗教偶像显灵等等。这一切都有一定关系，然而还未能触及问题的根源。

不，就我们所知，阿拉伯式的，从帽子下面变出小兔子的基本特色是在于加进中心容器里的动物原料中的那些化学物品，因为这些东西仅仅意味着长生丹，而这种伪种学的操作法的全部样本——究竟实际上试验过多少颇为暧昧不明——只不过是一种新奇独创的阿拉伯式的使用长生丹效力的演习罢了，其核心是中国的长生丹思想，围绕着它的是中国式的恒动的宇宙模型；此外，对于刚才讨论过的题目，古代地中海思想无疑也起过某些作用，总而言之，我们可以因此得出结论；以化学方法使生物长生不老是东亚特有的概念，而以化学方法赋予无生命的东西以生命，则是这种概念的阿拉伯式的独特应用。这使人想起公元前4世纪有一位公孙绰曾以典型的、中国式的乐观主义口吻说：“我固能治偏枯，今吾倍以偏枯之药，则可以起死人矣！”①

综上所述，我们认为阿拉伯的炼丹术理论是以服食而得长生不老这种道家思想，以及按4种根本性质（本性）的平衡而评定药物功效的加仑（Galen）学说的结合。格鲁曼说得完全对，他指出阿拉伯炼丹家一般都强调他们同希腊文献与传统之间的联系，这的确是研究他们著作时所得到的显著印象——然而如果他们所读的书是希腊的，他们所谈论的却是波斯的、印度的尤其是中国的思想与实践。在任何时候，这些国家的典籍都很少有，甚至没有阿拉伯文译本。中国的长生不老术似乎通过一个滤器而西传的，无可避免地把形体不朽的概念遗留在地上或遗留在云彩与星星之间；归根到底，回教的天国与基督教的天堂太相似了，难免要受“伦理上两极分化”的思想支配。然而一些重要的小分子仍旧滤过来了，即（1）确信以化学方法而得长寿的可能性，经常还用《旧约》上那位大主教为例证；（2）永葆青春的冀望；（3）思索用哪种方法才能保持（体内）各种特性的完善的平衡；（4）把益寿延年的思想扩大而为

① 《吕氏春秋·别类》：“鲁人有公孙绰者，告人曰：‘我故能起死人’，人问其故，对曰：‘我固能治偏枯，今吾倍所以为偏枯之药，则可以起死人矣；物固可以为小，不可以为大，可以为半，不可以为全者也。’”注曰：“半谓偏枯，全谓死人也。”按偏枯即瘫痪（hemiplogia）。

人工繁殖方式中的赋予生命的思想；（5）肆意地用丹药来医治疾病。邓金（Temkin）那篇权威性论文的题目就是论述最后一项的新发展，他强调说，希腊原始化学的全部过程主要是冶金术——我们应该说是点金术与拟金术，而阿拉伯人却结合着中国的炼丹术使其主要任务具有深刻的医药性质。葛洪、陶弘景、孙思邈等有了同心同德的光辉的继承人，如阿尔·金第（al-Kindi）、贾比尔、阿尔拉奇（al-Rāzi）、伊本西纳（Ibn-Sine）等。邓金发现在提沃弗拉斯特（Theophrastes，约为620年）与赫略多鲁斯（Heliodorus，约716年）的诗篇之前，希腊人的化学与医学之间并无联系，虽然荻奥斯柯里德（Dioscorides）与爱琴的保罗（Paul of Aegine）知道矿物性药物。灵知派的哲学与希波克拉特的传统，正如油与水那样格格不入。希腊世界对化学的长生之术是完全陌生的。然后在12世纪大量翻译时，上述思想中的头两种与第五种终于一道进入西欧拉丁文化区域。如果说，贾比尔·伊本·哈扬的宇宙试管中没有产生出任何有生之物，那么，今天的化学疗法及其一切惊人的成就，的确是中国与阿拉伯传统相结合的产物，而巴拉塞尔苏士则是其助产士。

六、拜占庭的长生不老丹

如果以上概述的一般情景大体上正确，就是说，曾经有过一条渠道供长生丹的思想从阿拉伯炼丹家那里传入拉丁人之手，在罗杰·培根时代，他们根据自己的才智而全部接受，那么可以指望早一两世纪以前类似的长生不老的希望在拜古庭文化区域就已为人们所熟悉了。我们所发现的正是如此。如果我们翻开1063年左右塞鲁士（Pseelus）所写的，拜占庭14个统治者的历史“纪年”（Chronographia），我们可以读到其中关于特奥多拉（Theodora）女皇统治时期的一段很独特的记载，塞鲁士写道：

> 那些极其慷慨的人（由她安置在教会的掌权职位上），他们挥霍无度，任意施舍。他们并非为她带来上帝纶音的天使，而是装得像神明一般，骨子里却是伪君子。我是指当代的纳齐勒安派（Naziraeans）。他们假装以神明为楷模，更确切地说，他们的法典准则是外表上模仿神的律令。而内心却为狭隘的人性所支配。他们的举止却俨然像半个天神，对于别的神圣品质，他们则极端蔑视。他们不努力使灵魂与神圣事业和谐一致，不抑制人类的情欲，不打算用滔滔雄辩来劝阻一些人，鼓舞另一些人。这些事情他们都认为无关宏旨。他们中一些人信口开河，预言有神圣显灵，一本正经地宣布神的意志，另一些人宣称要改变自然律，把某些自然律一笔勾销，而扩大另一些的范围：他们宣称要使脆弱的血肉之躯永垂不朽，要

阻止影响生命的自然变化的进行。为了证实这番话，他们说，他们像古代的阿迦纳尼人（Acarnaniaus）那样，一直穿着甲胄，并且长期遨游于太空，然而一闻到肉味香立即迅速地下降到地上！我认识这类家伙，我常常看见他们。好吧，就是这些家伙把女皇引入歧途，说她可以长生不老；由于受他们的欺骗，她几乎遭殃，帝国也几乎灭亡。

他们预言她可活千秋万代，永无尽期，然而实际上她已临近她命中注定的末日，我不应当使用这样的贬辞——我的意思是，她行将就木，大限已到，实际上她已重病垂危了……

的确，在她统治的第二年她就死了，终年76岁！

据上文，特奥多拉受过一批自称懂得长生之术的僧人的影响，这点似乎很明显的，虽然对这些技术没有加以论述，那很可能是一些心理、生理疗法以及化学疗法。整段文章有很浓的道家意味，在当时当地，也许人们宁可说有苏菲派的（Safi）或者甚至有印度的成就者（siddhi）性质。遨游太空正是只有道教仙人才能办得到的事情，至于无法抑制七情六欲的说法，可能是暗示内丹一类东西，这在中国是非常重要的，遗憾的是没有一个注译家谈到过关于这群奇特的基督教僧人的任何东西，因此我们只好记载他们的存在这回事。

迈克尔·塞鲁士（Mieheal Psellus）的姓名在每一个熟悉希腊原始化学著作的人的心头应是一个熟悉的字眼，因为他并非别人，正是于1045或1046年在Chryosopoia书翰中给拜占庭大主教上书的那个塞鲁士。他为《希腊炼丹术集成》写过序言，并且很可能就是该书的头一个编纂人。他和阿拉伯学者有接触，他的学生中也有阿拉伯人。这正是许多阿拉伯著作被译为希腊文的时期。在《纪年》中另一处他写过一段很有趣的文字，叙述卓爱（Zoe）王后对化学的兴趣，这位王后在君士坦丁九世治下，于1050年去世，终年72岁。她把自己的住宅变成一所真正的实验室，孜孜不倦地探索香料及其他化合物的特性。迈克尔·塞鲁士其人的生平与时代似乎值得科学史家作进一步的研究。

七、拉丁西欧的长生丹

我们终于讲到拉丁西欧了。阿贝尔图·马格努斯（Albertus Magnus，1206—1280）已经阐明，炼丹术的长生丹用作医药是有效验的。罗杰·培根就更为胆大，他多次肯定地说，当人们解开了炼丹术的一切秘密之后，他们所能达到的长寿几乎是无限的。当然这只是他全部的科学和技术上的乐观主义的一部分，这使他成为一个显得非常现代化的、大大超过其时代的人物。在他1266或1267年，呈献给克勒门特四世（Clemeut IV）的《长篇》（Opus Majus）一书之末，有一段题名为《论实验科学的第二特权》（Capitulum de Seconda Praelogativa Scientiae Expelimantalis）。在其第二个“例证”中，他写道：

> 在医药方面可以举出第二个例证，就是关于延年益寿的问题。医术上除了摄生之道以外，别的就无能为力了。实际上，延长寿命期限有极大的可能性。在开天辟地之初，人类的寿命比现在要长得多。现今寿命过于短促了……

培根继续说，许多人相信这是由于天意，再加上星相学家的宇宙衰退的谬论。但这些东西他一概不取。他除了推荐卫生学的养生之道而外，还举出奇妙的医药，这些医药有的已经知道了，有的还在探索中。

培根并不轻视希波克拉特与迦仑那类自古传下的摄生法。他增添了一章论证罪恶对寿命的影响，也许考虑到他的教士身份才不排除精神效力。但在他心目中至高无上的东西乃是用自然与化学方法来延长人寿的期限，传统的养生学的目的仅仅是使人享尽天年。而培根所提出的，正如格鲁曼所说，在西方世界是崭新的一些东西，是延长人寿超过“自然”限度的方法上的基本原理。

归根到底，既然所有基督教徒都承认灵魂是不朽的。为什么不能想办法使它在人的躯壳内保持得更为长久呢？培根在另一处写道：

> 用以证实延年益寿为可能的理由是，因为灵魂是天然就是不朽的，不能灭亡的。所以人能活上千年，以后人类遭到降谪！只有在那以后人寿才逐渐缩短。因而可知这种缩短是偶然的，可以完全，或部分的得到补救。

在以上一段中，他指的是梅修色拉（Methuselah）活了969岁①。从另一些章节里可以证明，培根无疑是取《旧约》中所有的高寿大主教的事例为核心，正如他以前那些阿拉伯炼丹家所作的那样。这样，中国的形体不朽的思想就能在欧洲取得一个立足点。

以后几页培根继续论述炼丹术的效力，有一段热情洋溢的文章，如下：

> （未来的）实验科学懂得，从亚里斯多德的“秘中之秘”而懂得，怎样制造黄金，不仅是二十四度的，而且是三十度，四十度，以至任意度数的黄金，这就是为什么亚里士多德对亚历山大大帝说：“我要把最大的秘密给您看。”这的确是最大的。因为它不仅能增加国家的财富，能供应凡是用大量黄金能买到的如意东西，然而无比重要的，还算是它会使人延年益寿。由于那种药性去掉贱金属的一切污秽与腐朽，从而能变成白银与纯金。智者认为它也能除去人体内的腐朽之物，致使人寿能延长到几百年。

① 《圣经·创世纪》第5章，第27节。

这是人体是由同一性质的元素所组成，如我在前面所述。

最后，这就是披着拉丁外衣的葛洪（以及贾比尔）。

培根也举出了许多病历来表明异常长寿的可能。如果说我们现在觉得这些东西很难令人信服的话，对当时人却是大有影响的。意味深长的是所引证的“东方人”——比如，阿尔特菲攸斯（Artephius），说此人曾漫游东方各地，寻求知识，他从印度国王的师尊丹塔鲁师（Tantalus）那里学到许多知识。所以他能靠“对物性的秘密实验”而活到1025岁。

这在别的书籍里以另一种方式表露出来。如在《第三集》（Qpus Tertium，成书于1267年）里有一段有趣的章节，明确地论述“从元素产生各物”，不仅有无生命的矿物和金属，而且有植物和动物，这就是那种阿拉伯的Takwin（增殖）的思想，不时我们甚至能发觉培根使用典型的阿拉伯辞句，“按神意”之类，认为技艺一天之内可以产生出大自然要用千年才能完成的东西。这种信仰里虽然没有十分新颖之处，但我们不应忽略培根对永动机可能感兴趣这一点。这机器也许是用磁铁做成的。因为他的朋友马里古（Pierre de Maricourt）的确也一直在从事这方面的努力。这是阿拉伯人工繁殖体系的两个组成部分；虽然培根也许不知道其全部细节，如果他知道了，他会十分惊讶，也一定会想出一些巧妙办法来把它与基督教神学相调和。

另一篇有趣的论文名为《论却老延年》（De Retardatione Accidentium Senectutis），约成书于1236到1245年之间。其中所提出的7件“神秘之物”（Occulta）如下：第一个是黄金（如前所述）。第二是龙涎香或鲸脑（浮在海上或海中所吐出的东西）。第三是埃塞俄比亚的毒蛇或蜥蜴，或“龙”的肉。第四是迷迭香。第六据信是牡鹿心头挑出来的骨。第七是木本芦荟（印度“植物”）。第五种比其余都奇怪，名为fumus Juventutis（青年香），即健壮青年所发出的气味或恶臭。正如《秘中之秘》（Secretum Secretorum）所说：Si Sentis dolorem in stomacho…tunc medicina necessaria tibi est amplecti puellem calidam et speci osam。① 这是一种传染病，因为培根说过：Jnfirmitas hominis in hominen transit，ita e stsanitas（把人的病传染给别人，这就是健康）。相信亲近健康的年轻美女，咽下她的呼吸可以得到返老还童之益。这种思想大概古老得像大卫王一样，在十六七至18世纪肯定还相当流行，然而，当我们读下去，看到人性交会完全破坏其效果时，不禁会想到中国的内丹。似乎培根是在介绍移“气”之术，否则fumua Juventuis还能意味着什么呢？此外，奇怪的是，如

① 因原义不雅，李约瑟先生只引用拉丁原文，译者也因同一理由不便译出。

果这种快活的妙法不可得时，培根介绍用某种人血制成的秘药来代替。因此，为了多种原因，他或许觉得在和教皇以及圣方济各会同事们讨论丹药时要尽可能的小心谨慎。但他的著述却给我们留下了西方世界中的仙药和神仙传的卓越的头一个伟大的样板。

以后半个世纪左右，凡是能在欧洲找到的，可以增强培根信念的，关于化学的长生不老之药的任何暗示，显然对于这是由东方传来的论题都是十分有利的。因此我们不应忽视马可波罗记叙印度马八儿部分中惊人的一段。我们认为他所谈到的人是指“善士”（Sādhu），他写道：

> 这些婆罗门活得比世界上任何别的人都长久，这是由于他们饮食得很少，比任何别的人更加严格地禁欲……
>
> 此外，他们按照其信仰而有各种等级的僧人，他们为供奉偶像的庙宇服务，这些和尚称为“浊肌”（Cuqui），当然比世界上任何的人都长寿，因为他们一般要活一百五十至两百岁。而且他们神通广大，任何地方他们想去就去，想来就来。他们必敬必恭地在寺院，为偶像服务得周到而出色，虽然年逾古稀，却显得老当益壮……
>
> 我还要给你们谈谈这些如此高寿的“浊肌”……他们吃的东西，我也讲明白，那的确是一种了不起的东西，听起来很奇怪，我告诉你们，他们用水银和硫磺与水混合成一种饮料，他们就喝这东西，说是可以延年益寿，他们因此寿命更长……他们每周喝两次，有时每月喝两次，你们可能知道，那些从小就喝这种饮料的人活得更为长久，不错，那些活得这样长寿的人就用这种硫磺与水银的饮料……

接着他详细介绍了裸体行者。这一段特别有意思，因为其中饮食摄生的因素与灵丹医药的因素两者都显然十分突出。李少君的丹砂又在鲁斯蒂夏努斯（Rusticianus）的拉丁文中活跃起来了。马可波罗是与罗杰·培根同时的人，他于 1275 年到达中国，1292 年，即培根逝世那年赴印度。1295 年回到意大利。所以他口授回忆录是以后 10 年中的事了。当然马可的见闻不是靠现代那种大批印刷的平装本来迅速传播的，而是靠大量的手抄本来流传，并且不胫而走。他所报导的，亚洲圣人和智者用化学药物而得长寿的情况，至少和各类阿拉伯文资料所发的论调是一致的。

此后长生丹药的思想成为全世界的口头禅了。约在 1440 年托马斯·诺尔顿在他的《炼丹术仪轨》一书中谈到那位哲学家的红宝石时，写道：

> 诚如阿隆之姊玛丽所说，“人生短暂，学识悠长”；一旦年命将休，要以刚毅之气使它永葆天年。

八、现代化学药剂的先驱者：养生学家与医药化学家

在这以后，快要作结论时我们没有更多的可说了。在我们所论述的长寿术的范围之内，在科学革命期间，有过两个大运动，头一个是医药卫生学的传统，这决没有受过培根和他以后的炼丹家们的责斥，反而从他们对待长生丹的信念中得到新动力与新生命。1550 年，路易·柯尔纳罗（Luigi Cosnaro）发表了他的《论摄生》（Discorsi Della vitta Sob ria）。该书虽然以讲饮食方面为主，仍很重视避免心理紧张与纵情声色。因此必须保持天生的精液。此书曾为各国所翻译并大受赞许。柯尔纳罗的书有许多后继人，其中著名的有 1614 年莱修士（Lessius）的 Hygias ticon 与邓普尔爵士（Sir William Temple）论健康与长寿的文章（1670）以及 1796 年胡费兰（Christopher Hufeland）的《论延年益寿术》，该书中最先使用“长寿术”这一术语，并出现于德文原版的标题中，胡费兰是哥德与席勒和赫尔德的朋友，他的影响遍及全世界，他为长寿所开的处方，本身是很合理的，并由绪方洪庵的翻译而传入日本的文献中，阿知波五郎对兰学时代的自然疗法理论的有趣研究中对此有所论述。胡费兰也对 19 世纪许多遵循哥德汶（W. Godwin）与孔多尔契（A. H. de Condorcet）思想的，论医药卫生学及长寿术的作者发生过很大影响。

上述的另一个大运动当然是医疗化学了，尤其是在它以巴拉塞尔修斯的方式而高度发展的时候。这是化学发展到与加伦—牛顿式的机械论对立的伟大经验主义阶段。同时并进的还有一些规模较小的运动，如具有生物化学思想的剑桥柏拉图学派，这必然有毕达哥拉斯与新柏拉图派的根源，更不用说灵知派与奥秘派的根源了。还很难说，它究竟能有多少东亚的根源，不管是由阿拉伯人传来，或是在 13 世纪和以后经更为直接的接触而传来的，然而情况的确是巴拉塞尔修斯的思想境界中的许多因素都有一种奇特的中国气息。例如，有机的宇宙及万事万物相互关联这种思想，突出的大、小宇宙的类比，以共鸣和“磁性”现象为根据的，敏捷地感受远距离的作用等——在所有这一切当中，人们应该说至少是有与中国传统的世界观相类似的东西。然而还有更细微、更惊人的类似之处是罗伯特·弗勒德（Robert Fludd）新创了“Volunty”与“Nolunty”两字，前者表示同情、光明、温暖、生命与扩展；而后者表示憎恨、黑暗、冷酷、死亡与萎缩——这还能与“阳”及“阴”有所不同吗？这时耶苏会士所传送的知识可能已经到达欧洲。这一阶段的接触可能与他所提出的宇宙起源说中，“轻清”、“重浊”相对立的作用有关。按照这种平行论的学说，人们发现弗勒德从事研究人体内空间方位与内脏之间的象征性的交互作用

时，就不至于大惊小怪了，同时所有巴拉塞尔修斯派的人都曾撰文论述同情与憎恨，反应性范畴和命数法，或更确切地说，数学。遍及全篇的是他们特有的经验主义以及他们对炼丹术的医药及长寿方面的强调。我们并不是说所有这些特色就是现代科学所面临的未来的标志。显然在许多方面情况恰恰相反。不过其中有些伟大的信念很突出，尤其是认为具有无比效验的化学疗法是人们可以实现的目标。如果说对这些思想的确有所贡献，尽管是间接的贡献，那么一些极有价值的见识往往与无聊的废话杂陈在一起，关于阿拉伯人中介作用，我们已经讲得够多了。在这个时期，人们得找寻更为直接的接触。

作为结束语，让我们阅读一位伟大的巴拉塞尔修斯派的医师、丹麦国王的御医彼得·塞维里努斯（Peter Severinus）的微妙的道家言论吧，在其《论医药哲学思想》（Jdea Medicinae Philosophicae）（成书于1571年）中他论述以自然现象的实践经验和实际做过的实验来代替书本知识与经院哲学的必要性。只有这样，鼓舞人心的巴拉塞尔修斯的目标才能达到，炼丹家不应制造黄金，而应制造医药，他对读者说道：

> 卖掉你的田地、房屋、衣服、珠生，烧掉你的书籍吧！不要这些东西，而要为你自己买一双结实的鞋子，穿上了去漫游山岳，探幽谷，涉沙漠，抵海滨，遍历大地上低洼之地，仔细地记下各种动物的差别，植物的区分，各种各样的矿物以及世上的万事万物的特点、方式和根源，不耻地勤奋学习天文以及农民的土地之学，最后购买煤炭，修造火炉，孜孜不倦地观察并用火来操作，只有这样，别无二法，你才能获得万物的知识，了解它们的特性。

（汶江　译）

（《社会科学战线》1980年第3期）

马尔罗——中国革命的预言家

〔法国〕埃·罗布莱斯*

马尔罗从少年时代起，就被中国、日本、伊朗，从更广义上说，被文明那般古老，那般神奇的整个亚洲所吸引。也许应该看到，这其中的因素远远不只是一个年轻审美者对一些我们西方还了解尚少，或不甚了解的艺术形成的爱好——这种爱好是从他博览群书及跟一些学识渊博的人，譬如东方语言学校校长保尔·布瓦耶和吉梅博物馆馆长茹尔·阿坎等的交往中培养起来的，但他无疑是为东方人的魅力所诱惑，而东方人的生死观与我们迥然不同。众所周知，安德烈·马尔罗对生死观问题总是兴致勃勃，颇为关注的。

当然，这些事实至少部分地说明，为什么这个聪慧、文雅、安逸自得，或用他自己从典籍中搬出来的拉伯雷名言来说是“荒诞得可爱”的青年，突然一天决定破釜沉舟，放弃他在其中生活得还算舒适的战后巴黎，而同他的妙龄女子克拉腊去柬埔寨，直奔远东地图上的一个小点——离吴哥不远的一座被热带丛林吞没的寺庙。

这个深受资产阶级教育影响的纨绔子弟，曾为了谋生（“您不相信我要从业吗?”他对克拉腊这样说过），专门经营过色情书刊和珍稀典籍。他忽视在高等学校深造，却有惊人的文化程度。这样一个对社会问题漠不关心，在政治方面既无素养亦无经验的艺术爱好者是怎样在25岁上变成一位无产阶级的热心宣传家，而不久之后又写出《征战者》和《人类的命运》这两部关于中国的预言性伟大作品的呢?

事实上，几经磨难而最终创作出这两部作品的历程是从1923年10月12日起始的。那一天，安德烈·马尔罗夫妇离开马赛港去西贡，所乘之船是命定的“吴哥号”。这正是两年历险的开端，而到其终结之时，人们会发现他已迥

* 作者单位：法国龚古尔学院。

然不同。继巴黎时期的几次文学尝试之后，一位笔力罕见的作家诞生了。

马尔罗在轮船沿途港口停泊时，发现一个不曾预想到的东方，已为那里贫困给人类造成的极端惨象所触动。当然，在“吴哥号”船上（他那时坐头等客舱），他对跟他打交道的大多数殖民官员的思想意识甚为反感。

继而就是那次有名的班迭斯雷小寺庙探险。马尔罗据此写了小说《王家大道》，把一切都大为戏剧化；其实，最倾向于他的评论者都认为那充其量不过是一次荆棘丛中不适意的散步。

话休繁絮。当初马尔罗在克拉腊和他们夫妇的朋友路易·舍瓦松伴随下深入柬埔寨热带丛林时，他是有明确目标的。那个班迭斯雷寺庙，他在巴黎已从法国远东学校发表的考古研究报告中探求过。实际上，把他引入密林的不单纯是对高棉艺术的仰慕。他那时口袋里装着阿尔贝·萨罗主持的殖民部所签发之无报酬使命通行证；而有关当局给他登记是毫无热情，甚至可以说是怀着戒心和恶意的。这种戒心也颇有依据。确实，马尔罗的意图也很单一，即设法弄到一些浮雕，把一部分——如果相信他说的——收藏进吉梅博物馆，而把最珍贵的宝贝卖给欧美阔绰的收藏家，给他和舍瓦松赚一笔钱。

然而，他在乘江船把石雕的美丽舞女运抵金边后，因人检举而被逮捕，珍宝亦随之被没收。由此开始一场历时 6 个月的长时间诉讼，最后判得很严：马尔罗 3 年徒刑，舍瓦松 18 个月监禁。

如果客观地来体察这个事件，人们会清楚地看到，其中并无类似家猫窃食该受鞭笞的地方。从法律上来看，班迭斯雷庙之举并不能被视为非法，因为那僻寺在吴哥石窟范围之外，不在保护之列，而是属于那种被弃于密林，任由废墟上的无花果树和探宝土著毁坏的古迹；况且当地移民和高级军官都肆无忌惮地从上剥取雕饰，而不冒任何受法律追究的危险。

不幸的只是，马尔罗没有后台庇护。在他跟舍瓦松一起就判决上诉，同时其妻返归巴黎寻求支持期间，马尔罗不断受到污辱、诋毁，被当成无耻冒险家，可鄙的危险歹徒；而这样对待他的那伙人本身正是殖民地那帮最无耻的牟利者。

对一个在此之前始终悠闲度日的青年，这种考验是够严酷的。他不曾在那方面有任何准备，可毕竟还是以一种不容否认的毅力面对着困难。马尔罗以其全部智慧和敏感把这场困厄化为反抗，化为那种对凌辱、冷嘲他的虚伪而又凶残的资产阶级殖民者的蔑视。需要着重指出，他当时得到的鼓励和支持都是来自印度支那的地下反抗小组。他对此是永不忘怀的。

此后，又有一种鼓励，那就是克拉腊从巴黎寄来一份支持他的请愿书；在其上签名的都是法国文学界最著名的人士：安德烈·布雷东、弗朗索瓦·莫里亚克、阿拉贡、安德烈·纪德、罗歇·马丁·杜加尔、安德烈·莫鲁瓦、马塞尔·阿尔朗、艾德蒙·雅鲁、雅克·里维埃、彼埃尔·马克·奥里朗、约瑟夫·凯塞尔等……其中大多数人都从马尔罗的早期作品中预感到他的文学天才，尽管这些作品还很肤浅和受到矫饰文风的影响。

1924 年 10 月 28 日，西贡上诉法院改判马尔罗为 1 年徒刑，缓期执行；舍瓦松 8 个月监禁，缓期执行。这样，司法当局给此事件以比较恰当的幅度，至少承认不在保护之列的弃置物是属于发现者的。这个判决虽比金边的合理，但仍不能被视为公正。无论是马尔罗还是舍瓦松都不满意，并决定向最高法院上诉。

当年 11 月 1 日，马尔罗登上“尚蒂伊号”轮船（这次是三等客舱）返马赛。人们可想而知，他此时已判若两人。他跟殖民社会冲突起来，因为这个社会凭借一切权力来奴役、剥削和凌辱弱者。他观察和懂得了这个形成殖民者与殖民地人民两种世界的恐怖制度。在此体验的同时，他跟那些帮助他的革命者往来。不！马尔罗变了。他素有的慷慨和公正感丰富着他的思想。

1925 年 1 月 5 日，马尔罗又回到西贡。他不是想了结个人旧怨，而是要跟其他人一道，为那项他而今已深知其迫切性及其广度的事业而斗争。他跟保尔·莫南律师创办了日报《印度支那》。莫南这人参加过 1914 年的世界大战，两次负伤，后来组织过海港人员罢工，并曾在西贡市中心的卡蒂纳举着红旗游行。表面上看，那家报纸的名称是没有政治色彩的，平常得让人放心；可是该市高级行署也并没有受骗，更何况两位同人因缺乏所需资金，从华人聚居地，西贡的姊妹城堤岸市的国民党支部得到一笔巨额捐款，这也是公开的秘密。

国民党是由中国广东一位出身贫寒的小学教师孙逸仙在 1919 年创建的，得到海外华人和处于欧洲统治之下的亚洲民族的支持；当时，这些民族把希望寄托于中国，因为那里在动荡，已酝酿着国内的深刻变化，而且影响超出中国国境。这样，在马尔罗和莫南看来，取得国民党交趾支那组织的财政支助，得到其赞同是表明他们的报纸及其政治方针受到重视。

马尔罗、克拉腊和莫南都毫无办报经验，但他们要创造一个有效工具，来揭露殖民地官员的暴戾及敲诈勒索的行径和让当时被称为“安南人”的民众更充分认识到他们自己的力量。毫不令人惊奇的是，这家报纸从 1925 年 7 月 17 日的第一期就招致当局的强烈敌视和地方资产阶级的仇恨。还需提及的是，当时人们都知道马尔罗除了办这家煽风点火的报纸外，还建立了“青年安南运动”（据说规模有限），该运动跟国民党结盟，而国民党在孙逸仙请苏联提供军援和派遣军事教官之后又是跟共产党合作的。从 1924 年 1 月起，在苏联援助下，中国南方建立了一支可以跟残忍、腐朽的北洋军阀抗衡的力量。

然而在西贡，当局的压力使马尔罗及其一班人的任务变得日益艰巨。官方威胁印刷所经理，破坏报纸的发行，向售报者施加影响。虽然有这一切，但是反对高级官员的专横和反对肆意剥夺弱小农户的斗争仍然在继续，直到竭尽一切可能。

1925 年 8 月 14 日，《印度支那》被迫停刊。但这并非一切的终结。马尔罗、克拉腊和莫南都没有气馁。总之，问题在于想办法让报纸重新发行，具体说来，就是替换一下意志消沉了的承印人。

8 月底，马尔罗夫妇赴香港。此行的目的是到那里购买字模。这是马尔罗旅居远东的最初两年里跟中国的唯一接触，而实际上也是极为短促的。正像克拉腊在她的《回忆录》中所证实的，他们夫妇不曾到过广州。即使马尔罗在广州逗留过，他也不可能参加《征战者》所依据的那些事件。原因很简单，那时这些事件已经过去，只有轶闻了。

回到西贡去，马尔罗重新发行他的报纸。此次的报名是《锁链中的印度支那》，更富挑战性。又是，同一战斗，同一些敌人，同样结果。12 月底，报纸出了最后一期。

这时，马尔罗患病，于次年 1 月返回法国。他变得更为成熟，深知在这火热的亚洲正蕴酿着何等巨大的动荡。他曾抛弃风流斗蓬（他在巴黎确披一件斗蓬），在一天登上吴哥号轮船去进行一场委实诱人，纯系为了追求金钱的冒险。这样一个年轻的纨绔子弟已不复存在了。从此，他胸怀整个世界，获得了改变他整个生活的真理。如果说他没有赢得他首次远出所贪图的金钱，他至少带着另一种财富回到祖国；这另一种财富寓于他的整个智慧、整个情感之中。

两年之后，他的第一部“亚洲”小说《征战者》问世，先在《新法兰西杂志》上刊载，然后由贝尔纳·格拉塞书局出版。

此书在公众和评论界中都获得了巨大成就。总的说来，评论界都赞扬它思想的活力，极紧凑的情节叙述及与之完美配合的新鲜风格。只有马克·凡尔纳一人唱反调，最先怀疑马尔罗是否亲身参加过他所叙述的事件，并在《南方手册》中直陈其言。另一方面，又有人说那是“报告文学”。对此，马尔罗感到惬意。他心里清楚，此说确认他有根据“经历”进行“再创造”的劳绩。还是克拉腊在她的回忆录《夏至》中措词恰当：“《征战者》是有历史依据的虚构”。

然而，实际上是虚构脱离了它的依据。马尔罗的一位最佳传记作者，美国作家佩恩说，广州大罢工的经过并不像《征战者》中所描述的那样，所提及的领导者都不曾参与其事，从未有过一个“七人委员会”，陈泰这个中国的甘地式人物是不真实的，同样也不可能完全由几个欧洲冒险者来主宰中国的一次革命行动；而事实上书中最多的形象是欧洲人：钱拉、勒伯希、克莱茵、鲍罗廷、加林、尼古拉耶夫、加伦、米洛夫医生，更不用说作者本人了。在这方面最令人奇怪的是，一些有关马尔罗的生平介绍和评论至今还说他曾被提拔为副政委，甚至宣传代表，当过广州革命的领导人。

实在应该说，这种混淆是靠马尔罗本人维系的，因为他从没有就所谓自己在广州逗留过和在鲍罗廷身边起过作用一事辟谣。相反，他甚至照此为那部小说的德文译本写了一份自己的简历；更严重的是，他在1933年10月2日给美国评论家艾德蒙·威尔逊的信中还坚持此种说法。他在谎言中难以自拔，致使托洛茨基及后来的罗杰·加罗迪严斥他积极参与了一次准备不足的冒险，因而推迟了中国革命，造成了无谓的牺牲。

在有些人看来，马尔罗的这种表现是出于他的说谎癖，另一些人则认为是他“荒诞”禀性的表露，但这都无关紧要，尽管克拉腊在其《回忆录》中这样写道：“托洛茨基能认为他们(《征战者》）成为一种见证，并为此大发议论，这使我颇有感触；其他对中国一无所知的人竟把那本书当成一部自传，我觉得很有趣；但安德烈也尽力让人相信这种杜撰，确令我难堪。”

真正重要，甚至比严格符合史实更重要的乃是作品的深刻意义，它的影响，它所称颂的，在当时那般新鲜，那么能点燃人心的价值。

《征战者》的主题究竟是什么呢?

说来也简单，整个小说是以广州政府决定打击英国经济利益，摧毁香港这个英帝在远东的象征为背景的。但广东发起的总罢工显得力量不足。当时若能决定禁止中国船只在香港靠岸和不准任何外国船在广州停泊，那将会是致命的一击。广州政府担心采取这种措施会促使英国发动战争，因而抵制鲍罗廷的压力。但英国没有直接干涉，而是让它豢养的陈炯明部队向广州政权进攻……

如果说马尔罗没有亲身经历这场冲突，那他在1925年至少天天通过其所办报社在西贡收到的电讯和国民党提供的情报了解到事态的发展。不论怎样，一些电讯内容被全部引进了小说里。

因此，小说并非纯粹的虚拟。而且人们知道，马尔罗的想象力能从真正的革命经验中得到滋养，尽管他与殖民当局的纠葛——诚然很激烈——以及他跟地下抵抗小组的关系不能跟更远的北方所发生之震撼整个大陆的事件相比拟。

重要的是，这种想象，这种构思不是来巧妙地叙述一个激动人心的故事，而是展示给人们的一种新世界观。

在马尔罗描写的人物当中，有一些他不曾接触过，但也是出于真实历史，譬如鲍罗廷。此人真名米哈伊尔·格卢津贝格，系一犹太教长之子，共产国际特派代表，约在1950年或1951年斯大林的清洗中失踪；又譬如加伦，真名布吕歇尔，是滑铁卢的布吕歇尔元帅的正统后裔，前德军上校，西伯利亚歼击白军的战士，反纳粹入侵时的红军将领，也成为斯大林的牺牲品。

其他形象多少都是根据他所遇到的人塑造的，如恐怖主义者洪就在很大程度上取自一个跟马尔罗一起办报的青年，名叫殷，此人一心想暗杀昏庸、粗野的交趾支那总督。

然而，小说的中心人物加林却纯粹是臆想出来的，而且无疑是马尔罗塑造的英雄人物中最具特色的一位。在马尔罗笔下，这个彼埃尔·加林于 1894 年生在日内瓦。作者写此人年轻时是个无政府主义者，或者有无政府主义倾向，在 20 岁上因跟人同谋堕胎事件而被逮捕。他竟因为这种行为——即使是非法的——受到法律审讯不禁“愕然”。在这点上，人们难道不会忆及金边的那场诉讼，不会忆及马尔罗曾对那荒唐之极、违背真实的举动有过同感吗？关于加林，他还曾说过：“尽管他有勇气和蔑视那帮审判官，可还是极力争取一切可能争取到的人来为他辩护。”这不又让人想起克拉腊曾在他赞同下组织过的请愿吗？不过，人们不能说加林纯粹是马尔罗的投影，只是可以断定这个肖像的一些特征是从他身上来的。这样，在马尔罗和加林身上，人们都看到同一种力量，对能力的崇尚，同一种对死亡的思虑；而这种思虑萦绕着行动，使之成为一种必需的麻醉剂。这两个人都要争取完全的自由；当然不是法兰西共和国箴言中的，而是尼采式的自由，那种寓于对死的信念的自由。

人们不难理解，这种极端的个人主义没有丝毫马克思主义的气息。总之，加林并不比马尔罗更被共产主义者视为知己。共产党人把他们都看成知识界的无政府主义者，认为他们“更热心于存异，而不是求同”。所以，像尼古拉耶夫那样的一位正统共产党人才在小说中说：“在共产主义中，没有那些首先……突出自我者的位置。”然而，加林的欲念，当然也就是马尔罗的欲念，不正是要生存，尽可能激烈地生存，以对抗我们命运的荒诞和这个世界的黑暗吗？面对必然的死亡，在他们两人身上不都是有着一种挑战的，因生活往往处于危境而更要激烈体验它的意念吗？

正如人们所看到的，这个加林是位很奇特的革命者。他承认自己参加革命全然不是出于对被压迫者的深切同情。他说：“我并不爱人”，“甚至不爱贫穷者，民众，总归是那些我为之战斗的人。我之所以倾向于这些人，那完全是因为他们是被镇压者。当然，可以肯定的是，我对自己出身的资产阶级只有厌恶和憎恨。”

这种思想状况足以说明，为什么他那样热心为革命征战，却让别人，让“罗马”类型的，或曰职业共产党人——这是跟他那种“征战者”类型相对而言——来接管他夺取的胜利。对他来说，重要的只是斗争，那是他认定的唯一归宿，一个危险的、痛苦的、流血的归宿。马尔罗自己就在约翰·拉库杜尔所引的一篇评论中说：“对于加林，根本的问题远不是怎样参加革命，而是怎样能避免荒诞。”

就是这一深奥道理贯穿着整部小说，使之围绕两个动人形象展开，一是加林，一是革命，二者在一个暴烈、非人道、震动着枪响和被折磨者吼声的宇宙中心喘息地对着话。

“世界变得像我的小说了”，马尔罗有一天说。确实，在1925年之后，继广州和上海的“动乱”——当时人们这样说——其他的“动乱”在整个地球上造成了千百万死者；在加林发现克莱茵及其他受难者竖排的血迹斑斑的尸体后不久，又有许多受残酷迫害的牺牲者，而这种残酷的来历跟人类一样久远。

《人类的命运》是一部受到普遍欣赏的作品，产生于马尔罗在他赞叹之地域——亚洲的另一次旅行（1930—1931）。那次，他涉足伊朗、阿富汗和印度后，在赴日本之前，造访了中国上海。据克拉腊本人所见，马尔罗在中国最大港口的逗留中几乎没有做任何笔记，似乎他当时心里已经酝酿成熟一部重要小说的情节发展，待回国时动笔写成，这一次，他根据的是1927年在上海和汉口发生的事件，更确切地说就是蒋介石对共产党人的那次血腥镇压。

让我们简单回顾一下这段历史。1927年4月12日，蒋介石企图称霸中国，已经跟中国共产党的盟友国民党左翼冲突。受中国和外国金融寡头豢养的蒋介石依靠日本及美国秘密情报机构；后者向他透露了武汉政权的弱点，而那个城市当时被巧妙地宣传成革命的堡垒（由此，小说中的清·吉索尔到沃洛金那里执行任务时，感到惊讶和痛苦）。蒋介石采取行动，出其不意地袭击上海工人。工人们在武装极差、众寡悬殊的情况下遭到敌手——由兵痞和武器精良的商团组成——的屠杀。实在说，在主张社会革命的共产党人与买办资产阶级之间，分歧是不可调和的。只不过是，中国共产党当时遵循第三国际出于战术考虑的指示。众所周知，被打入地下后，共产党人组织了人民解放军，在毛泽东领导下最后取得了胜利。

极其概略地说，这就是马尔罗采用的事实。这回也是一样，他不是为写一篇激动人心的、瑰丽的报告文学，而是为了歌颂千百万受奴役，渴望争得其尊严的人们的斗争。从这里，人们可以看出，马尔罗惯于把思想变为行动，而且往往是通过一些人物来表达他自己的思想。至于在那众多的人物中，像在《征战者》里一样，也有些欧洲人的形象，他们是费拉尔、克拉毕克、柯宁、马夏尔、卡托夫、吉索尔、海默里希、沃洛金、迈、瓦华里……令人奇怪的是，主角清也是个法日混血的外国人。

本人认识其中四个人物的模特儿。这四人是清、迈、克拉毕克和吉索尔。

事实上，关于清这个人物，马尔罗自己在其《回忆录》中透露说是依据小松青塑造的。此人死于1970年。我是1957年在日本跟他结识为友的。此后他每年携妻子来巴黎逗留时，都要跟我会面。我还把自己的中篇小说《四月的人》题辞献给他。他曾在第一次世界大战后，因有共产主义思想和进行革命活动而被天皇驱逐十载之久；他当时选择流亡法国，主要在一所初级师范学校搞行政。就是在这个时期，他跟马尔罗结交，后来又成了马氏作品的译者。

关于迈，马尔罗依据的显然是其妻克拉腊。譬如，清和迈那场悲剧冲突，实际情节是很真实的，连对话也都是移植的。我指的是，关于迈向清吐露她曾在自己工作的医院委身于一位医生的情节。这情节是移植的，因为克拉腊在其《回忆录》中提及她在马赛曾向马尔罗承认自己乘船离开西贡后，跟船上的医生发生过关系。

至于克拉毕克，他在很大程度上依照的是新闻记者勒内·盖塔。我是在第二次世界大战刚结束时认识这个人的。有一天我跟他共进午餐时，发现此君动作真跟马尔罗描写的一模一样。确实，他的表现也很任性，喜欢开荒诞的玩笑。

还有吉索尔，他身上多少有些安德烈·纪德的形影；我是1943年在阿尔及尔遇见纪德的。当时他因冯·阿尔尼姆率德国非洲远征军发动攻势而离开突尼斯，在一些朋友家里避难。人们发现，无论是在吉索尔，还是在纪德身上，都有那种柔和语调和审美者的风雅。

顺便再提一下，恐怖主义者陈是《征战者》中洪的模拟。如前所述，洪又是根据马尔罗在西贡时的一位合作者殷塑造的。

由是观之，我们应强调的是，《征战者》和《人类的命运》这两部重要小说里的中国，不是一个对异国风俗习惯颇感好奇者眼下的中国。马尔罗所写的是一个具有深度的中国，一个艰苦地、顽强地挣脱囚禁着她的黑暗，而终于屹立于一片光明的中国。

另外，由于这两部小说，马尔罗成为当代作家中的一位先锋，因为他展示了共产主义意识形态在我们的思想、生活及待人的方法中的重要性。

同样，他还是一位最早预感到中国地图上的红色据点会在比欧洲还要大的土地上迅速扩大的一位先驱者。

然而，人们已经懂得，像《征战者》和《人类的命运》这样的作品，不仅仅是"充满着震响和激情"，故事曲折和无可否认地对世界的进展和中国的变化具有着预言的意义，而且也许首先就是对人类的命运，对其生死观的尖锐询问。

（沈大力　译）

（《社会科学战线》1980年第4期）

1250—1850 年西南移民史

〔美国〕李中清*

1381 年间，明朝消灭元帝国最后残部并再克西南①。当时，明开国皇帝朱元璋曾询问其得胜归来的将领关于西南的情况，回答他的是：这是一个大量移民地区。②

历来，移民开发西南的观念在一般人民中普遍盛行，乃致演为地区传说。此种传说犹如大多其他传说一样终非完全真实，仍有待于认真讨论。但，如今，在西南人中，至少有 1/3，即近 1500 万人是该地区土生土长的当地人③。人们相信西南人民是一个开拓民族的后裔，他们是那些边疆地区中所有传说的神话和真实事迹相结合的、丰富多彩的历史的创造者。这种概念对西南人民生活的形成动力是颇为重要的。经过至少 500 年历史证明，这种说法已是西南人民自我解说的标准回答。甚至本地人仍继续声称他们祖先是移民。④ 当代学术界坚持认为，绝大多数近代英文的有关南方边疆的调查材料似乎都认为西南历史就是南迁移民史，⑤ 这可作为范例参考。

由于对移民西南的意义有了这么个总括性观念，历史学家们就难以区别从

---

* 作者单位：美国密歇根大学。

① 我指的西南大致就是威廉·史坚纳（G. William Skinner）在其所著《晚清帝国城市》一书中称云贵为云贵大区的范围，所以，我的西南包括云南全省、贵州乌江以南以及西昌府和四川凉山彝族自治区。

② 张泓：《南夷记》，1733 年手抄本，无页码（无原书核对，暂予译意——译者）。

③ 《云南民族史》，昆明：云南人民出版社，1980 年。

④ 如纳西、彝、僮、藏、景颇和普米等族都声称自己是移民后人。

⑤ 查·帕·菲茨杰尔德（Chalres Patrick Fitzgerald）：《中国人之南迁拓疆》，纽约：普雷格，1972 年。

移民中某些独特生活方式遗留下来的西南人民的特色。当然，从某种意义说，移民确实对西南人民历史的各个方面有影响。正如边疆人民传说开始所想象的，移民的经历事迹遍布整个西南社会。但长期以来，我们仍囿于神话范围内想象移民，如对某些移植到地方风俗中的习俗问题，我们不解，以致形成历史上的疑难问题。由于我们把每个移民都看作典型的中国人民，我们就会发现就是他在建设西南，但我们却未能发觉他还在改造西南。因此，本文将首先分析西南移民一般历史，然后弄清在两个从内地至西南的人口迁徙的主要历史阶段中不同的影响：第一阶段发生在元、明之间；第二阶段在清代。①

自1250年至1850年间，移民对西南的影响，是难以作总的估量的。18世纪前，西南各地幸存的人口统计表为数甚少，而我们持有材料中又不能把移民和当地人区分清楚。② 仅自1740年后才有人口调查，并且仅自1775年后，才报告本地生人（土籍或本籍），这种人我称之为"本地人"；和外省主人（客籍或流寓），这种人我称之为"移民"。③ 但有很多移民也曾设法入本籍为本地人，④ 而为数众多的移民却终未入籍。⑤ 故而，移民人口数不仅难以获得，甚至已有材料也因此必然不全。⑥ 然而，即以有限材料，我们仍能推断出，至少有一些省份和地方在某些时期内，移民对西南的影响还确是深远的。

我们看到的最早的省范围内的人口统计材料还是14世纪晚期的。从一开始，移民是入籍为军户（军籍或军户），这就说明所报户口已经很多。所以，早在1384年，朱元璋就曾夸耀过政府派遣移民数量上超过西南当地居民。⑦

① 当然，移民高潮尚有更早者，但其影响较短暂。可参看《文史》1957年第3期，第13-35页；方国瑜：《汉晋西迁滇东区汉族移民》及《人文科学》1957年第1册，第1-11页；《唐宋西迁洱海的汉族移民》。

② 本人博士论文《1250—1850中国西南边疆，区域发展和国家形成的模式》，芝加哥大学1981年及本人论文《1250—1850中国西南的人口增长》，将于《亚洲研究杂志》1982年刊出。

③ 何炳棣：《中国人口研究，1368—1953》，剑桥：哈佛大学出版社，1959年，第36-55页；《大清会典实例》1818年，卷134，9a-25a。

④ 《大理府志》卷12，1694年，2a；《云龙州志》卷5，1728年，1a-b。

⑤ 《广南府志》卷2，1825/1845年，1b；张广泗：《民输谷数奏折》，北京：第一历史档案馆。

⑥ 大多数西南地方志只统计入籍土籍人口或总人口，我在第21页中统计了部分珍贵有价值的人口数字。

⑦ 《明实录》，台北：中央研究院，1963年。当然明太祖是错误的，因为很明显当时的明初入籍范围不会超过军队管辖区和西南的中等城市。

当时，这无疑是夸大之词。16 世纪左右，这些军垦移民及其后裔已达云南入籍人口之 1/4，在贵州占入籍人口之 1/2，在川南，几乎所有入籍户皆为移民。① 然而，这些统计数字亦仅是部分历史事实。明朝期间，西南入籍户口占实际户口的大半数，而绝大多数未入籍者为本地人。② 不过，很多府、县地方志上保存的村名表地名分析中仍可证实，某些地区政府移民已占全部社会人口中的压倒性多数。因为，虽然早期的移民已成了如今的本地人，但他们的祖先即开拓者原先村社名字，叫什么屯、哨、营、堡的还存在。因而，1749 年编撰的云南新兴地方志上曾经分析认为，当时留存下来的 165 个村庄中 76%（即 125 个村庄）是原先明朝移民村落。③ 同样，1712 年编撰的云南新平县志上也曾列表说明当时留存下来的 173 个村庄中 66%（即 115 个村庄）是 15 世纪移民村落。④ 此种例子突出者虽少，但类似者却可找到许多⑤。

然而，如说明代移民比例大，清代移民数则更大。据尚存材料记载，清代移民之广泛程度是空前的。如，19 世纪初（1814—1836），当时清朝政府在检查保甲人口统计中漏报土地时，就曾发现大批新来移民人口。他们曾于川南登记入籍移民达 45 万人以上，计 87 689 户；⑥ 在贵州另又发现类似移民 34 万人，计 71 500 户；⑦ 在滇东南查出又一批移民户 46 000 个⑧。19 世纪初前后，西南地区漏籍者总达 205 000 户，即以 4. 8 人为每户计，移民将达 100 万（平均移民户人数系以贵州和川南两地为例估计）。虽然其他地方尚缺少类似精确总数，但政府直接控制下的土地上的移民总数很可能更大。我本人估计，如以

---

① 参看《云南通志》卷 6，中人口统计，1574/1934 年，5a；《贵州通志》卷 4，1555 年，1a；《四川通志》卷 7，1520 年，2a。

② 参看本人学位论文第 2 章，《西南里甲人口统计的重建》。

③ 《新兴州志》卷 2，1749 年，5b-7b。

④ 《新平县志》卷 2，1712 年，11a-13a。

⑤ 《寻甸府志》卷 1，1550 年，5b-7a；《鹤庆府志》卷 8，1714/1788 年，58a-61b；《大姚县志》卷 2，1714 年，14a-58a；《宜良县志》卷 1，1716 年，8a-10b；《普宁州志》卷 1，1716 年，4a；《河阳县志》卷 6，1717 年，7b-15a；《嵩明州志》卷 2，1720 年，9b-13a；《马龙州志》1723 年，无页码；《建水州志》卷 2，1731 年，2b-4b；《陆凉州志》卷 2，1752 年，22a-25b；《定远县志》1835 年，无页码；《云南县志》卷 3，1890 年，23b-28b；《浪穹县志》卷 2，1902 年，13a-23a；《江川县志》，1907 年，无页码。

⑥ 《四川通志》卷 65，1816 年，，17a-20a。

⑦ 《黔南识略》卷 1，1749/1847 年，10a-41a。

⑧ 《威远厅志》卷 3，1837 年，49a-54a。

1850 年为例，外省人人数在 200—300 万，甚至更多。① 所以，19 世纪中叶，仅在少数民族管理下的移民即有 100 万人，因之，1850 年，居住于西南的 2000 万人口中至少有 1/6 至 1/5，即有 300—400 万是移民人口总数。

由于移民绝大多数是汉族人民，所以北方移民的流入从根本上改变了西南人口的民族成分。1250 年时，西南仅有少数汉人。绝大多数人属于约 30 个本地家族中的一个家族。可是，16 世纪前后，汉族人口已增至约计西南人之 1/3②；19 世纪前后，汉族人比例正如众所公认的，已成倍增长至 60%，此数将近当前少数民族比例。③ 他们把自己特有的习俗带进了西南。正如很多历史学家曾极力强调的，移民使中国南部边疆汉化。

然而，这个移民群分裂成了许多独立自主的社团。一则，不是所有北来移民皆为汉人。他们也有蒙族、回族、瑶族和苗族。④ 再则，即系汉族，也来自广泛不同省份背景和不同阶层。他们经常说的是相互难懂的方言，并遵循相互不同的习俗。他们各遵旧俗，又和当地人民相互影响。汉族移民因系最大团体，就成了各族人民的好范例。各省中某些人自称汉人，意思是他是地道的“汉族人”，于是，有时两者间的隔阂是很大的。⑤ 如，在川南建昌的汉族移民，他们不仅还保留他们外省的生活方式，甚至还同化了当地彝族人民。⑥ 这种情况和附近的凉山成了显著对照，那里相反，是彝族人民把汉族移民几乎全部同化。如今，这些“汉族人”之后裔已不复讲说汉语。⑦

移民不单在传播汉族文化中具有意义，他们在历史上也起过主要演变力量的作用。移民不单和土籍本地人、早期移民那里，甚至和更多新来者相互间都隔离分居。作为区别和划分西南社会的原始资料看，在这方面，移民的作用意

---

① 我的估计数是根据下列方志记载统计：《路南州志》卷 4，1757 年，4a-5a；《元江县志》卷 3，1826 年，4b；《定远县志》1835 年，无页码；《威远厅志》卷 3，1837 年，48a-b；《宣武州志》卷 3，1844 年，1b；《大姚县志》卷 7，1845 年，3b-4a；《大定府志》卷 40，1850 年，2a，17b；《普洱府志》卷 7，1850 年，1b-2b；《安顺府志》卷 5，1851 年，9a；《南宁县志》卷 4，1852 年，1a；《嵩明州志》卷 3，1887 年，139；《雷波厅志》卷 12，1893 年，1a-5a；《大理县志》卷 3，1917 年，20。

② 《滇志》卷 1，1576/1625 年，41b-42a；《大姚县志》卷 3，1845 年，3b-4a。

③ 《云南通志》卷 12，1835 年，7a。

④ 《贵州的少数民族》，贵阳：贵州人民出版社，1980 年；《云南民族古代史》第 3 卷，昆明：云南人民出版社。

⑤ 《中国之拓疆》，载威廉・史坚纳主编《中国社会研究：莫里斯・弗里曼文集》，史坦福大学出版社，1979 年，第 39-57 页。

⑥ 《邛嶲野录》卷 73，1802 年，12a。

⑦ 《凉山彝族社会性质论文集》，成都：民委，1977 年。

义是较为有限的，却被人们忽略了。至今尚无一人对此问题做过探入探讨。但我们可以通过对两个漫长又截然各异的并各具特殊作用的历史阶段做一次尝试性的探讨发轫。

1. 第一次大移民

第一次大移民西南主要是强制的，也是政府派遣军队大规模边疆屯垦，执行了一个受百姓拥护的政策的成果。① 自 1253 年初建元朝攻克大理开始，直至 1673 年清朝最后征服南明。随着清朝廷征平西南，行政上也逐步统一，当时颁过一道法令叫改土归流，即政府派遣戍边部队、农垦移民和充军屯垦者去开发新地。16 世纪末，政府军队已在西南全境屯垦。他们主要驻屯在山谷坝子及人迹罕至之处，还有人烟稀少的山区边境。② 所以，第一次大移民为自上而下的分片屯垦模式开创了先例，至今西南各地仍相沿持续（汉族人民在山下，少数民族在山上）。

这个期间，我们可以找到移民西南总共有 9 次高潮。每次移民高潮皆以军队出征开始，而以在他们作战之处屯垦告终，多数战役皆在明代，原因多半是出在西南世袭藩镇军队统帅名沐英者，和明王室家族关系的纠葛问题上。③ 第一次发生在 13 世纪末期，元朝发 5 万多军兵及其眷属屯垦西南。④ 而后，1381 年，明军打败在梁王率领下的元朝残余，并将其军队屯垦于西南，估计约 20 万人。⑤ 第三次高潮在 1391 年，20 余万军队及其附属人员被派往滇西镇

---

① 李中清：《中国历史上的移民与拓疆》，载 M. H. 麦克奈尔和 R. S. 亚当斯主编《移民：方式和政策》，布鲁明顿：印第安纳大学出版社，1978 年，第 20-47 页。

② 《云南各族古代史略》，昆明：云南人民出版社，1977 年；方国瑜：《明代在云南的卫所制度与发展生产》，昆明：云南大学出版社，1978 年。

③ 王毓铨：《明黔国公沐氏庄田考》，《历史研究》1962 年第 6 期。

④ 《元史》卷 3，北京：中华书局，1976 年，第 280 页；《元史》卷 21，北京：中华书局，1976 年，第 451 页；《元史》卷 22，北京：中华书局，1976 年，第 506 页；《元史》卷 99，北京：中华书局，1976 年，第 2543 页论移民云南；《元史》卷 6，北京：中华书局，1976 年，第 109-110 页；《元史》卷 8，北京：中华书局，1976 年，第 153 页；《元史》卷 9，北京：中华书局，1976 年，第 176-178 页；《元史》卷 13，北京：中华书局，1976 年，第 280 页；《元史》卷 133，北京：中华书局，1976 年，第 3227 页论移民川南；《元史》卷 99，北京：中华书局，1976 年，第 2544 页论移民贵州。元代移民西南方志中记载亦多，如《云南通志》，卷 1，1553 年，7a；《蒙化府志》卷 1，1698 年，44a；《永昌府志》卷 3，1782 年，8a；《邛嶲野录》卷 25，1832 年，7b。

⑤ 《明代外地移民进入云南考》，《云南大学学术论文集》1963 年第 2 期。

压第一次丽川叛乱。① 第四次高潮是在 15 世纪中叶相继派遣 5 万军队及其附属人员去扑灭第二次丽川叛乱（1441—1449）。② 第五次高潮是 1530 年派遣 5 万军队及其从属开进黔中及黔东南。③ 第六次高潮是 1553 年派兵镇压武寻（1527—1607）一系列叛乱，随后即屯垦于滇中之元江及武定。④ 1582 年，在打退一次入侵后屯垦于近代中缅边境内腾越，这是第七次高潮。⑤ 第八次高潮是在平定播州头人叛乱后（1596—1601），1602 年政府移民于遵义附近黔北地区。⑥ 最后一次高潮在清初（1647—1662），吴三桂率领 6 万余军队去全云、贵屯垦，即第九次高潮。⑦ 综合政府各次从内地动员移民西南之人数，总计大大超过 50 万。更因军兵携带家属，因之，总移民数可能已超 100 万，甚至更多。这种有部署的移民西南是历史上政府的最大的，也是最得人心的移民活动。⑧

巨大数量的移民，影响是深远的，然而，第一次大移民实质上令人惊叹的多样性却要超过它的广泛的规模。由于某些愿意吸收移民的社团趋向从少数条件优裕地区招来移民，一般相隔不远，以致第一次大移民吸引了全国各地人民。这种成分多样的特征正是政府执行了长期确立的正确政策的结果。⑨ 政府希望驻防部队和来自不同外乡的移民和睦相处、军民团结。如，15 世纪间，贵州威宁驻戍部队就来自江苏、湖北、湖南、浙江、福建和山东等遥远省份。⑩ 同样，16 世纪中驻扎于昆明附近宜良的驻戍部队来自南北直隶、江苏、浙江、江西、湖北、湖南、陕西和山西等省份。⑪ 这种例子很多。⑫ 因而，人

① 《四川通志》卷 65，1816 年，10a。

② 《永昌府志》卷 13，1785 年，2a–b。

③ 《贵州通志》卷 7，1550 年，12a。

④ 《寻甸府志》卷 2，1550 年，10b。

⑤ 《大明会典》卷 131，2a。

⑥ 李龙华：《晚明贵州叛乱》，澳大利亚国立大学，1975 年。

⑦ 刘健：《听闻录》，载《云南史料丛刊》；《圣祖实录》卷 42，19b；《圣祖实录》卷 43，2b–3a。

⑧ 据明律规定，军屯者可将眷属及父母携往西南。未婚者可于离家前给假并予资助成婚。无婚配者可由政府在女犯中指定配偶。《明会典》卷 155，1a；《明实录》卷 210，2b。

⑨ 李中清：《中国历史上的移民与拓疆》，载 M. H. 麦克奈尔、R. S. 亚当斯主编《移民：方式和政策》，布卢明顿：印第安纳大学出版社，第 20–47 页。

⑩ 《贵州通志》卷 11，1502 年，2a。

⑪ 《宜良县志》卷 2，1716 年，4b。

⑫ 如《贵州通志》卷 3，1555 年，16a。

们可在明代任何一处边境上找到很多移民民族集团，但其中不尽是汉族人民。在这次持久的第一次大移民高潮中，政府派遣的移民中包括相当数量的少数民族人民，其中有维吾尔族、蒙族、满族、回族，有些更来自遥远的中亚或北太平洋沿岸。① 如今，这些少数民族的后裔已将近 50 万人，他们遍布全西南。② 没有任何其他地区能够聚集那么多来自各个不同地方的人民。

第一次大移民及其眷属在政治上为其祖国联系西南地区贡献了顽强的团结力量。然而，为战略考虑，政府把这些庞大数量的人屯垦在乡间，而不是城市和要塞。他们不是正规部队，而只是为现役军队提供给养的农垦者。③ 故而，生活于本地人中的军垦移民就相当多了。14 世纪末叶，明朝廷就曾从全国各地调集 15 万多军户去云南，并“自辟其地”④，建立很多农庄。17 世纪中，清朝廷又调动一支增援部队 10 万士兵去西南，朝廷把他们散布全省，如“星罗棋布”⑤。徐霞客，这个 17 世纪闻名四海的地理学家，在西南旅行时也曾观察到移民与本地人之间的拓居关系。他在游记中写道：“土人之耕者见数”，又说：“汉军屯村落与倮倮毗邻”。⑥ 就是说，在第一次大移民中，本地人与移民间很少存在地域障碍。

正如我们早先叙述过的，第一次大移民给西南社会引进了一次深入又持久的突破。他们把一种迥然不同的外乡习俗传进了西南，并改变了权力分配。不过，这个涌入西南的人流，如其来自各方的复杂多样一般，并不总是打乱原先存在的各种关系，特别是因为当时移民都广泛散居在乡间各处。所以，移民可无所羁绊。在云南江内地区，照字义说，即“江河之内”的意思（湄公河以东和红河以北），明太祖曾于此处流放过一大批从长江下游流域来的“富”户和“绅”户（富民或大姓），所以移民能够，也会管理社会。⑦ 按照 17 世纪初云南总督谢肇淛说法，在两百多年后他们后裔之风俗习惯、方言和生活方式

---

① 《云南回族简史》第 2 卷，昆明：云南大学，1977 年；《云南回族族源考略》，《民族研究》1980 年第 5 期；《云南蒙古族简史》，昆明：云南人民出版社，1979 年。

② 1974 年贵州统计常居回民人口数接近 76 800 人。1977 年云南省统计常居回族及蒙族人口，计回族超过 30 万，蒙族 6000 人。当然，川南等地还有回族人口。

③ 王毓铨：《明代的军屯》北京：中华书局，1965 年；方国瑜：《明代在云南的卫所制度与发展生产》与《明代对云南的军屯与汉族移民》，即将由云南人民出版社出版。

④ 《云南通志》卷 7，1574 年，1a。

⑤ 《云南通志》卷 43，1835 年，1a。

⑥ 徐霞客：《订校本徐霞客游记》卷 8，台北，1974 年，385 页；徐霞客：《订校本徐霞客游记》卷 10，台北，1974 年，446 页。

⑦ 《滇史》卷 10，1618 年，27a。

仍和长江下游相似。① 然而，这些区域外，别的地方移民甚少，又极无组织，或极分散，以致不能与人计较，他们感到自己处境不利。于是，当地地主（山主或沼主）就设法乘机在移民集团间挑唆斗争引起鹬蚌相争，争取渔人之利，这种策略名之为“均民”。也因此，当地头人（土司或土官）设法来控制汉族移民，这种政策被人斥之为“蛮化政策”。因此，移民经常不能团结一致与本地人抗衡。15、16世纪期间，某些本地社团曾企图吞并汉人集团，而其他社团则仍保持其个体独立的特性。汉人与少数民族之间的隔阂至今尚有，但是，在这种形成时期，却被第一次大移民中独特的征兵和移民方式所冲淡。

西南社会的这种综合的广泛的多样性给很多移民增加了特殊思想上的意义。如杨慎，这个16世纪著名的学者，曾被充军去滇南军中哨营，他也曾因这个多元性社会演变成一个早期多元性民族模式而有所感叹。他在一篇《论民》的文章中写道：“中国人民是一支真正泛居世界各地的人民，他们是全世界、全人类的后嗣。汉族正是帝国中民族集团中之一员，包括各阶层人民。唯云南即有非汉土著若干，彼等服朝廷王法，皆为中国人民。”② 杨慎对民族的看法，追本溯源可追到孔子，后来曾被毛泽东和别人用为新中国的理论范例。③ 因此，第一次大移民迈出了重要的一步，它使“中国人”这个概念更趋于普遍性和折中的含义，它已超越所有关于“汉族人”的概念。这个民族定义超越了狭隘的民族界限，从此成为现代中国民族的自我解释的一部分。

2. 第二次大移民

第二次大移民在现代学术文章中被人们普遍忽视了。④ 不像第一次大移民，它在数量上自愿的意向占绝对多数，所以，这一次大移民在政府的档案材料中就更难找到大量史料。然而，从规模上看，大大超过了他们前辈，诚如人潮汹涌。第二次大移民西南是一大批更为知名的移民开往四川，它延续达一个半世纪，自1700年至1850年叛乱止⑤。17世纪中，战争和其他紧张局势把

---

① 谢肇淛：《滇略》卷4，四库版，13a-b。

② 杨慎：《升庵全集·论民》卷48，1795年，6b-9a。（无原著核对，暂译意——译者）

③ 杨向奎：《论何休》，《兰州大学学报》1978年第3期；有关杨慎思想研究，参阅杨向奎《清代的今文经学》，载《清史论丛》1979年8月第1辑，第177-209页；肖孔传（译音）：《中国政治思想史》译文。

④ 方国瑜、缪鸾和：《清代云南各族劳动人民对山区的开发》，《思想战线》1976年第1期；洛姆巴尔·萨尔蒙斯·克洛丹：《18世纪贵州省汉人移民之例》，巴黎，1972年。

⑤ 胡昭曦：《“张献忠屠蜀”与“湖广填四川”考辨》，《中国农民战争研究集刊》第1辑，上海：上海人民出版社，1979年。

云、贵移民屯垦活动限制到了最小数。所以，1650 年后，很多人虽然经过西南地区去四川，但开始很少人长期留下①。据一个同时代人的估计，西南外省人的比例数在 1700 年前后降到了极小的百分数② 当时，四川的人口却在逐渐饱和，整个内地人口危机正在加速，于是迫使千百万少地和地瘠无收者远走高飞。政府以免税、供盘缠、供种子、准屯居，鼓励移民迁往西南。③ 结果，这个南迁的人潮就提高了云南的平均年人口增长率，如，1785 年左右是 10‰；至 1795 年左右就到了 20‰；至 19 世纪头数十年，人口年增长率发展到了一个高峰，达到 25‰以上。④ 然而，我们认为，移民中的人口增长率一贯是偏高的。⑤

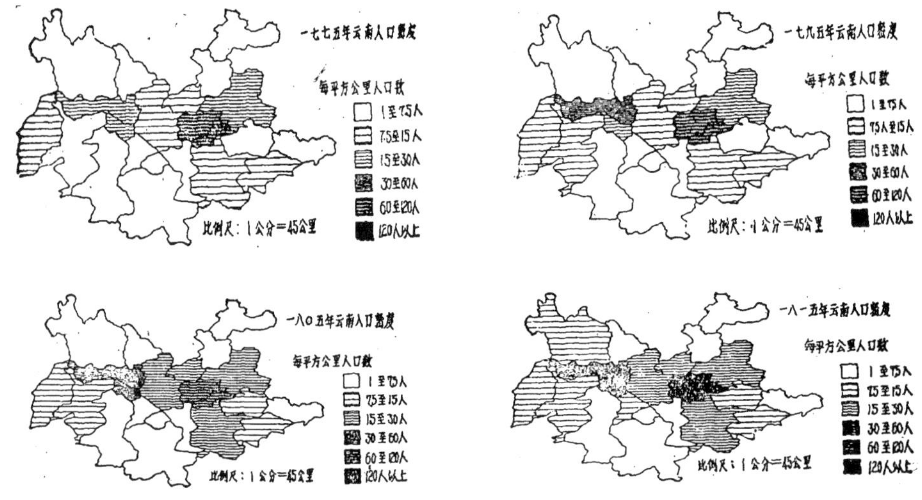

① 据云贵总督张允随于 1748 年 4 月 26 日上呈的奏折（QL13/3/29）中说：“在 1743—1748 五年中，单从广东及湖南移来人口超过 243 000 人，从湖北及陕西来的移民更多，尚不知通过贵州去四川人数”；《高宗实录》，卷 311，44-46。

② 陈鼎：《滇游记》，TSCC 版；《石屏州志》，1673 年，无页码。

③ 彭雨新：《清初的垦荒与财政》，《武汉大学学报》（人文科学版）1979 年第 1 期；《圣祖实录》卷 1，22a-23b；卷 119，16b-17a；卷 150，11a-12a 皆有政府鼓励移民西南言证。

④ 《云南通志》卷 55，1835 年，13a-19b；《云南通志》卷 55，1898 年，13a-19b，虽然 1898 版是 1835 的再版，但 1898 版错印一些数字。

⑤ 《云南通志》卷 55，1835 年，13a-19b。年度平均人口增长率的统计入册中的屯民一贯高于省平均数，大概就因为移民，1780 年左右，云南入籍屯民增长率超过年 12‰；1785 左右，年平均增长率已成倍增至 20‰还多；1790 左右，已超 30‰，1820 年前，云南屯民人口平均数未低于 20‰，所以 1775 年云南总人口中移民增至 1/6 多，而至 1825 年却大大超过了 1/4。

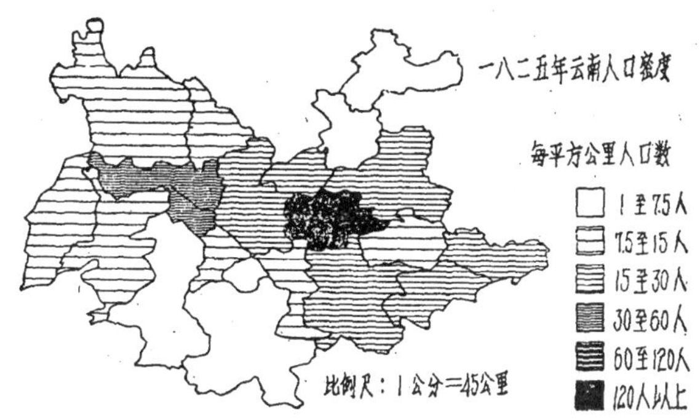

西南人口增长是普遍的。但幸运的是云南省还保存着一套由府一级分析的该省年人口统计表，我们还能研究自 1775 年至 1825 年的云南省人口增长情况。① 要精确区别出多少是自然人口增长率，又多少是因为移民而增长，那是不可能的；因为，在 1850 年前后，至少已有 300 万移民迁进了西南。第二次大移民本身就代表了一次西南历史上的民族均衡。1750 年前，少数民族人口总数经常超过汉族人数。可是，1850 年前后，汉族人口却增长为多数，因此这就说明当时移民们都已愿意长期居住在云、贵滞留绵延了。

第一次大移民从中亚至东北给西南送来了回族和满族人民，从而使西南民族类型又做了一次组合；而第二次大移民却是参差地来自长江中、上游一些自然条件好的地区，开始主要来自江西和湖南，以后又来自四川。② 实质上证明这些移民来自各地，范围很广。如，根据 1777 年上报的有关移民滇西的政府奏折中文字记载，很多新移民来自湖南、江西和四川，以致云南总督上陈控告这些省份的督抚们。③ 然而，要找到有关移民的明确具体的统计数字也是困难的。只有一份保存在北京历史档案馆的，1778 年 5 月的滇西南少数民族地区的移民（游民）花名册④。它记载着当月登记的来自外省移民有 38 人，31 人来自江西，7 人来自湖南。18、19 两世纪来，数量极多的各县方志都可以进一

① 《云南通志》卷 55，19b 至卷 56，46b，1835 年；《云南通志》卷 55，19b 至卷 56，46b，1898 年。

② 很多移民来自广东与福建。但他们在滇越铁路建成前，未曾发展为最多数。

③ 《永昌府志》卷 25，1785 年；《云南通志》卷 55，1895 年，13b。

④ 李士代（译音）：《查阅边彝江楚游民：附清单》，北京：第一历史档案馆录附奏折，材料组 NZBJ，日期 QL43/4/19（1778）。

步证实当时西南各地的绝大多数移民都来自长江中上游地区。①

第二次大移民对形成地区经济有过极大的重要性的，而且，这种地区经济至今在西南起着特殊的作用。但很明显，不是单独它在起作用。很多力量共同把西南从一个原先由一些小规模的，且相当自治的独立小区组成的聚集体改造成为一个中部地区及其四乡组成的一体化的、地区性的等级社会。但，移民们以百倍努力与各界通力合作，一方面，移民们通过扩大可耕地，提高作物生产，来大规模扩展乡村基地。另一方面，他们也为建立城市网提供了资本、劳力和组织。

最初，即自18世纪至19世纪初期间（1700—1850），那300万专程从全国各地蜂拥去到西南边疆的人当中，有很多人是被土地和致富的许诺所诱惑。亦如北迁去新疆、内蒙和东北，或东迁去台湾一样，南迁四川、云南和贵州，大多数人是为了去占领“空”地，这也是汉族移民发展伟大边疆的功绩。移民们在昭通平原开荒播种，在黔东伐林，在川南修筑梯田，在个旧采锡，在铜川炼铜。正如第一次大移民一样，移民们可以随处播种占地。第二次大移民中将近一半人去了西南，即，有100多万人屯垦在乡间。根据赵翼在云、贵供职数年后的札记说：1800年前后，这些移民已在云、贵各省占有绝大部分的可耕土地。②

可是，和第一次大移民对比，第二次大移民中很多人是屯垦在山区和山谷中。人们由于缺少土地被迫进入山谷，也是因为在那里播种新作物如玉米和甜薯可获高产而被吸引，于是这些移民使西南增加了大量可耕面积，特别是在云南的普洱、广南、开化府和贵州的兴义、大定、黎平府等地区。在这期间，第二次大移民冲淡了在第一次大移民中作为特征的自上而下的民族隔离趋势。因此，根据19世纪一本地方志记载，广南府中非汉人耕种河谷两岸及山间平坝

---

① 《蒙化府志》卷1，1698年，44a；《阿迷州志》卷10，1735年，116页；《东川州志》卷8，1761年，20a；《永北府志》卷26，1765年，23b；《景东府志》卷23，1821年，6a；《新平县志》卷2，1826年，26a；《威远厅志》卷3，1837年，49a；《黔南史略》卷1，1749/1847年，1a，；《黔南史略》卷4，10a；《平远州志》卷4，1848年，1b；《南宁县志》卷4，1852年，1a；《顺宁府志》卷34，1905年，1a；《镇康县志》1936年，无页码；《三河州志》卷41，1939年，1a；北京第一档案馆附录奏折NZBJ材料组，日期DG14/7/1，14/7/29，DG14/8/4，DG14/8/26t DG14/11/23。

② 赵翼：《檐曝杂记》卷4，台北，1959年，第86页；胡克敏：《清代前期贵州领主经济向地主经济的发展》，《贵州社会科学》1981年第2期。

肥沃之地，而汉民则耕种山坡瘠地。① 另外的类似例子还有很多。② 至于当时的山区移民的确实数字却不清楚，我估计，第二次大移民中的1/5，也就是至少50万人屯垦在山区。

收入多少大概是移民选择屯垦地方的标准。有一份1826年完成的，细致的省范围性的贵州少数民族地区内所有汉族移民的调查材料，曾经把不属于地主的土地管理模式和那些常驻小地主与其佃农的关系做过对比。③ 根据这个对34万余移民和40万多块土地的调查知道：当时，这些土地的97%是不在移民地主所有，而77%的土地是常驻移民小地主种的平坦稻田，只有24%是移民佃户种的山谷地。其余都是汉族移民为当地地主耕种的山坡旱地，这些地主经常还是当地地方官吏。就是说，人们可想象到，富人以沃土谋生，穷人以瘠地糊口。而最贫穷的乡间移民就很可能只得向山地求食。

18世纪前期过后，新来移民不愿去山区屯垦，很多人被城市所吸引，被商业的兴旺所诱惑，尤其是迅速发展的采矿工业。这些城市移民不仅为城市建设贡献了临时重劳力；他们和他们的儿女也为城市兴旺提供了商业、技术上，文牍和专业技术上的大量各项工作。如，在整个西南境内，这些从湖南和江西来的移民商人实际上已形成了一个城市商业阶层，他们垄断了省际的工商业。④ 而第一次大移民期间早来移民商人也如此。但与第二次大移民有所区别的，是早来的商人为数极少，并且又都是季节性移民商人，不是常驻移民。绝大多数来西南赚钱，然后返回故乡。只有那些亏本关门的才滞留异乡。相反的是，新来移民为数众多，并且到后即在西南扎根为家。此外，第二次大移民不仅包括商贩阶层，而且也提供了大批城市劳动人口。移民人群像潮水般涌向西南的金、铜、银各种矿业是人所周知的例子。1700年至1850年期间，有30万余矿工迁进西南去开发西南矿藏。⑤ 据18世纪的方志记载估计说，这些矿工的7/10来自湖广和江西，其余来自四川。⑥ 还有从四川来的移民给滇西的

① 《广南县志》卷5，1934年，8b。

② 《东川府志》卷8，1761年，14b；《威远厅志》卷3，1837年，49a-54a；《黎平府志》卷12，1845年，3a；《邓川州志》卷3，1855年，14a。

③ 台北故宫档案馆无日期奏折，GZD056879。

④ 《景东府志》卷20，1820年，6b-7a；《昆明县志》卷2，1841/1904年，10a；吴大勋：《滇南闻见录》卷1，1795年手稿，41a-42a；北京第一档案馆2B资料第四组879合，文件1-7。

⑤ 严中平：《清代云南铜政考》，上海：中华书局，1957年；陈吕范编：《云南冶金史》，昆明：云南人民出版社，1980年。

⑥ 《蒙自县志》卷2，1712年，8a；《东川州志》卷13，1761年，7b。

纺织业带来了极大的推动力，并与当地劳动者合作开发了云南和川南的盐矿。① 实际上，根据几个资料证明，在整个 18、19 两世纪中，很多来自邻省的手工业者几乎承包了各行各业的技艺劳动。② 即，移民在制造业和服务业方面提供了一支城市群众无产者队伍。因此，西南得以发展出一整套非常完全的商业系统，并给早期工业化打下了基础。

所以，第二次大移民在西南形成了一个新型的城市阶层。这种市民的产生是远距离的区域外的移民的罕见方式所造成的；这种方式比起别处的短距离的区域内的移民方式来确实更具有代表性。当然，那些少数民族如白族、纳西族、傣族以及汉族早期移民的后裔都很快适应了新的城市经济，并都奔向光明的城市灯火。不过，比起第二次大移民来，所占人数，他们还是极少的。所以，根据大理县志记载，1852 年中，很多城市居民都是新来移民，只有少数是本地人。③ 如云南新平县志记载过：在城居者几皆为客籍人及其子女。④ 通过他们的集中城市和影响城市，移民们又改变了他们来此建设的边疆。

1750 年前，西南地区几乎全为乡村。⑤ 除了一个可能的例外临安，西南城市人口没有达 5 万人的。只有少数几个城市：贵阳、大理和昆明，是闻名的或可假设为超过 3 万人口的城市。其他西南“大”城市中，有镇沅、普安、新兴、楚雄、保山和建昌，人口范围在 7500 人至 20 000 人。除了这些通向湖南、四川和缅甸的主要路线上的枢纽地区外，即使是相对重要的工商业中心如思南、思茅和腾越，也很少达到或很少超过 5000 人的。城市总人口至多是西南总人口的 5%，这是国内任何地区中城市化人口最低的地区。

在后百年中，这种情况起了深刻的变化。1800 年前后，贵阳和昆明大概已达 10 万大关。⑥ 1820 年前后，大理已超过 10 万⑦。1850 年前后，安顺也许已超 75 000 人⑧。大批小城镇接近 5 万大关。有些城镇如毕节、黔西和个旧已变为主要矿业和冶炼中心。其他如昭通和保山已是主要商业城镇。保山，地处

---

① 《顺宁府志》。

② 《贵阳府志》1851 年，29B，24b。

③ 《大理县志》卷 5，1917 年，16a。

④ 《新平县志》卷 2，1826 年，26a-b。

⑤ 有关西南城市兴起分析大部摘自本人学位论文之第五章，这里只提及有代表性的注解，应该指出任何地方拓居者超过 2000 人的皆应划算为城市。

⑥ 《贵阳府志》卷 25，1850 年，1a-18b；《贵阳府志》卷 26，1850 年，1a-30b；《贵阳府志》卷 27，1a-20b；《昆明史志草稿》第 3 卷，昆明，1965 年。

⑦ 《大理城史话》，昆明：云南人民出版社，1980 年。

⑧ 此估计数是清代有名大官胡林翼计算的，参看《安顺府志》卷 45，1851 年，23 页。

滇西，是中缅各项贸易的东部垄断中心。昭通，地处滇北，是滇川间大部贸易的南部垄断中心。城市中心从此在西南全境纷纷兴起。根据我的估计，大约1830 年前后，城市人口总数达到高峰，已经增加到几乎是总人口的 10%，比16 世纪晚期的两倍数还多，而且将近于现代人估计数的两倍。但 1856 年至1873 年的回民起义和相继而来的流行时疫摧残了这短暂的雨后春笋般的城市兴起趋势。① 它们使城市人口大幅度下降，空寂的城镇使早期的城市发展黯然失色。②

只要情况允许，第二次大移民中的移民们随时随地把他们的民族传统传播。因此，来自长江流域的移民也把他们的地方英雄迷信带进了西南。根据对现存的西南地方志的研究，18 和 19 世纪期间，云、贵境内曾建筑过百多座庙宇，都供奉龙神，如江西的萧公祠和万寿宫、湖南的玉王宫和寿福寺以及四川的蜀主庙。③ 令人惊叹的是，1850 年前后，这些移植过来的江湖迷信竟已在重峦叠嶂的西南境内成了流行的宗教信仰。他们的影响是如此深远，以致到18 世纪前后，很多西南城镇的城隍老爷据说也都是从长江中上游地区移植来的。④ 而且，这些宗教团体往往从同乡关系扩展成自愿结合的所谓会馆的社团。⑤ 也如迷信庙宇一样，这种社团也在 18 世纪晚期和 19 世纪增多起来。至清朝末年，西南已经有很多这种自愿组织的社团。⑥ 这些社团都企图介入近代新事物所谓商会的关系中去，并且要参与社会上一切有关福利的事务。它们的存在大大促进了城市一体化。

移民通过这些渠道和城市取得团结一致，同时他们也被培养具有了新的城市文化，从而取代了那些他们尚未全部移植过来的老传统。我们可以想象，这些不同阶层的人，抛弃了昔日生涯，参与了城市化的进程，在语言的促进和群

① 王树槐：《咸同云南回民事变》，第 314–330 页；李耀南：《云南瘴气（疟疾）流行简史》，《中华医史杂志》1954 年第 3 期。

② 吉尔伯特·罗士曼：《中国清代和日本德川幕府时代的城市网》，普林斯顿：普林斯顿大学出版社，1973 年，第 247 页。书内曾估计 19 世纪中叶的贵州，6% 的人是城市市民，4% 的云南人口是城市人口；而 G. W. 史坚纳在其《中国晚清城市》中也估计在 1843 年城市化人口已有 4%。

③ 曾由 400 多部云贵地方志中汇编一个“庙宇的统计表”，参看本人学位论文中附录 4。

④ 《徵江府志》卷 5，1717 年，32b；《云南通志》卷 30，1736 年，25b。

⑤ 何炳棣：《中国会馆史论》，台北：台湾学生书局，1966 年；李华：《明清以来北京工商会馆碑刻选编》，北京：北京文物出版社，1980 年。

⑥ 参看本人学位论文附录 4。

众文化的陶冶中，对平民生活就有了融会贯通的作用。直到第二次大移民开始，才有一种叫西南官话的普通话流传出现。① 但主要流行在城市里，并还只是简单的词形而已。而新来移民又在这种方言基础上创造了新颖的大众文学。早在18世纪中叶，第二次大移民才开始时，就有一个无名氏的移民写过第一本“西南人的小说”《白国因由》。② 此书情节并不惊奇，只是一个以四川迁往云南的移民经历为中心的记叙。随之，又在1837年，正在西南人口迁徙高峰过后，出现了第一本配有歌曲和西南方言对话的“云南”戏剧。剧作者谢敬（译音），是个居住在昆明的湖南移民。③ 他所创始的戏剧传统至今还保存和反映在云南戏剧保留节目中。如今，随着新移民涌入西南城镇，一种新的城市语言就迅速流传开了。这就是所谓的普通话。④ 并且已从现代群众语言基础上发展成一种新颖的大众文化。在相当程度上，第二次大移民的老移民已为如今新城市移民在保证老传统不被湮没方面做出了榜样。

因而，第二次大移民也给西南引起了地区性的协调。以致本地人和移民都接受这种协调，都愿适应这种19世纪中已经兴起的适应商业需要的生活方式。如回族、纳西族、白族都掌握了西南经济中的某些部门。1850年前后，他们已掌握了滇西大部分商业机构和垄断了运输行业。他们逐渐融合到新的城市社会并从而融合成祖国的民族社会。他们中有相当数目的人考中了科举，正说明了他们在文化上已被同化到了什么程度。1750年至1850年的100年间，有70多个少数民族人考中了进士或状元。这个数略3倍于1350年至1750年400年间少数民族人民考上科举者的总数。⑤ 当然，这种同化是相互的。1850年前后，很多地方上的少数民族习俗已演变成了地区性整个西南人民的习俗。某些少数民族习惯已演变成了中华民族文化中的一部分。

（吴宏元 译）

（《社会科学战线》1983年第1期）

---

① 杨时逢：《云南方言调查报告》，台北：商务印书馆，1969年。

② 《白国因由》，1760年。

③ 谢敬：《滇戏曲谱》，1837年；徐嘉瑞：《云南农村戏曲史》，昆明：云南大学，1944年。

④ 普通话在西南真正成为大众普遍使用，还是在1937年后日本侵华战争中大量难民涌入西南定居后流行的。

⑤ 参考本人学位论文附录5。

南宋成立时的几次危机及其解决

〔美国〕刘子健*

一、第一次危机（建炎元年）：傀儡政权的兴废与高宗即位

宋金原曾联合破辽，后金人背盟，于靖康元年（1126）以骑兵侵宋，包围宋都开封，终于掳徽钦二帝北去，并在黄河以南建立傀儡政权作为缓冲地带，此即张邦昌政权，史称“楚”。金人希望张邦昌将其统治区扩大到长江流域而在建康或扬州建都。但是，这个傀儡政权缺乏存在的条件，只延续了33天。

在此期间，康王赵构在济洲凭借黄潜善带领的13 000人的军队安下营地。不久，他就聚集了一支多达80 000人的军队，靠印发盐钞支持。一位转运使向这个基地运送了大量食粮。

黄潜善代康王拟檄文，要求各地起兵勤王。众人拥立康王为帝，康王不从，因为这缺乏正统性。其时议南迁，宋军大多数来自北方和西北，对南迁深感不安。一位官员主张南迁几乎酿成兵变，不得不处斩以稳定军心。

张邦昌称帝时，康王的态度是谨慎的。他既不声讨张邦昌，也不表示亲近。金兵北撤后，张邦昌动摇了，开始向康王表示忠顺。当时，张邦昌尊宋太后为元祐太后，将大宋传国玉玺送给康王，并请太后手诏命康王即位。这便为康王继承大统提供了合法基础。最后，张邦昌完全从正殿退出，自称太宰，并请太后“垂帘”听政。

于是，康王选择在商丘登基。选择商丘有两个理由：从历史上看，这里是开国皇帝的军事基地，它又是有名的南京，先朝宗庙所在，可以增添威望。从

* 作者单位：美国普林斯顿大学。

现实上看，这里便于贡品的运输。

建光元年（1127）五月初一，时年21岁的赵构即宋朝帝位，改元建炎。为显示其正统性，他向群臣宣示了徽宗密遣曹勋带来的手谕："便可即真，来救父母"。① 因此，康王即位生动地表现了反映中国文化基本特点的父子关系。

此时，张邦昌来朝，待如国宾。对受金人逼迫而顺从傀儡政权的官员亦予宽恕。战死者和被俘者的家属得到救邮。弃职而逃的官员只要向就近官府自陈，也得到原谅。简而言之，新朝廷希望容纳统治阶级的各种分子。在军队方面，对所有逃亡溃散的军人，甚至曾掠民户者，也都"一切不问"，令其重新归营。对自动勤王者则给予报偿而遣返故里。

高压和奖赏是政府进行统治的基本原则。尽管新政府是慷慨和解的，但多少也不得不显示其威力，惩办了那些臭名昭著的朝廷官员，指责其失政，要为这次失败负责。

采取惩办的措施具有两个微妙的意图。一是归咎于无用的官员，减轻对被掳皇帝的批评；二是想使新朝与前朝有所区别，这位年轻的统治者许诺不以手诏废朝政，不以内侍掌兵权。他实践了前者而并未切实遵守后者。

新朝廷为了满足迫切的财政需要，借助于过去扶植的道观所拥有的财产和先前分配用于教育的资金；另一方面，废除了青苗钱。新政府为收揽人心，还减少了苛捐杂税，并且减少贡品以减轻地方政府的负担。

最关键的问题还是和战之争。对如何造成这次灾难的新解释被归结为：求和并不一定是错，严重的错误是在没有防御准备的条件下求和。因此，除了惩办应对此负责的官吏以外，首先着重军队的整顿。

关于朝廷南迁的问题，对于黄潜善、汪伯彦等人来说，长江下游流域以其资源丰富而非常诱人。他们有些人已经成为朝廷的依靠。

一些力主抗金的猛将没有得到在朝任事的职位。老将宗泽先是被派驻襄阳，后又留守已经半放弃的开封。李纲建议尽可能加强防御，绝不和谈。李纲等人还坚持要惩办叛臣以提高士气和朝廷威望。在他们的坚决要求下，赵构才放弃了最初那种收容软骨头官僚的政策。不过，也只有很少人被处死或流放。

李纲和宗泽都极力要求皇帝回镇开封。这时金兵又开始出动。高宗借口到长江流域筹备防御而前往扬州巡幸。陈东和另一位太学生批评时政，要求全面抵抗。令人吃惊的是高宗竟将其处斩。这或许是因为他怀疑此二人帮助李纲，而李纲声望之高已使皇帝感到不安。黄潜善扶植起来的一位年轻御史张浚上书

---

① 《三朝北盟会编》卷111。

弹劾李纲，李纲即被遣往长江中游地区。随着李纲离去，他的许多政策被抛弃。

建炎元年（1127）冬，金兵大举入侵中原。但对当时在扬州的高宗来说，战争似乎还是遥远的，黄、汪二人借口不惊动皇帝而扣压军情。由于皇兄信王在敌后领导抗战，高宗担心信王会争夺帝位，才宣布要回开封。但这只是说说而已。

在宋军方面，宗泽死后，开封地区的勤王军逐渐散去。另一方面，长江和淮河之间的军队由于缺少兵员，只好招募土匪。

御史马伸多次上书弹劾黄、汪，竟遭高宗贬斥而不久病死。

不过在财政方面，此时有很大好转。特别令人满意的是茶税增多。新创的经制钱具有划时代的意义。这个主意最初是由转运使陈亨伯提出的。此外，还开征了各种各样的税收。

二、第二次危机（建炎三年春—秋）：南渡偏安

金兵长驱直入。岳飞在开封西部和南部抵抗亦未能阻止金兵南下。高宗四次遣使求和，金人都不置答。越来越多的官员出于某种理由赞同继续南迁，高宗犹豫不决。但是，他把3岁的太子和后妃送往杭州，却又禁止官吏家属南迁。扬州的防御也很差。黄、汪二人幻想凭借淮河流域的交叉地势阻止金人南犯，却不料金人突然兵临城下。于是，高宗不得不乘小船仓皇渡江南逃，最后定都于建康。

这时，朝廷面临着重重困难。黄潜善和汪伯彦遭到激烈的抨击而被贬。高宗也意识到自己的所作所为几乎失去人心。他采取了一些措施以争取支持：承认处死陈东和另一位直言进谏的太学生领袖欧阳澈是犯了错误。另一方面，他又下令提升秦桧的哥哥秦梓。这表明了一种微妙的两面意图。高宗玩弄不偏不倚的两面手法，试图讨好各种官僚。

在此期间，高宗发布了三道诏书。在第一道诏书中，他声称决不因暂时南迁而背弃中原和北方的人民。在第二道诏书中，他向随他南渡者表示抚慰。在第三道诏书中，他表示希望臣民“各宜忠力，协济多艰”。①

① 《三朝北盟会编》卷122。

三、第三次危机（建炎三年春末）：政变危机

南渡后宋军移驻长江下游。士众多思念家小和故里，再加上扬州防守失当使他们遭到溃败，于是，两位将军苗傅、刘正彦发动兵变，最后发展而成政变，迫使赵构让位于其3岁的太子。后来由于金兵压境，政变领导人才同意皇帝复位。皇帝复位后3个月便处决了叛军首领。高宗这时痛苦地意识到军纪的重要性。政变也留下了一些有待解决的问题。至于黄、汪二人，有人指责他们是导致这次兵变的祸根，主张加以严惩。然而，皇帝以“太祖以来未尝戮大臣”为辞，只是把他们二人流放到更远的地方去。

高宗下诏罪己，列举了4条错误：“一曰昧经邦之远图；二曰昧勘难之大略；三曰无绥人之德；四曰失驭臣之柄。”① 但是，人们认为罪己诏亦无济于事。这时大量的麻烦骚扰着朝廷。尤其是如果不能很快在长江下游阻止金人的进攻，只好准备再进一步撤入浙江。高宗也认为这样更安全。从财政角度看，浙江的财富和沿海商港对满足朝廷财政需要是格外重要的。这时，高宗也不再抵估金人的军事力量。他本人虽准备留在浙江，但是却把太后送往江西。

四、第四次危机（建炎三年冬至四年春）：逃亡海上

金兵攻破建康之后直入浙江。高宗求和不成，只得离开建康向东南方向逃跑。金兵紧追不舍，高宗逃到明州。范宗尹坚持出海，以为敌骑不可能出海追击。但他估计错误，金兵到达明州后立即征用民船出海追踪，仅仅差一天的航程未能追及。不久，高宗来到台州，并在此逗留半月。他风闻金兵可能来犯，又再次乘船前往温州。他在温州派人把祖宗牌位送到福州，以期安全。

金人仅在明州停留17天，在建康停留了半年，最后收兵北返。

建炎四年（1130）四月，高宗在越州设立朝廷。这是他第一次北返。他任命范宗尹为尚书右仆射兼御营使，实行中央集权。另一方面，他也承认有必要地方分权，而任以心腹将领。他继续采用招抚政策来吸引土匪投诚，因为没有足够的军队用于镇压土匪。

长期以来，历史学家认为南宋之所以能偏安一隅，决定性的因素是财政。需要补充一点，由于在沿海地区财政得到格外迅速的好转使朝廷摆脱了困境。

---

① 《建炎以来系年要录》卷24。

在台州，朝廷在绝望中从浙江沿海地区得到了急需的粮食；在温州，通过出卖政府财产得到大量资金；还从福建市舶司得到额外的钱财，更大笔的收入是来自福建及江西和广东的盐税。

由于金人在北方的地位得到巩固，南宋几乎没有希望光复中原了。于是，高宗改元绍兴。此后中国陷于分裂局面达100多年。

总　结

综上所述，可以看到保持帝国政权存在的4个因素即正统性、官僚集团、财源和军队。人们通常会问哪一个因素比较重要。在我们看来，这个问题没有意义，因为这些因素是共同起作用、互相影响的，而不是孤立的。是正统性导致官僚集团重新发挥作用。官僚集团则设法搞到足够的财源。正统性、官僚集团和财源是必要的条件，但这还不够。这三种因素应能协同提高军事力量，也就是说，正统性对官兵具有吸引力，官僚集团对军队组织实行控制，而财源则保证军队各种需要。正统性、官僚集团和财源是支持军队的基础。

中国史书或儒家经典所谓“人心”，相当于我们社会科学中的正统性概念。但应该指出，这里的“人”首先是指统治阶级中的士绅，然后才是其他人。只有把中国史研究同我们的社会科学充分联系起来，研究才能趋于完善。

但是，中外学者一般都低估了封建官僚集团的能力。高宗虽然继承正统，依靠太后支援取得帝位，但他还得倚赖官僚集团广开财源以供养军队，同时利用他们来控制军队。

关于招抚政策问题，自古至今各派哲学家和历史学家都在努力探索某种逻辑上一致的、合理的政策原则，但都徒劳无功。看来政策是应用于人类复杂局面中的一种出于可能性的艺术。招抚就说明了似乎是不合逻辑的事情。就和战之争来说，可采用不战不和的单纯防御。对待土匪，可采用歼灭和招抚的方法。为了得到官僚集团对朝廷的更多支持，朝廷可给争执双方某些好处，或者挑选第三者来保持双方的平衡。

最后，我们仍回到4个基本因素的分析。关于金朝和南宋以后的发展，可以提出两项对进一步研究有用的假设。相对地说，金朝似乎并不注重正统性、官僚集团和财源。因此，13世纪初的金兵同12世纪初的金兵相比就较为逊色。南宋则反复加强其正统性。高宗接受金人的和平条件是以孝顺为基础的：要求金人交还母后。不过，官僚集团却被削弱。高宗本人是熟于“官僚手腕”的。他大权独揽，宰辅均不久于位。但是遇到和议难点，却破例久任秦桧。秦桧一死，则又黜其子孙，把求和过错推在秦桧身上。他让秦桧要手腕召回三大将，罢其兵权，最后处死了岳飞。宋太祖亲自出马收兵权，宋高宗则是利用官僚替他耍手腕、收兵权。在专制和官僚的控制下，大多数军队也削弱了。唯一成功的方面是财政，随着经济不断繁荣，南宋呈现出一种纷杂的景象。

金与南宋最后都被蒙古所灭。不过，南宋是在金亡40多年以后才覆亡的。

（静寰摘　译，振华　校）

（《社会科学战线》1983年第4期）

试论资产阶级在辛亥革命中的作用

〔加拿大〕陈志让*

1981年10月12日至14日，中国史学会在武汉召开辛亥革命70周年学术讨论会。那是启发性很强，招待周到，组织完善的一次盛会。44位外国学者一定同意我所要说的，能够参加那次会议，我们感到十分荣幸，也对中国史学会的招待衷心地感谢。

讨论的主题是资产阶级在辛亥革命中的作用。开会之后我回到加拿大，略事休息，围绕着主题，选了8篇中国学者的论文：汪敬虞《关于中国资产阶级产生的若干问题》、耿云志《清末资产阶级立宪派与谘议局》、王来棣《立宪派的"和平独立"与辛亥革命》、丁日初《上海资本家阶级与辛亥革命》、章开沅《辛亥革命与江浙资产阶级》、皮明庥《武昌首义中的武汉商会商团》、邱捷《广东商人与辛亥革命》、关捷《辛亥革命时期资产阶级革命派在辽宁的斗争》。

先跟法国、美国的朋友们交换了意见，然后请中国史学会会长、中国社会科学院近代史研究所所长刘大年先生和8篇论文的作者允许我将论文译成英文。承蒙他们慨然允诺。论文的作者更寄给我他们的修订稿；在翻译的过程中，不嫌麻烦地回答我的问题。

这8篇论文都用了新的材料，有独到的看法。汪敬虞先生关于中国资产阶级成长的论文为整个讨论会描画了历史背景的轮廓。如果我在会议上的记录没有歪曲汪先生的看法，他说"官僚资本家"也有变成"民族资本家"的可能。他进一步说民族资本的三个来源是中国私人资本、改变了的官僚资本、改变了

* 作者单位：多伦多大学与约克大学近代东亚研究中心。

的买办资本。①

汪先生的结论并不表示中国学者和中外学者方面有了一致的看法。中外学者对立宪运动的性质和作用，意见很不一致。这里耿云志先生新的解释和张朋园、市古宙三先生② 的观点大相径庭；而且耿先生采用了一个新的研究方法，分析某些谘议局讨论的议案的内容。单以阶级构成来决定谘议局和资政院的阶级性质，显然是不能令人满意的。议员们在谘政院和资议局做了些什么，为什么那样做，是更为重要的课题。

到君主立宪成为泡影，革命成为唯一的出路，立宪派的战略改为各省的“和平独立”。王来棣先生以前，有人分析过“和平独立”，但不如她那样有系统。她的论文在辛亥革命的史学方法上有其创见。

在她的文章之后，我接着翻译了两篇关于中国资本主义经济中心地区的文章——丁日初先生和章开沅先生的文章，虽然内容有相同的、互补的地方，但各有新的材料，而且对中国资产阶级性质的看法很不相同。

从资本主义经济的中心我们转移到华中的资本主义经济重镇——武汉，与另一个沿海城市——广州。我们想解答的问题是：那里的资产阶级是否比上海更软弱？一到东北（或者到内地省份如河南、贵州），那里的资产阶级之小，恐怕历史学家要用放大镜才看得见。中国政治经济在那些地区、那个时代，发展之不平衡可以从皮明庥、邱捷、关捷三位先生的文章里明白地看出来。

章开沅先生在总结那次讨论会时指出，中外学者看法分歧在理论、方法和材料的处理。③ 先说理论。中国史学家不但是马克思主义者，而且是比较正统的马克思主义者，跟欧美的马克思主义史学家相比，他们更着重基层结构对上层结构的影响。这也正是章先生所批评的，中国学者对文化、思想、社会生活情况的注意还不够。就好像在讨论 16、17 世纪英国贵族阶级的变化时，英国史学家劳·斯东（L. Stone）主张要看“一个领导阶级的整个情况”，不止注意物质与经济情况，也要注意思想文化情况、教育道德情况。例如辛亥革命时的商会，关于它们的事实和数字不少，关于它们的讨论和作风却很少。厄·汤卜生（E. P. Thompson）在《英国工人阶级的形成》那本书里说，阶级是人与人的关系和关系的发展。有些马克思主义者不采用这种有机的模式，只把一些

① 对此，汪敬虞先生在《历史研究》1983 年第 5 期发表了《再论中国资本主义和资产阶级的产生》一文，进行了补充阐述——本刊注。

② 见 M. C. Wright, *China in Revolution*: *The First Phase 1900–1913*, New Haven: Yale University Press, 1968，以下简称《赖特文集》。

③ 《辛亥革命研究的三十年》。

事实和数字加起来，就说那是一个阶级。这样的看法颇为机械，也颇难理解。至于材料的使用，中国学者一向以掌握资料翔实完备著称，不像赖特那样太偏重英国外交部档案；也不像玛一克·白吉尔教授那样侧重《华北捷报》。① 在材料的使用上，中外学者好像在打一桌牌，但你用你的牌，我用我的牌。关于这一个问题，巴·摩尔在讨论民主、独裁的社会根源时，提出了一个很值得注意的警告：

> 对所有研究人类社会的工作者来说，同情在历史过程中受害的人和怀疑胜利者好听的话，是避免受统治思想迷惑主要的保证。②

在讨论会上，上海社会科学院的杜恂诚与周元高两先生检讨了建国以来资产阶级的研究工作。这篇论文可以跟谢文荪的《辛亥革命史学方法：书目评介》（胡佛图书馆，1975 年）以及最近出版的《中国历史学年鉴》（北京，1981 年）一齐使用，那样才能得到比较完全的关于书目的消息。西方学者中关于辛亥革命史学的检讨，有约·爱习芮克（J. Esherick）在《近代中国》1976 年第 2 卷第 6 期的文章，和迈·高慕轲（M. Gassfer）这次在武汉大会上提出的论文《辛亥革命之再探讨》。

一、资产阶级

杜、周、高慕轲都着重地指出中外学者对资产阶级在辛亥革命中的作用还没有达到一致的意见。我在这篇绪论中打算指出问题之所在，大家意见相同之点就不必多说了。日本学者在这个问题上有重要的贡献，因为我个人能力条件的限制，恕我不谈他们的成就。

比较中外学者的不同，免不了要提到所谓“旧世界”的两次资产阶级革命——英国和法国的革命。同时我们不能忘记，厄·沃尔夫（E. Wolf）在分析农民革命时，认为中国的革命跟墨西哥、阿尔及利亚、越南比较也许更有意义一些。为了在比较之中使论点更易于接受，我引用的多半是马克思本人和马克思主义史学家的看法，多半是关于英国内战的看法。这当然因为是我对英国革命知道得多一点。甚至在那样的范围内比较，我知道我的胆子是够大的了。

这次中国史学家以辛亥年间资产阶级的作用为主题，那是很有意义的。在

---

① 《赖特文集》中赖特的绪论与白吉尔的论文。

② *Social Origins of Dictatorship and Democracy*, Middx: Penguin, 1975, p. 523.

《辛亥革命五十周年纪念论文集》① 里对资产阶级的作用和革命性质，认为已成定论，无需讨论。只有章开沅、刘望龄两先生的文章与这个问题有些关系，但也不过概括地说“民族资产阶级代表先进的生产关系，跟帝国主义及其走狗是敌对的”。但那个阶级很软弱，不能掩饰其两面性——对帝国主义和封建主义既怒目而视又卑躬屈节。②

中国学者一般采用资产阶级广义的定义，包括自由职业者和中产阶级。这是马克思主义者的定义。③ 只有这样才能用“资产阶级革命者”那个名词，指的不一定是生产关系，而是那些革命者所代表的功能。西方学者如果不放弃狭义的定义，只包括近代的企业家（如工商企业家与金融家），④ 那么俗话说的“东是东，西是西”，这两个双生子就永远达不到相近的看法。奇怪的是法国革命史权威，受了马克思的影响但并非马克思主义历史学家乔·勒菲布（G. Lefebvre）在他的大著《法国革命的到来》中也采用了广义的定义。⑤

研究世界资本主义的伊·华勒斯丁（I. Wallovstein）听到“民族资产阶级”那样的名词，一定茫然不知说的是什么。⑥ 据他看来资产阶级是国际性的，不可能局限于一国之内。市古宙三也不承认在1911年中国有“民族资产阶级”。⑦ 陈锦江先生⑧ 觉得中国资本家太旧式了，不能叫作一个阶级，他们的价值判断标准，对人对事的态度却太旧式了，而且他们不够团结。“旧式”是一个文化的问题，它指的不是生产关系。这一点我们回头再谈。至于团结，天下没有一个团结的阶级。阶级有共同的属性，少有所谓的团结。一个阶级只

---

① 湖北省哲学社会科学联合会编：《辛亥革命五十周年纪念论文集》上下卷，北京：中华书局，1962年。

② 湖北省哲学社会科学联合会编：《辛亥革命五十周年纪念论文集》上，北京：中华书局，1962年，第12页。

③ David Caute ed., Essential Writings of Karl, Marx, London: Panther, 1967, p. 72. 马克思的“资产阶级”包括的不止是资本家，而且有自由职业者与一般的中产阶级。同时参考第72-81页。

④ 《赖特文集》中白吉尔论文。

⑤ *eoryes Lefebvie*, *The Coming of the French Revolution*, N. Y.: Vintage, 1960, p. 36. 也请参考巴黎大学法国革命史教授 Albert Soboul, *A Short History of the French Revolution* 1789-1799, Berkeley: UCP, 1979, 这是他的 Precisd'histoire de la Revolution Fran Saise 的节译本。

⑥ *The Capitalist World Economy*, Cambridge: Cambridge University Press, 1980, p. 4. 这是所有研究殖民地、半殖民地资产阶级的人共同的看法，也是“依赖”学说的基础。

⑦ 《赖特文集》，第309页。

⑧ Wellington K. K. Chan, Merchants, *Mandarins and Modern Enterprise in Late Ch´ing China*, Cambridge: Harvard University Press, 1977, p. 237.

有在阶级斗争尖锐化的时候才比较地团结。阶级不是一个具体的东西，只是一簇活生生的人与人的关系，那些关系既团结也分裂。汪敬虞先生的文章证明了20世纪初中国有资本家。人数虽少，力量虽弱，不如同时欧洲、北美、日本的资产阶级，但白吉尔认为中国那时有资本家的意见相当一致，有足够的特征，使他们跟别的阶级（如农民、工匠、绅士）不同，可以称为资产阶级。用一位杰出的法国学者玛·巴斯蒂（M. Bastid）的话来说：

> 在清末最后五年左右有真正的资产阶级出现了……他们的实际利益一致，政治目的相同，有他共同的命运，共同的想法，共同的日常生活的特征。①

收在我这本文集里的中国史学者的文章都承认在辛亥革命前夕，中国的资产阶级已经形成了。汪敬虞、丁日初、章开沅特别详细地叙述了那个阶级。它的产生不起于城市自由，也不起于海外贸易的刺激，而是由于西方技术与思想对中国企业家的刺激。这样一来，中国的生产与分配体系开始变化，旧社会也有了一些变化。但“个人形成一个阶级只有在他们对另一个阶级作战时才有那样的过程。如果没有与之敌对的阶级作战，他们彼此之间剑拔弩张，彼此是竞争者。另一方面，阶级又是对个人超乎个人而独立存在的，个人觉得他们在生活中的地位，他们的发展却是在阶级支配之下进行的”。② 那时新近发展而成的中国资产阶级共同反对的是清朝的统治阶级，在衰落过程中的统治阶级。当日资产阶级的口号先是君主立宪，然后是通过革命才能达到的立宪共和。

中外史学家第一个争论的问题是“民族资产阶级”和它相对的“官僚资产阶级”与“买办资产阶级。”相对指的是政治上相对立；在经济、社会、法律上没有相对的意义。中国学者认为一个民族资本主义的企业是近代企业，拥有那个企业的中国人既非官僚也非买办。那个企业以服务于中国人民为目的。这样的定义在逻辑上、事实上都有许多问题。近来中国史学家不排斥买办了。正如白吉尔指出的那样，三分资产阶级的办法颇为勉强。“在二十世纪初年，中国的半殖民地经济受帝国主义国家的控制，那时无所谓独立的民族企业。”③

---

① J. K. Fairbank&K. C. Liu eds. , *Cambridge History of China*, Cambridge: Cambridge University Press, 1980, X1/2, p. 558.

② *German Ideology*, N. Y. : International Publishers, 1947, pp. 48–49.

③ 《赖特文集》，第249页。

独立指“在企业中有权力，有自由做选择，做重要决定的独立”①。他是所谓的官僚资产阶级，据中国学者看来，还不属于民族资产阶级。中国史学家好像不注意那些企业的投资、再投资、生产消费、利润工资都是在中国境内进行的那一件事实。如果注意那一件事实，民族、官僚、买办资本主义的企业又如何分别?

中外的资本家只能来自旧社会中有钱、有财产的人，他们决定投资于新式的企业，变成了资本家。② 他们跟旧式的绅士、工匠、商人、钱庄老板当然有密切的关系。他们跟绅士的分别尤其不清楚。凡注意近代中国社会变迁的人，都注意到了这一点。所以白吉尔、陈锦江用大家常用的“绅商”一词；约·爱习芮克用“城市中改良派的领导阶层”；中国学者也用“绅商”。不过现在中国学者用马克思主义的方法，进一步地注意到那些人的收入和收入的来源。例如丁日初先生说：

> 随着民族资本主义经济在上海的初步发展，更多的官僚、旧式商人和买办成为近代企业的投资人或经营者，20 世纪初年他们中多数人对于雇佣劳动的剥削收入在他们财富收入中已占主要地位，从而完成了向民族资本家的转化。而且，也正是在那个时候，上海的资本家已经相当多，成为一个具有独立经济地位的集团，正式形成为民族资本家阶级。

这是很有意义的看法，可是还没有统计资料来证明。同时张仲礼先生的《中国绅士阶级的收入》③ 既不证实这种看法，也不谈这一个时期。如果所需的统计资料能够找到，有找到的希望，那是我们应该进一步研究的课题。

二、资本主义意识形态

那时西方议会民主的理论与实践、经济的合理主义、司法独立的理论都已经介绍到中国来了。那时日本的兴起，使许多中国人一面羡慕，一面嫉妒。那时中国几经帝国主义国家的打击，绅商两个集团都在找富强之道。如果说那时

① William A. Williams, “The influence of the United States on the development of modern Cuba,” R. F. Smith eds., *Background to Revolution*: *the Development of Modern Cuba*, N. Y.: A Knopf, 1966, p. 191.

② *Capital*, III/2, T. B. Bottomore and M. Rubel eds., *Karl Marx*, Middx: Penguin, 1967, p. 186.

③ 张仲礼:《中国绅士阶级的收入》第 6 章，华盛顿：华盛顿大学，1962 年，特别参考第 196-198 页。

中国资产阶级还不是一个自觉的阶级,① 那未免有故意挑起争论的意思。在这一个问题上耿云志先生的论文第二节中分析了谘议局讨论的议案，对我们很有启发，很引人反复思考。假定谘议局中发表的意见得到资本家的支持，那时资产阶级要求的是加强谘议局的权力，发展新式教育，使财政收支合理化，保卫国家的主权，限制官僚滥用权力。为了政治的原因而抵制美货，那一件事特别使人注意，而且丁日初、章开沅、邱捷诸先生都详细地讨论过了。立宪、改良、共和、革命都得到商界的支持，历史学家绝不应该忽视这些与资产阶级意识形态有密切关系的事。资本家是精明的企业家；政治问题对他们短期切身利益的影响，他们是很敏感的。在这方面他们的反应跟华侨商人颇为相近，不同之点在于侨商经营的环境跟国内大不相同而已。

在意识形态问题上，中外学者看法不同。也许因为中国学者偏重资产阶级的行动，而外国学者偏重资本家自觉的概念化。乍看起来，又也许因为中国学者是正统的马克思主义者，而外国学者和所有研究资本主义兴起的学者一样，都受了20世纪20年代“资本主义精神”那一次大论战的影响。芮·唐涅(R. H. Tawney)在他的《宗教与资本主义兴起》中“经济道德的胜利”那一章结尾的地方说：

> 在英国经济学的发展不像在德国那样是公共行政的婢女，也不像在法国那样由哲学家和文人在那里咬文嚼字，而是对伦敦金融区实际利益的解释。除了斐蒂（W. Petty）与洛克（J. Locke）之外，讲经济学的人都是企业家……②

所以到后来，“善良的基督教徒不一定不同于经济人”③。把唐涅那本书和赵丰田的《晚清五十年经济思想史》（燕京大学，1939年）比较一下，只有少数像郑观应那样的企业家写过关于经济的书。甚至在那个时候，已经是19世纪末年，他们写的经济学还是公共行政的婢女。一个受了儒家薰陶的好人跟一个经济人仍然一在天南一在地北。除了节俭之外，仍然没有公认的经济道德。

上面所讨论的应该是马克思主义经济学家和经济史学所熟知的事。马克思

---

① Jean Chesneaux, *Marianne Bastid*, *and Marie-Claire Bergere China from the Opium Wars to the* 1911 *Revolution*, N. Y.: Pantheon, 1976, p. 358.

② *Religion and the Rise of Capitalism*, Middx: Pelican, 1964, p. 248.

③ *Religion and the Rise of Capitalism*, Middx: Pelican, 1964, p. 251.

说过，“近代社会一切关系实际上都附属于一个抽象的钱和商务的关系”①。在资本主义社会中最普遍的精神是商业的精神，最普遍的理论是效用的理论。那种精神和那种理论的结合就是政治经济学，可以用约·密尔（J. S. Mill）的著作来代表。马克思还在1845的《德意志意识形态》里把这些都解释得清清楚楚了，而且一点也不觉得是不应该、不道德的。没有效用理论作为政治经济学的基础，也就不可能有合理那个概念明确的定义，也就无所谓合理的行政体系。中国的改良主义者也就只好攻击专制的政府，批评一个又一个的政策，用的是儒家爱民如子的、行仁政的大道理。

他们攻击主权之丧失，外国人之欺负中国人，用的也是那一套大道理。他们对帝国主义的了解跟别的中国人的了解并没有什么了不得的差异。好些人把“帝国主义”当作民族主义发展的最后阶段；② “帝国主义”是中国人向往的境地。中国要求的富强是英、法、美、德那样的富强。他们抵制外货，但并不反对洋人和本国统治者形成的“双重管制”，也不反对白吉尔已经指出了的，③ 由领事裁判权保护的外国租界。

要求宪法，但不懂得什么是民主；抵制外货，收复主权，但不懂得什么是帝国主义；攻击腐败贪污，但不懂得什么是行政的合理主义。在这种意义上，白吉尔所谓的资产阶级意识形态不成熟、无系统是可以接受的。不成熟和无系统的原因也许在于那时介绍到中国来的很复杂的理论和实践，做介绍工作的知识分子不能胜任他们的工作。再用白吉尔的话来说，“于是误解重重”。我们不必举出大家认为是尊者的那些人，只举出康有为的“虚君共和”。那是袁世凯和北洋主要将领都拥护的主张。④ 那样非驴非马的主张为大知识分子所欣赏，为政府重要领袖所赞成，其他也就可想而知。

如果中国的资产阶级不如英法的资产阶级那样有理论的素养，那么他们的“先锋队”——“资产阶级革命派”又怎么样呢？广东军政府的革命领袖发行了利率百分之百的公债，那不知道有什么合理的解释。他们不能赎回公债，买公债的商人反对他们。胡汉民都督对他们说：“还不是谈公债的时候”。甚至劝商人把公债券烧了！邱捷先生评论这件事时说：

---

① 原文见 Marx - Engels Gesamtausgabe ，引自 David McLellan，*Karl Marx*：*Selected Writings*，London：Oxford University Press，1978，pp. 185-189.

② *China and the West*，London：Hutchinson，1979，pp. 29-30.

③ 《赖特文集》，第251页。

④ 康有为：《最近康南海文集》第1卷，1914年，第29-30页；丁文江编：《梁任公先生年谱长编》第2卷，台北：世界书局，1962年，第349页；中国史学会编：《辛亥革命》第8卷，上海：上海人民出版社，1957年，第173-174页。

"短见的商人未必能体谅军政府的困难……"军政府也发行了许多纸币，而且答应完全兑现，却又不能兑现。纸币跌价引起了动乱，这时孙中山来了一个指示：

"革命纸币是不兑现的，必须认真整顿维持，使商民明白纸币的意义。"

胡汉民要商人焚券，根据的也许是孟尝君列传里的故事，那跟资本主义财政合理化毫无关系。孙中山的指示简直不能理解。这两位都是大革命家，从理论上来说应该是先锋队里最先进的人物。如果在 1912 年他们的决策是对的，那么在攻打巴士的尔监狱那一天路易十六日记里记的也可以说是对的——"七月十四日，无事可记。"

胡汉民的经济道德尺度、孙中山的教训和态度都来自中国人家教的传统。远在 17 世纪英国的家庭"已经从一个父权隆盛的共同生产单位变为一个资产阶级的企业"，既舒适又有不受人干扰的权利的地方。但 20 世纪中国绅商的家庭，仍然是父权极大、万事受父权干涉的地方。那里哪有什么讨论，家长总摆下"一言堂"。那时没有任何中国人能想象从改革家庭到改革国家。① 家庭一天没有改，国家社会的改革只能是很表面的。

三、组织

现在看看 20 世纪初一些新的组织，如商会、商团、地方自治机构、各种会和协会。资本家在那些组织中联络感情，交换消息。那些组织的作用与巴黎的俱乐部、咖啡馆、各种协会相似。通过这些途径，18 世纪发表的思想传达到资产阶级，使他们了解他们的历史任务。② 了解也好，不了解也好，中国资本家需要组织来增加他们的权力和影响，得到保护和共同的进步，而那些组织又不必靠功名和官府。那些组织有政治的作用，关心的不止是一个小地方的事。那些组织有共同的假定、共同的信仰、共同的行动方式，换言之，是势力集团。在那样的集团中，财富和能力比声望、学养、节操都重要。③ 艾·罗兹

---

① Christopher Hill, *Society and Puritanism in Pre – Revolutionary England*, N. Y.: Schocken Books, 1964. 请同时参阅巴金的《家》。

② Georges Lefebvre, *The Coming of the French Revo Lntion*, N. Y.: Vintage, 1960, p. 43.

③ Eric J. Hobsbaum, *The Age of Capital, 1848 – 1859*, London: Abacus, 1977, pp. 286–293.

（E. J. H. Rhoads）、马·厄尔文（M. Elvin）、陈锦江关于这些组织的讨论，很可以和丁日初、章开沅、皮明庥诸先生的讨论比较一下。①

关于资产阶级组织的其他各点，白吉尔和别的西方学者看法颇为相近，这里我只略略提一下就成了。（1）除了进出口贸易之外没有全国性的货物市场，这跟17世纪的英国和18世纪的法国一样，据我看来缺乏全国性的市场，不能当作资产阶级在革命中起积极作用的一个阻碍。换言之，如果没有全国性市场是一个经济上的弱点，但不能把它说成资产阶级政治上软弱的原因。（2）商人的社团并不是闭关自守的、独立的。上面提到的那些组织使他们在20世纪初有了自信心，冲破了闭关状态。白吉尔在武汉大会上提出的论文中已经不坚持这一点了。（3）在那篇论文中她提出"提交系统"（putting-out system），比较中国和英国的曼彻斯特与法国的里昂，认为中国没有那样的系统是中国资本主义发展落后的原因。马克思主义的中国史学家想来不会同意她的看法，因为马克思本人认为那个系统"在各处都阻碍了真正资本主义生产方式的发展……"②

中外学者争论得最多的是谘议局的性质问题。西方学者关于谘议局和立宪派在谘议局里的作用都受了两位东方学者即张明园和市古宙三的影响，张明园的论文《立宪派》③、市古的《绅士的作用，一个假定》都发表在《赖特文集》里。他们的立场很不同于中国史学家的立场。张明园仔细分析了5个谘议局中议员的简历，也略略分析了其他的立宪派人员（如资政院、谘议局议长等）。他的结论是：

> 领袖人物在谘议局成立之后，站在最前列，他们多半是传统绅士的最后一代。

为了避免误解，他又说：

> 他们沉痛地觉得国家必须改革。他们年纪在三十、四十之间，都受了

---

① Edward J. M. Rhoads, *China's Republican Revolution, the Case of Kuangtung*, 1895－1913, Cambridge: Harvard University Press; Marx Elvin and G. William Skinner eds., *The Chinese Cities between Two Worlds*, Stanford: Stanford University Press, 1974; Wellington K. K. Chan, *Merthants, Mandanins and Modern Enterprise in Late Ching China*, Chapter 11, Cambridge: Harvard University Press, 1977.

② *Capital*, Ⅲ/1, T. B. Bottomore and M. Rubel eds, *Karl Marx*, Middx: Penguin, 1967, p. 140.

③ 即《立宪派与辛亥革命》（台北：商务印书馆，1969年）那本书的摘要。

理论家梁启超的影响，为了那些理想而奋斗。①

作为事实的考证，张明园的文章是现有材料的情况下很可靠的著作。那些立宪派的个人的背景，张明园和耿云志先生都没有清楚地下过定义，但背景应包括三个部分：成长、正式教育（取得的功名）和公共生活中的经历。他们两位都没有谈到成长。如果重视功名，那么议员们一定是绅士，所以张明园说他们是传统绅士的最后一代；如果也重视得到了功名之后的经历，如像教育、地方自治、企业活动等，他们可能转变为资本家——所以中国史学家说他们是资产阶级立宪派。耿云志先生分析他们是什么人。他的分析好像还需要进一步说明才能有更大的说服力。一方面他举出的转变为资产阶级的议员的人数太少，另一方面他用的资产阶级化的标准不甚明确。办团练、办新教育不会使一个人资产阶级化；到外国去参观过也不一定就使一个人资产阶级化。许多在资本主义国家或殖民地住了几十年的华侨比他们同时代的中国人还要守旧。单从立宪派是些什么人那个观点看，张明园颇有道理。再加上那些人在家里成长的过程，张明园的看法似乎更有说服力。无论那些人是否经过资产阶级化的过程，他们的成长过程大体相似。他们那些专制的父亲很少跟他们商量，也不尊重他们的人权；他们的母亲多半溺爱他们；在性成熟时期极力压抑性冲动；他们的婚姻多半是包办式的；学的是圣人之时者的道德；个性压了下去；长大成人之后自己又变成专制的父亲，又承继儒家的道德传统，一代一代地传下去。把这种人叫作资产阶级民主主义者，我认为很有问题。

除了说明立宪派是些什么人之外，耿云志先生还分析了那些人在谘议局中做了些什么事，为什么做那些事。这是使人兴奋的，为史学方法开阔了新的园地。即使议员们大多数不是资本家，但是他们通过的议案，工商界的人拥护赞成。反对那些议案的是绅士中的保守派，而那些保守分子又很可能是谘议局的大多数。在一个转变时期中，研究什么样的人，不如研究那些人做了些什么，为什么那样做。这也正是唐涅提出的一个重要论点。他讨论 17 世纪英国新式绅士阶级做了些什么，为什么那样做。他的讨论引起了 Trevor-Roper，Hexflr，Stone 等人参加英国革命史上一次重大的争论。

王来棣先生用类似的方法，把她的问题跟辛亥革命更密切地联系起来。她分析的是立宪派在和平独立的过程中做了些什么，为什么那样做。革命战争结束之后，军政府成立了，新的省县政府是否跟旧政府不同？王来棣先生的结论应该跟爱习芮克、罗兹和其他人的著作比较，同时考虑。

16 到 17 世纪，英国的下议院从一个代表社团的组织变成了一个代表个人

① 张明园：《立宪派与辛亥革命》，台北：商务印书馆，1969 年，第 182-183 页。

的组织。① 法国国会迫切注意的是人和公民的权利，一开始就是保护个人的组织。② 中国从来没有过个人主义，那么中国的谘议局和资政院也是保护个人的机构吗？如果不是，那么清末那两个组织可以叫做资产阶级的民主组织吗？

四、特征

我们知道中国资产阶级弱小。从沿海城市到交通闭塞的内地省份，它的发展很不平衡。因此就有中国学者所谓的它的两面性。这又是中外学者争论的一个焦点。

人数少，资本积累少，跟外国在中国新式工商业的投资来比更显得少。一般的经济落后，使得新生的中国资产阶级微弱，同时在行动上怯懦、犹豫。③ 章开沅先生不以为辛亥时期中国资产阶级比英法革命前的资产阶级在数量上差，他用统计数字来证明了这一件事实。他的结论是辛亥革命前夕中国的物质条件胜于英法革命前夕的物质条件。中国资产阶级之胆小怕事又是事实。章先生就把那一个特征归之于半殖民地痛苦的状况，归之于根深蒂固的“封建”传统，归之于资产阶级局限于商业金融那个发展不够成熟的阶段。

最后那一点好像没有照顾到一件事实：英法资产阶级在他们的革命前夕仍然是商业金融阶段的资产阶级。为什么他们不像中国资产阶级那么犹豫？为什么伦敦、巴黎的银行家和商人斗争得那么果敢，而中国的银行家、商人、钱庄老板却吞吞吐吐的？英法革命时，那些资本家和封建贵族之间“千丝万缕的关系，有的切断了，有的更紧密起来，结果革命的两方面各个阶级的人都有。”④ 至于帝国主义，我们似乎应该记住，在世界资本主义体系之内，中国是一个偏远的国家。从地理和经济两方面看，中国并不是那个系统中的“中国”。我们应该同时考虑到拉丁美洲的依赖或互相依赖的学说。拉丁美洲在资本主义体系中的地位远比中国重要。⑤ 要是没有帝国主义国家，中国资本主义能否受到刺激而开始发展？汪敬虞先生认为，没有帝国主义的刺激，中国根本

---

① Christopher Hill, Society and Puritanism in Pre Revolutionang England, N. Y.: Schocken Books, 1964, pp. 463-464.

② G. Lefebvre, *The Coming of the French Revolution*, N. Y.: Vintage, 1960, Chapter 12. Alfred Cobban, *A History of Modern France*, Vol. 1, Middx: Penguin, 1965, pp. 164-165.

③ 《赖特文集》中白吉尔论文。

④ Christopher Hill, *Listener*, Vol. 4, No. 10, 1975, pp. 448-449.

⑤ See F. H. Cardoso and E. Faletto, *Dependency and Development in Latin America*, Berkeley: University of California press, 1979.

不会发展现代的资本主义的。

章开沅先生的第二个论点是中国资产阶级徘徊于改良与革命之间。据他的看法，资产阶级的上层因为钱比较多，于是稳重、保守，不愿意投身于革命。他们的财富是他们的绊脚石。丁日初先生不这么看。他举出8位上海大资本家，在武昌起义前参加了同盟会，证明那些大有钱的人的钱并非是他们的绊脚石。他把这些人大胆的作风归之于资产阶级与"封建势力"、帝国主义势力之间日益尖锐的矛盾。他也指出资产阶级一步步向资产阶级革命派靠拢。所以他说："决定一个资本家在某一时期采取革命或是改良的政治立场，经济地位并不是唯一的因素……"① 思想、政治、个人的因素也得考虑。

章开沅先生是一位富有经验的史学家，不会采用教条式的决定论的。他分析资产阶级不成熟性时也考虑了文化的因素。他选的一个文化因素是迷信，但没有提到明治维新发展很快，那时的日本人也是很迷信的。

白吉尔在文化问题上显然很有见地。在这篇绪论的第二节里已经提到过了的，她所举出的文化问题，使人想起凯因斯在《就业通论》结尾时提出的工分命题——既得利益和知识缺乏。白吉尔注意的知识缺乏，是"误解重重"。她用这一点来说明中国资产阶级的幼稚。

五、资产阶级的革命

一旦接受了列宁主义两个阶段革命论，辛亥革命一定是资产阶级的革命。既然立宪派和革命派都属于民族资产阶级的，既然政治目的与政治原则都是资产阶级的，那么又何必问辛亥革命是否资产阶级的革命。

市古宙三不这么看。个别资本家参加革命并不就是说那次革命是资产阶级的。据他看来，辛亥革命既没有争取主权属于人民，也没有争取人民的福利，争取的不过是"排满"。革命者把"排满"误认为"民族主义"。②

反对辛亥革命是资产阶级革命最有力的还是白吉尔在《赖特文集》里的文章和她在武汉讨论会上提出的论文。革命来时，她认为"是一次保守成分多于革命成分的运动"。策动的人是旧政府、旧社会的上层分子。主要份子是地方绅士，其中有些人中国学者叫作"资产阶级立宪派"。并没有什么反帝的趋势。工商界的人跟革命者之间的裂痕到处都是，只是在革命开始时有些企业

① 见丁日初的论文《上海资本家阶级与辛亥革命》。

② 《赖特文集》，第300页。

家曾经同情过这次革命。她又说："总结起来，中国的十月革命不是商人发动的，只不过使商人对它表示了相当积极的同情。"① 赖特同意这个看法，她说：

> 革命发生了，显然不是资产阶级革命。资产阶级的作用虽然重要，但仅是辅助性的作用。②

白吉尔和赖特都没有说资本家实际上排成阵势，冲杀一番。她们两位都熟悉欧美资产阶级的革命，决不会想象到资本家真的荷枪实弹地在那儿打仗。③ 英国革命中双方都有资本家；④ 法国革命时巴黎的群众并不是资本家。马克思主义的英国史学家克·希尔（K. Hill）说得很恰当：

> 我不认为两个阶级真的列成阵势打了起来，没有一次革命是那么样打的。两方面各阶级的人都有。我所了解的资产阶级革命并不是资产阶级动手来打的革命。资产阶级从不那样干的。我所了解的资产阶级革命是在革命之后，把资本主义发展的阻碍给清除了。⑤

希尔所谓的"阻碍给清除了"，也就是创造了一个资本主义的环境，使新政府、新社会、新经济、新文化能繁荣滋长。

在英国，经过一些动荡不安的岁月，威廉和玛丽共同执政，带来了和平发展，那就是18世纪初年英国学术全盛时期。大商人和小商人，拥护辉格党，使国家的政治发展为有限君主和国会至上的政治，这样结束中世纪的英格兰，开创了现代民主的英格兰。那个时期，航海贸易在发展，科学工业在进步，圈地和资本主义农业在加速前进。在那样的背景之下有牛顿、洛克、唐生德和他培养出来的萝卜。那时英格兰的状况，写《鲁滨逊飘流记》的但·狄福（D. Defoe），在他的《英国商业大全》的第二卷里描写得最为恰当：

> 商业是世界财富的源泉；商业是贫富之间，国与国之间的分界线，商业哺育工业，工业又产生商业；商业分配全世界自然的财富，也产生自然界前所未有过的新财富，商业有两个女儿，她们的后裔又使人类有谋生之

① 《赖特文集》，第257–267页。

② 《赖特文集》，第42页。

③ 刘大年：《评国外看待辛亥革命的几种观点》，《近代史研究》，1981年第3期。关于法国革命中资产阶级和贵族阶级的关系，参看 A. Soboul, *A Short History of the French Revolution 1789–1799*, Berkeley: UCP, 1979, p. 16.

④ 引自 Ross Terrill, R. H., *Tawney and His Times: Socialism as Fellowship*, London: Deutsch, 1974, p. 244.

⑤ *Listener*, Vol. 4, No. 10, 1975, p. 449.

道——一个女儿是生产事业，另一个是航海事业。①

在法国障碍清除的工作始于重商主义与重农主义的国家领导人。法国革命摧毁了领主制和封建社会的特权，建立了个人自由和不可侵犯的个人权利，保障了自由放任主义，使自主自决的资本主义生产方式能够发展。② 这样 18 世纪的英格兰和 19 世纪的法国可以进行他们的工业化。

在这两个国家和后来的德国、意大利、俄国，政府至少要使自己现代化，要能使度量衡和税收制度标准化。有些政府还促进交通运输，保护私有财产，普及非宗教的教育，奖励发明。③ 如果一个政府不能办这些事，那就是李嘉图所谓的“坏政府”或密尔所谓的“亚细亚式的”政府。④

转过来看辛亥革命的结果。章开沅、皮明庥、关捷诸先生的文章都认为革命失败了，旧的障碍依然存在，新的障碍层出不穷。中国的资产阶级既未解放自己，也没有解放中华民族。我个人认为，中国革命的失败恐怕是那一次革命不能称为资产阶级革命最主要的理由。不能为资本主义的发展扫清道路的革命也许不好叫做资产阶级的革命。如果不用成败来决定一次革命的性质，那么又有其他的什么标准可以决定它的性质？如果辛亥革命不是资产阶级的革命，那么又是什么性质的革命哩？

本文承国内外朋友的批评指正，一并致谢。本文和 8 篇译文将由美国夏卜尔公司于 1984 年夏秋之间出版。

1983 年 7 月于多伦多

（《社会科学战线》1984 年第 2 期）

---

① 引自 John H. Poumb, England in the Eighteenth Century, Middx: Penguin, 1964, 21. 并参阅 Plumb 的论文，见 Gerald M. Straka, The Revolution of 1688 and the Birth of the English Political Nation, Lexington: D. C. Heath, 1973, pp. 207-232.

② 感谢玛·巴斯蒂向我提出这一个意见。参考 A. Soboal, *A Short History of the French Revolution 1789—1799*, Berkeley: UCP, 1979, pp. 1, 3, 65-66, 154-156。

③ Barry Supple, The State and the *1900-1914*, Carlo M. Cipolla ed. , *The Fontana Economic History of Earope*, Vol. 3, London: Fontana, 1976, pp. 302-316。也请参考 Alexander Gerschenkronl, *Economic Back Wardnes*, Cambridge, Mass: Harvard University Press, 1962, pp. 19, 129-133。

④ David Ricardo, *The Principles of Political Economy and Taxation*, Chapter5, and J · S · Mill, *Principles of Political Economy*, *1909*, pp. 189-190, 引自 B. Sapple, The State and the 1900—1914, Carlo M. Cipolla ed. , *The Fontana Economic History of Earope*, Vo1. 3, London: Fontana, 1976, p. 304。

民国初年袁世凯政权的经济政策与张謇

〔日本〕野泽丰*

前　言

在纪念辛亥革命70周年前后，关于中国近现代史的研究，不仅在国际上有了较大的发展，在中国国内也出现了值得瞩目的动向。首先是中华民国史研究的必要性为人们所认识。其次是中国资本主义发展史的研究开始受到重视。目前，在中国，再次就洋务运动的评价问题展开了热烈的讨论。从中国资本主义发展史的全过程而言，洋务运动属于其早期。如果对于其中期，即以五四运动为标志的所谓中国民族产业发展的“黄金时期”和属于其后期的以1935年币制改革为标志的解放前中国经济发展的高潮时期，不进行深入的探讨，则很难对洋务运动作出正确的评价。过去，一般的倾向是认为北京（军阀）政权或南京（国民党）政权，都阻碍了中国资本主义的发展。但是，如果要分析中国资本主义发展的内在原因，且不问其结论如何，应该说有必要就北京政权或南京政权的全部政策，尤其是经济政策加以探讨，这是勿庸赘言的。

民国初年的袁世凯政权，从1912年3月10日袁世凯就任中华民国临时大总统起，到1916年6月6日忧愤而死为止，持续5年有余。它在曾经是短命的历代北京政权之中，可以说是最富于政策实施可能性的一届政权。事实上，从解放前的诸项法令，特别是经济法令的制定和其连续性来看，袁世凯政权时代已形成一定的法的体系。我们可以发现，在以后的时代变迁中，也只是在这一体系基础上试图进行某些修改而已。当然，无论是北京政权，还是南京政

* 作者单位：东京都立大学人文学部史学科。

权，其军费开支在岁出总额中都占有相当大的比重，而实业经费的比率则极低，这是众所周知的事实。同时，当我们分析出现民族产业发展的“黄金时期”和中国经济发展高潮时期的内在原因时，可以发现民间所付出的巨大努力。但是，经济法令的制定也有对民间活动起到促进和保障作用的一面。

本文的中心是探讨民国初年袁世凯政权的经济政策。但是，这一问题首先涉及对袁世凯政权的评价；其次，也必然联系到对辛亥革命的看法；第三，还将对形成民族产业发展的“黄金时代”的内在因素进行探索。同时，在分析民初袁世凯政权的经济政策时，对于张謇的存在也不能忽视。张謇在熊希龄内阁时期，于1913年9月11日任农林部总长兼工商部总长，从同年12月24日至1914年4月27日，又任农商务总长。在他任职期间，于1914年3月15日，在上海召开了第一次全国商会联合会大会。这次大会的召开，说明张謇是背负着中国资产阶级的期望参加袁世凯政权的。

一、关于时期的划分

迄今为止，不仅在中国国内，就全世界而言，从事袁世凯政权经济政策研究的人也似乎寥寥无几。总而言之，这主要是由于袁世凯政权被视为极端反动的反革命政权而导致的必然结果。其中，正如李剑农所指出的那样，“满清皇位的颠覆，由于革命派、立宪派和北洋军阀官僚派三种势力共同的动作所致……此后迨于中华民国的初期，约七八年内也便是这三大派势力的活动时期”。① 而对于袁政权内部复杂的势力关系和北洋派内部的派系关系等，几乎未加分析，这似乎也是事实。李剑农将袁世凯执政时期大体划分为3个阶段。即将1913年3月25日唐绍仪内阁成立到1913年7月12日第二次革命爆发称为“革命党的得意时期”；1913年9月11日熊希龄内阁成立到1914年2月12日倒台为止，叫作“进步党的得意时期”；以1915年5月1日公布新约法作为袁世凯实行独裁元首化，以8月14日发起筹安会作为帝制运动的开始。李剑农的上述见解基本上是准确的。此外，就政治史而言，从1915年12月25日云南独立开始的第三次革命，到1916年6月6日袁世凯死去为止，也可以作为第四个时期。但就经济史而言，因为在反帝制运动的第三次革命时期，几乎没有制定政策的余地。因此，把这一时期包括在第三时期内也不为错误。

张謇在熊希龄内阁倒台后仍继续留在北京，两个月后，即4月1日才南

---

① 李剑农：《最近三十年中国政治史》，台北：台湾学生书局，1931年，第249页。

下。这可能是同全国商会联合会第一次大会的召开有密切的关系。总之，在张謇任农商总长的“进步党得意时期”，即第二个时期内，集中地制定了基本的经济法令，这是不容忽视的事实。当时，值得注意的问题是：第一，自清末以来，中国的资产阶级认为“商战之苛烈尤剧于兵战……处商战竞争之秋，商战竞争之秋，非振兴实业，不足以救贫弱”①。由此可见，事实上，法令的制定是在紧迫的国际形势面前而成为当务之急的。第二，全国商会联合会第一次大会提出的多达28项大纲122个条款的议案，反映了中国资产阶级的基本要求。这就说明，就国内形势而言，法令的制定也是刻不容缓的。这一议案基本上包括了解放前中国资产阶级所面临的所有一切课题。就这一意义而言，关于全国商会联合会第一次大会的召开，首先应就会议内容进行仔细的推敲，而同时，不能不联系到张謇为制定经济法令而付出的努力。因此，本文将作为考察对象的时期，限定于所谓“进步党得意时期”，即第二阶段。但是，为了研究法令制定的过程及其连续性，所以第三阶段也将包括在本文的考察范围之内。

二、关于经济法令的制定

关于民初的经济法令，尤其是有关实业方面经济法令的制定，至今似乎尚未见有人进行详尽的追踪性的研究。但仅从《政府公报》和《农商公报》所见，如包括细微的内容，当时制定法令的数量颇为庞大。为方便起见，本文拟以兴亚院华中联络部编《中华民国法令索引目录——政府公报索引目录》（1941年6月）为依据。该目录是采取按项目和年代两种分类方法编纂的。按项目大致分为基本法、官制、官规、内务、外交、军事、财政、实业、交通等13项。其中，例如实业一项又分为一般、农业、林业、渔业、牧畜、狩猎、盐业、矿业、工业、商业、贸易、物资统制以及检验、劝业、其他等20个细目。上述细目，就年代而言，包括从光绪末年（1908—1937）。此外，还按年度逐年分类。所以利用起来十分方便。以1912年至1926年间为例，1914年在有关实业的法令制定方面，无论量或质，都较其他诸年占绝对优势，1913年和1915年次之。虽然未必严密，但就1912至1915年围绕有关实业的主要法令可列举如下：

① 引自野泽丰：《辛亥革命与产业问题——1910年的南洋劝业会和日美两实业团的访华》，载中华书局编印《纪念辛亥革命七十周年学术讨论会论文集》下，北京：中华书局，1983年，第136页。

1. 1912 年

工商部官制、农林部官制（8 月 9 日）、工商部订正临时工商会议章程（9 月 10 日）。

2. 1913 年

外国博览会中国出品通行简章（3 月 18 日）、工商部公司注册暂行章程（6 月 6 日）、工商部访问处章程（8 月 23 日）、农林部订定农事试验场暂行规定（9 月 25 日）、农林部视察服务及调查报告规则（9 月 27 日）、修正农商部官制（12 月 23 日）。

3. 1914 年

公司（棉织毛织、炼铁、制丝、制糖、制茶业）保息条例、公司条例（1 月 14 日）、商人通例（3 月 3 日）、国有荒地承垦条例（3 月 4 日）、矿业条例（3 月 12 日）、植棉制糖牧羊奖励条例（4 月 12 日）、矿业注册条例（5 月 4 日）、劝业银行条例（5 月 16 日）、中日实业公司条例（6 月 30 日）、修正农商部官制（7 月 11 日）、公司注册规则、商业注册规则（7 月 20 日）、商会法（9 月 13 日）、商品陈列所章程（9 月 25 日）、农商部农事试验场农产品评会章程（12 月 14 日）。

4. 1915 年

农商部工业品化验处章程（1 月 24 日）、农商部商品陈列所征品规则（3 月 31 日）、农商部劝业委员会章程（6 月 10 日）、国会展览会事务所规则（7 月 14 日）、农商部奖章规则（7 月 21 日）、棉业试验场暂行规则（8 月 25 日）、农商部物产品评会章程（9 月 10 日）、民国有奖实业债务条例（10 月 28 日）、工业试验章程（12 月 10 日）、商会法（12 月 15 日）。

对于上述全部法令进行探讨确非易事。罗莀在其《农商法令表解》（原载《农商公报》1917 年 1 月 15 日 30 期至 1917 年 9 月 15 日第 38 期）中就其主要内容曾有所涉及，可供参考。1912 年在有关实业的法令制定上，有以下诸点是值得注意的。

第一，正如 1912 年 10 月 31 日由工商部召开的临时工商会议通告① 所指出："民国初建造成共和。共和者以平和实利为精神也，欲达此平和实利之目的舍振兴实业更有何道之从。"通告在指出振兴实业之重要性的同时，还分析了以往工商业之所以未获成功，就上而言，在法律、人才、交通、税法诸方面。就下而言，如资本、智能、团体等方面多有缺陷及不备所致。通告强调须

① 《工商部召集临时工商会议通告》，《政府公报》1911 年 10 月。

除此诸多弊端，迫切要求制定法令。从其能将共和、实业和法制联系起来加以认识和掌握，可见民国创建初期时代风潮之一斑。

第二，正如罗蘋在《农商法令表解》中商会一项所示，清末设立的商会，与官署同样，由商务总会、分会、分所等多层次组成，弊害颇多。如欲振兴实业，必须对旧有机构进行改革。说明在制定商会法时，曾有意识地对于封建遗制要加以清算。

第三，在棉业、糖业等当时的主要产业部门内，联系奖励出口，制定了植棉、制糖的奖励条例。同时，在国内根据商品陈列所章程，制定产业奖励政策。并将二者结合起来，在《外国博览会中国出品通行简章》中，强调指出："举我国之所长，披露于彼邦，取彼邦之所长，归饷我祖国"等①，在法令制定过程中，对振兴出口寄予了极大的民族热情，这是不容忽视的。从上述情况中也可以看出，1912 年制定的经济法令，特别是有关实业的法令，充分反映了发展中国资本主义的愿望与要求。

三、民国初年的实业政策与张謇

1914 年 2 月 12 日，熊希龄辞去内阁总理，外界风传农商总长也将易人。针对这一情况，张謇指出，就目前而言，关于实业政策所应采取的步骤和方法，尚未就绪，因此无辞职之必要。第一，现在正在全力以赴制定条例，即将完成；第二，正在着手进行振兴实业所必要的调查研究；第三，为建设实业需要进行投资。为了解决上述问题，还必须采取妥善的措施。如本人无力解决时，当让位与后进。② 他主要是强调以下几个问题：第一，就中国现状而言，保护权益，奖励实业，诚属当务之急。而在具体执行过程中，还需制定条例。因此颁布了有关商人、矿业、公司等条例。但除此之外，还必须修订关税的税率；第二，在制定实业建设方针，确定必要的资金和确保利益等方面，需要进行调查研究。事实上，导淮工程的勘测和各地矿区的调查业已开始进行。但为了彻底完成此任务，还需要拥有富有学识经验的专门技术人才；第三，必须采取妥善措施，为目前正在计划兴办的各项事业筹集巨额资金。从上述情况中可以看出张謇本身关于振兴实业的着眼点和执行政策的步骤。

① 《外国博览会中国出品通行简章》，《政府公报》1912 年 3 月。

② 《张总长之实业政策》，《时报》1914 年 3 月 24 日。

张謇就任农商务总长时，曾发表《实业政见宣言书》。① 他指出：民国创建伊始，面临的情况是内忧外患频仍，借款累累，政府财政处于债权的高压之下。且军政消耗甚巨，补给无源。而且又需将财政收入的十分之三四用于扩大生计。另外，虽然努力增加产品出口，但仍不能阻止人民利权的外溢，即使是百分之一甚至千分之一，必须设法减少进口。基于上述认识，他在宣言书中提出，以法律、金融、税则和奖助作为政策的4个重点项目。众所周知，张謇在宣言书以及《宣布就部任时之政策》中，都提出了他的所谓“棉铁主义”，对中国最大的进口物资——棉花和钢铁寄予极大的关心，视为实业政策的关键。同时，张謇在任农商务总长期间，他所规划的事业包括制定法令、设立棉糖林牧等各种试验场、改革度量衡、计划开垦实边、改革盐政、开通水利等等。② 毋庸赘言，凡此种种均属中国振兴实业的重大问题。然而，在此期间，根据贾士毅所著《中国财政史》收录的《全国岁入岁出总预算表》的统计数字——尽管在数字上有值得商榷之处——以1911年至1916年为例，农商部的经常岁出同财政部或陆军部相比，所占比例极少，从清末到民初，甚至有减少的趋势，这是公认的。③ 同时，张謇还受到北洋系资本家、前财政总长周学熙和广东系资本家、总统府秘书长梁士诒二人的掣肘，执行政策的条件十分恶劣，这也是不容否认的事实。就这一意义来说，张謇是壮志未成而辞职离去的。

然而，不能认为张謇的实业政策随其辞职而归于泡影，也不能说袁世凯政权的实业政策随着帝制运动的掀起而被全部废除。张謇的实业政策，一方面在有关垦务方面继承了其前任宋教仁、陈振先等人的政策。④ 而另一方面又为其后任周自齐、谷钟秀等人所继承。经济不同于政治，在政策上是存在一定连续性的。周自齐（1915年3月5日署，4月24日任，1916年4月23日免）在执行实业政策的过程中，曾计划成立劝业委员会，其中设工业试验所、工商访问所、商品陈列所等。⑤ 谷钟秀（1916年7月31日任，1917年6月29日免）曾制定《农商事业计划书》，⑥ 提倡修订法律，设立特殊银行，裁撤厘金，实行移垦实边，改良丝、茶、棉、铁、糖业，生产国产的日用品等。所有这一切

① 《实业政见宣言书》，载《张季子九录》第1卷，台北：文海出版社，1967年，第349页。

② 《张季直传记》，台北：文海出版社，第184-208页。

③ 贾士毅：《民国财政史》下，南满洲铁道株式会社，1925年，附录《全国岁入岁出总预算表》。

④ 罗蕺：《农商法令表解·第3章垦务》，《农商公报》1917年第36期。

⑤ 《设立劝业委员会拟具章程缮摺请示由》，《农商公报》1915年第12期。

⑥ 《谷总长农商事业计划书》，《农商公报》1916年第26期。

都可以说是继承了张謇的经济政策。尤其是，1914 年 7 月 28 日第一次世界大战爆发，认为“现值外货来源不继之日正国货销场有望之机。”① 可见，对振兴实业是寄予了极大期望的。利用这一时机准备举办的国货展览会，不容否认，也是汲取了清末民初由张謇等人筹划举办的各种展览会的经验进行的。

贾士毅《民国财政史》附录收入了中央的财政预算表，与之相并列，还有 1916 年度的全国各省预算表。以江苏省为例，与中央同样，在经常岁出总额中，农商部计划项目经费（1）远远少于财政部、陆军部或教育部。但是，从预算中包括的项目而言，（2 ）有关振兴实业的各项经费均列入预算，虽然缺乏可靠的保障，但已作为“殖产兴业”的形式出现。尤其值得注意的是，尽管数额不多，赛会（博览会）经费也被列入预算。② 正如下文所述，举办赛会需要进行事前调查，以江苏省为例，这一统计调查工作颇有成效。江苏省公署第四科编《江苏省实业视察报告书》（1919 年 12 月）即属其调查成果。该调查书附件《江苏省实业视察成绩一览表》反映了县一级“殖产兴业”的活动情况。尽管还不够完备，但可以看出从中央到县已具有一个初具规模的振兴实业的体制。

四、博览会与物产会

据 1913 年 2 月 18 日《时报》刊登的《巴拿马太平洋万国博览会简明章程》中指出：中国自从数年前（1910）在南京举办劝业博览会以来，举办博览会的益处已为众人所公认。因此，1912 年 8 月制定的农林部官制第五条规定：“农林部总务厅除各部官制通则所定外，掌关于农林劝业会万国农业会并考察外国农业等事务。”③ 工商部官制也同样规定，工商部总务厅主持内外劝业会事宜。④ 但上述规定，在 1914 年 1 月制定的农商部分科规则中被全部删去。⑤ 其原因虽不详，但估计同巴拿马太平洋万国博览会等专门机构的成立不无关系。总之，可以看出，从 1912 年起，将举办博览会作为振兴实业的有力手段开始受到重视。

此外，1913 年 3 月 18 日在阿穆尔赛会（时间与内容不详）举行前夕，还

① 《限期征集商品开设国货展览会请鉴核示遵由》，《农商公报》1915 年，第 12 期。

② 贾士毅：《民国财政史》下，附录《民国五年度江苏省岁入岁出分预算表》。

③ 《农林部官制》，《政府公报》1911 年 8 月。

④ 《工商部官制》，《政府公报》1911 年 8 月。

⑤ 《农商部分科规则》，《政府公报》1914 年 1 月。

制定了《外国博览会中国出品通行简章》(以下简称《通行简章》)。① 该简章第二条规定：凡志愿提供出品的商民，须经各省实业司或商会向各省民政长提交申请书和出品目录，经核准后汇报农商部。1915 年 1 月 1 日，为纪念巴拿马运河开航，在旧金山举行巴拿马博览会。为此，中国在 1913 年 2 月，即制定通行章程 1 个月之前，又制定了《巴拿马太平洋万国博览会简明章程》。② 几乎与《通行简章》同时，还制定了《巴拿马赛会江苏出品协会调查细则》。③ 这类出品协会不仅在中国各地，似乎在有华侨居住的东南亚各地也均有组织。1915 年 1 月，为翌年正月在菲律宾举行的博览会进行磋商，小吕宋中华商会出品协会曾派代表赴上海。当时，上海总商会总理周金箴曾呼吁各界给予支援。在其通告中指出："其在本国则有前年南洋劝业会成立开数千年来未有之盛举，对于外国则有若英属新加坡赛会、日本大正博览会、巴拿马万国博览会。"④ 由此可见，中国已了解到这一时期在世界各地举办的博览会。其中，中国对大正博览会和巴拿马博览会所做出的反应尤其值得注目。

1913 年 8 月，日本开始着手筹备大正博览会，1914 年 4 月 20 日在东京上野动物园正式开幕。美国为庆祝巴拿马运河开航，于 1915 年 1 月 1 日在旧金山举办巴拿马博览会。日本于 1914 年 4 月末才确定送巴拿马博览会的出品，开始着手准备。⑤ 而中国方面的反应几乎可以说是快得异乎寻常。早在 1913 年 2 月便制定了上述《简明章程》，开始进行准备。分析其原因，不外是：第一，巴拿马运河的开航同中国具有密切的关系，处理得当，可以发展贸易，一旦失败，将一无所获，且后果难以挽回；第二，旧金山为华侨聚居之地，商人多为广东人，出售的日用品多是广东或日本的产品，认为应借机向华侨介绍中国各地的物产；第三，在 1910 年 6 月开幕的南洋劝业会上曾提出，中国派出赴美考察实业团，后因辛亥革命爆发而作罢。1914 年，科罗拉多州丹佛的商会通过前来中国的巴拿马博览会劝导员再次提议。⑥

中国关于参加巴拿马博览会曾采取如下措施：政府在中央设事务局，各省设协会，各县设分会，负责征集出品。⑦ 1914 年 3 月，事务局长陈兰薰来上

① 《外国博览会中国出品通行简章》,《政府公报》1913 年 3 月。

② 《巴拿马太平洋万国博览会简明章程》,《时报》1913 年 2 月 18 日。

③ 《巴拿马赛会江苏出品协会调查细则》,《时报》, 1913 年 3 月 10 日。

④ 《侨商提倡祖国商务之热忱》,《农商公报》, 1915 年第 6 期。

⑤ 《香港问题决定》,《大和新闻》1914 年 4 月 28 日。

⑥ 《全国商会联合会纪事(21)》,《时报》1914 年 4 月 6 日；《总长延请张弼士、李一琴等充游美实业团函》,《农商公报》1914 年第 1 期。

⑦ 《筹备巴拿马赛会纪要·上海分会致丝茶业函》,《时报》1914 年 4 月 1 日。

海，预定举行五省联合展览会，后改由各省分别举办。5 月在上海举行了江苏省出品展览会。① 江苏省成立了江苏筹办巴拿马出品协会。同年 3 月，派调查员分赴各县，了解各分会工作进展情况，并予以督促，还制定了《江苏省筹办巴拿马赛会出品协会事务所调查细则》。② 在进行调查和督促的同时，还就参加巴拿马博览会的益处、同省展览会或县物产会的关系等问题向各界进行说明。5 月，制定了《江苏赴美巴拿马赛会合同同盟出品团组织条例》；③ 按提供出品的类别，集中分别编团，共同负责调查和宣传工作，并就博览会开幕前、会间和闭幕后，分别制定了详细的职务规定。

1914 年 3 月 21 日，由巴拿马赛会上海分会会长、县知事洪伯言在上海召集第三次座谈会。④ 与会的劝导员有季铭又、郑锦峰、徐乾麟、哈少甫、谢芏聪、王介安、张乐君、项如松、洪文廷、穆杼斋、陆伯鸿、李葆元等。陈兰薰以江苏省筹备协会会长名义参加会议。列席的还有总商会协理贝润生、南市商会总协理顾馨一、苏筠尚等。会上，洪知事宣布各县分会一律于 4 月征集出品。目前要求出品赴赛者虽为数不少，但仍不够踊跃，有必要进一步加强劝导。要求劝导员按部门分工，负责征集出品，以防拖延。⑤ 在致上海分会丝茶各业商董的专函中指出："查我国对于外销产品向以丝茶磁器美术为大宗，而外人对此颇为欢迎，故此届赛会于兹数项尤宜加意讲求力行改良。"⑥ 5 月 6 日在上海举办物产会。展品包括棉花、豆类、谷类等天然物资和布匹、绸缎、学校手工品及美术品等加工产品，总数达 2500 余种。⑦ 5 月 11 日又举行了南京物产会。但在江苏省内，镇江等地出品劝导工作的开展颇为困难。⑧ 翌年 5 月 17 日，举行了规模盛大的江苏省第一次地方物品展览会。根据《巴拿马赛会江苏出品协会入选赴赛及得奖物品原册》记载，从此次展览会中曾选出 10 000 余件优秀出品。鉴于 1914 年机械、转运两部门的产品极少，此次虽予以

---

① 《筹备赛会局长来沪》，《时报》1914 年 3 月 12 日。

② 《巴拿马赛会江苏出品协会调查细则》，《时报》1914 年 3 月 10 日。

③ 《筹备巴拿马赛会纪要 · 江苏赴美巴拿马赛会合同同盟出品团组织条例》，《时报》1914 年 5 月 6 日。

④ 《巴拿马出品协会谈话会》，《时报》1914 年 3 月 22 日。

⑤ 《筹备巴拿马赛会纪要 · 上海出品协会纪事》，《时报》1914 年 3 月 23 日。

⑥ 《筹备巴拿马赛会纪要 · 上海分会致丝茶业函》，《时报》1914 年 4 月 1 日。

⑦ 《上海物产会纪事（1）》，《时报》1914 年 5 月 7 日。

⑧ 《筹备巴拿马赛会纪事 · 江苏筹办巴拿马赛会出品协会镇属调查报告书》，《时报》1914 年 5 月 8 日。据说清末举办南洋劝业会时，镇江出品的江绸在闭会后返还时，上面沾满指纹，无法出售；农产品也都腐烂变质。因此，准备此次赴美赛会时阻力颇大。

特殊考虑，但实际赴赛的出品只有一台织袜机。由此可见，对于“殖产兴业”的热情与愿望同现实之间仍存在差距。

在巴拿马博览会上，由中国 18 个省提供的出品达 2000 吨,① 被收入教育、工艺、美术、文艺、农业、园艺、食品、矿产、交通、政府等各馆展出。由于第一次世界大战的爆发，西欧各国的出品不多，中国出品博得好评。据《农商公报》1915 年 11 月 15 日第 16 期记载，共获大奖章 57 枚、名誉优奖 74 个、金牌 258 枚、银牌 337 枚、铜牌 258 枚、奖词 227 份，总共获奖 1211 个。所获大奖及优奖数字，在参加赛会的 25 个国家中居于首位。5 月 17 日举行的江苏省第一次地方物品展览会，可以说是继承了巴拿马赛会的成果。江苏代理巡按使在开幕词中指出：清末的南洋劝业会和 1914 年巴拿马博览会出品协会的举行，振奋了工商界的精神，为此次展览会提供了有利的条件。② 自 9 月 26 日起，又在北京举办了国货展览会，在向全国各机关发出的通告中指出：随着第一次世界大战的延长，“外货来源日绌，供不应求，始共知注目于国货”。会上表扬了上海国货维持会。由于该会在 1 月举行的菲律宾博览会上获得荣誉，并向世人广泛宣传展览会在发展实业中重要的媒介作用，功绩卓著。该会副会长、巴拿马赛会上海分会劝导员王介安率参观团参加国货展览会，并在开幕式上发表演说。③ 由此可见，国货维持会在上海分会的活动中发挥了一定的作用。该会的机关刊物《中华国货月报》曾撰文阐述参观国货展览会后的心得体会。文章强调应振兴茶、丝、棉、铁、瓷、绣等产业部门。④ 这恐怕也是这一时期以博览会等为媒介的整个“殖产兴业”活动所得出的结论。

此外，作为全国商会联合会第一次大会的议题之一，曾讨论过借参加巴拿马博览会之机，组织一个赴美考察实业团。⑤ 但各省预定参加的团员人数达 30 人以上时，需经费 30 万元。鉴于 1911 年张謇曾请求前清商部提供经费 20 万元，因此，这次仍向政府申请拨款 20 万元，但政府支付有困难，最后决定由各省自筹。⑥ 团员人数 17 人，由陈廉约、陈陞、龚心钦、聂士杰、张振勳、

---

① 中国赴美赛会监督处第一期报告：《监督处人员由沪启程及抵美后之概略》，《农商公报》1915 年第 15 期。

② 《苏省地方物品展览会纪事（2）》，《时报》1915 年 5 月 17 日。

③ 《国货展览会报告书》，《农商公报》1916 年第 22 期。

④ 《对于第一次全国国会展览会之感观及将来工商之根本规划》，《农商公报》1916 年第 18 期。文后附记转载自《中华国货月报》。

⑤ 《全国商会联合会纪事（21）》，《时报》1914 年 4 月 6 日。

⑥ 《全国商会联合会纪事（22）》，《时报》1914 年 4 月 7 日。

施肇祥、余觉、余燮、孙观澜、黄炎培、余日章、厉汝熊、张应铭、龚安东、梁焕彝、吴在章、朱礼琦等组成，随美国商人罗伯特·达拉等一同赴美。① 日本驻美大使曾将1915年5月26日的《华盛顿明星晚报》（*The Washington Evening Star*）刊登的有关考察团一行于1915年5月5日到达，并受到欢迎消息的剪报寄回外务省。② 报道中指出：考察团包括著名的银行家、茶丝商人等。为了考察美国的金融、商业、农业、工业、教育等各方面情况，正在全美各地进行参观访问。据报，一行代表认为，“为了发展中美两国间的通商贸易，必须开设大的金融机关和开辟两国间的直达航线”。这也是清末以来悬而未决的问题。

1910年中国举办南洋劝业会时，日美两国都曾派实业团来华。当时为了答谢，曾准备邀请中国实业团出访，中国组成了成员多达60余人的大型报聘团。但由于辛亥革命爆发和后来的政局动荡等原因而一再受阻，未能成行。③ 如上所述，直至全国商会联合会大会上才又提起组织赴美考察实业团问题。这时日本驻上海总领事有吉明也曾建议中国组织赴日考察实业团，④ 一方面参观正在举行的大正博览会，另一方面，会后还可以到各地访问。对此，全商联婉言谢绝。理由是：（1）湖北、浙江、江苏等省都已分别组成人数众多的参观团；（2）全商联的各省代表都已参加开幕期间20天的东京大会，各省各埠工作紧张，不可能再另作长期出访；（3）回访日本事前未曾计划；（4）今秋可再考虑组织访日参观。⑤

浙江省赴日参观团一行39人，曾于1914年3月25日出发去日本，其成员多属少壮实业家。以涩泽荣一为总代表，由日本邮船、日清汽船、横滨正金银行、大仓组、台湾银行、高田商会、古河合名、三井物产、三菱商事等为发起人，举行欢迎会，接待参观团一行。⑥ 当时，对大正博览会和巴拿马博览会态度最为积极的是中国的生丝厂家。1914年3月26日的《时报》刊载了他们

---

① 《赴美考察农工商业纪事》，《农商公报》1915年第8期。

② 公第155号《关于中国实业代表访美之件》（1915年5月27日驻美特命全权大使珍田舍己），《于美国太平洋沿岸联合商业会议所招待清国实业家之件》（外务省记录3门9类4项94）。

③ 参照野泽丰：《辛亥革命与产业问题——1910年的南洋劝业会和日美两实业团访华》，载中华书局编印《纪念辛亥革命七十周年学术讨论会文集》下，1983年。

④ 《全国商会联合会纪事（3）》，《时报》1914年3月19日。

⑤ 《全国商会联合会纪事（5）》，《时报》1914年3月21日。

⑥ 《欢迎中国少壮实业家的集会》，《大和新闻》1914年4月8日。

的三点设想：第一，根据丝商联合赴日本赛会参观团的计划，此次访日将就以下内容进行考察：（1）日本丝商为参加美国博览会所做的准备及其目的；（2）日本博览会有关生丝的陈列、装饰、贴札、说明书、数量、价格、产地、产量、销量、销路等情况；（3）日本生丝工厂的资本、组合法、缫丝机、工厂建筑、工厂管理法、工人数、每月出丝数、制丝种类等；（4）“丝业会议所”的组织及规则；（5）蚕桑学校；（6）生丝出品检验所的规则与组织，以及检验手续等；（7）通过上述调查所获情报，加以汇总，写出报告，供全国丝商参考。这一设想实现的情况如何又当别论，但可见其热情之高涨，同时说明访日将为访美提供前提条件。

第二，根据丝商联合赴美赛会参观团及各商联合赴美报聘团的组成计划，此次访美的考察内容大体如下：（1）中国丝在世界市场的地位与各国丝的价格；（2）美国用丝和产丝数量；（3）参观美国丝织工厂，了解丝商情况，赠送说明书及生丝样品，确定将来扩大销路的立足点，订立华丝销售特约；（4）了解侨商情况，咨询美国商情，或委托代售机关；（5）了解向美国出口生丝的运输手续、关税及运费等情况；（6）了解制丝工厂的主要产品情况。与访日相同。

实际上，此次访美，生丝商并未单独组织参观团，而是参加各商联合的赴美报聘团前往的。

第三，根据美国新闻界报道，关于丝商的海外销售机关组织计划，此次访美的具体成果如下：“（1）以1000—2500万美元的资金设美中银行；（2）开辟经巴拿马运河从纽约至中国各港口的直通航线；（3）在纽约设中国制丝销售机关”。但报道还指出（1）、（2）两项实际上只不过是愿望而已，第（3）项可以说在某种程度上达到了目的。

当时，就日中两国间的悬案之一的成立中日实业公司问题曾反复进行谈判，终于在1914年4月25日召开了第一次定期股东大会。中国方面的股东除印锡璋、周金箴、朱葆三之外，又新增加了杨子琦、张謇、孙多森、周学熙、向瑞琨、李士伟等人。5月2日，涩泽荣一为了解除种种疑虑，不顾70岁高龄前往中国。当时汉口的一英文报纸曾进行了如下一针见血的报道：“通过修正约法的宣布，国民比以往更加处于孤立无援的境地，这对于涩泽男爵将是一个无尚的好时机。他可以不必担心来自国民的任何反抗，在18个省内到处都可以获得有价值的权利”。涩泽所到之处都听到了要求“获得权益”的窃窃私语声。① 参加全国商会联合会第一次大会的中国资产阶级权威人士决定访美——尽管它是清末以来的悬案——而拒绝访日，其背景在于他们为日本正在加强对中国的侵略，而不久这一侵略企图便以二十一条要求的形式而具体化了感到不安。

五、全国商会联合会的动向

1914 年 3 月 15 日全国商联第一次大会开幕，到 4 月 11 日闭幕，进行了为期近 1 月之久的反复讨论。大会总干事周金箴在开幕式上的报告指出：全国商会联合会是在 1912 年 11 月 1 日召开的临时工商会议上，经上海、汉口两商会发起组成的。② 在不足一年的时间里，各省、各侨埠相继成立事务所，终于召开了第一次大会。由于临时工商会议召开时，任工商部次长之向瑞琨的倡议，才有今日之结果。而另一种看法则认为，清末在向瑞琨及沪商、侨商的主持下举办了南洋劝业会。当时内外商家聚集一堂，产生了成立全商联的动机。在举行临时工商会议时，向瑞琨与宋炜臣、王震、冯润田、张振勋等磋商，经工商部同意，由百余个商会总、分会发起，正式成立了全商联。③ 此外，对全商联的成立曾予以支援，并有直接联系的团体还有由国内外专家组成的商学会、由北方商界发起组成的保商会、华侨商会以及成立不久的经济学会等。指出这一点也使人感到兴趣。

上述两种说法，对于因约法会议的召开而返回北京、负责同政府交涉的全商联副会长向瑞琨在此期间的作用，似乎评价过高。但是，它却揭示了以清末的南洋劝业会和民初的临时工商会议为契机，全国各地（包括海外华侨）商会、民族资产阶级加强联系，以至召开了全商联大会的经过。就这一意义而言，上述资料是颇有价值的。不过，需要考虑到的是，李平书等上海总商会的实力人物因参加第二次革命（1913 年 7 月 12 日至 9 月 1 日），失败后亡命，致使商会的势力背景不能不发生某些变化。

1914 年 3 月 15 日，在上海召开了全商联第一次大会，有各省及南洋华侨等各总商会领袖 180 余人参加，各地代表提出的议案多达 28 项大纲 122 个条

---

① 参照野泽丰：《民国初期的政治过程与对华投资——重点围绕中日实业公司的设立》，载《东京教育大学纪要》16，《史学研究》1958 年第 3 期。

② 《全国商会联合会成立记》，《时报》1914 年 3 月 16 日。

③ 《全国商会联合会成立始末记》，《时报》1914 年 3 月 30 日。

款。① 28 项大纲如下：（1）本会章程案；（2）总事务所经费案；（3）选举总事务所职员案；（4）一省两事务所案；（5）商会行文程式案；（6）商会法案；（7）商约案；（8）商事公断所案；（9）税则案；（10）公司案；（11）币制案；（12）矿务案；（13）盐政案；（14）钞票案；（15）保商案；（16）商学案；（17）商报案；（18）商标案；（19）贸易表册案；（20）商业簿记案；（21）债务连带案；（22）商会经费案；（23）商场铺店案；（24）改用旧历案；（25）约法选举案；（26）—（28）杂案。

会议恐怕是按以上列举的议案顺序进行讨论的。但并不能认为这一顺序表明议案的重要程度。根据议案的内容，同政府间展开争论的情况，可以说是衡量议案重要性的一个标准。②

（1）会议开幕的次日，接到农商务总长张謇的信函，围绕商会行文程式问题展开了激烈的争论；（2）向瑞琨北上参加约法会议时，受大会委托就（a）中美银行手续问题和（b）税则案向政府进行说明；（3）大会认为在改订商约（通商条约）时，政府须征得商人同意，强调有最先审议的必要；（4）认为政府虽已公布商人通例和公司条例，但是否适用，有必要进行切实讨论；（5）关于商会法，向农商部提出异议；（6）工商司长陈介（芦青）代表农商部参加大会。大会认为税则是全国商务至关重要的问题，因此，请求陈介将原议案抄件带回农商部，以备考订；（7）税则、商律两案已作出决议，为请政府执行，委托在京的向瑞琨同政府进行交涉；（8）在讨论商权案的过程中曾涉及下列议题：（a）在选举时对商会代表议席数的特别考虑；（b）参加宪法讨论；（c）商人的公共权利；（d）增补政府顾问等。其中（a）、（b）两项目主要是考虑到约法会议的召开而提出的。（9）农商部代表陈介要求先行讨论商会法；（10）最后决定大会闭幕后派周国钧（北京代表）、陆衮（北京代表）、吕逵先（湖北代表）、李家桢（奉天代表）4 名代表北上，偕同副会长向瑞琨、京师商会总理冯麟沛，就全部议案中最为紧要的内容向政府请愿。代表一行于 4 月 12 日从上海出发。请愿的主要问题是：（1）税则问题——裁厘、推广印花税、修改洋货进口税等；（2）中美银行问题——银行的组织情况、请求政府提倡招股开办等；（3）送巴拿马赛会的出品及赴美报聘问题；（4）公文程式的修改问题等。

上述 10 个问题是此次会议的主要内容，但集中起来，最后可以概括为以

① 《全国商会联合会今日开会》，《时报》1914 年 3 月 15 日。

② 以下所示事项，系据《时报》自 1914 年 3 月 17 日起刊载的《全国商会联合会纪事》的（1）—（26），以及 4 月 16 日刊载的《代表入京请愿》的报道。

下 5 点，即税则、商会、商权、公文程式以及借巴拿马博览会之机加强对美联系等。然而，当代表团进京之前，张謇已于 4 月 1 日南下返里。此次请愿运动成败如何虽然不详，但商会问题仍是 1915 年 3 月召开的全商联临时大会所涉及的中心议题。裁厘加税问题，在 1916 年 8 月召开的第二次大会上也还是讨论的中心。由此可见，请愿的问题多数悬而未决，然而，却不能由于成果甚微便否定此举的意义。正如上海总商会总理周金箴在开幕式的讲话中所指出："联合会非切己之事，乃合群之事"。全商联第一次大会的召开，可以说是中国资产阶级逐步实现阶级团结的一个重要的里程碑。

从此以后，直至五四运动前夕，全商联共召开过三次大会。即 1915 年 3 月 25 日的临时大会、1916 年 8 月 25 日的第二次大会和 1918 年 4 月 21 日的第三次大会。临时大会的议题有：（1）商会法案的条文及施行细则；（2）全商联的存在意义；（3）参与立法院选举。当时各省县知事严厉督促商务分会、分所进行改组，而商会则认为"依限选举，困难殊甚"。要求农商部缓办。由此可见，商会法案是此次会议的中心议题。关于第二次大会的情况，《时报》等很少报道。而且，全商联上海总事务所曾致电北京事务所，严肃指出：关于会长选举问题，"所拟会长非商会会员恐系传讹必非事实……倘报载非虚当然群起反对"①。从中可以看出，这时在组织工作中面临着困难的局面。第三次大会强调"今日不可不息内争、除民间疾苦、图发展商业伸张国力"，说明在同北京政权间的关系中加强了自主性。

结　语

综上所述，可以发现，在张謇就任农商务总长期间及其前后，初步形成了以奖励实业为中心的有关经济方面的法令体系。正是在这一时期内，在中国各地结合国内外举办的博览会和物产会，有关实业方面的活动有较大的进展；同时，还召开了标志着中国资产阶级进一步团结的全国商会联合会第一次大会。众所周知，在辛亥革命过程中，代表中国资产阶级上层的立宪派，利用代表资产阶级中下层的中国同盟会等革命派活动之机，暗中展开活动，在中华民国成立过程中掌握了表决权（casting vote），这对于促成袁世凯政权的出现起到了一定的作用。在通过这一过程形成的袁世凯政权中，代表立宪派及进步党的张謇等人，致力于经济法令的制定；推动实业奖励事业的开展；作为中国资产阶

① 《关于商会联合会选举会长之要电》，《时报》1916 年 8 月 31 日。

级联合体的全国商会联合会在其全国大会上，提出了系统的具体要求，同政府进行交涉，并表明了要参与国会选举的意图。所有这一切都说明，尽管其实力暂时还不足以左右事态的发展，但当涉及对辛亥革命或袁世凯政权的评价时，对此是不容忽视的。包括对袁世凯政权的评价，本文中提出的所有问题，都未进行深入的探讨，避免作出肯定的结论，只是实事求是地对各种事态的进展情况作出考证而已。如能为中华民国史研究工作的开展稍尽绵薄，则深感幸甚。本文也可以说是 1981 年 10 月在中国武汉市召开的纪念辛亥革命 70 周年学术讨论会上所作报告① 的续篇，望能一并赐读。

（贾玉芹　译）

（《社会科学战线》1984 年第 2 期）

① 《辛亥革命与产业问题——1910 年的南洋劝业会和日美两实业团的访华》，载中华书局编印《纪念辛亥革命七十周年学术讨论会论文集》下，1983 年。

中国近代资产阶级的社会结构

〔法国〕M. C. 白吉尔[*]

前 言

在20世纪20年代，中国的近代资本家，当他们作为一个阶级的重要性日益被城市社会广泛承认以后，便逐渐形成为一个具有自己特点和紧密结合的社会阶级。在那个时代，经济活动的杰出人物，已不再需要参加官僚机构而充当领导阶级的成员了。百万富翁想买个一官半职，以便能够同当局对话，也已经不是时候。即使文凭或学历仍然保持其权威，他们要想改行当官或过寄生生活的，也没有从前那样多了。他们是凭借自己的财富、技能和经营成果（后者往往被视为美德）而开始成为企业资本家的。

这些企业资本家的社会结构及其界限还难于弄清。大银行、大商行及其参与的近代工业，并未形成十分确切的集团。大部分企业主，一般都兼营或轮流从事多种营业，所以历史学家往往不容易指出哪一种是他们的主要的营业。

不过，按营业性质划分的企业主类型，还是值得研究的。其实，可以把企业主类型看成他们走上资本家道路的不同方式，而这些方式则是企业主的共同命运所决定的。不过企业资本家的个人经历不如其家庭的历史重要。不研究家族结构，就无法理解中国资本主义的飞速发展。很多历史学家认为，这种家族结构及其任人唯亲制度，是资本主义在中国发展受阻的一个主要原因。① 但这

---

* 作者单位：法国大学。

① See Marion J. Levy & Shih kuo-heng, *The Rise of the Modern Chinese Business Class: Two Introductory Essays*, New York: IPR, 1949.

种说法既与19世纪欧洲的（特别是法国的）工业资产阶级的经历不符①，又与海外华人在20世纪获得的成就有悖。家族团结给予新兴的资本主义以灵活性、机动性和对付经济危机的能力。如果不研究儿子和女婿的作用、兄弟们的合作、两辈之间的甥舅或叔（伯）侄的合作以及姻亲关系，就不能理解企业的发展过程。这个广义的家族，分布在由一个共同的始祖、同一籍贯、个别的是同一宗教信仰（特别是上海的某些天主教宗派）结成的广大的亲属网和主顾网中。

同乡团结是中国近代资产阶级的结构形成的另一个重要因素。这种团结虽然往往与家族关系网交织在一起，但又派生和组成一些更为广泛的利害关系体系和从属关系体系。

中国近代资产阶级赖以发展的家族关系和同乡义气，是中国社会组织的基础。这些价值观念完全不是近代的经济活动所特有的。但是，他们已把传统的价值观念用来为经济发展的新目标服务。

同乡团结：上海工商界的地理结构

人们都知道，会馆在中国传统城市所起的作用。尽管在18和19世纪，大商人在这些会馆里的影响有增无减，但是会馆一般对同乡的富人和穷人还是同样相待。这很可能就是具有传统的和地方的特点的这些会馆在中国近代资本主义的发展方面起了重大作用的原因。为了便于同乡就业和资助同乡，一些会馆便协助同乡的许多小型企业，同时大力帮助每个企业掌握时机。有多少大亨，在他们于数年前或数十年前来到上海时，还是光着两只脚的！据他们的正式传记作者称，他们之所以获得成功，应当主要归功于他们的勤劳和智慧。然而实际上，他们是得到了早在上海定居下来的同乡的具有决定作用的帮助的。虞洽卿在1872年刚从故乡镇海县（宁波附近）来到上海时，还是一个15岁的小徒工。在他终于成为中国的大海运企业主之一和上海商会会长的漫长一生中，

① Louis Bergeron, Banquiers, negociants et manufacturiers parisiens du Directoire a L. Empire, Paris: Mouton, 1978.

曾经得到强大的宁波帮的财政和政治支援，后来他本人也成为这个帮的一个领导。① 生活的豪华曾使20世纪20和30年代上海社会叹为观止的烟草大买办郑伯昭，是从1902年代销英美烟公司产品而发迹的。这个公司的职员和股东，也和郑本人一样都是广东人。②

这种特殊的团结不但没有使市场结构僵化，反而给市场结构一股强大的机动性。这种排外性的团结显然只对团体的成员服务。但是，每个企业主一旦参加这个团体，他就会从这个体系得到好处。

然而，这种好处是随每个会馆的力量大小而不同的。在上海，计有23个这样的会馆。如果不按会员的人数而按会馆的财力来看，其中最强大的是浙江会馆。这个会馆由许多小会馆组成。有6万名会员的资格最老的强大宁波会馆即四明公所，后来又有宁波旅沪同乡会和宁波地区各县在沪成立的会馆参加。这些小会馆各有其地区特点，但这并不妨碍把决事的大权集中于几个身兼数职（经济、政治、社会文化、慈善事业等工作）的领导人手中。四明公所的力量来自于它对银行界的控制。③ 传统的银行业者（钱庄老板）从浙江省来到上海，始于18世纪。这些人主要来自镇海和绍兴。他们也像方介堂始建的方氏“王朝”一样，相继建立了几个强大的“王朝”。方氏“王朝”在19世纪初建于上海，其在上海的事业由后代共传四世。④。

尽管1884年中法战争和1910年橡胶投机危机造成许多企业破产，尽管江苏银行业者日益加剧竞争，但宁波企业家仍然控制着上海的钱庄。1921年，

---

① 关于虞洽卿，参看方腾《虞洽卿论》，《杂志月刊》1943年第2期、1943年第3期、1944年第4期；刘涛天：《航业家虞洽卿先生传略》，《教育与职工》1937年第183期；汪北平、郑大慈：《虞洽卿先生》，上海：宁波文物社，1946年。这是一本在虞洽卿死后不久出版的小册子，其中大部分是行状性文字。这本小册子在评价虞这个人物时，认为他在50多年当中对上海的经济和政治起过重大作用，但未对虞进行历史的研究。最后，还有丁日初和杜恂诚合写的《虞洽卿简论》，《历史研究》1981年第3期。

② 关于郑伯昭，请参看程仁杰《英美烟公司买办郑伯昭》，载《文史资料选辑》，上海：上海人民出版社，1978年，第130-154页。

③ 何炳棣：《中国会馆史论》，台北：学生书局，1966年；根岸佶：《上海的行会》，东京：日本评论社，1951年；根岸佶：《中国的行会》，东京：日本评论新社，1953年。关于四明公所的组织详情及其演变情况，请参看 James Sanford，*Chinese Commercial Organization and Behavior in Shanghai of the Late Nineteenth and Early Ywentieth Century*，Harvard University Ph. thesis，1976。

④ 《上海钱庄史料》，上海：上海人民出版社，1960年，第730-733页；郑亦芳：《上海钱庄（1843—1937）：中国传统金融业的蜕变》，台北：三民主义研究所，1981年，第31-38页。

78%的钱庄（在所调查的69家钱庄中有54家）属于绍兴帮或宁波帮。1932年，浙江银行业者还控制着上海钱庄的资本总额的73%。① 而在同一时期，他们的营业项目也多了起来。他们成为外国大银行的买办以后，便开始经营现代金融业务。许春荣（1839—1910）的发迹就是这方面的一个例子。他从宁波来到上海后，在19世纪70年代相继建立7家钱庄，但在1884年危机时期全部倒闭。随后，他与工业家叶澄衷（1840—1900）合股开办4家新钱庄，同时又兼充德华银行（Deutsche Asiatische Bank）的买办。他的长子许葆初也在外商银行干他这一行：在1920—1921年是汇兴银行（Park Union Bank）的买办，后来又为美国运通银行（American Express Company）当买办；而他的末子许杏泉则袭父业，为德华银行充当买办。②

宁波的金融家们在致力于建立现代银行时，既未停办他们的钱庄，又未放弃他们的买办职业。虞洽卿就是在当买办的同时创办现代银行的一个人。他在1907年是道胜银行的买办，后来又当嗬呍银行的买办，1915年募集浙江同乡的资金创办宁波商业银行（四明银行），并委托一位钱庄老板，当然也是原籍宁波的孙衡甫来管理。③

这样，宁波银行家的传统便适应了新的时代要求。如果说钱庄仍然是早在上海安家立业的金融家的巩固基地，那么后来搬到上海的新兴金融家，在他们直接创办现代银行之前，往往是在国外受到一段教育。1889年生于上海的李铭（李馥荪）从日本留学回来后，于1915年出任浙江地方实业银行经理，并

---

① 《上海钱庄史料》，上海：上海人民出版社，1960年，第770-771页；Andrea Lee McEldrry, *Shanghai Old-style Banks*（*ch*，*ien-chuang*），*1800-1935*：*A Traditional Institution in a Chainging Society*，Vol. 25，Ann Arbor：，University of Michigan，1976，p. 52。

② 吴培初：《旧上海外商银行买办》，载《文史资料选辑》第1辑，1980年，第155-157页；《上海钱庄史料》，上海：上海人民出版社，1960年，第743-744页；Andrea Lee McElderry, *Shanghai Old-style Banks*（*Ch*，*ien-Chuang*），*1800-1935*：A Tranditional Institution in Changing Society，Vol. 25，AnnArbor：University of Michigan，1976，*p*. 50；张国辉《外商银行买办》，《历史研究》1963年第6期。

③ Andrea Lee McElderry, *Shanghai Old-style Banks*（*Ch*，*ien-Chuang*），1800-1935：*a Tranditional Institution in Changing Society*，Center for Chinese Studies，AnnArbor：Univercity of Michigan，1976，p. 134；《上海钱庄史料》，上海：上海人民出版社，1960年，第210、769页。

在 1918 年把这家银行变为私营银行。① 原籍浙江吴兴的徐恩元从英国回来后，于 1920 年开办中华懋业银行，并自任经理。②

宁波帮在银行界的发展，是与他们在国内商业和国际贸易中所占的优势分不开的。在上海，最初开设钱庄的一些人，也都是在南市开业的商人；有的经营百货，有的从事粮食和棉布的大宗交易。在蚕丝出口超过茶叶出口的 19 世纪 80 年代以后，宁波籍商人（来自蚕茧产区）的才干开始为外商公司所重视。就在这个时期，浙江籍的买办开始排挤出口业中的粤籍买办。到 1920 年，为上海外商银行和商行服务的 90 名大买办中，就有 43 名是浙江人了。③

在近代工业的第一批投资者中，也有浙江籍的巨贾买办和银行家。在上海创办纺丝厂、机器厂和火柴厂的叶澄衷，出生于宁波附近的镇海，而同他合股的宋炜臣（1866—约 1920）也是镇海人。④ 叶的女婿刘鸿生（1888—1956），在 20 世纪 20 年代被人称为“火柴大王”，他拥有许多商店和工厂，也出生于宁波附近，即定海。⑤ 创办中国钟表工业的孙梅堂也是宁波人。而镇海籍的虞洽卿，在第一次世界大战期间，在他的同乡，特别是方氏家族的支持下，创办了中国人自己的首批海运公司。

这些企业家中，有不少成为浙江同乡会的董事。在整个 19 世纪，四明公所全由方氏银行家族所控制。在 19 世纪即将结束的时候，才有一些新参加进来的人，即朱葆山帮和虞洽卿帮分享一部分控制权。宁波会馆的寡头结构，当时是依靠从创立人的子孙和原有董事中内定董事而组成的董事会来实现的。这样的董事会的无形权力，远远大于按照规定从全体成员中选出的董事会的权力。1909 年建立的宁波旅沪同乡会虽然符合民主原则，但这个原则不久就失效了，因为按照西方的选举办法成立的这个新组织，很快就被四明公所的董事所控制。宁波籍企业家在上海经济生活中，特别是在新兴经济部门中所起的作

---

① Howard L . Boorman etal . eds. , Biographical Dictionary of Republican China, Vol. 2, New York: Columbia University Press, 1967-1971, pp. 316-319；李新等主编：《民国人物》第二卷，北京：中华书局，1980 年，第 271 页。

② 《中国近代名人图鉴》，台北：天一出版社，1977 年，第 287 页。

③ Hao Yen-Ping, *The ComPradore in Nineteenth Century China: Bridgo between East and West*, Cambridge: Harvard University Press, 1970, p. 53；《上海民族机器工业》上，北京：中华书局，1979 年，第 460 页。

④ 《中国近代名人图鉴》，台北：天一出版社，1977 年，第 273-276 页；汪敬虞：《中国近代工业史资料》第 2 辑下，北京：中华书局，1962 年，第 954-956 页。

⑤ 上海社会科学院经济研究所编：《刘鸿生企业史料》第 1 卷，上海：上海人民出版社，1981 年，第 3-4 页。

用，使得他们在上海总商会中取得多数代表席位。1918 年选举董事时，在注明原籍的 21 名董事中，有 12 名是浙江省人，到 1924 年，35 名董事中浙江省人竟有 26 人①。难怪，有时人们把上海总商会看成四明公所的分所！

因此，在上海，浙江人最能在事业上取得成就，筹集到必要的资金和建立有利的业务往来。但是，广东人的联合力量也能使事业成功。上海的 6 万名广东人分别按县建立会馆，其中最活跃的是香山县（今中山县）和南海县的会馆。这些会馆在广东会馆的领导下，组成粤西会馆和粤东会馆。② 然而，这时“广东人”（更正确地说，应是“香山人”）这个词在上海已经不是“买办”一词的同义语了。19 世纪 80 年代以降，茶叶出口业的衰落，导致专门从事此行的广东人的优势的结束。于是到 1920 年，上海的 90 名大买办中，只有 7 人是广东人了。③ 徐润和唐景星的传统生意虽然还很兴隆，但也只是在几个部门孤军奋战。郑伯昭也是如此。郑伯昭在 1861 年生于香山，很快在上海发迹，创办了一个专营烟草和卷烟的贸易公司。从 1902 年起，他代销英美烟公司的某些牌号香烟。英美烟公司在 1922 年决定他由代销商转为股东，1930 年委托他在主要市场上海和浙江地区独家代销该公司出品，是他获得巨大成就的报酬。郑伯昭为其外商股东和老板的利益服务（伪造卷烟的商标，使英美烟公司的卷烟免遭不买英美商品的各种抵制运动）所表现的忠实，使他可以同他的先辈——19 世纪的买办比配。当然，他的外国雇主也清楚地知道他的服务价值，所以将他实现的利润分给他 49%。1937 年，在中日战争爆发前夜，郑伯昭已在上海积累了一笔巨额家私。计有 30 亿元的这笔财产，大部分再投资于不动产投机。④

20 世纪另两个广东大买办，是受雇于 1905 年成立的英商上海泰和洋行（Reiss & Co.）的劳敬修，和为另一个英商上海祥茂洋行（Burkill & Son）服务的陈炳谦。他们的特点与郑不同。上海的广东企业家团体的成员十分亲密，他们从事形形色色的经济和金融活动，并且都参与同乡创办的许多企业的活

① James Sanford, *Chinese Commercial Organization and Behavior in Shanghai of the Late Nineteenth and Early Ywentieth Century*, Harvard University Ph. thesis, 1976, pp. 238 – 240, 277.

② 根岸佶：《中国的行会》，东京：日本评论社，1953 年，第 38 页，载东亚同文会编《支那经济全书》卷 2，第 74–85 页。

③ 根岸佶：《买办制度的研究》，第 234、241 页。

④ 程仁杰：《英美烟公司买办郑伯昭》，载《文史资料选辑》，上海：上海人民出版社，1978 年，第 130–154 页。

动。比如，劳敬修和陈炳谦都在1919年拯救南洋兄弟烟草公司时起过重大的作用。这个公司的所有者简氏兄弟也是广东人，当时受到英美烟公司的竞争威胁。①

广东人几乎完全被排除在银行业之外（银行业为浙江企业家所垄断，只有极少数为江苏企业家所有），但他们都因为控制现代的大商业而得到补偿。第一次世界大战期间，他们在南京路建立起一些大商店。香山的郭氏兄弟于1915年建立的上海永安百货公司，原籍也是香山的马应彪所有的先施公司。最后，原籍台山的另一个广东人李煜堂，在1924—1925年开办新新公司，下设数个商店。②

上海广东企业家的一张主要王牌，是与在南洋和香港发迹的华侨保持的密切金融联系。通常，他们自己也是先在南洋和香港创业的。在南洋兄弟烟草公司的股东中，也有旅居越南的中国商人（简氏兄弟有一位伯父住在那里，而且他们本人最初也在那里劳动过）。③ 我们还可以指出，郭氏兄弟上海永安百货公司建立时的资本65.7%来自海外。④ 无论就创办人的职业而言，还是就资本来源而言，这些企业都往往表现为华侨的事业向祖国的扩展。实际上，上海的大多数粤籍企业家，都来自于有大批人侨居海外的香山县和南海县。因为同是广东籍，所以侨外的粤人愿意资助他们在沪做生意的同乡。上海的粤籍企业家也往往自视为华侨。比如，创办南洋兄弟烟草公司的简照南，就是上海华侨联合会的董事之一。⑤

除大商业外，广东人也向某些工业部门扩展活动。比如，简氏南洋兄弟烟草公司控制着卷烟工业，郭氏兄弟出资发展棉纺纱厂。在20世纪30年代初，他们控制的永安集团是在上海和整个中国仅次于申新纱厂集团的最大集团。⑥ 在其他行业，广东人的运气并不太好。在菲律宾发迹和在香港开设糖果厂以后，马玉山（他也是个香山企业家），1922年在上海筹建过中华国民制糖公

① 李新等主编：《民国人物传》第1卷，北京：中华书局，1978年，第298-303页；《南洋兄弟烟草公司史料》，上海：上海人民出版社，1958年，第134-138页。

② 《中国近代名人图鉴》，台北：天一出版社，1977年，第261-265页。

③ 《南洋兄弟烟草公司史料》，上海：上海人民出版社，1958年，第2、138页。

④ 《上海永安公司的产生、发展和改造》，上海：上海人民出版社，1981年，第11页。

⑤ 李新等主编：《民国人物传》第1卷，北京：中华书局，1978年，第298-303页。

⑥ 李新等主编：《民国人物传》第1卷，北京：中华书局，1978年，第285-290页。

司。尽管马玉山在筹集1000万元资本时获得成功，但公司很快濒于破产。① 广东人十分熟悉当代世界的变化（当然是由于同海外华侨经常接触），所以能迅速引进新的技术和思想。曾焕堂就是一位这样的人物，他在1924年创办了中国第一个进口和摄制影片的“中国电影公司”。②

在上海工商界，上海本地或江苏地区的企业家人数最多。江苏同乡会有会员10万，但以小商人居多。③ 19世纪下半叶，在使大量难民涌向上海的太平天国革命之后，某些江苏籍的企业家在加速发展钱庄和竞相充当外商大银行买办的同时，开始与浙江籍的钱庄老板进行竞争。陈卧云原是苏州的一个当铺老板的儿子，他在1876年于上海开办了他家的最初几个钱庄。他的事业由其后代继续经营四世。陈氏家族开设的12个钱庄，有一个在1919年改成现代银行，其余的大多数一直营业到1952年。④

苏州的席氏家族，世世代代在城市经商。被太平军撵跑的席氏四兄弟，在上海办起数家钱庄，并向其他钱庄投资。到1874年，排行最小的席正甫当上汇丰银行买办。经过他人介绍和自荐，后来全家都成了买办。我们看到，上海的所有外商大银行，如道胜银行、花旗银行和横滨正金银行，都有席氏家族或其亲戚当买办。这个家族三代共出11个有直接血统关系的买办，并把他们的女婿也拉进买办的行列。

与浙江籍的企业家不同，席氏家族不把钱庄改为现代私营银行。只是在19世纪末，席正甫才把自己的一笔巨款投入大清银行：认购1320股，占该行私股的6%。但是，他的两个孙子却搞起近代的民族财政。他们不是身为企业家，而是为国民党在20世纪30年代实行国家资本主义出谋划策。其中一个人后来当上中央银行董事，另一个人出任上海造币厂厂长。⑤

当时，在上海的现代银行界，还有一个原籍江苏的重要而且十分活跃的家族集团。但他们与浙江银行家不同，不从钱庄或外商银行获得自己的经验和财富。出生于小康之家的陈光甫、张嘉璈和钱永铭都曾到国外留学，并在回国之

---

① 《中国周报》1924年8月23日；《中国代近名人图鉴》，台北：天一出版社，1977年，第270–271页；陈真等编：《中国近代工业史资料》第1辑，北京：生活·读书·新知三联书店，1957年，第502–509页。

② 《中国近代名人图鉴》，台北：天一出版社，1977年，第528–531页。

③ 根岸佶：《中国的行会》，东京：日本评论新社，1953年，第203页；《支那经济全书》卷2，第74–85页。

④ 《上海钱庄史料》，上海：上海人民出版社，1960年，第738–742页。

⑤ 吴培初：《旧上海外商银行买办》，载《文史资料选辑》第1辑，上海：上海人民出版社，1980年，第155–157页。

后担当过官办银行的要职：陈光甫在江苏省银行上海分行，张嘉璈在中国银行上海分行，钱永铭在交通银行上海分行。他们在出任这些银行的高级职员和经理期间，为在上海推广现代银行的经营作出了贡献。他们对上海实业界发生的影响，主要来自他们的地位及其所支配的财富数量的重要性，而非来自他们自己的财产本身。也就是说，主要来自经理才干，而不是来自投资能力。再有，同乡团结在他们的事业中所起的决定性作用，也不如浙江银行家。

江苏的企业家也有一些人是上海的大纱厂主。比如，申新纱厂的主人是原籍无锡的荣宗敬（1873—1938）和荣德生（1875—1952）兄弟，上海的一位大棉花商人的儿子和依靠父亲的朋友投资而建立德大纱厂和豫丰纱厂的穆氏兄弟，原籍苏州并合办厚生纱厂的贝润生与薛宝润，原来是大棉花商人，后来在1920年创办统益纱厂的吴麟书，也是苏州人。① 江苏籍商人控制的棉花销售业，往往是向创办纱厂过渡的桥梁，而且这一过渡无疑使江苏集团在棉纺业中多少占据了优势。

但是，在机器制造业中也有许多外省出身的企业家。比如，大隆公司的创办人和经理严裕棠（1880—1958），祖籍浙江；100多年前祖上迁居上海的朱志尧（1863—1955），他改进其祖传的帆船航海业，在1904年创办求新造船厂和求新机器厂。江苏也为上海工业造就了应用化学业的开拓者之一的吴蕴初（1891—1953）。吴在1891年生于嘉兴，1923年在上海创办天厨味精厂。味精厂的巨额利润，使吴后来得以出资开设许多化学工业企业。②

共有23个同乡会组织的上海，也吸引了四川、湖南和安徽的许多企业家。但是，这三省的企业家作为地方集团的影响，比不上浙江、广东或江苏集团。后3个地区集团的团结，也是形成工商界结构的一个强大因素。

对于企业的生存，同乡团结表现在两大方面：人事的安排和资本的筹集。而在主要的决策人由大股东出任时，这两方面又往往交织在一起。在钱庄业和其他传统企业，如果大股东本人未占决策人席位，则业主们总要任用同乡为经理。在20世纪，尽管企业的规模日益扩大，实行专家治厂，但同乡团结即使在近代工业中的力量依然同样强大。老板们甘愿接受这样团结给他们带来的约束，因为这种约束实际上对他们提供了一部分职员对他们忠诚的格外保证，而这种保证又可以使这部分职员不被其他企业勾引去，因为企业变成了这些远离

---

① Richard C. Bush, *The Politics of Cotton Textiles in Kuomintang China*, New York: Garland Publishing, Inc., 1982, pp. 58-66.

② 李新等主编：《民国人物传》第1卷，第274-277页；《教育与职业》1935年第63期。

家乡的人的唯一落脚点。大买办郑伯昭为推销英美烟公司产品而在1919年开设的永泰和烟行，就在上海本店和长江下游各支店雇用了200多名员工。这些人和郑一样都是广东人，他们与当地人只有很少的往来。① 在一些大型工业企业，技术上的要求（比如，需要雇用各种专业工程师）使雇用同乡的绝对性稍有缓和。但是，同乡团结的原则依然存在。茂新—福新—申新集团在20世纪20年代共有11家面粉厂和9家纱厂，它雇用的957名高级职员有617人（占64.5%）是无锡人。其中设在无锡的工厂只有4家，占总数的20%。其余的工厂有的设在济南，有的设在汉口，但大部分设在上海。在无锡籍的荣氏兄弟的工厂中，无锡籍的经理总是占据优势。②

资本的筹集也是遵守同乡原则。一个企业家需要资金时，他就向同乡求援。1916—1919年间，郭氏兄弟决定将其营业由香港发展到上海，于是在上海开设永安百货公司。新公司的资本为250万元港币，其中50万元出自香港永安公司，14万元由郭氏家族自出，180万元由其余股东投资。在这些股东中，以海外华侨居多，占90%强，据调查，属于华侨的投资为160多万元，占资本总额的65.7%。郭氏兄弟在创业之初，即在悉尼、斐济和菲律宾初办企业的时候，就与南洋华侨社会有密切的联系，所以他们后来在筹措资金时，又能得到南洋华侨社会的大力支持。③

广东人的团结对简氏兄弟也发生了这样的作用：他们在1919年为改组其烟草公司而筹资150万元时，劳敬修和陈炳谦这两个粤籍上海买办投入了巨额资金。④ 虞洽卿在1909年创办他的第一个航运企业宁绍公司时，也是得到他的宁波同乡特别是中国钟表工业首创人孙梅堂的财力支援的。⑤

后来，无论是筹集资金的企业家，还是想使自已的资本增值的投资家。都不再绝对遵守籍贯相同这一原则。因此，某些大企业在建立的时候。就采用了一些在我们看来，是非常现代化的与以前大不相同的原则。比如，在1921年大力实行纵向联合的时候，上海的一些大纱厂都参加了，即原籍省份不同的企

① 程仁杰：《英美烟公司买办郑伯昭》，载《文史资料选辑》第1辑，上海：上海人民出版社，1978年，第130–154页。

② 《荣家企业史料》上，第289页。

③ 《上海永安公司的产生、发展和改造》，上海：上海人民出版社，1981年，第1–11页。

④ 李新等主编：《民国人物传》第1卷，北京：中华书局，1978年，第298–303页。

⑤ 《中国近代名人图鉴》，台北：天一出版社，1977年，第337–340页。

业家混在一起去创办“中国铁工厂”，以保证生产必要的设备来扩充他们的纱厂。①

但是，乡亲关系在现代产业部门和传统产业部门的企业投资中，仍起着主导作用。私人工商业也同传统的社会一样，不重视书面合同。其经营者和投资者最关心的是能够了解自己的同伙，知道同伙的家族和后台老板，并在企业倒闭的时候可以找到他们。保持乡亲关系，同在企业内部保持人事责任制有密切关系。在20世纪初，主要的合营形式是合伙企业。后来，股份有限公司大量发展，但其组织办法却是十分特殊的。荣氏兄弟1915年开设的申新纺纱厂是一个无限公司，股东人数不多，而且没有任何权力。因为没有股东大会，两位经理（即荣氏兄弟）总揽了差不多一切大权。尽管荣家的工业帝国在20世纪20—30年代更加扩大，但它的组织结构并没有改变。②

1907年以合伙形式创办的香港永安公司，有12名同伙都是郭家的成员、亲友和同僚。1916年，这个公司为接受外股而改组，更名为“公共有限公司”，但公司的结构并没有真正改变。再有，1919年建立的上海永安百货公司虽然集合了许多小股东，但公司的章程并没有列进任何能够限制郭氏兄弟权力的条款。③

即使公司取名为有限公司，黄金时代的中国人公司仍旧保存着合伙形式的特点：他们不在市场上公开募股（因为当时没有股票交易所），而是在发起人的或大或小的亲友圈子里募股。而且在大多数情况下，持有股票只能使持有者对企业的经营拥有极其微小的监督权。在这种情况下，投资人和发起人之间的个人信任问题，就成了企业的创立和发展的必要因素。乡亲关系是这种相互信任的基础之一，但后面是有家族观念的大力支持的。

中国资本主义的家族结构

企业界的家族关系，依照多变的轴心形成广泛而复杂的网络。儿子与父亲生来就有关系。虽然黄金时期的某些企业家是独立创业的，但也有一开始就是子承父业的。纱厂厂主聂云台（1880—1953）最初在其父亲聂缉椝开办的恒

---

① 《上海民族机器工业》上，北京：中华书局，1979年，第273-280页。

② 《荣家企业史料》上，第54-56页；Richard C. Bush，*The Politics of Cotton Textiles in Kuomingtang China*，New York：Garland Publishing，1982，pp. 59-60.

③ 《上海永安公司的产生、发展和改造》，上海：上海人民出版社，1981年，第11-19页。

丰纱厂的棉花加工厂学艺，1904 年接受父亲的委托，开始管理整个纱厂。① 在一个较为朴实的社会阶层里，有一个叫荣熙泰的人，在进入 20 世纪的时候，开设了几家有他两个儿子参加的钱庄和面粉厂，从此给荣宗敬和荣德生的未来帝国奠定了基础。② 在 1910 年进入实业界时才 23 岁，后来成为中国大银行家之一的杨粲三（1887—1962），是在其父亲于重庆开设的商业企业开始工作的。继承当时价值 100 万元的财产，使他得以对国内商业大量投资，并将父亲设在各地的商号就地改为银行。③

但是，中国大通商口岸的经济生活的迅速发展，使两辈人间的联合难于保持原状了，即父亲常常将其本身或父子联合开办的企业交给儿子管理。比如，唐星海在没有接受他父亲的全权委托以前，便于 1923 年接管了他家设在无锡的庆丰纱厂，并渡过危机而使生意兴隆起来。

兄弟间的联合看来更为有效。这一般是两个兄弟的联合，比如像荣家和简家那样的亲兄弟的联合。在两个兄弟的内部，声誉和职权是均享的。创办南洋烟草公司的简照南和简玉阶（1875—1957）兄弟就是如此。身为哥哥的简照南，到 1923 年逝世为止，一直负责公司的业务和与政界的往来；而他死后，简玉阶便才华毕露，承担起哥哥的全部职责。荣宗敬和荣德生两兄弟，一个生于 1873 年，一个生于 1875 年，二人的年龄和性格都十分接近，他们在营业上的合作也很密切，但由于长子继承制的缘故，一切权力无疑均集中于荣宗敬一身。在郭氏五兄弟中，两个年长的，即郭乐（1874—1956）和郭泉（1878—1956）共管永安集团。④

也有兄弟两人，一个人出名，其名字常为人们提起（甚至只提他一个人）的情况。张謇就是如此。张謇是一位自由主义改良派和大文人，同时又是一位企业家。他的名望高于他的哥哥张詧。张詧虽然很少出头露面，但却十分精干

① 李新等主编：《民国人物传》第 2 卷，北京：中华书局，1980 年，第 249-255 页，《中国近代名人图鉴》，台北：天一出版社，1972 年，第 249 页：《中国人名辞典：中国领导人物传》（以下简称《1925 年中国人名辞典 3》），上海，1925 年，第 612 页；陈真等编：《中国近代工业史资料》第 1 辑，北京：生活 · 读书 · 新知三联书店，1957 年，第 397-401 页；严中平：《中国棉纺织史稿》，北京：科学出版社，1963 年，第 328 页。

② 李新等主编：《民国人物传》第 1 卷，北京：中华书局，1978 年，第 278-284 页；《荣家企业史料》上，第 3-20 页。

③ 李新等主编：《民国人物传》第 1 卷，北京：中华书局，1978 年，第 309-313 页。

④ 齐仪征：《永安集团的创始人》，《南北极》1980 年第 120 期。

地管理着几个大生纱厂。① 穆氏兄弟的情况稍有不同。为改进中国的棉纺织生产而在 20 世纪 20 年代初担任华商纱厂联合会会长的穆藕初（1876—1943），是人所共知的名人。但是，他的哥哥穆杼斋（或称穆恕再），作为一个商人在上海也很有名气。他筹集了必要的资金，先在 1915 年开设厚生纱厂，后在 1916 年创办德大纱厂，并兼管这两个工厂。②

一个企业由兄弟二人或数人合办时，可以大致像利用父子关系那样利用叔（伯）侄关系。简氏兄弟如果没有他们的叔父简铭石的资助，就办不起南洋兄弟烟草公司。简铭石发迹于越南，他在那里经营着生意兴隆的商业，并与华侨社会有广泛的联系。同样地，在荣氏家族内部，在长兄荣宗敬去世以后，荣德生和他的侄子们之间仍保持着紧密的合作关系。

虽然中国的家庭是根据父系原则建立起来的，但妇女在筹办企业方面的作用，远远不是消极的。婚姻往往会加强金钱联盟，招进有才干的合作者。荣宗敬与同他在 1912 年合资建设福丰面粉厂的王禹卿，由于荣家的子女与王家联姻，而加强了他们之间的联盟。③ 女婿、小舅子、伯父、叔父、侄子和外甥，到处都由于是亲属而显示出他们的影响和作用。朱志尧之所以能够在 1904 年创办求新机器厂，就是由于他的两个舅舅，即教育家马相伯（马良）和改良派人物马建忠利用他们与围着工部左侍郎盛宣怀转的半买办性实业界的关系，而给予他以支持。④

这种甥舅关系，在第三代仍然保持下来，但已经很不巩固，而且由于后代的人数增多引起的冲突而受到威胁。然而，对于我们所研究的这几个大家族来说，这种冲突还不是黄金时代的那种冲突。后来，在 20 世纪三四十年代，随着各家进入第三代，这种冲突先是由于日本的侵略，后是由于共产党的胜利而争夺财产，便日益增加起来。

在企业内部，家族关系有很多功用：企业的资金筹措、经营管理和技术引进，大部分依靠这种关系。这也往往容易使企业与政府搞好关系。

至于上面已经说过的人事方面的信任对企业筹集资金所起的作用，我们就

---

① Richard C. Bush, *The Politics of Cotton Textiles in Kuomingtang China*, New York: Garland Publishing, 1982, pp. 46-47.

② 穆藕初：《藕初五十自述》，上海，1926 年；李新等主编：《民国人物传》第 1 卷，北京：中华书局，1978 年，第 270-273 页；《中国近代名人图鉴》，台北：天一出版社，1977 年，第 245 页；Howard L. Boorman etal., eds., Biographical Dictionary of RepublicanChina, Vol. 3, New York: Columbia University Press, 1967-1971, pp. 38-40。

③ 《荣家企业史料》上，第 287 页。

④ 《上海民族机器工业》上，北京：中华书局，1979 年，第 139-141 页。

不必再说了。在这方面，血缘关系的作用大于友谊关系、同业关系和同乡关系，因为血缘关系更有保证。在郭乐和郭泉兄弟决定向上海扩展营业时，就是向他们的堂兄郭标（1868—1938）求援的。早年，当郭乐初到澳洲的时候，郭标把他安置在自己与另一个香山籍广东人马应彪合营的水果店里工作。1900年，马应彪回到香港创办先施公司，并在这个企业获得成功之后，在上海筹建分公司。发了财的郭标，在他的堂弟郭乐和他的老搭档与同乡马应彪的劝说之下，先让郭乐在上海开设了永安公司。郭乐任公司经理，郭标成为这个公司的最大股东之一。①

一个家族出资创办的企业，其高级职员大部分由本家人出任。据1928年调查，荣氏兄弟集团（拥有茂新和福新公司的12家面粉厂，申新公司的7家纺织厂）共有54个总经理、经理、副经理（副厂长）的职位（见表1），其中19个由荣宗敬本人担任，即该集团的每个工厂的总经理都是荣宗敬。其余的35个职位，有3个由他的弟弟荣德生担任，即担任茂新面粉一厂和三厂以及申新纺织三厂的经理。荣宗敬和荣德生的3个儿子占4个位置，即在申新纺织二厂、三厂和五厂分担副厂长或助理。荣家的其余成员（荣月泉、荣鄂生、荣吉人）占5个职位。在这个集团内部，荣氏家族共占据31个主要职位，即占高级职员总数的57.5%。其余的职位，大部分由荣家的姻亲担任。荣宗敬的女婿李国伟，身兼福新面粉五厂和申新纺织四厂的副经理；这两个厂的另外两个职位，由李的表兄助理。1912年同荣宗敬合办福新面粉厂的王禹卿，担当福新面粉七厂的经理。王的弟弟王尧臣同荣家联姻，身兼5个要职，或为经理或为副经理（主要在面粉厂）。而他的长子则为申新纺织一厂的代理副经理。福新面粉二厂、四厂和八厂的副职是荣宗敬的姻亲。因此，荣家的亲戚占居14个经理（或厂长）的职位，即占高级职员的26%。也就是说，83.5%的高级职位由荣家及其亲戚所控制。尚有5个职位由荣家亲信（荣家的助手）担任，他们都是无锡人，又是与荣家合办福新面粉公司的股东。工程师朱仙舫，领导申新纺织二厂、五厂和七厂的技术工作。

① 《上海永安公司的产生、发展和改造》，上海：上海人民出版社，1981年，第12页。

表1 茂新—福新—申新公司高级职员表

	所占职位数	占高级职员的%
荣氏家族	31	57.5 } 83.5
联姻家族	14	26 } 83.5
助手和股东	6	11
技术专家	3	5.5
计	54	100

资料来源：《荣家企业史料》，上海人民出版社，1980年，第287-289页。

茂新—福新—申新集团虽然是按股份公司的形式组织起来的，但实际上仍是一个家族企业。年龄居长的荣宗敬，至1938年逝世为止，一直掌握着该集团的大权。荣家的子弟一进这个集团的企业，均担当重要职务。他们从家族成员当中和少部分姻亲当中选任企业的主要负责人员。在家属和亲戚以外任用的几名经理或厂长，几乎都是他们的多年合作者和荣家同乡。因此，这个只有几个合伙人组成的高级职员班子是相当排外的，21个人就兼任54个职位。使人更为惊奇的是，在以纺织和食品工业为主的这个集团，经营管理人员中只有一名工程师。这种情况是不是说明中国近代资产阶级的家族结构在妨碍企业吸收必要的专业人才和引进技术呢？

不是。许多企业家好像都把家族结构视为引进技术的中继站。他们有的将女儿嫁给拥有现代技术和管理知识的家庭，有的把自己的儿子送到国内国外的高等学校去深造。

尽管人们公认杨粲三是四川的大银行——聚兴诚银行的创办人和发起人，但是没有他的哥哥杨培贤的帮助，这个银行就成立不起来也是实情。1913年从日本和美国留学回来的杨培贤，终于说服他的父亲，在他家的企业里采用了三井和三菱的方法：增加资本，分设专管航运的部门和专管国外业务的部门，把商行和一个银行联合起来。但是，杨培贤在1924年死去，而他的弟弟杨粲三便享受了这项改革的成果。① 一般说来，企业的更新是发生在家族的第二代，即当其某些成员学得技术的时候。

1902年，严裕棠（1880—1958）创办大隆机器厂。当时工厂的规模很小，到20世纪二三十年代，工厂发展成为中国第一个制造机器的企业。严裕棠出身于一个小买办家庭，他本人也为一个外国银行推销过证券。他选准了营业对象（修理和制造船舶），并得到很多订货，但他并不懂技术。因此，他把工厂的劳动管理委托给一个同他合伙的名叫褚小毛的技工。5年之后，即在1907

① 李新等主编：《民国人物传》第1卷，北京：中华书局，1978年，第309-313页。

年，对技术问题已有一定了解的严裕棠，便自己管理起工厂。但从1920年以后，他的几个儿子开始担任工厂的主要职务。他的第六子严庆龄从德国留学回来后，于1932年开始对大隆公司所属各厂进行具有决定意义的技术改造。①

郭氏兄弟除了在年轻时代于商店学徒时获得的知识以外，没有受过任何正规教育。从1920年开始，他们转向经营纺织工业，并设法叫他们的儿子和侄子学习他们本人所没有的技术知识。郭家第二代的两名成员被认为受过技术教育：郭棣活在开设郭家的第一个纱厂（永安）之前，被送到美国学习；郭琳褒曾到曼彻斯特受教育。其他成员只是在广东的岭南大学受到一般教育。至于第三代，即孙子辈的人，多数是由欧美大学毕业的，其中有些人在到他们家开设的企业就职以前，还曾在大学执教一个时期。②

商人子弟靠文凭在社会上发迹，在中国并不是新现象。但在后来，商人子弟上大学，主要不是为了叫年轻人离开企业，而是为了叫他们获得可以保证企业发达的本领。

最后，家族关系还有利于同官方搞好关系，拉拢高级官员为其家族的利益服务。无锡业勤和广勤纱厂的主人杨寿梅，就曾广泛利用其父杨宗濂在20世纪初同北洋军阀建立的友谊，特别是与周馥的友谊。周馥之子周学熙在辛亥革命后当过袁世凯的财政部长，后来去搞实业，是皖系中对1918—1920年北京政府颇有影响的人物。他曾多次为杨寿梅穿针引线，比如在杨寿梅当选为长江下游纺织界的发言人时，他就在1917年亲赴北京请求政府坚持征收日本商人要求撤销的皮棉出口税。③

为自己企业的利益而与官方接触的，不只是像杨寿梅或更为出名的张謇和聂云台这样一些官僚出身的企业家。像郭家兄弟这样的商人，也懂得为自己制造支柱。但是，他们主要是投靠南方的革命家，而不是投靠北京政府。他们所以如此，大概是出于同乡团结与政治信仰，因为他们与孙中山是同乡（都是广东省香山人），同孙家早有旧谊。在20世纪之初，郭氏兄弟的堂兄郭标就

① 李新等主编：《民国人物传》第1卷，北京：中华书局，1978年，第304-308页；《上海民族机器工业》上，北京：中华书局，1979年，第460页；《大隆机器厂的发生、发展与改造》，上海：上海人民出版社，1958年，第2-3页。

② Richard C. Bush, *The Politics of Cotton Textiles in Kuomingtang China*, New York: Garland Publishing, 1982, p. 62；齐仪征：《永安集团的创办人》，《南北极》1980年第120期。

③ 关于周学熙的作用，请参看 Richard C. Bush, *The Politics of Cotton Textiles in Kuomingtang China*, New York: Garland Publishing, 1982, p. 53。

参加了孙中山组织的同盟会，并且是同盟会在澳洲华侨中的主要领导人之一。1923 年，弟弟郭泉被任命为广东革命政府的财政参事。后来，郭氏兄弟一直与国民党的广东派保持紧密的联系，而广东派也没少在蒋介石的国民党面前替郭氏兄弟说好话。比如，我们可以看到，1927 年秋孙科出任南京政府的财政部长后，立即在税收上给予郭氏兄弟以优惠待遇。①

有人经常提到家族制度给企业的生存造成的负担。不错，不可避免的家庭纠纷会给事业的发展带来有害的影响。杨氏兄弟的聚兴诚银行成立不久，就因杨粲三与杨培贤不和而几近夭折。但是，杨培贤在 1924 年去世，杨粲三才得以总揽银行的管理大权，并在以后扩大企业。聂家的企业也有过这种情况，即在 1918 年因决定聂缉椝的接替人而有争议时，企业一度受到威胁。家庭内部的纠纷导致兄弟们决定分家。恒丰纱厂被分为 9 股，把家庭共有的企业改为合名公司（合伙），8 个儿子和聂缉椝的遗孀为一股。但是，最后聂云台获得胜利，代替父亲总管了企业。② 一般说来，因接替问题而发生的危机是最为严重的。席正甫的长子席立功，在 1905 年接替其父充当上海汇丰银行的买办。但他预付给银行的保证金是从 4 个弟弟处借来的；他除了要归还这笔借款外，还得每月向他们支付津贴。后来，嫌津贴金额太少的 4 个弟弟，决定向他追索债款，于是席立功大吃苦头，到处向钱庄和朋友求借必要的资金，以保证他的买办职位。③

实际上，企业的帐房往往也向家族成员借支生活费用和交际费，放款接济业主家族所扶持的其他企业。在这些场合，这些借款都是没有担保的，而且利率很低。1931 年，在受到世界经济危机袭击的上海市场，放款者甚少，而且利率很高。但只是这一年，郭家的一些成员从永安集团借到的自用贷款和承保贷款，就达 160 万元之巨。④

然而，家族制度也有它的好处。在发生危机的时候，财务管理上的灵活性，能够利用赚钱部门（比如不动产投机交易）获得的收益去支援处境困难

---

① 《上海永安公司的产生、发展和改造》，上海：上海人民出版社，1981 年，第 6 页；陈真等编：《中国近代工业史资料》第 1 辑，北京：生活·读书·新知三联书店，1957 年，第 422 - 429 页；Richard C. Bush, *The Politics of Cotton Textiles in Kuomintang China*, New York: Garland Publishing, 1982, p. 61。

② 李新等主编：《民国人物传》第 1 卷，北京：中华书局，1978 年，第 309-313 页。

③ 吴培初：《旧上海外商银行买办》，载《文史资料选辑》第 1 辑，1980 年。

④ 上海社会科学院经济研究所：《上海永安公司的产生、发展和改造》，上海：上海人民出版社，1981 年，第 80 页。

的工业企业。在20世纪20年代初，出卖位于杨树浦新工业区的地产，以及高价出租上海的其他房屋，使严裕棠挽救了在1923年遇到困难的大隆机器厂，并使该厂开始生产纺织机器，同外国公司进行竞争。①

在这样的危机时期以外，资本在家族的各企业间的流通是经常不断的。第一次世界大战伊始，聂家就从其恒丰纱厂获得的巨额收益中抽出60万元去购买地产。这项土地共有45 000多亩，经过开垦和整治，租给了3000多家农户。从1916年开始，聂家又用他们从农田获得的大量收入去扩大和改造恒丰纱厂，而且又建立了一个新厂，取名恒丰二厂。②

由一个人领导一伙可以互换的经理，也便于管理企业。但是，在兄弟、父子和叔（伯）侄之间，职位并不是固定不变的。职位要经过全家同意，家庭可以随时改变某个人的职位。聂氏兄弟实行的轮流对调主持恒丰的几个纱厂的制度，就是这方面的例子。因屡遭失败而离开总经理职位的聂云台，不得不在1924年把这个位置让给弟弟聂潞生。但在抗日战争结束后，聂家试图重新掌握已被南京政府置于经济部管理之下的工厂，而聂潞生便退居幕后。聂潞生由于同日本占领者和汪精卫傀儡政府合作，而威望大减。于是，聂云台便负责奔走，进行必要的交涉，并在收回他家的财产以后走上了前台。③ 这样，随着环境的变化而改换负责人，便使企业为家族利益服务的政策永远继续下来。

为使企业继续存在和向前发展，显然需要调整家族团结方面的工作，从而限制风险的发生。虽然族籍使你有权依靠企业生活，但它并没有授予你管理企业的权力。如果在第一代亲兄弟和堂兄弟的人数很多，或者在下一代儿子、女婿、侄子和外甥的人数很多，那就可以按照他们的品质和才能选人。虽然“一些没有出息的人”可以继续照领薪金和红利，但他们不会进入领导人的行列。④

作为一种制度来说，家族制度并不一定是企业衰败的原因。这样一种依靠

① 李新等主编：《民国人物传》第1卷，北京：中华书局，1978年，第304-308页。

② 李新等主编：《民国人物传》第2卷，北京：中华书局，1980年，第249-255页。

③ 李新等主编：《民国人物传》第2卷，北京：中华书局，1980年，第249-255页。

④ 任人唯亲的弊端，在官僚（或半官僚）资本主义的企业里，似乎更为明显。中国的官僚资本主义在19世纪末开始发展于长江中下游，在黄金时代又以稍微改变了的形式扩展到华北各省。1920年，安徽督军倪嗣冲不假思索地将其投有20万元资本的天津大丰面粉厂，交给他毫无工商业经验的长子管理，结果使企业很快濒于破产的边缘，即因任人唯亲所造成的。参见祝淳夫《北洋军阀对天津近代工业的投资》，载《天津文史资料》第4辑，1979年，第159页。

家族管理企业的办法，使中国的实业家确实可以不必打破社会传统就能适应现代的经济条件。黄金时代的中国资本主义之坚持同乡团结和家族团结，即不是仿古，又不是特点。比如，在19世纪初，当法国的资产阶级形成为实业阶级的时候，也有类似的情况。家族结构也是法国资产阶级向近代资本主义过渡的支点。据路易·贝尔热隆的研究，在普帕尔家族的企业里，夫妇、儿子和女婿对企业的兴隆起了决定性作用。我们还可以看到，在圣氏家族，兄弟、侄子和外甥的联合存续了四世。其次，这两个家族本身，也像国际的基督教新教徒的团结那样，附着于十分广泛的团结关系网上。①

（董果良　译）

（《社会科学战线》1984年第4期）

① Louis Bergeron, Banqnicrs, négociants et manufacturiers parisiens du Directoire a L. Empire, Paris: Mouton, 1978.

夏鼐先生与中国考古学

〔日本〕樋口隆康*

我第一次见到夏鼐先生是在1957年日本考古学代表团访华的时候。当时，他是中国科学院考古研究所的副所长。看上去大约有40岁左右的样子，很年轻。他和另一位副所长尹达先生共同协助郑振铎所长，接待了我们代表团的10名团员。他是中国方面负责处理一切招待事项的负责人，并且他能够说英语，这在中国考古学家中是难得的。因而，从始至终我们都仰赖他来帮忙。

当时，中日两国还没有恢复邦交。我们访问中国，因为没有得到日本政府的许可，以致于在中国停留期间，大学里停发了工资。

但是，中国方面则给予了热情的接待，使我们去了希望要去的敦煌、成都等腹心地带。当时接触到夏鼐先生，其温和的品格，萦绕于我的脑海之中，永远不会忘记。

一、夏鼐氏的英国留学

夏氏于1910年生于浙江温州。1934年，由清华大学毕业。毕业以后，他于当年考取了清华大学的留美公费生的考古学门。这是作为中国考古学界培养苗子，为了学习近代考古学的技术、理论和知识而派遣的。依照校中规定，出国前要在国内预备和实习1年。

次年春，他以实习生的身份参加了安阳殷墟西北冈墓群的发掘工作。

安阳殷墟发掘，是前中央研究院历史语言研究所于1928年开始的。当时的中国，还没有正式的考古学这门学问。但由于发现了殷代的甲骨文字引起了人们的注意，从而认为有必要对其出土地的殷墟进行发掘。历史语言研究所先

* 作者单位：日本京都大学。

派董作宾前往调查和试掘，后来成立了考古组，由李济担任主任，开始了殷墟的正式发掘。他们对科学发掘的经验不多，而是在不断地产生错误并克服错误的过程中，逐渐地熟练了发掘方法。发掘了由夯土所构筑的宫殿以及埋藏了大量牺牲和财宝的王墓。发掘一直继续到1937年，由于抗日战争而中断。但它不仅使长期埋藏于地下的殷帝国文明得以再现，并使中国考古学作为近代科学而成长起来。

夏鼐氏参加的乃是其中最精彩的1935年的西北冈殷王墓群的发掘工作。当时梁思永为主任。厕身于石璋如、刘燿（尹达）等老手中间的新人夏鼐，虽只担任了发掘小墓，但毫无疑问，他在这时是学到了不少东西。

是年夏间，夏鼐在征得学校同意后，改而出国到英国伦敦大学留学。当时的伦敦大学，是科学考古学的圣地。日本的滨田耕作即是在伦敦大学从彼特里（W. F. Petrie）教授学习，而将所学到的考古学研究法移植到了日本，最先在京都大学开了考古学讲座。众所周知，这已成了日本近代考古学的发祥地。

夏鼐氏留学的时候，彼特里教授已经退休，并定居于巴勒斯坦。伦敦大学田野考古学一门由M. 惠勒（M. Wheeler）先生接替他。这位惠勒教授后来担任印度的考古局长官，领导了印度和巴基斯坦的考古学。惠勒式发掘方法见于其所著《田野考古学》（*Archaeology from the Earth*），这是一本蜚声世界的书。惠勒所领导的梅顿堡（Maiden Castle）的发掘，夏鼐氏曾经参加过，是受到他亲自指导的。

此外，夏鼐氏还参加了英国的调查团，到了埃及，从事埃及的考古发掘工作。以后，曾赴巴勒斯坦参加发掘，并亲自向彼特里先生请教。他结束了在英国5年的留学生活之后，于1940年底回国。他从彼特里教授受业这件事的本身，足以使中国考古学和日本考古学结成了师兄弟的关系；又从他和惠勒教授受业这一点来说，和印度考古学也可以说是有兄弟关系的。

当他回国的时候，正处于中日战争期间，殷墟发掘中断了。他暂时进了从南京内迁到四川南溪李庄的中央博物院筹备处。不久，进入了中央研究院。归国后，他从事的第一件工作即是和吴金鼎、曾昭燏、高去寻一起去调查和发掘四川省彭山县豆芽房和砦子山的崖墓。

1944年至1945年，他和向达负责进行了西北科学考察团甘肃地方的考古调查。他调查并发掘了敦煌的佛爷庙墓地、月牙泉墓地和玉门关以及宁定县的阳洼湾、民勤的沙井、武威的吐谷浑王族墓地等处。其中，对阳洼湾齐家文化墓葬的发掘，订正了当时学术界鼎鼎大名的权威人士安特生（J. G. Andersson）关于仰韶文化分期的论点。安特生的论点是，甘肃的新石器时代文化分为6期，认为不伴随彩陶的齐家文化，比有彩陶的仰韶文化为早，而将前者列为第一期，后者列为第二期。夏鼐氏在阳洼湾的发掘过程中，在齐家文化墓葬的填土中，发现并辨认出混入其中的相当于仰韶期的半山式样的彩陶碎片。这一事实，表示了填土中的彩陶片，当较墓葬的年代为早，夏鼐氏断定了齐家期应晚于仰韶期。根据发掘的层位关系修订了传统的学说，标志着这是中国的史前考古学家的新起点。

后来，他追怀往事说，在甘肃地方调查发掘期间，由于在荒漠中与世隔绝并热衷于发掘工作，以致于当时不知道第二次大战已经结束了。

但是，1946 年，由于国民党发动了内战，战火纷飞，考古活动不得已而停了下来。

二、考古研究所的诞生

1949 年，在解放大军南下的同时，国民党总统蒋介石逃往了台湾。当时，故宫博物院的文物和中央研究院的文物都被迁往台湾。中国当时考古学中心的历史语言研究所的考古学者当中，也分成为随渡台湾和留在大陆上的两部分。李济、董作宾、石璋如、高去寻等随同殷墟出土遗物渡往台湾；夏鼐氏和梁思永、尹达、郭宝钧等则留在大陆。

其年 10 月，中华人民共和国成立了，同时创建了中国科学院，由郭沫若担任院长。此外，还成立了文化部文物局，用以监督、管理文物及博物馆事业，局长为郑振铎。

1950 年，在中国科学院中设立了考古研究所，郑振铎任所长。郑氏一向是从事左翼文艺的活动家，并非专门的考古学者。副所长为梁思永，梁氏是清末民初有名的政治家、学者梁启超的次子，在美国哈佛大学专攻考古学，是领导安阳后冈的三层堆积的发掘和殷王陵墓的发掘，并取得辉煌业绩的著名考古学者。而第二副所长则为夏鼐氏。

新中国诞生以后，考古学最先举办的一件事情，即为安阳发掘。安阳的殷墟，是科学发掘的发祥地，因而还是选择了该处为起点。这次发掘，由于是在考古研究所正式成立之前举行的，故而由有在安阳发掘经验的郭宝钧负责。

这次发掘所选定要掘的地点为武官村。这是因为在战争期间，在这里发现了被称为司母戊的大方鼎，而该“武官大墓”离发现大鼎处不远，虽曾数度被盗掘，而随葬品仍有残留。发掘的结果，还发现埋了很多殉葬人及牺牲，认为应该是王墓。

作为考古研究所来说，其最初的工作是在河南省辉县所进行的发掘。夏鼐氏是调查发掘团团长，郭宝钧是副团长。从 1950 年 10 月至 1952 年间共发掘了3次。在这里，发掘出战国时代的大墓和车马坑。尤其是在发掘车马坑时，首次成功地搞清楚了木制的车箱和车轮的形状。

据夏鼐氏说，当发掘车马坑时，正是严冬季节，天气酷寒。发掘坑里每天早晨都是结冰的。在仔细地处理并融化其冻结在遗构表面的冰层时，车轮和车箱的木灰部分往往难于保留下全形；必须特别注意填土和变成板灰的木质部分的土质和土色，而将变质了的木质混和泥土的松土与包围其外的填土，区别开来。将其灰黑色而质地稍松的部分保留下来；而将其周围的土剥除掉，车轮的形状显现出来了。注意到这一点以后，发掘车子就容易得多了。现在，即便是年轻的研究人员也能够发掘车坑了。

辉县发掘还取得了另外一项重大的成果。那就是对殷文化年代及其地域分野，有了提前与扩展。以前所知道的殷代遗址只限于安阳，其时代则是殷代晚期的。但在辉县也发现并发掘了殷代的墓葬和灰坑，并且该处所出土的青铜器与安阳所出者很不相同。

其后，考古工作者在河南郑州的发掘工作中，发现了比安阳更早的殷代中期的都城，证明了辉县所出殷代铜器和郑州出土的青铜器是属于同一时期的。

殷代遗迹的调查，日益开展起来。在湖北省黄陂县盘龙城，发现了和郑州相同的殷中期城址，并了解到殷代铜器的分布范围已扩展到了湖南省和江西省。

在河南省偃师县二里头发现了年代比郑州更早的殷代早期遗址，在那里发现并发掘了宫殿遗址，还出土了青铜器。

考古研究所还发掘了长沙的战国墓，洛阳西郊的汉墓，半坡新石器时代遗址，三门峡水库附近的遗址、墓葬，西安和洛阳两处的汉、唐故城遗迹等等。

中国的考古学，不仅仅是致力于研究，在关于文物保护方面，也还是要予以足够的重视与采取相应的对策的。

在旧中国，重要的遗址遭到破坏，珍贵的文物流散国外，而当局毫无对策。新中国成立以后，立刻采取对策，颁布了文物保护法令。

解放后，全国各地开始了大规模的建设工程，随之而来的是大量地发现了遗址、遗物。对于如此大量遗址、遗物出土情况的调查，与实物的保护、保存，仅仅依靠考古研究所是绝难胜任的。于是，由考古研究所和文化部文物局与北京大学联合起来，组织、举办了考古工作人员训练班，从全国文物部门的青年当中，选其有志于考古事业者，集中于北京，进行3个月的短期训练班，教以考古学基础知识和发掘方法，包括参加田野工作实习。从1952年到1955年间，共举办了4届训练班，培训了考古工作人员340人。他们被送回原单位，分散全国各地，以便就近处理古文物出土方面的事情。

三、稀见地渊博的考古学者夏鼐氏

考古研究所出色的考古学者梁思永副所长，由于长期卧病，日益恶化，于1954年逝世。当时由尹达和夏鼐两位副所长协助郑振铎所长。1958年，郑所长由于飞机失事，不幸逝世，当时由历史研究所所长尹达兼任所长。尹所长因为体弱多病，于1962年由夏鼐接任所长。其后，一直到1982年让席于王仲殊氏为止，夏鼐氏担任考古研究所长历20年。

其间，虽然经历了“文化大革命”的考验时期，而他之所以能保持了中国考古学界顶峰的地位，是由于他高尚的人品以及专心一致力求学问上的精进。他不仅对于国内考古学，对于国际上考古学方面的知识之渊博，涉猎范围之广泛，作为一个考古学者来讲，也是无人可以与之匹敌的。

他研究的范围，重点之一是西域考古学。考古工作者要研究西域，仅仅具备中国考古学的知识是不够的，而必须是通晓西方的学问。例如，对新疆出土丝织品以及中国国内出土的东罗马金币和萨珊朝银币的研究，我想，大约除他之外没有人可以胜任的吧。

他对于考古科学寄予极大的关怀。将考古学与自然科学结合起来研究，在诸如年代测定、分析，古代环境复原等领域中，最近焕然一新、突飞猛进地出现了新的边缘科学的研究。在考古研究所中，很早以前，即充实了碳十四等年代测定的设备。

夏鼐氏在任期间，中国的考古界中，不断地出现了重大发现。西安半坡新石器时代村落、偃师二里头商代早期宫殿、殷墟妇好墓、周原遗址、曾侯乙墓、中山王陵、江陵楚墓、秦始皇陵兵马俑坑、长沙马王堆、满城汉墓、广州南越文王墓、北京明代定陵等等，简直不胜枚举。对上述诸多调查和发掘，夏鼐氏对于其中的大多数进行了有效的指导，在调查、发掘与保存等方面，力期万全。

在中国，作为对文化遗物保存、管理的最高咨询机关是在文化部下新设立的国家文物委员会。夏鼐任主任委员，与王仲殊等16名委员一起，提供关于遗迹、遗物的保存、保护的工作的建议。

有一段时间里，似乎有发掘唐代则天武后乾陵的计划，后来之所以中止，即由于他们的关系。这是由于对研究学术应采取严肃的态度，而力戒单纯以贵重文物哗众取宠、大事宣传的做法。

为了考古学者同行间的学术交流以及有助于学术研究，中国于1979年成立了全国考古学者联合体的中国考古学会，夏鼐当选该会理事长。理事共选出

64 名，此外，还给台湾的同行留出了两个理事席位。该会已经举行了 4 次大会，每次都规定了主题，大家来交换意见，现在顺利而稳步地走进了轨道。

夏鼐氏现在虽然在中国社会科学院副院长的地位上，但他作为考古研究所的名誉所长，每天仍到考古研究所上班，继续其研究工作。

他与很多国家的考古学界都有学术交流，并被选为英国学术院（1974 年 7 月），德国考古研究所（1982 年 12 月），瑞典皇家文学、历史、考古科学院（1983 年 12 月）及美国全国科学院（1984 年 5 月）等处的通讯院士或外国院士。

1983 年 8 月，以中国为中心的亚洲地区考古学会在北京和西安召开。到会者有日本、朝鲜民主主义人民共和国、泰国、印度尼西亚、马来西来、印度、尼泊尔、巴基斯坦等国的代表以及由日本、美国、英国、瑞典来的观察员。由日本来参加会的，有天理大学的金关恕教授和我。会上讨论了亚洲诸国考古学的现状与将来的协作趋势。夏鼐氏作为主办国家的代表，被全体代表推选为会议主席。在他的领导之下，这次大会解决了不少问题，取得具有实效的成果。

他不仅是中国考古学界中最有威信的人，在国际方面也是享有很高声望的、少有的考古学家。

（《社会科学战线》1985 年第 1 期）

近代中国企业主的类型*

〔法国〕M. C. 白吉尔**

同乡团结和家族团结还不足以说明通商口岸的工商业资产阶级的特点。由于情况不同，各个部门在采用最新技术和推广新管理方法时各有不同的要求。因此，必须按行业的种类研究一下（即使是简要地）企业主的类型。

按行业的种类对企业主进行分类并不容易，因为行业的种类繁多，而且形形色色。因此，必须以企业的主业为标准。在这里，我们选了两类企业家即机器制造业资本家和棉纺业资本家作例子。机器制造业资本家创办的企业，起初可以只有少数的设备，然后再逐渐增添；而纺织厂资本家一开始就得购入主要的成套设备，所以在创业之初也就必须投入大量的资金。技术的引进，在前者是逐渐的，而在后者则是一次性的和大量的。因此，创业时财力负担的大小，影响着资本家的社会来源，影响着他们的筹资方法和营业管理方法，影响着他们成为什么样类型的资本家和怎样进入统治阶级。

机器制造业资本家

中国机器制造的发展始于19世纪下半叶，并以上海为中心。在1862年官办江南制造局成立之后，从1866年到1894年，又相继出现大部分是为了修理外商船舶以及维修缫丝厂和轧花厂的器材而设立的12个私营企业。1894年以后，创设的速度加快。在第一次世界大战前夕，上海已有91家制造机器的工厂，它们的营业逐渐向维修纺织设备、印刷机和小型农产品加工设备方面发

---

* 本文是刊于《社会科学战线》1984年第4期的白吉尔教授《近代中国资产阶级的社会结构》的第三部分。限于篇幅，本刊在发表时，有些表格和文字做了删节。

** 作者单位：法国大学。

展。在第一次世界大战期间和战后，发展的速度更为加快。上海的工厂数由91家发展到1924年的284家。而且可以看到，车床和小型电动机（对半手工针织业和农产品加工业特别有用）的生产日益普及。许多工厂专门制造零件和配件。但是，近代工业（棉纺织厂、面粉厂、卷烟厂）使用的设备的产量，只是在1920年代末才开始增加，并在以后才继续猛增。① 使这一工业部门发展起来的，是哪些人呢？绝大部分是传统的手工业者，即独立的小业主或原来受雇于造船厂的工人，他们不是铁匠就是木匠。出身于这一手艺比较简单的阶层的企业家，在1913年占机器工业资本家总人数的80%。②

在这个必须绝对服从技术指导的部门，手艺人本人就是引进技术的人。他们从外国人那里学到技术以后，有的成了手工业作坊主，努力于满足近代造船厂的需求；有的在这些工厂里充当头脑或领班。在19世纪即将结束的时候，上海的几个外商造船厂雇用的中国工人已有4900人，其中大部分在英商祥生船厂和耶松船厂工作：各为2200人。江南制造局有工人2821人。③

这些手工业者和工人，当然难于找到必要的资金自办企业。他们每人自投的资本，一般说来也不太多：在19世纪，平均为300元；在1895—1913年，很少有人超过1000元。为了凑足这笔资金，小手工业者或工人要省吃俭用，向亲友求借。因此，大部分作坊都是独资经营的。但是，随着章程规定的开业资本的限额不断提高，独立开业的小手工业者的相对人数开始下降。④。

原来是领班、班长或组长而后独立开业的人，反而有所增加⑤。1913年，他们占资本家总人数的64%。这些手艺人也确实能很容易筹集到必要的资金。在中国人的企业里，他们在工资往往高于一般工人一倍，而且奖金也多。在外商的企业里，中国籍的技术人员一般负责招揽包工和洽谈包料的工作，所以他们除了工资以外，还能因为充当中间人而得到大量好处。而且在他们决定独自创业的时候，往往由于原来的雇主不断同他们缔结分包合同，向他们提供服务和零件，而得到资助。一个小资本家在创业的初年仍在原来雇主处兼职的现

---

① 《上海民族机器工业》上，北京：中华书局，1979年，第1、2章。

② 《上海民族机器工业》上，北京：中华书局，1979年，第197页。

③ 《上海民族机器工业》上，北京：中华书局，1979年，第45、58、67页。

④ 《上海民族机器工业》上，北京：中华书局，1979年，第111、127、169、196-197、462页。

⑤ 原文表1《上海机器制造业创办人的社会出身（1914—1924年）》从略。请参见《上海民族机器工业》一书第209、228-229、236-237、241、246-247、254-255、279-280页——编者注。

象，也屡见不鲜。①

这种小革新者资本家的生活经历与生产非常密切，是机器制造部门的特点。集中于上海的这些机器制造企业主，经过数十年和几代人的努力，终于成功地创造出真正的近代技术传统。这个传统为上海工业自进入 20 世纪以来的飞速发展奠定了基础，使它（在今天来看仍是）在尖端工业部门占据了人所公认的优势。

这种直接来源于手工业的“技术资本主义”。只能极其例外地创办大企业，而且它所造就出来的资本家，总是属于工人阶级的上层。能够仿造外国的车床、电动机、印刷机、小型纺织设备和农产品加工设备的小型工厂的技术成就，无法得到相应的经济和社会成就。它们的资金来源一开始就极其有限，只够创办小企业，不能使企业大规模发展，而企业主也进不了资产阶级。如果经济情况景气，比如像在黄金时代，他们有可能使其种类不多的产品和顾主多样化，资助他们的儿子创办其他的小型工厂。

应宝兴是杭州的一个丝绸商的儿子。他在 1904 年到上海时才 14 岁，最初在一家制锅作坊当学徒，后来到一家手工业企业当伙计。1914 年，他创办了一家生产零件，而主要是生产汽车替换件的小工厂。在 1920 年代，上海的车辆开始骤增，这使应宝兴的生意兴隆起来。于是，他又雇用十来名工人，改进工厂的设备。② 陈荣宝的发迹与此类似。他是无锡的一个细木工的儿子，最初也是木匠，专门制造铜器翻砂模型。后来他改行，到上海学铁工：起初在一家为船舶制造零件的工厂当帮工，后来成为该厂的伙计。1915 年，他自办一家铁匠铺，不到 5 年就安装了两台车床，并在雇用 5 名工人之后，使铁匠铺变成制造机器的工厂。③

利用第一次世界大战期间的暂时经济繁荣，实现自己计划的手工业主、领班和班组长，比过去从上海的外商企业出来的少得多，但是也还有。上海瑞记洋行（Arnhord，Karberg & Co.）各厂（这个洋行系在 1900 年由德国人创办，后来被英国股东买去）的中国技术人员，在战争期间有六七人相继出来充当中国机器工业的不同专业工厂的主任。

但在这个时期，筹划创业的技工主要是中国企业培养出来的。江南制造局在这方面仍起重要作用。例如，它的一些领班后来成为制造针织机的厂主。但到后来，主要是其他一些工厂，比如铁路的维修厂、大纺织厂的维修车间以及

① 《上海民族机器工业》上，北京：中华书局，1979 年，第 463、466 页。

② 《上海民族机器工业》上，北京：中华书局，1979 年，第 250 页。

③ 《上海民族机器工业》上，北京：中华书局，1979 年，第 205、209 页。

19 世纪和 20 世纪初中国资本开设的某些机器制造厂，在技术人才的培养方面起了重要作用。当然，原来在中国工厂工作的领班不可能设想他们的老板会在资金方面支援他们。一般说来，他们愿意寻找合伙人筹集必要的资金，并设法利用合伙方式来创办大量的企业。1918 年创办制造电动机和农产品加工设备的丰泰工厂的张维伦，原来只是吴淞铁路公司机务段的一名工人，当时只有资本 200 元。但是，由于机务段朋友、其他中国企业（比如恒丰纱厂和恒大纱厂）的技工和外商企业的技工的支援，他把资本凑到 5000 元。股东共有 22 人，每人认购的金额一般在 100—200 元之间，很少有 400 元或以上者。差不多所有的股东都是手艺人、熟练工人、领班或头脑。有人根据一些重要迹象断言，把这些合伙人集合在一起的主要原因，是他们都是红帮的成员。红帮是个半公开和半同乡会性质的组织，在宁波籍的细木工中间影响极大，而上海外商造船厂的熟练工人则以宁波人居多。虽然正式文件里没有提红帮的名字，但这种资本主义类型的组织，很可能接近于工人生产合作社。在丰泰工厂内部，由于股东人数多和意见分歧，不久便影响了企业的管理。这个企业后来被一个荷兰公司的老钳工领班陈顺金所控制，而陈顺金又使企业大为发展，自己成了一个真正的资本家。①

求新公司的大多数职员离开这个企业后，都自己创办企业。成立于 1905 年的这个公司的唯一纲领，就是“求新”。1918—1919 年轰动一时的该公司倒闭，并非因为技术力量不强，而是由于财务管理不善。该公司 1915 年开始感到困难，但当时的技术水平却比较高。因此，它很快为许多企业（比如，制造农产品加工设备的各厂，修理和制造船舶的各厂）提供了像庄道觉和钱锦华这样一大批领导人才。钱锦华原在英商耶松船厂工作，后来转到瑞记洋行，10 年后到求新公司担任班长，1917 年在其宁波同乡资本家的帮助下创办资本为 20 万元的合兴股份公司。②

在一生中能够从学好近代技术到建立大型资本主义企业的这种人，毕竟是幸运的例外，因为技术和财力很少能够汇合在一起。中国的大型机器制造公司，大部分不是由技术人员本人，而是由继承祖传的财产和知识的企业家，即由商人和官僚家庭出身的人创办的。

从 19 世纪下半叶开始，商人和官僚创办的工厂虽在数量上大大少于技术人员创办的，但它们的投资额却大大高于后者。比如，从 1866 年到 1894 年，

---

① 《上海民族机器工业》上，北京：中华书局，1979 年，第 220-221 页。

② 《上海民族机器工业》上，北京：中华书局，1979 年，第 244-246 页。

前者的数量只占总数的1/5（20家中有4家），而投资额却占1/2左右。20世纪初创办的求新和大隆两家企业，占1895年至1913年上海机器制造业总投资额的60%（8万元中有5万元），其余的40%为82家小厂的投资。① 机器工业大资本家的家族关系广泛，政治后台强大，使他们可以得到大量的贷款（其中包括外商银行的贷款）。他们既重视技术问题（这种重视也使他们在国内国外的学习期间获得必要的技能），又注意做好一切准备，以应付商情和市场的变动。他们的专业知识虽然不如技术人员出身的资本家，但他们却洞悉工商界的一切，并像上海的所有大企业家那样，能够同时兼营多种行业。这种多种经营有时导致纵向合并，而这种合并一般又使他们把自己的利益交错起来，以便最好地保护他们的企业。正如朱志尧和严裕棠这两个资本家的不同命运所证明的，他们均从纵向合并中获得了或大或小的成功。他们在1902年和1904年相继创办两家大企业：其一是朱的“求新”，15年后就倒闭了；其二是严的“大隆”，在20世纪20和30年代发展成为中国的主要机器制造公司，到中日战争前夕，已能生产种类繁多和具有竞争能力的近代设备。

朱志尧，上海的法国人称他为尼古拉·朱（Nicolas Tsu），出身于浙江的一个信奉天主教的大家庭。18世纪初中国政府禁止人民信奉天主教时曾没收教民的财产，朱家为了逃避没收，出卖了自己的土地，转而经营渔业和航海业。② 19世纪初，朱家已经在上海定居。朱志尧生于1863年，他的父亲是一个很有钱的企业主，拥有3家钱庄和7艘海船（沙船），并在上海南市有很多房产。此外，他还在黄浦江董家渡设立了一处生意兴隆的渡头。人们虽然可以认为他能从其父处得到资助开办机器制造工厂，但要从传统的旧式船厂过渡到近代企业，谈何容易。在父亲的企业因竞争不过轮船和大部分沙船在山东海面被台风摧毁而破产之后，朱志尧到招商局去当买办。他是在其舅父马建忠的庇护下进入招商局的。马是改良派大文人，当时任该局总办，为该局会办盛宣怀的亲信。他随马建忠到欧洲考察，顺便为了自己的事业参观了法国的一些大工厂。在国内，他曾大力推广西方科学知识，并在其弟弟的帮助下创办了一直出版到1898年的《格致报》。朱对创办工厂也很感兴趣。经他建立，盛宣怀在1887年创办大德机器榨油厂，朱志尧是该厂的经理。1897年他当上法国东方

① 《上海民族机器工业》上，北京：中华书局，1979年，第460页。

② 关于朱志尧，请参看《上海民族机器工业》上，北京：中华书局，1979年，第139-164、281-302页。上海社会科学院经济研究所调查人员编写的未刊稿《朱志尧》（1981年，第15页），还载有一些新材料。在编写这个未刊稿时，他们利用了朱志尧亲属访问记录。这些记录现藏上海市工商业联合会档案室。

汇理银行的买办之后，便在工商界大大巩固了他的地位。出身于天主教家庭，马建忠及其兄耶稣会士马相伯与法国传教士来往密切，马氏兄弟对他在财务上担保，以及他自己也是天主教徒，是使他容易进入东方汇理银行的原因。他在该行的职位，使他后来得以从该行借到数笔重要的贷款。①

在1904年借到的首批贷款之中，有一笔达1万两银子。他用这笔贷款和充当买办的收入，向他当时筹建的求新机器制造公司投资4万两。下一年，一所工厂便在南码头拔地而起，而黄浦江边的一些码头当时还是一片荒滩。通过马氏兄弟在政界的关系，公司从官办企业（铁路、电车公司等）得到订货和签订设备维修合同。在第一次世界大战前，求新公司的工厂就已能生产多种近代产品，其中有金融桥梁、300匹马力和更大的电动机、车辆……与一座高70米和重55吨的大烟囱！但是，第一次世界大战期间，钢铁奇缺和价格飞涨，使朱志尧试图进行纵向联合的努力屡遭失败。他向一些矿山公司投资以实现其雄心勃勃的本国炼钢计划没有成功，再加上为实现其计划而向东方汇理银行举借的巨额贷款（100多万两银子）需要还本付息，终于使他破产，不得不在1918年把求新厂出售给法国人。几年以后，朱志尧又毫不犹豫地将老家的土地抵押出去，以便筹集10万两银子建立一家航运企业。这个企业名为“合众航运公司”，一直兴隆地营业到1937年被日本人没收。但是，朱志尧的办厂大志，也由于求新厂破产而消沉下来。

然而在开始创业的时候，朱志尧手里却有很多王牌：精通先进的科学技术，出身于一个实业家族，有上海天主教界资助，同官方关系密切，得到法国外交界、传教士和银行支持。这位名副其实的开路先锋被实现中国工业化的雄心壮志所吸引，极想生产必要的设备支持国家的工业化。但是，由于中国没有结构健全和紧密融合的统一银行体系，他终于碰壁；而且数年之后，一些纱厂厂主也遭到同样的命运。②

在计划上虽然不够雄心勃勃，但却善于应付商情变化的严裕棠，却在朱志尧遭受挫折的部门获得了成功。③ 严裕棠1902年创办大隆机器厂时，只投入依靠收买另一个合伙者的股本才凑足的7500两银子。他的父亲和叔父均是买办，他本人也在一家外商当过推销员。他没有受过任何技术教育，但善于选择“炮位”。他很快放弃跟外商造船厂竞争的念头，从1906年转向维修纺织机器

---

① 《上海民族机器工业》上，北京：中华书局，1979年，第139-141页。

② Bergère, Marie-Claire, *Capitalisme National et Imperialisme: La crise des filatures Chinoises de 1923*, Paris: Ecole des Hautres Etudes en Sciencces Sociales, 1980.

③ 李新等主编：《民国人物传》第1卷，北京：中华书局，第304-308页。

的营业，同时也制造纺织机器零件。有一些日商纱厂特别是“内外棉纺织株式会社”的纱厂，是他的顾客。他的工厂随着棉纺织业的飞速发展而突飞猛进。大隆从1922年开始生产纺织设备，而为了保证这些新设备有销路，严裕堂又从1925年开始租办和收买纱厂。在中日战争前夕，他已拥有7家纱厂。大隆厂在这种发展的支持下，逐渐增加了产品的产量和品种。到1937年，它已能生产4万枚左右纱锭的日本式、英国式或瑞士式的成套纺织设备。

第一次世界大战开始后，机器制造业的发展及其产品种类的增多，导致一些新型企业家的出现。其中有些人是从其他近代工业部门转到机器制造业来的。1921年，由聂云台倡议，上海几个大纱厂合资成立“中国铁工厂”。这个厂以生产纱厂所需设备为主，因为当时各国忙于战事和战后转产，纱厂不能从欧美进口足够的纺织设备。按股份公司形式建立的“中国铁工厂”，最初投资35万元。上海、无锡和天津的一些纱厂的业主，如张謇、荣宗敬 、穆藕初和薛文泰等，都是该厂的股东。原江南制造局总办的儿子聂云台本身，对机器制造业很感兴趣，但他把新工厂的筹建和管理工作委托给他纱厂的一位工程师黄朴奇，此人是聂的挚友、在中国倡导职业教育的黄炎培的弟弟。黄朴奇利用受恒丰纱厂的委托到美国验收定货的机会在那里进行了参观学习，归国途经欧洲又进一步学习，从而获得建厂和管理的知识。辅助该厂厂长的两名工程师，都是留学德国学习技术的。尽管筹集到资本，也拥有建厂和管理的知识，但新企业很快就碰到一些不可克服的困难。事实上，从1923年起，纱厂危机就影响了股东的交款，堵塞了产品的销路。①

同19世纪造船业、20世纪棉纺织业和其他工业部门的高潮有密切联系的机器制造业的发展，使中国出现了不同类型的资本家。企业家大部分出自工人阶级的上层，即精明的手工业者、领班和班长等。但是，主管企业的一些大资本家，不是传统行业的高手（商人、官僚），就是新兴行业的专家（实业家、工程师）。这些资本家，对在19世纪下半叶开始进行的，并在20世纪最初几个10年加速发展的技术改造，发生了重大的作用。相反地，我们觉得他们在商会或同业公会中的作用并不太大，而他们作为一个特殊集团的社会重要性和政治重要性，也似乎有限。

① 《上海民族机器工业》上，北京：中华书局，1979年，第273–278页。

纱厂资本家

初建投资额太高，使一些纱厂资本家只能出自富裕的社会阶级。现以上海和天津两地的企业家为例，来说明他们的出身和结构。

1921 年在上海调查的 19 家纱厂的资本家，计有 18 个主要负责人物。如果把兼职的合并，并除去社会出身不详的刘柏森，则可以把这些同类企业的资本家归结为 13 个人（参见表 1）。

表 1　上海纱厂厂主的社会出身

厂主名	厂名	社会出身①
陈玉亭	纬通	商人
刘柏森	宝成一厂、二厂	不详
摩约尔②（盛恩颐）	（三新）	
穆藕初	厚生、大德	商人
穆抒斋	大德	商人
聂云台	恒丰、大中华	官僚
盛恩颐	三新	官僚
荣宗敬	申新	近代实业家
王启宇	泰	商人
吴麟书	统益	商人
徐静江	溥益	官僚
许松春	永豫	商人
薛文泰	振华	商人
郑培之	鸿章	商人
朱志尧	同昌	近代实业家

资料来源：Boorman，*Biographical Dictionary*，Vol. 3，pp. 38－40；Bush，*The Politics of Cotton textiles*（《棉纺织业的政治》），pp. 28–30，54–55，56，63–64；《恒丰纱厂的发生发展与改造》，上海：上海人民出版社，1958 年；李新等主编：《民国人物传》第 1 卷，北京：中华书局，1978 年，第 270–273、278–284 页；李新等主编：《民国人物传》第 2 卷，北京：中华书局，1978 年，第 249–255 页；穆藕初：《藕初五十自述》，上海：商务印书馆，

① 社会出身是指父辈和祖辈的社会地位，但下列三人除外：吴麟书，我们只知道他办纱厂的活动，但不知其家世；荣宗敬和朱志尧是从其他近代工业部门转办纱厂的。

② 虽然在“厂主名”栏内列有摩约尔的名字，但三新纱厂的真正老板是盛恩颐，他在 1914 年继承了其父盛宣怀拥有的这个纱厂。

1926年；《荣家企业史料》上，第1章；《上海民族机器工业》上，北京：中华书局，1978年，第136-164页；《1925年中国人名辞典》，1925年，第610-612页；《1931年中国人名辞典》，1931年，第345页；《中国近代名人图鉴》，上海：商务印书馆，1926年，第245、249页。

这些企业的首脑大部分（8/13）出身于商人家庭。穆藕初和穆抒斋的父亲，是早在20世纪初就于上海从事棉花生意的大批发商。1915年在上海开业的吴麟书，是由销售机制棉纱而发迹的。王启宇在上海圣约翰大学（美国人办的）受过现代教育，但他也与棉商有密切联系，并同一些棉商合资，于1919年创办上海第一家机械染坊。

上海的纱厂厂主几乎有1/4出身于官僚家庭（13人中有3人）。聂云台的外祖父是在19世纪下半叶镇压过太平军的曾国藩，他的父亲聂缉槼历任上海道台、江南制造局总办、巡抚等职。盛恩颐也是清末的一个高官盛宣怀的儿子。总之，聂云台和盛恩颐都是继承其父辈筹办的官僚企业的余荫。但是，这些继承祖上余荫的后代，却具有使他们更像商人而不太像旧式官僚企业家的新举止。他们不在经济活动之外兼任重要官职。他们不像儒生乡绅那样关心家乡的繁荣，而且很少在出生的城市发展自己的事业。对于他们来说，企业不是手段而是目的，所以他们喜欢安全可靠的上海租界。他们的主要活动，几乎完全是在近代经济部门开展的。这些官僚子弟选定工商业以后，便完全进入通商口岸的社会。

在上海的纱厂厂主中，还有两个来自近代其他工业部门的资本家，这就是“面粉大王”荣宗敬和机器制造业主朱志尧。① 荣宗敬向纱厂扩大投资，是想使他在第一次世界大战前夕于无锡和上海设立的茂新和福新面粉厂获得的巨额利润增值。荣氏兄弟早就干过纺织业：在1905—1907年间，曾同无锡的一个买办向无锡振新纱厂投资，荣德生本人还管理过数年纱厂。但在1915年同其他股东意见分歧之后，荣氏兄弟便退出振新纱厂，而去自办（这次是在上海）纱厂即申新厂。申新集团很快就成为上海的从而也是全中国的主要纱商之一。1920年，荣家的纱厂投资达到400万元（约占上海中国纱厂总投资额的1/6），而申新厂的8万枚纱锭，则占上海中国纱厂总纱锭数的13%左右。迅速发展的申新集团，1922年以后又增加两个纱厂，1922年已拥有纱锭13万枚。② 在

① 创办永安纱厂的郭氏兄弟，显然也属于这一类型，他们在创办纱厂时已在上海经营大百货公司。他们的纱厂所以未被列入表1，是因为他们的第一家纱厂的开工日期1922年9月，比本表所依据的《上海总商会月报》的调查日期晚1年多。

② 李新等主编：《民国人物传》第1卷，北京：中华书局，1978年，第278-284页。

荣家的工业帝国中，纱厂以后所起的作用与面粉厂同样重要。

机器制造业主朱志尧的目的则不同。在继榨油厂之后建立同昌纱厂时，朱志尧是想为其求新厂的产品寻找销路。但是，求新厂的破产阻碍了与其有纵向联系的企业的发展。

上海的纱厂厂主，不管他们是什么社会出身，都直接或间接学习过西方的经济制度。学习的条件，随家庭的处境和每人的年龄而不同。

资格最老的近代纱厂厂主聂云台，是在其经营实业的各个阶段“从工作中”学习西方的。按照官僚家庭的传统，聂云台完全是在家里由塾师教育起来的。但是，熟悉通商口岸社会的其父聂缉椝，很早就让他学习了英语。至于机械和电方面的科学知识，聂云台均是自学的。1904 年他父亲委托他经营小型的华新纱厂以后，他又就地开始学习纺织工业的知识。①

数年之后，到外国留学的人多了起来，但留学的费用很贵。对于盛宣怀的四子盛恩颐来说，不存在金钱上的困难。这个青年人在北京高等工业学堂毕业以后，又先后到伦敦大学和哥伦比亚大学去深造。② 穆藕初的情况与此不同，他是经过一番艰苦奋斗，才学到外国技术的，并在成年之后继续学习。穆藕初 15 岁时到一家棉花行当学徒，1898 年才进学校学习，当时他已经 22 岁。他学会了英语，并考进海关总署任职。在海关当小职员期间，他学到西方的经营管理方法。33 岁时，他辞职出国，到美国威斯康星、伊利诺斯和得克萨斯等处的大学学习棉花的种植和加工技术。③

善于使用资本的新一代纱厂厂主，总是亲自管理他们创办的企业。④ 我们可以看到，经理（或厂长），经常与董事长（或大股东）是同一个人：聂云台、薛文泰、穆藕初、郑培之、刘柏森、陈玉亭、许松春和穆抒斋，都没有委托别人管理他们的企业。虽然申新集团企业的继续增加迫使荣宗敬去找合伙者，但荣本人始终没有对每个工厂的关键部门放松控制，即使人员的录用、原材料的采购和产品的销售都亲自过问。⑤

但是，感到自己知识不够的上海纱厂厂主，不是把企业的技术指导工作委

---

① 李新等主编：《民国人物传》第 2 卷，北京：中华书局，1980 年，第 249-255 页。

② WWC：《1931 年中国人名辞典》，1931 年，第 344 页。

③ 李新等主编：《民国人物传》，北京：中华书局，1978 年，第 270-273 页。

④ 原文表 3《1920—1921 年中国纱厂的资本、设备和负责人员》从略，请参见《中国纱厂之调查》1，1921 年第 4 期，“实业调查”部分，第 1-9 页。——编者注

⑤ Richard C. Bush, *The Politics of Cotton Textiles in Kuomingtang China*, New York: Garland Publishing Inc., 1982, pp. 59-60.

托给外国工程师，就是把这项工作委托给就地雇佣的中国人。这些中国技术人员，大部分来自当地的机器制造厂。在第一次世界大战前，从国外留学回来的中国工程师还不多。然而，穆藕初却聘用了这样一个人。此人就是毕业于麻省理工学院和哈佛大学的顾维精，穆把他在1919年于郑州开设的裕丰纱厂的技术指导工作委托给顾。①

但是，工商界当时提出的许多倡议，都在证明上海的纱厂厂主已经注意到工业的技术问题。其中的一些大厂主，早就提出创办一家能为他们提供必要设备的公司的建议。穆藕初也在机器制造业有小额的投资，即曾资助一个名为“维大”的小型纺织用品厂。② 为了培养熟练工厂，1920年聂云台出资在上海创办一所为纺纱厂、铸造厂和机器厂输送技工的学校。此外，聂还一直资助纱厂的职员去欧美学习。③ 穆藕初对其厚生纱厂的干部也采用过这个办法。他亲自选派出国留学生，其中就有在1920年初出国，后来成为中国近代经济学奠基人之一的方显廷。④

最后，纱厂厂主对技术问题的重视，也表现在他们让自己的儿子和侄子学习技术方面。

通过不同的出身和教育，造就出一批善于经营管理、能够发展事业和深知技术因素对企业的生存具有重要影响的上海类型的纱厂厂主。经营企业是他们的活动中心。家族关系同乡关系或许还有政治联系，都是围绕着企业的活动而调整的。这种经济目的至上主义使上海纱厂厂主具有了近代企业家的特点。

如果拿聂云台、穆藕初或荣宗敬这些纱厂厂主与天津的企业家相比，则上海企业家的近代特点更为明显而突出。天津近代纺织业的发展大大迟于上海。第一次世界大战前，天津只有一家5000枚纱锭的纱厂。然而在黄金时代，从1916年到1922年，就出现了6家大纱厂，投资总额高达1900万元，纱锭增到223 000枚。这时，天津已经成为中国棉纺织业的第二中心。⑤

---

① WWC：《1925年中国人名辞典》，1925年，第414页；《上海总商会月报》1921年第1卷第4期。

② 李新等主编：《民国人物传》第1卷，北京：中华书局，1978年，第270-272页。

③ 陈真等编：《中国近代工业史资料》第1辑，北京：生活·读书·新知三联书店，1957年，第397-401页。

④ H. D. Fong，*Reminiscence of a Chinese Economist* at 70，Singapore：South Seas press，1975，pp. 8-9.

⑤ 关于天津棉纺织业的发展和新官僚阶层对此发展的作用，请参见祝淳夫《北洋军阀对天津近代工业的投资》，载《天津文史资料选辑》1979年第4辑。

这样的迅速增长，是与北洋军阀和同他们勾结的政客的大量投资分不开的（参见表2）。

表2　天津纱厂主要股东的社会出身（1920年）

股东姓名	企业名	股东的官职	政治派系
鲍贵卿	恒源	黑龙江督军(1917),陆军部长(1921—1922)	直系（与安福俱乐部有联系）
边守靖	恒源	直隶省议会议长，曹锟的谋士	直系
曹　锟	恒源	直隶督军（1916）	直系
曹　锐	恒源	直隶省长，曹锟的总管家	直系
曹汝霖	裕元	交通总长（1917—1919），财政总长（1918）	新交通系
陈光远	华新	江西督军	安福俱乐部
段谷香	恒源	两淮盐运使	安福俱乐部
段祺瑞	裕元	国务总理（1916—1917、1918）	安福俱乐部
段芝贵	裕元	北京卫戍司令	安福俱乐部
龚心湛	华新	财政总长（1919），国务总理（1919）	段祺瑞派
黎元洪	华新	总统（1916—1917，1922—1923）	—
倪嗣冲	裕元	安徽督军	安福俱乐部
田中玉	恒源	山东督军	直系（?）
王克敏	裕大	中国银行总裁（1917），财政总长（1917—1918）	直系
王揖唐	裕元	内务总长（1916）众议院议长（1918）	安福俱乐部
王郅隆(祝三)	裕元	大商人（木材、粮食、军需）	安福俱乐部
吴鼎昌	裕元	盐业银行总经理	交通系
徐世昌	华新	总统（1918—1922）	—
徐世章	华新	副交通总长	交通系
徐树铮	裕元	外蒙善后督办	安福俱乐部
杨味云	华新	周学熙的总管家	（?）
张作霖	恒源	东三省巡阅使	奉系
周学熙	华新	袁世凯的老搭档，财政总长（1912—1913，1915—1916），创办和经营过许多企业	
周作民	裕元	金城银行总经理	交通系
朱启钤	裕元	内务总长（1914—1916），参议院副议长（1918—1919）	交通系

说明：本表只列了4个纱厂：华新、裕元、恒源和裕大。

资料来源：股东姓名据祝淳夫《北洋军阀对天津近代工业的投资》；官职称谓据Bcorman的《民国人名辞典》，《1915年中国人名辞典》和《1931年中国人名辞典》；Nathan：《1913—1923年北京政局：派系斗争和制宪运动失败》。

天津纱厂的大股东们，实际上都是控制着华北各省和北京政府的官僚。在所统计的25名大股东中（除去王郅隆），都是现职或离职的各级文武大官：民国大总统（黎元洪、徐世昌），政府总理（段祺瑞、龚心湛），部长或副部长（鲍贵卿、曹汝霖、王克敏、王揖唐、徐世昌），国会议员或省议会议员（边守靖、王揖唐、朱启钤），地方的总督或督军（曹锟、陈光远、倪嗣冲、田中玉、张作霖），等等。这些年龄四五十岁的官员，大部分在清朝时期就已进入军政各界。但是，如果认为他们只是旧官僚的余孽，那也是错误的。应当把他们看做一个"新官僚阶层"。

在袁世凯庇护下形成的这个"新官僚阶层"，以比较接近西方技术和文化为其特点。其中某些领导人物，是通过在袁创办的武备学堂或专科军事学校接受军事教育，而开始了解近代西方世界的。段祺瑞、段芝贵和黎元洪，就是由这些学校毕业的。当他们在1880—1890年间走上这条宦途的时候，中国正出现一条使官宦人家子女和行武出身的人（如曹锟）都可以当官的道路。但是，对于某些高级军官来说，比如张作霖，他们的知识全是由半土半洋的战争实践中得来的。另一些军官，也曾到国外深造。比如段祺瑞，就曾在1889年到德国的一所炮兵学校学习。

在文官当中，一些年龄较大的人，在接近1920年时就已达到其仕途的最高峰，他们一般都受过中国的旧式教育。当过民国总统的徐世昌，就是通过清代的令人向往的科举，考中进士而成为翰林院的成员。王揖唐也是一位进士。在天津的纱厂厂主中，还有些人是举人，比如王克敏、吴鼎昌、周学熙和朱启钤；也有一个人是生员。生于19世纪60—70年代的这些高官，大部分是很久以后，主要是利用到日本出使和参观的机会，才接触到近代世界和外国的现实的。但是，像王揖唐和吴鼎昌那样能到国外大学深造的，毕竟是凤毛麟角。

一些年轻的文官（徐世章，1886年生；徐树铮，1880年生），大部分都曾留学国外。在这些政客当中，五六十岁的人与四十上下岁的人不同，后者绝大部分到日本和欧美留过学。

新官僚阶层这样面向近代世界，使他们能够做好军事、财政、铁路或外交工作，而清朝最后几十年的官吏是办不到的。尽管学得的知识逐渐增加，但仍如清朝末年推行洋务运动以前一样，哲学观念并没有改变，而且这种知识与企业经营也没有完全联系起来。尽管当时已经承认必须进行经济近代化，但在理论上仍把这种近代化视为强国之本，在实践上仍把这种近代化视为官僚致富的手段。

对近代工业的投资，只占官僚阶层用于不动产和金融投机的款项的一小部分。① 一些军阀、部长和高官从1916—1917年开始，看到当时的纱厂和面粉厂十分赚钱，便冲向这些新建的近代工业企业。他们都想利用有利的商情大量投资，但他们自身毫无经营其投资所办企业的经验。而且，他们在政界和军界的活动，使他们没有时间去管理他们所创办的企业。

因此，一些出身比较低微的人物，即由供应军需的小承包商出身，从而与其所供应部队的军阀有联系的人物，对新办企业的创设和经营发生过非常重要的作用。在官僚界和工商界之间，这些中间人起着为新办企业筹资和选人的作用。

王郅隆（又名王祝三）是天津的一个船夫的儿子。他年纪很小的时候就开始学徒，受雇于一家木材商，后来自己开设一家米行。与皖系军阀倪嗣冲的偶然相识，决定了他们以后的荣华富贵。倪委托他向部队供应粮食，在他的殷勤受到倪的嘉奖期间，军费舞弊使他发了大财。他找到了信任自己的人，反过来又支持了这个人的政治活动。他曾资助和奔走筹建从1918年到1920年控制北京政府的“安福俱乐部”。

但是，王郅隆认为木材和粮食投机以及军费舞弊风险太大，而开办近代纱厂却可以带来更好的收益。于是，1916年他到上海向荣宗敬请教。回到天津后，他说服倪嗣冲投资110万元，并从安福俱乐部的几个大人物处得到资助。这样，他才得以创办资本为360万元的裕元纱厂。② 根据先后在同一大学读书、上下级关系和产销关系形成的帮伙团结，在这里起了同上海工商界的同乡团结和家庭团结一样的作用。③

同裕元是安福俱乐部的纱厂完全一样，恒元是直系的纱厂。④ 同裕元的创办一样，恒元也是由一个供应军需的商人倡议成立的。最初，章瑞廷为鲍贵

---

① 例如，湖北军阀王占元一方面投资于近代化的天津庆丰面粉厂，另一方面又用更多的钱在天津、保定、北京和济南购置数千处房地产。参见赵世贤《军阀王占元经营工商业概况》，载《天津文史资料》第4辑，1979年，第163-171页。

② 王景航、张泽生：《裕元纱厂的兴衰史略》，《天津文史资料》第4辑，1979年，第172-179页。

③ 但是，家族团结和同乡团结在北方政界和工商界也起着一定的作用。天津纱厂的投资者间有着各种亲属关系。比如，曹锐是曹锟的弟弟，徐世昌是徐世章的弟弟。同乡团结的作用曾使华新纱厂的发展受挫，因为无锡籍股东（团结在杨味云周围）经常同安徽籍股东周学熙、孙多森闹意见。但是，这种传统的团结，最后似乎服从了使他们形成为军政派系的团结。

④ 王景航、张泽生：《裕元纱厂的兴衰史略》，载《天津文史资料》第4辑，1979年。

卿、田中玉、张作霖等不同军阀的部队承做军装。他在这些军阀的资助下，于1916年在天津创办一家织布厂，专门生产缝制军装使用的浅黄色棉布。后来，章又要向不久前由地方当局创办的一个小纱厂插手，但直隶省长曹锐（曹锟的弟弟和代理人）不同意把省办企业让给章瑞廷，而决定利用这个人的经验，由围绕曹锟和张作霖转的一些将军出资400万元建设一家大纱厂。

天津的纱厂在许多方面不如上海的纱厂。首先，它们毫无当地的工业传统可资借鉴。因此，它们不得不多方求助于外国技术人员，具体地说，就是求助于日本技术人员。裕元和华新都各有一位日本工程师负责技术指导。还不止于此，由于没有任何技术人员，在1916年初，裕元纱厂的各级技术和行政人员（顾问、车间主任、科长、领班），甚至普通工人，都雇的是日本人。后来，裕元纱厂陆续招收保定职工学校的毕业生，并从上海和河南招来2000多名工人（主要是技工）。由于采取这样的技术传授和培养政策，裕元纱厂到第一次世界大战结束的时候，才得以辞退日本职工，但总工程师仍留职。

天津的纱厂还有另一些弱点。尽管上海的旧式银行（钱庄）网还不发达，但钱庄还是通过多次的短期贷款，对上海近代工业的发展给予了一定的支援。天津就没有这样的条件。初建资本颇为重要，而且以后又没有任何资金来源帮助纱厂克服因商情变动而发生的困难，因为北京和天津的近代银行几乎是专干公债投机生意的。有困难的纱厂只好向日本的金融界求借，而日本人也很愿意资助，因为同安福俱乐部以及直系和奉系的军阀搞好关系，可有利于他们发展营业。4个受到军阀及其政界朋友资助的纱厂，有3个被日本人在1930年代初完全控制了。

天津在第一次世界大战期间建立纱厂，表明中国的工业发展进入一个重要阶段：棉纱的产量显著增加，在北方大港出现一个无产者聚居的新中心。然而，企业家在哪里呢？要到哪里去找他们呢？到依靠敲诈勒索而生存和发财的军阀和官僚中去找他们吗？对于这些军阀和官僚来说，创办近代工业只是赚钱的手段，而且不是最有效的手段，因为玩弄政治权术和诉诸武力，最能发财。企业的存亡，不真是他们最关心的。他们把这方面的工作委托给中间商人（分包商、军需供应者）去做。筹集创业的资金和收集情报，选定工厂的设备，招募合格的人才，正是由这些厕身于商界和官界之间的人物进行的。但是，他们的地位却是依附于他人的，只能作为其老板和庇护人的中间商人行事。只要他们不是“决策人”，我们就不能把他们看成真正的企业家。

近代资产阶级和社会结构是复杂的。尽管中国企业主的活动具有近代的特点，但仍与传统社会保持着很多联系。

资产阶级并没有与传统断绝关系，而是把它用来为新的目标，即近代化的目的服务。工业化前驱者的革新精神，是与勤劳、节俭和对家庭的忠心等旧道德实践结合在一起的。中国企业主在同外国人接触之后，在毫无政府干预的情况下把新技术引进来。接受近代化挑战的，正是社会本身。

在“黄金时代”兴起的近代化，是后来在新加坡、南朝鲜、香港和台湾出现的现代化的先声，是“儒家式”的现代化的最好前例之一。

（董果良　译）

（《社会科学战线》1985 年第 4 期）

雍正朝汉军旗属牛录的均齐化[*]

〔日本〕细谷良夫[**]

《八旗通志》的《初集》和《续集》的《旗分志》中记载的各旗、各参领下属的牛录数是平衡的，整然有序。这是雍正朝实施牛录制度改革的产物，并不能反映从清开国初期以来直到康熙末年的八旗制度的情况。雍正朝改革前，各参领所辖牛录数在各旗间、各参领间都是极不平衡的，与《旗分志》的记载大不一样。本文试就雍正朝推行的汉军旗辖牛录均齐化政策加以讨论，阐明《旗分志》中记载的汉军旗的严整均衡的组织状态是怎样形成的。

一、汉军旗辖牛录数的不均衡

首先要指出的是，汉军旗所辖的牛录数原来是不平衡的。

《初集》卷二《旗分志》二《八旗方位》中记载有雍正三年（1725）六月十三日奏呈指定的八旗在北京的居住区的分布。可以看作以当时各旗的实际情况为基础指定分配的。在这以前，八旗驻防在北京的那些地方？为什么在这个时候要指定居住地点？实际上是否迁徙到指定的居住地点上来等等，虽然都是需要研究的问题，但是，在这里，我想把注意力放在各旗、各参领下属的牛录数目上。即使指定居住地纯属形式，而非实际居住地，但只要是根据牛录属下壮丁数来分配居住地，那么便可以认定由壮丁组编的牛录数是准确的，反映了雍正三年六月当时的牛录数目。

现将前述《八旗方位》中记载的八旗汉军各旗、各参领下所辖牛录数归纳如表1，表中列出满洲和蒙古各旗所辖牛录数是作为参考用的。

---

* 本文在编辑过程中，曾做较大删改——编者。

** 作者单位：日本东北学院。

表 1

		镶黄旗	正黄旗	正白旗	正红旗	镶白旗	镶红旗	正蓝旗	镶蓝旗
满　洲		86	92	81	69	85	82	84	88
蒙　古		28	24	29	22	24	22	29	25
汉军	参领								
	1	10	10	10	4	5	2	6	5.5
	2	11	10	10	4	4	6	7	4
	3	11	11	11	4	4	4	5	4
	4	11	10	9	4	4	6	6	5
	5	10	9	9	3	5	4	7	4
	计	53	50	49	19	22	22	31	22.5

如表 1 所示，在满洲旗中正黄旗满洲所辖牛录数最多，为 92 牛录。正红旗满洲所辖牛录最少，仅 62 牛录（表中为 69 个，误——译者）。两旗所辖牛录数竟差 30 牛录。至于参领所辖牛录数虽然表中没有列举，但正黄旗满洲第一、第二参领所辖牛录最多，各是 19 牛录。正红旗满洲第一、第四参领所辖牛录最少，各是 12 牛录，两者之间竟差 7 牛录。

满洲旗存在的旗、参领所辖牛录数目的不均衡，在汉军旗中更为显著，这从表 1 中即可看出。镶黄旗汉军第二、第三、第四参领所辖牛录最多，各 11 牛录。而镶红旗汉军第一参领仅辖二牛录。以旗为单位进行比较，镶黄旗汉军辖 53 牛录，而正红旗汉军辖牛录仅是其 1/3，才 19 牛录。这同《旗分志》所记载的雍正朝均齐化的结果的情况，即镶黄、正黄、正白等上三旗各旗的每个参领各辖 8 牛录，每旗是 40 牛录；正红、镶白、镶红、正蓝、镶蓝等下五旗各旗的每个参领各辖 6 牛录，每旗共 30 牛录，是完全不同的。

雍正三年（1725）以前，牛录不均衡地分属各旗、各参领一事表明，直到雍正朝实行牛录制改革之时，八旗制并不是皇权下统辖的官僚性组织，而是旗王权力下统辖的封领组织。雍正帝实行牛录制改革的后果说明了以前旗王权力下统辖的牛录被收编到皇权下，八旗制本身已转变成皇权下的官僚性组织。从雍正四年（1726）开始的汉军旗所辖牛录的均齐化政策，只是雍正帝实行牛录制改革的一个环节。下面分节研究汉军旗所辖牛录均齐化政策的发展经过。

二、雍正四年的均齐化政策

前节指出的汉军旗所辖牛录数显著不平衡的状态并不是一次改革就改变的，而是雍正四年（1726）和八年（1730）进行了两次改革。本节首先研究雍正四年实行的均齐化政策。

对牛录数的不均衡，雍正帝的看法在《旗务议覆》雍正四年十月十七日条记载如下：

> 上谕。看来八旗汉军佐领多寡不等，如佐领甚少旗分，补授官员之人，有不能得者。将此著八旗都统等，除原管佐领外，其余佐领应如何令其均匀之处，公同议奏。若上三旗佐领稍多亦可。特谕。

对上述雍正帝的看法，八旗都统们议覆的改革案如下：引文接前，先叙述八旗汉军所辖牛录不均衡的具体情况：

> 八旗都统等议覆。查左翼镶黄旗汉军所有之佐领五十分、正白旗汉军所有之佐领四十九分、镶白旗汉军所有之佐领二十二分、正蓝旗汉军所有之佐领三十二分。右翼正黄旗汉军所有之佐领五十一分、正红旗汉军所有之佐领十九分、镶红旗汉军所有之佐领二十二分、镶蓝旗汉军所有之佐领二十二分半。左翼四旗较右翼四旗，共多佐领三十九分。

这里各旗所辖的牛录数，以及八旗汉军的总牛录数，与表1中所示雍正三年（1725）六月的数字不一样。对这一事实的研究将在后节进行。现在，试看各都统要把这种牛录不均衡状况怎样来进行均齐化。引文接前：

> 臣等酌令均匀。镶黄旗置佐领四十四分，正黄旗置佐领四十二分，正白旗置佐领四十二分，镶白旗置佐领二十八分，正红旗置佐领二十八分，镶红旗置佐领二十七分，正蓝旗置佐领二十八分，镶蓝旗置佐领二十八分半。

现将这里所记的牛录数和雍正八年（1730）进一步改革后的牛录数与此次均齐化以前的牛录数，同列于表2。

表2

			镶黄旗	正黄旗	正白旗	正红旗	镶白旗	镶红旗	正蓝旗	镶蓝旗	汉军总计
雍正	3,6,13	现状	53	50	49	19	22	22	31	22.5	268.5
	4,10,17	现状	50	51	49	19	22	22	32	22.5	267.5
		改定	44	42	42	28	28	27	28	28.5	267.5
	8,12,15	现状	43.5	42	42	27.5	28	27	28	28	265+1/2×2
		改定	40	40	40	30	30	30	30	30	270
		新设				1		1		1	3
雍正年间牛录的增减			-13	-11	-9	+11	+8	+8	-2	+7.5	

从表2明显看出，此次的均齐化上三旗每旗定为42—44牛录，下五旗每旗定为27—28牛录。虽说是迈出了均齐化政策的第一步，但上三旗的各旗与

下五旗名旗所辖的牛录数仍然不同；均齐化进行的还不彻底。

所辖牛录数的均齐化是在不改变八旗汉军所辖牛录总数的前提下进行的，所以均齐化的具体方法只能是把牛录、从镶黄旗汉军等所辖牛录数多的旗，调动到正红旗汉军等牛录少的旗。雍正帝指示把原管牛录以外的牛录作为均齐化的对象，所以世管牛录、公中牛录就成为调动的对象。八旗都统议覆：

俱视其居处相近，便于当差行走者移置。

即使调动，移居的距离也很近，调动后不给该牛录的旗人当差造成不便。决定调动这样的牛录，这说明均齐化是在充分考虑了实际条件的情况下进行的。引文接前：

此移置佐领内之参领、步军校等官，仍令在原旗当差行走。俟所移之旗缺出调补。其自上三旗移置之佐领下官员，遇年节之时照常令随原旗上朝，遇挑取执事人，仍行挑取可也。

根据上面的引文，我们可以知道，这次的均齐化，不过是过渡性的调整，从上三旗调出的各牛录所属人员仍保留上三旗的权利与义务。

按照雍正帝关于调整各族间所辖牛录数目不均衡的指示，雍正四年十月迈出了所辖牛录数均齐化的第一步。然而，从不以原管牛录为调整对象一事可以看出，这次均齐化是以承认旗王对牛录的封领性、即调整后仍和原属旗继续保持旗属关系为前提的，只是作了形式上的调整，可以说是不彻底的。继上述雍正四年实行的均齐化政策，雍正八年再一次实行了均齐化政策。

三、雍正八年的均齐化政策

雍正八年（1730）的均齐化政策，是根据雍正帝的下述看法进行实施的。《旗务议覆》雍正八年十二月十五日条：

上谕。前汉军人等恳请出兵效力。朕谕该都统等，近日汉军骑射生疏，平时不肯演习而务出征效力之虚名，于事无益。可于每旗操演兵丁一千名，以备国家之用。

这是针对八旗汉军都统等请求承认八旗汉军也应派遣出征兵丁，开汉军旗领受兵饷途径以资生计，雍正帝从汉军旗人没有战斗力的观点出发，一面指出汉军旗人流于文弱、安逸、人材不足、驻防八旗人员增加而官员兵丁就任官职和当兵的机会少，同时令其重新教育，每旗训练一千名，以备不时之需，借以来改正平时训练不力的弊端。

为了改革八旗汉军的现状，雍正帝指出：

又如内务府人丁亦众，于充役当差之外，其闲散人丁拨入八旗被

(披——译者) 甲亦可。再五旗诸王之汉军佐领仍属本王外，其贝勒、贝子、公等之汉军佐领实无所用。应撤归旗下公中佐领当差，且可免掣肘之弊。

即，皇帝私人机构管辖的旗人，凡多余者编入八旗汉军。同时，在皇族中只承认亲王、郡王对汉军所辖牛录的统治，除此之外的皇族，如贝勒、贝子、公等，今后不承认他们对汉军所辖牛录的统治，这些牛录全都作为公中佐领 (sidem niru)。进而，雍正帝命上奏八旗汉军增加定员和重新教育的措施。对此，大学士尹泰① 起草的议覆如下：

> 大学士尹泰等议覆。臣等伏查：汉军上三旗内，镶黄旗佐领四十三分半，正黄旗佐领四十二分，正白旗佐领四十二分；下五旗内：正红旗佐领二十七分半，镶白旗佐领二十八分，镶红旗佐领二十七分，正蓝旗佐领二十八分，镶蓝旗佐领二十八分，共整佐领二百六十五分，兼两半分，共领催枪手、炮手、敖尔布、教养兵并铜匠、铁匠、弓匠、听差兵、护城、看门、看炮、看火药局、看教场兵丁，以及步兵及门军总计一万七千五百二十八名。

尹泰所记述的各旗所辖牛录数已归纳在表 2 雍正八年 (1730) 十二月十五日的“现状”栏内。尹泰接着提出改革方案如下：

> 但汉军生齿日众，食口益繁，今请于原额之外，酌量增添兵二千四百七十二名，以足二万之数，则汉军子弟养赡有资。既各逐 (原文如此，应为遂——译者) 其生成，而怠情偷安不务弓马者，又以杜其游荡之习。

如果这样来增加汉军兵丁定员，势必又带来各旗牛录数的不均衡，即各旗所辖壮丁数出现较大差异。对此，尹泰提案如下：

> 今若将新增之兵，按佐领均分拨给，则上三旗兵数益多，而下五旗兵数较少。应请将上三旗佐领每旗各均为四十分，下五旗佐领每旗俱添足三十分。现在八旗整佐领二百六十五分兼二半分，应将上三旗所余之七分佐领俱酌量拨入下五旗，其两半分佐领俱以公中壮丁补足为两分整佐领。今应新添设佐领三分，共为二百。

这样一来，如表 2 雍正八年十二月十五日栏中所示，从镶黄旗抽三整牛录、一半分牛录计 4 牛录，从正黄旗、正白旗各抽 2 牛录，总计 8 牛录调整到下五旗，又在下五旗新设了 3 牛录。

---

① 尹泰 (yentai)，镶黄旗满洲旗人，是雍正帝改革八旗制度的得力助手，也是编纂《八旗通志初集》的总编。

尹泰的上奏被裁准，实行了半分牛录、整牛录和新设牛录的调整。即如《旗分志》上记载的上三旗各旗辖40牛录，下五旗各旗辖30牛录这一平衡的旗、参领、牛录的组织。

牛录的均齐化并不局限于汉军，对八旗满洲、蒙古也同样进行了。此事虽未详述，但如表1所示雍正三年（1725）当时所辖牛录数的不均衡，虽不像汉军那样严重，但各旗的牛录数也均齐化了。这和《旗分志》上的牛录数稍加比较就一目了然了。

京师的禁旅八旗所辖牛录数的均齐化政策，是经过雍正四年（1726）、八年（1730）两次改革，才彻底完成。这不仅限于禁旅八旗，对驻扎在中国各地的驻防八旗也实行了均齐化政策。《旗务议覆》雍正八年一月十二日条中记载，雍正帝指出：

> 上谕。京城佐领越旗移置者甚多，因命大臣等均匀派定。外省驻防八旗满洲、蒙古、汉军，亦有随京城佐领越旗移置者，其移置之旗人丁既多，则移出之旗人丁必少，是以人丁数目不均。

由此而来的驻防八旗中各旗之间所辖牛录数、壮丁数就出现了显著的不均衡。为了改变这种状态，八旗都统等议覆如下：

> 八旗大臣等议覆……惟各省驻防兵丁已经八十余年，其间滋息不定，又有随京城佐领移置者，是以人丁数目多寡不均。应令各省将军、副都统等，将各该处官办人丁数目查明，不论在京之本佐领，惟视彼处之丁数，均匀分派。若四旗驻防之处，即在四旗之内均派。八旗驻防处，即在八旗之内均派。

由于上述议覆被裁准，所以驻防八旗分别在各自防地实行了八旗所辖牛录数的均齐化。

四、各旗所辖牛录数和牛录总数

雍正四年（1725）、八年（1730）实行的牛录均齐化，虽然包括半分牛录的整牛录化和新设三牛录，但多数是把上三旗所辖牛录调整到下五旗。表2“雍正年间牛录的增减”栏是把雍正三年现状栏和雍正八年改革结束栏所列的牛录数做了比较，从中可知，从上三旗调整到下五旗的牛录达32牛录。因此，需要追查是哪些牛录调整了。在探讨这个问题之前，必须先弄清表2所列的雍正三年（1725）、四年、八年各旗所辖的牛录数、以及在此期间八旗汉军所辖牛录的总数都是不同的。

以镶黄旗汉军为例，雍正三年有53牛录，到雍正四年未实行牛录均齐化政策以前，已减少3牛录，为50牛录。经第一次均齐化将其减至44牛录。然而，到雍正八年实行均齐化以前，镶黄旗汉军报称是整牛录43、半分牛录1。像这样不同年份所辖牛录数的差异，在镶黄旗、正黄旗、正红旗、正蓝旗、镶蓝旗中都可见到。特别是在这些差异中，雍正四年和八年之间的差异可以推测是雍正四年均齐化政策实行不彻底的表现。

可是，在镶黄旗、正黄旗、正蓝旗这三旗存在的雍正三年（1725）与四年（1726）之间的差异是由于什么原因产生的呢？另外，八旗汉军的牛录总数也存在同样的问题。即雍正三年时整牛录268和半分牛录1；雍正四年时整牛录267和半分牛录1，减少了1牛录；雍正八年时整牛录减少到265牛录，半分牛录增加到2牛录。

对上述各旗所辖牛录数、八旗汉军牛录总数的差异问题，或许可以认为是中国统计数字中常见的不完整造成的。另外，又如已在另稿中阐明的那样：这是雍正末年到乾隆初年编纂《旗分志》时没按顺序号进行整理的后果。例如：拿“镶黄旗汉军第一参领第一佐领”来说，在旗下以顺序号码称呼参领、佐领是编纂《旗分志》以后的事。在这以前一直都是以管理该牛录的佐领姓名称呼的。结果，也存在因佐领承袭带来的调动，很难准确地掌握牛录总数。这只是外在原因，而内在原因则在于旗王们只关心自己所辖的牛录，从不关心整个旗的统治；作为官员管理者都统也只着意于与旗王的关系，而没有认真统治自己应辖的整个旗。

但是，最值得研究的是根据《旗分志》中有关整齐组织的记载，往往认为在八旗制中不曾实行过牛录的新设、合并、调动和裁废等。可事实上形成这样整齐的组织是雍正朝牛录制改革的结果，是牛录、八旗作为皇权下的军事组织、行政组织转化为官僚组织以后的事，在这之前，各旗内牛录的新设、合并等都反复地进行。

八旗汉军的牛录总数在雍正三年（1725）是整牛录268、半分牛录1；雍正四年（1726）整牛录267、半分牛录1；到雍正八年（1730）整牛录变为267、半分牛录1。可是，在这以前只辖有整牛录的镶黄旗和正红旗，到了雍正八年各辖有一个半分牛录。这只要在《旗分志》中查看一下“正红旗汉军第五参领第一佐领”上记载的牛录的变化即可解决。《续集》《旗分志》中附有《初集》《旗分志》上没有的“谨案……”这是《续集》编纂者的注释。这个注释是研究牛录变化的宝贵资料。因此，引用《续集》卷二十五《旗分

志》二十五中关于这个牛录的记载如下①：(为了论述方便，分成四段分别冠以符号 A—D)

> A. 第五参领第一佐领。原系郑克塽于康熙二十二年自福建台湾投诚。三十二年编设一佐领，分隶正黄旗。以公品级郑克塽之弟四吕官郑克举管理……以郑克塽管理……以其子郑安福管理……以郑克塽弟之子郑安德管理。雍正四年始将此佐领拨隶本旗，六年因此佐领内壮丁甚少，改为半个佐领。郑安德缘事降调，以郑克塽之子郑安康管理。
>
> B. 又康熙二十二年刘国轩自台湾投诚。编设一佐领，分隶镶黄旗，以刘国轩长子刘德任管理……以其弟刘德仁管理……以其弟刘德杰管理……以刘德仁之子刘显管理。雍正六年因此佐领内壮丁甚少，改为半个佐领。九年此佐领亦拨隶本旗，刘显缘事革退。
>
> C. 十年八旗会议。郑安康、刘显具系半个佐领，请归并为一整佐领，以郑安康管理……以其子郑成吉管理。
>
> D. 谨案。郑克塽曾因养赡不敷，恳请另编一佐领，以伊亲弟郑克塙管理，后并入郑安福佐领下。又雍正九年议奏，郑、刘两姓人丁具不足额，均作为半个勋旧佐领。十年刘显革退后，并为两姓轮管佐领。乾隆三十五年，刘显病故，无子。亦无应袭之人，仍作为半个勋旧佐领。

如D条所述，雍正十年（1732）形成郑、刘两姓轮流承袭的郑、刘牛录其形成过程是极其复杂的。C条中叙述这以前，郑牛录和刘牛录原都是独立的半分牛录。如果从郑牛录的变迁加以研究的话，那么如A条所述，郑牛录的起源是郑锦之子郑克塽于康熙二十二年（1683）八月投降，于康熙三十二年（1693）以郑克塽的属下编成的牛录。由郑克塽投降编成的这个牛录的变迁，除《旗分志》以外，在《明清史料·己编》第七本上题为《正红旗汉军佐领缘由册》的档案②（以下简称《佐领缘由册》）中也有详细的记载：

> 至康熙三十二年间，因自福建搬取壮丁来京时，请编佐领一个，养赡家口。奉旨赏给佐领一个。

这个牛录如A条所述，在编成当初归正黄旗汉军管辖，雍正四年（1726）调整到正红旗。这一调整在第二节中已作阐述，是雍正四年决定的所属牛录均齐化政策实施的结果。

---

① 在下面的引用中，A、B、C项在《初集》有关牛录的条内可见该文。只有D项记载在《续集》中。

② 档案如标题，但并不涉及正红旗汉军的全部牛录，只是有关郑牛录的档案。

这个牛录后来与康熙三十二年编设的牛录合并。此事在《佐领缘由册》中记载如下：

> 郑克塽病故时，遗本奏称家道贫寒，难以养赡，恳吁天恩，再添赏一个佐领。奏旨准再添一个佐领，即将郑克塽亲弟闲散郑高初次编管……将伊亲子闲散郑安德管理。其前管初编佐领之郑安福因命案误革职。又因伊佐领下壮丁不敷额数，经原任都统卢询奏明，将郑安福所管之佐领，归并在郑安德一个佐领下管理。

这里记载与 D 条是不同的。依据这里记载：是康熙四十六年（1707）①左右郑克塽病殁时新添的牛录，合并了康熙三十二年（1693）编成的初编牛录，时间应在都统卢询任职期间②，可以认定为雍正四年（1726）十月牛录均齐化的时候。而 D 条记载相反，是新添牛录并入初编牛录。但在《佐领缘由册》中是初编牛录并入新添牛录。因为编纂《旗分志》的资料是《佐领缘由册》等，所以可以用《佐领缘由册》来订正《旗分志》的 D 条。郑氏二牛录经过上述的变化，不久，又从整牛录变成半分牛录，再与刘氏半分牛录合并。这从 A、C 中可以知道。郑牛录从整牛录转变为半分牛录的经过将在后面和刘牛录变为半分牛录的经过一起阐述。这里先来研究一下刘牛录的变化。

刘牛录的设立和变化，在 B 条中已经明瞭。刘牛录是起源于康熙二十二年（1683）刘国轩与郑克塽一起归顺时以其壮丁编成的。设立当初归镶黄旗汉军所辖，于雍正九年（1731）调整到正红旗，这是雍正八年（1730）实行牛录均齐化政策的结果。刘牛录归镶黄旗所辖时，于雍正六年（1728）从整牛录转变为半分牛录。因此，向正红旗调动时已是半分牛录了。

根据 A 条和 B 条可知，郑牛录和刘牛录都是于雍正六年因牛录下壮丁数不足而变为半分牛录的。是什么原因使壮丁数不足的呢？尤其是郑牛录为康熙四十六年新添的一牛录，又合并了原来初设的牛录，两牛录的壮丁归一牛录所辖，那么，壮丁数不足的原因是什么呢？关于这件事尚未弄清，但可以推定大概是由从此时开始把牛录区分为勋旧、世管、公中牛录这几种类别、及随着牛录的类别，壮丁身份也区分为另户、开户、户下壮丁，而壮丁身份又必需和牛录类别相称的关系造成的。

本文且不管壮丁不足的原因是什么，而是要研究郑、刘牛录各变为半分牛

① 《清史稿》卷 1680，“诸臣封爵世表”一，“海公”栏。

② 若依据《初集》卷 112，“八旗汉军管旗大臣年表”下，卢询于雍正四年六月被任命为镶蓝旗汉军都统，直到雍正五年八月。

录、而后又合并为一牛录的经过。据《旗分志》记载，郑、刘牛录是雍正六年转为半分牛录的，到雍正十年（1732）合并到一起。但《佐领缘由册》的记载却与《旗分志》的不一样：

今于雍正六年十一月二十二日八旗会议。郑安德佐领下壮丁甚少，应将此佐领改为半个佐领等因具奏。奉旨依议，钦此钦遵……于雍正九年四月内，因八旗均齐佐领，奉旨将内务府拨出之壮丁添足一个佐领，郑安康现今供职。

这里的记载，是郑牛录用内务府拨出之壮丁添足一个佐领，没有涉及刘牛录。可以据此推测，刘牛录也可能是用内务府壮丁补足为一整牛录。这和《旗分志》记载的郑、刘的各半分佐领合并为一整佐领是不同的。

《旗分志》与《佐领缘由册》的差异，可从“正红旗第一参领第五佐领”的编设来历得到解决。《续集》卷二十五《旗分志》二十五上记载：

第一参领第五佐领，系雍正十一年将内务府壮丁一百二十九名，自郑安康、刘显两佐领下撤去，编为一整佐领。

正红旗汉军第一参领第五佐领于雍正十一年（1733）新设，其壮丁是从郑牛录和刘牛录内撤出的内务府壮丁 129 名编成的。如果把《旗分志》和前引的《佐领缘由册》对照研究，郑、刘牛录在雍正六年（1728）从整牛录变为半分牛录，到雍正九年（1731）补足内务府壮丁分别成为整牛录，然而如 C 条中所述，到雍正十年（1732）八月时，将去年补进的内务府壮丁撤出，又变为半分牛录。再将郑和刘的半分牛录合并为整牛录，在《旗分志》中编为“正红旗汉军第五参领第一佐领。”从郑、刘牛录中撤出的内务府壮丁于雍正十一年（1733）编成一牛录，为“正红旗汉军第一参领第五佐领。”这一牛录的编成与下一节阐明的雍正八年（1730）新设的三牛录不同，关系到现有的 267 牛录的再编成。

可见《旗分志》中的“正红旗汉军第五参领第一佐领”这一牛录，经历了相当复杂的过程。

通过以上关于牛录变迁的讨论，我想可以明确汉军旗所辖牛录总数与表 2 所示的雍正三年（1725）六月 267 整牛录、一半分牛录，雍正四年（1726）十月 268 整牛录、一半分牛录，雍正八年（1730）十二月 265 整牛录、二半分牛录等差异的原因了。那就是郑牛录于康熙四十六年（1707）获准新添一个牛录，成为两个牛录，但这两个牛录又于雍正四年六月以后到十月合并为一个牛录了。这就是雍正三年六月的 268 牛录于雍正四年十月减少一牛录的原因。雍正六年从正黄旗转到正红旗的郑牛录和镶黄旗的刘牛录都从整牛录变成半分牛录，所以到雍正八年总牛录数中整牛录减少了二牛录，半分牛录增加到二个半分牛录。如表2所示，半分牛录在正红旗和镶黄旗内，就是郑牛录和刘牛录。这样，就需研究一下表2中雍正三年、四年镶蓝旗汉军内的半分牛录为什么在雍正八年消灭了这件事。因为只要镶蓝旗的半分牛录以前就存在，那么在雍正八年的牛录总数中半分牛录就应是3个。

从表1、2中可知，镶蓝旗汉军所辖牛录，当初仅有22牛录。实行均齐化政策，只有从其他旗向镶蓝旗调动的可能，从镶蓝旗向其他旗调动的可能性很小，所以半分牛录的消失应在镶蓝旗原来所辖的牛录中寻找。

关于这种情况虽未得到确凿证据，但是否可推定为“镶蓝旗汉军第一参领第二佐领”。有关这一牛录，在《初集》《旗分志》中根本没有涉及，但《续集》卷二十九《旗分志》二十九中的注释有：

> 第一参领第二佐领，系崇德七年编设。初以默尔根侍卫李国翰管理……
>
> 谨案。此佐领康熙五十一年又赏给半分佐领。乾隆二十三年因半个佐领所属人等俱系户下，经值年旗奏明，将半个佐领裁汰，赏给蓝甲十一副。

这一牛录是以第一代佐领李国翰属下的壮丁编成的。崇德七年（1642），他管辖的牛录被编入镶蓝旗。像这样清初以来的功臣——李国翰牛录当然是整牛录。注释上所谓康熙五十一年（1712）赏给的半分牛录，并不是给原是半分牛录的李牛录再增加半分牛录使之成整牛录，而是给原来就是整牛录的李牛录增赏半分牛录。只有这个半分牛录是表2中镶蓝旗的半分牛录。进而，是否可以推定这半分牛录与康熙四十六年（1707）为郑牛录新添的牛录一样，是在雍正四年（1726）、五年（1727）左右被原有的李牛录合并收编了的牛录。镶蓝旗汉军中半分牛录的消失尚不能查出具体的原因，但是若与郑牛录之例对照研究的话，如上所述，可在“镶蓝旗汉军第一参领第二佐领”的李牛录的变化中寻找。

以上，可以认为牛录总数之变化问题得到了解决。那么，表2中雍正三年（1725）和四年之间，镶黄旗、正黄旗、正蓝旗内的不同，就可在各旗之间实行的牛录调动中得到解决。

五、随牛录均齐化政策的实行出现的牛录新设和调动

在第三节中谈到，作为雍正八年（1730）所辖牛录均齐化政策的一部分，决定实行半分牛录的整牛录化及新设3牛录。半分牛录的整牛录化已在前面阐述，本节想就新设3牛录的确认和为使上三旗各旗辖40牛录、下五旗各旗辖

30 牛录而实行的牛录调动加以探讨。

首先，应对新设的 3 牛录加以认定，《续集》卷二十五《旗分志》二十五“正红旗汉军第二参领第四佐领”项下记载：

系雍正九年因各旗佐领多寡不同，奉旨上三旗定设四十佐领，下五旗定设三十佐领。彖本旗少一佐领，将内务府壮丁拨出，编为一整佐领。

如表 2 所示，雍正八年（1730）正红旗有整牛录 27 个、半分牛录 1 个。把刘牛录（半分牛录）从镶黄旗调入正红旗，两个半分牛录合并为整牛录，正红旗所辖牛录变为 29 牛录，尚缺 1 牛录不足 30 牛录，以内务府壮丁编成新设 1 牛录，这就是“正红旗汉军第二参领第四佐领”。

虽然对牛录的编设经过再没有这样的明确记载，但《续集》卷二十七《旗分志》二十七“镶红旗汉军第五参领第六佐领”项中有：

系雍正九年，将内务府壮丁拨出，编为一佐领。

这一牛录可以推定也是随着雍正八年（1730）牛录均齐化政策的实行，用内务府壮丁编成的。同样，可以知道“镶蓝旗汉军第五参领第六佐领”也是在此时新设的①。

新设的 3 牛录就是这样编设在正红旗、镶红旗、镶蓝旗各旗内的。

另一方面，雍正四年（1726）、八年（1730）这两次牛录调动仅以表 2 计算，总计调动了 35 牛录。其全貌虽尚不能查明，但《续集》卷二十五《旗分志》二十五“正红旗汉军第一参领第一佐领”项记载：

顺治元年将定南王孔有德所属人丁编为牛录，初隶正黄旗……雍正四年，此佐领始拨隶本旗。

显然这是随着牛录均齐化政策而调动的牛录。然而，对牛录调动的明确不只限于《旗分志》的正文和注释。“镶蓝旗汉军第一参领第六佐领”、“第二参领第五佐领”、“第三参领第五佐领”“第四参领第六佐领”、“第五参领第五佐领”等 5 牛录是以平南王尚可喜的子孙及尚氏属下的壮丁编成的。尽管尚之信等四兄弟参与三藩之乱，被处刑，但尚之孝、尚之隆等许多兄弟则被免罪，编入八旗汉军。《实录》卷一百一十三康熙二十二年十二月癸丑条记载：

命尚之孝、尚之隆等家下所有壮丁，分为五佐领，隶镶黄旗汉军旗下。

---

① 《续集》卷 29，《旗分志》29。

当时，尚氏五牛录确实归镶黄旗汉军所辖①。但是，《旗分志》《初集》卷183从“尚可喜传”起，尚氏列传都只把尚氏一旗记为镶蓝旗汉军旗人，没有说尚氏以前归镶黄旗所辖。尚氏牛录从镶黄旗调动到镶蓝旗是不会错的，其调动的时期应在雍正朝实施牛录均齐化政策的时候，对此，虽无明确记载，根据所辖牛录数可以推定是雍正四年（1726）的事②。

关于汉军旗所辖的全部旗人或牛录，若把《实录》和《满文老档》上记载的所属旗分和《旗分志》的记载对照一下，大概能证实所属旗分的调动。根据《旗分志》中明确记载的雍正四年、八年的调动，在调动的35牛录中可以认定25牛录，尚有10牛录不明。

雍正四年、八年调动的牛录中的大多数是三藩之乱平定后，以福建耿精忠、广东尚可喜、广西孙延龄属下的壮丁在康熙二十二年（1683）编成的，归上三旗即镶黄旗、正黄旗、正白旗所辖的牛录。因此，可以推定前述尚氏的五牛录也是在雍正朝从镶黄旗调动到镶蓝旗的。根据同一观点，“镶白旗第一参领第五佐领”、“第二参领第四佐领”、“镶红旗第三参领第五佐领”、“正蓝旗第四参领第六佐领”、“镶蓝旗第3参领第三佐领”等牛录，莫不是在雍正朝从上二旗调动到下五旗各旗内的。

除了三藩之乱平定后编成的牛录以外，其余的牛录都是入关前顺治初年编成的。这些牛录的大多数，其牛录的管理者——佐领职是非世袭的。③ 非世袭佐领都是公中佐领，对于佐领和牛录下壮丁的关系，可看成是私人统治关系薄弱的牛录。即世袭牛录是以佐领对牛录壮丁的私人统治为基础，旗王统治佐领的权力下及牛录下的壮丁；而非世袭牛录，佐领对牛录下壮丁的统治权力薄弱，牛录下的壮丁作为兵丁、官员，受皇帝权力的统治。

同样的事实在三藩平定后编成的牛录中也存在。即，这些牛录都是三藩之乱平定后定为叛乱者罪的尚之信、耿精忠、孙延龄属下的壮丁。为了维持这些人一族的生计，尽管承认其若干世袭牛录的所有权，但原为旧藩军事力量的大多数壮丁都被编为非世袭牛录。

根据雍正四年（1726）、八年（1730）实行的牛录均齐化政策，明确了新

① 尚氏五牛录的编成，《旗分志》记载“系康熙二十三年编设”。这与《实录》记载的康熙二十二年归镶黄旗汉军所辖有所不同。康熙二十二年归镶黄旗所辖可以肯定，而牛录的编成和登录是康熙二十三年。本文依照《实录》的记载。

② 如表2所示，镶蓝旗汉军于雍正四年增加了6牛录。

③ 《旗分志》上记载了佐领任命者的姓名及其与前任者的血缘关系，所以可以根据其记载推定。

设牛录和调动的牛录。新设牛录是以皇帝私人机关——内务府的壮丁编成的；而调动的牛录的大多数是三藩之乱平定后编成的牛录，其余的牛录也是多非世袭牛录。因此，可以认为新设、调动的牛录都是皇帝统治有力的牛录。

雍正四年从正蓝旗调动到镶红旗二牛录，到雍正九年（1731），反而又从正白旗调动到正蓝旗一牛录。这就是雍正四年除原管牛录以外的均齐化，因此正蓝旗从 32 牛录减少到 28 牛录。雍正八年时，为了使下五旗各旗均为 30 牛录，就从正白旗等调动 2 牛录补给正蓝旗，以足 30 牛录。从这件事可以看出，通过雍正四年、八年两次实施均齐化政策，使均齐化完成了。但是，并不是雍正四年时就预料到雍正八年的结果而着手进行的。雍正四年先调动比较容易调动的牛录，在此基础上，于雍正八年彻底实行了均齐化。其背后可以看出牛录所有者——佐领或统治佐领的旗王们对均齐化政策的抵制。这就是不得不分两次实行均齐化政策的原因。

（冬哥、大鹏　译）

（《社会科学战线》1986 年第 2 期）

唐代的计帐与户籍管见

〔日本〕堀敏一*

前 言

众所周知，在唐代，国家掌握和统治人民的文书，有手实、计帐和户籍等。其中的户籍，在敦煌、吐鲁番早就出土，而手实近年来在吐鲁番也被发现了。但可以确定为计帐的文书，似乎尚未发现。也许由于这个原因，日中许多学者之间，对于计帐以及计帐和其他文书的关系问题上，产生不同的见解。

其一，关于西魏大统十三年（547）文书（敦煌出土，斯坦因汉文文书613号，参见史料1）的性质，相对立地有把它看作计帐和户籍的说法。这件文书由两种形式的文书构成：一是各户别的户口、课役、田地的记录，假定为A；其次为30余户聚落的户口、课役、田地的集计记录，假定为B。这里存在着把A、B都看作计帐①，把A、B都看作户籍②，以及认为A是户籍，B是

* 作者单位：明治大学文学部。

① 山本达郎：《敦煌发见计帐样文书残简》，《东洋学报》1954年第3期，仁井田陞：《敦煌发见の中国の计帐と日本の计帐》，载《中国法制史研究土地法、取引法》，东京：东京大学出版会，1960年;，池田温：《中国古代籍帐研究》，东京：东京大学出版会，1979年;，唐耕耦：《西魏敦煌计帐文书以及若干有关问题》，《文书》9，1980年。

② 曾我部静雄：《その後の課役の解释问题》，东京:《史林》38-4，1955年；《西凉及ぴ两魏の户籍と我が古代户籍との关系》，《法制史研究》7，1957年；同氏《律令を中心とした日中关系史の研究》，东京：吉川弘文馆，1968年；佐佐木榮一：《スタイン将来汉文文书六一三号（いわゆる计帐样文书）の性格にっぃて》，《东北学院大学论集历史学，地理学》7，1976年。

计帐① 这样三种意见。

其二，关于唐代手实、计帐和户籍之间的关系问题。日本仁井田升先生在复原唐令时，特别是关于计帐部分，是以日本令的造计帐条为依据的。在日本，保存下来的不仅有户籍，而且还有被称为计帐的文书。因此，日本的学者参照日本的籍帐制度，一般都认为唐代也是依据手实来制定计帐的，然后在手实和计帐的基础上造籍。② 对此，近年来，宋家钰先生提出不同的看法。他认为，日本与唐代的籍帐制度不同，唐代虽然在手实的基础上造籍，但计帐却和手实没有关系，它是依户籍制成的。此外，他还认为计帐虽然记载户口和课役，但却不登载田地情况。③ 我对宋先生的见解颇有兴趣，固然有赞成的一面，但也不是没有疑问的。

下面，就以上提出的几个问题，阐述一下我的若干见解。

一

首先，关于西魏文书，我也和学者们一样，认为它是依据西魏初叶、大统年间苏绰“计帐·户籍之法”（《周书·苏绰传》）产生的。④ 众所周知，“计帐”又是为唐代“来岁课役”（《新唐书·食货志》）而制成的，所以有人认为包含有课役记载的西魏文书是计帐。

然而，西村元佑先生指出，此文书中的 A 种文书（户别记录）酷似于武则天周大足元年（701）的户籍（伯希和汉文文书 3557 号，参照史料 3）。这两件文书不同于后来天宝六载籍等，它们都有课役的记载，而大足元年籍明显

① 西村元佑:《西魏时代の敦煌计帐户籍（スタイン）汉文文书六一三号）に關する二、三の问题》,《史林》44-2，1961 年。后修订、改题，收入同氏著《中国经济史研究》（东洋史研究会，1968 年）；王永兴:《介绍敦煌文书西魏大统十三年（547）的计帐户籍残卷》,《历史论丛》2，1981 年。

② 仁井田陞:《唐宋法律文书の研究》（东方文化学院东京研究所，1937 年）第 15 章户籍。池田温《中国古代籍帐研究》（东京大学出版会，1979 年）认为，在手实的基础上制成“手实计帐”，然后根据“手实记帐”造户籍。这是参照日本现存的“计帐手实”得出的看法，可以说它进一步发挥了将日本与唐代两国的制度等同看待的见解。

③ 宋家钰:《唐代的手实·户籍与计帐》,《历史研究》1981 年第 6 期。参照同氏《唐代手实初探》，载《魏晋隋唐史论集》1，北京：中国社会科学出版社，1981 年。

④ 前注户籍说的主张者认为西魏文书依据于北魏的法律，从而否定苏绰的影响。关于这一点，牵涉西魏的势力何时扩展到敦煌的问题。敦煌莫高窟第 285 窟北壁上明记着：“大代大魏大统四年岁次戊午八月中间造”、“大代大魏大统五年五月二十日造记”。所以，比起以往依据文献的论者的推论，西魏的势力更早就扩展到敦煌地区了。

的是户籍，所以西魏A种文书亦很可能是户籍。不过，西魏A种文书与周大足元年籍又不尽相同。西魏A种文书载有分课口与不课口的户口集计，在此基础上，才出现B种文书的户口集计。

关于这个问题，让我们先来看看早于西魏文书的西凉建初十二年（416）户籍（斯坦因汉文文书113号，参照史料2）。这是现存最早的户籍。因为它先于均田制，所以没有关于田土、课役的记载，而仅有户口的记载。户籍下方载有“丁男二、小男二、女口二，凡口六”等的户口集计。由此推论，聚落全体的户口集计，是在这些单户统计的基础上进行的，即产生相当于西魏B种文书的集计文书。

通过上述西凉建初十二年籍与周大足元年籍的比较，我想可以确认西魏大统十三年文书中的A种文书为户籍。在西凉和西魏，进而言之在隋唐以前的北方，以上述户籍为基础，出现了类似西魏B种文书的计帐或作为计帐基础的集计文书。但是，武则天大足元年籍里没有户口集计的记载，那么，是否在那时，以前的那种户籍与记帐的关系断绝了。

那么，上述户籍与记帐的关系究竟断绝于何时呢？让我们先来参考一下日本的文书。下总国葛餝郡大岛乡养老五年（721）的户籍（收于《大日本古文书一》及《宁乐遗文上》，参照史料4），在户内各人的记载后面，有和西魏A种文书形式上的完全相同的、每户分课与不课的集计记载。各户的记载后面还有大岛乡内甲和里44户、仲村里44户、岛俣里42户等的里的集计记载。这相当于西魏的B种文书。此外，筑前国和丰前国大宝二年（702）的户籍里，也有各户的集计。这些集计的记载形式，与西魏文书毫无二致，故可以断定日本的文书形式来自中国。由于这个时期大体相当于中国的初唐时期，所以可以认为户籍与计帐密切关联的形式一直延续到初唐。

但是，日本的户籍里没有关于课役的记载。所以到初唐为止，延续下来的也许只是文书形式，或者说已经开始出现了户籍与计帐的分离。这时期的情况颇难弄清楚，一般说来唐代计帐式开始于武则天初年的垂拱元年（685）式①，所以唐代建立独自的计帐制度也许就在这个时期。

计帐与户籍分离后，如上述大足元年籍所见到的，在中国的户籍里，还保

① 《唐会要》卷39《定格令》条载：“至垂拱元年三月二十六日，册改格式，加计帐式、勾帐式，通旧式成二十卷”。

留着登载课役的形式，而且似乎一直延续至开元前期。①。这大概是前代的遗制。此后比较大量保存下来的天宝六载籍、大历四年手实（实际上是户籍），仅记载户口和田土而已，这是大家所熟知的。

以上所述表示如下：

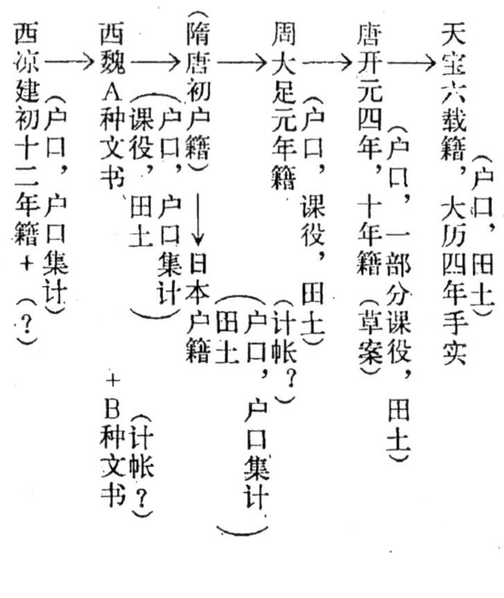

二

接下来谈谈唐代的户籍与计帐。

首先关于户籍问题。开元十八年（730）十一月敕中，保留了户令造户籍条的引文。根据这个条文，从正月上旬到三月三十日止，县的官吏在手实和计帐的基础上，赴州依式造籍。州与县各存一份，另一份送中央尚书省。②

关于手实，《新唐书・食货志》载："凡里有手实，岁终具民之年与地之阔狭，为乡帐"，故于前一年年终登记各里内每户的户口、年龄及田地广狭的

① 敦煌出土开元四年（716）籍及开元十年（722）籍草案里载："计租二石"，这早为人们所熟知，而吐鲁番出土的开元初年西州籍文书（大谷文书3272号）里也载有："计綵布贰丈（计租）□□陆斗"的字样。见池田温《中国古代籍帐研究》，东京：东京大学出版会，1979年，第248页。

② "开元十八年十一月勅，诸户籍三年一造，起正月上旬，县司责手实，计帐，赴州依式勘造。乡别为卷，总写三通，其缝皆注某州某县某年籍，州名用州印，县名用县印，三月三十日讫。并装潢一通，送尚书省，州、县各留一通。所须纸笔装潢，并出当户内口户别一钱。其户每以造籍年，预定为九等，便注籍脚。有析出新附者，于旧户后，以次编附。"见《唐会要》卷85《籍帐》；《册府元龟》卷486《邦计部户籍》。

记录为手实，把它们汇总起来则为乡帐。宋家钰先生把乡帐直接当作户籍。这样的判断是否正确虽然还是个问题，但至少乡帐的确是造籍的依据。在吐鲁番相续出土的周载初元年（690）手实，户口记载和受田记载以及受田记载和户主的牒文之间留有间隔，这大概不是里内原始的记录，而是官方按一定间隔重抄的。根据池田温先生的解释，这个间隔正好可以用来记载户籍。① 敦煌出土的大历四年（769）手实，虽然与户籍形式上完全相同，但却被称为“手实”。这是否因为在这一年敦煌虽然利用手实制成了户籍，但同年全国性的造籍尚未实行，所以只好先称为“手实”②。总之，此件文书反映了户籍与手实的密切关系。

户籍的户口栏里载有“天宝四载帐后漏附”、“天宝五载帐后死”、“永泰二年帐后勘责逃走限满除”、“大历二年帐后貌加就实”等，由此可知造户籍不仅依据手实，同时也参照计帐。这表明唐代的计帐一一登记每个人的姓名。唐李贤（章怀太子）在《后汉书》“计”字后面的注：“计，谓人庶名籍，若今计帐”（《后汉书·光武帝记》建武十四年四月条注）亦是明证。北朝依户籍集计，而唐代户籍与计帐分离，所以必须造上述名籍来代替户籍。这些采取名簿形式的计帐，保存于州和县里③，作为造户籍时的参考。

同时以名簿形式的计帐为依据进行户口等的集计，并送呈中央。这种集计簿的形式，可以通过日本延喜式所载“大帐”的书式得知。④ 此集计簿也即

---

① 池田温《现存开元年间籍帐考察》，《东洋史研究》35-1，1976年；池田温：《中国古代籍帐研究》，东京：东京大学出版会，1979年，第62页以下。但是把重抄户主提出的手实称为“手实计帐”的说法，是池田先生参照日本的制度提出的，难以立刻赞同。

② 关于造户籍，从武德六年至开元年代止，还是遵守三年一造籍的定制的，但从开元二十年代起就有所不同，开元二十九年、天宝三载、同六载皆造籍，以后又松弛了。根据大历四年手实的户口注记，乾元三年（760）造籍，此后每年造计帐，但到大历四年（769）止，没造过户籍。这一年，在敦煌偶尔造过户籍文书，但全国性的造籍是否实行，尚是疑问。

③ 景龙二年闰九月勅载：“诸州县籍、手实、计帐，当留五比，省籍留九比，其远年依次除。”《唐会要》卷85《造籍》；《册府元龟》卷486《邦计部户籍》。

④ 日本《延喜式》卷25《主计、大帐》条。这里所举的大帐式，因为原文太长无法引用。内容大致为：国（相当于唐代的州）列出所辖郡、户、口数，户、口分课、不课、见输、见不输等。其次，国下属的郡（相当于唐的县）列出所辖、乡、户、口数，比较去年与今年的计帐户、口。最后根据以上的户口数算出调庸额。

计帐，每年由诸州的计帐使送往中央，在四月一日或六月一日前送达尚书省。① 然后由尚书省的户部进行整理后，称为“户部计帐”。户部计帐的作用，一是通过它来了解全国的户口数，课户、不课户等的数目②；二是根据它来决定“来岁课役”。度支估算出来岁的课役额，于十月三十日以前上奏③。

《通典》的著者杜佑，在《通典》里，根据“天宝中天下计帐”的户数及各地的课丁数，计算租庸调、税钱（户税）、地税等，论述这时期的财政状态。这是有名的记事。其中关于地税，他计算得出“其地税，约得千二百四十余万石”。其计算的根据是“西汉，每户所垦田，不过七十亩，今亦准此约计数》”（《通典》卷六）。即以汉代每户的垦田数70亩，乘上计帐的“户约有八百九十余万”（《通典》卷六），得出全国的垦田数为62 300万亩。地税每亩二升，乘上62 300万亩，得出上述的“千二百四十余万石”。在计算唐代的地税时，为何一定要依据汉代的垦田数不可呢？汪篯先生也曾指出这个问题④。是否因为唐代没有垦田的统计呢？至少它表明唐的计帐，只有户口数而没有记载田数。日本的曾我部静雄先生很早就认为计帐是不记载田地的。他认为计帐是为了课役而不是为了给田，所以无需记载田土。⑤ 他还举出以下情况作为旁证。即造户籍时每口征收一钱，而造计帐时仅每户征收一钱而已⑥，这表明计帐的内容比户籍简单。

宋家钰先生也认为唐的计帐里没有地籍记载。这点我赞同。但是宋先生说计帐不依手实而是依户籍制成的。对此我有疑问。若依宋先生的说法，那么为

① 《唐六典·尚书都省》项载：“凡天下制勅计奏之数，省符宣告之节，率以岁终焉断。京师诸司，皆以四月一日纳于都省。其天下诸州，则本司推校，以授勾官，勾官审之，连署封印，附计帐使，纳于都省。常以六月一日，都事集诸司令使对复，若有隐漏不同，皆附于考课焉”。

② 例如《旧唐书》卷38《地理志》载：“开元二十八年户部计帐，凡郡府三百二十有八，县千五百七十有三，羁縻州郡，不在此数。户八百四十一万二千八百七十一，口四千八百一十四万三千六百九，应受田一千四百四十万三千八百六十二顷一十三亩”。

③ 《通典》卷6《食货、赋税》引开元二十五年令载：“诸课役，每年计帐至尚书省，度支配来年事，限十月三十日以前奏讫。”

④ 汪篯：《隋唐史杂记》2—4，载《隋唐史论稿》北京：中国社会科学出版社，1981年。

⑤ 曾我部静雄：《均田法上税役制度》，东京：讲谈社，1953年，第309页以下。但曾我部先生认为户口中只记载课役负担者的看法，是因为现存户籍中，关于老男、中男、小男、女口等注记道：“帐后逃走”、“帐后死”等。这是错误的。

⑥ 《唐六典》卷3《户部》项载：“诸造籍，起正月毕三月，所须纸笔装潢轴帙，皆出当户内，口别一钱。计帐所须，户别一钱。”

何造户籍时要参照前一年或大前年的计帐呢？这是否因为计帐反映了自上次造籍后户口的变动。全国的户口统计，为什么不依户籍而依据计帐呢？这是否因为根据计帐才能知道每年的户口变动①。如果没有每年从地方送来的报告是难于了解每年户口的变动的。上述造计帐时向民户征收费用，这大概是为了要得到来自民户的报告。如前所述唐户令的造户籍条的逸文保存下来了，但造计帐条的逸文却佚失了。不过仁井田先生根据日本令的造计帐条将其复元出来。根据复元的条文则为“里正，责所部手实，具注家口年纪”（《唐令拾遗·户令二一》）②。宋先生认为这应是造户籍条文。若照他所说的，那么该条文与前述开元十八年（730）十一月勅中的户令造户籍条的关系如何呢？该条文载有“家口年纪”而没有“田土”，这该是照搬唐令造计帐的规定吧。

近年吐鲁番发现的文书中，有唐长孺先生称之为“里正申报当乡户口帐”的文书。虽然我还没见到该文书的内容，但是根据唐先生在日本的报告，它相似于日本的阿波国计帐与延喜大帐。唐先生曾怀疑该文书是否计帐③。我想也许是计帐或与计帐有关的文书。这一点，烦请唐先生再作论考。

（韩升　译）

（编者按：原译文中有4份史料，但因其为手写稿，模糊不清。再版时，因无法呈现清晰图片，故删去，请读者谅解。）

（《社会科学战线》1987年第1期）

① 参见《隋书》卷67《裴蕴传》所载：“诸郡计帐，进丁二十四万三千，新附口六十四万一千五百。”

② 此造计帐条的复元，是根据日本《令集解》《户令》造计帐条所载的：“凡造计帐，每年六月卅日以前，京国官司，责所部手实，具注家口年纪。若全户不在乡者，即依旧籍转写（穴云……转写，谓京国官司写也，为以本令里正易京国官司故也），并显不在所由。收讫，依式造帐，连署，八月卅日以前，申送太政官。”

③ 唐长孺：《新出吐鲁番文书发掘整理经过及文书简介》，《东方学报》1982年第54期。另，吐鲁番文书整理小组、新疆维吾尔自治区博物馆《吐鲁番晋—唐墓葬出土文书概述》（《文物》1977年第3期）称出土了“计帐”，但据唐先生所说，则为本文所引的“户口帐”。

战争时期的永井荷风

——《断肠亭日乘》的十五年

〔日本〕谷口巖

一

请读者允许我从琐末私事的记述来起笔这篇文章。那是昭和二十年（1945）夏日的一天，还有一周，那场沉痛的侵华、对英、对美战争就要结束了。当时还是名古屋郊外某国民小学校六年级学生的我，就在那一天，突然想要自己记个人日记。当天记下的第一篇日记内容如下：

> 八月九日，星期四，晴。下午十七时拧开开关收听报道。大本营发布公告：苏联军队竟蛮横地向我军发起进攻。傍晚出去割草，和同伴们议论这件事。真想立刻冲上去打倒这帮俄国混蛋。

当时执笔的动机是什么，我今天已记不清楚。日记起笔于“苏联参战”之日，文中使用的净是“竟蛮横地”、“俄国混蛋”等词语。我想从中至少可以看出，在5年多的学校教育、报纸、广播的影响和周围成人们言谈话语中的薰陶之下，当时“小国民”的可怜的爱国之心、敌忾之气的实态。下面的日记仍是这种格调：

> 八月十五日，星期三，晴……十七时从广播中收听到“圣上之意，停止战争。”的声音，心里涌出难以名状的感情，竟一时忘了头痛。

“大本营”、“圣上”等，当时塞满小学生头脑的这些非正常词汇，今天看起来真是触目惊心。

二

然而，就是在这战败之年的8月中旬，67岁的作家永井荷风，正远离故乡东京，住在冈山。从前一年秋季开始，美军对首都的轰炸日益加剧。永井荷风居住了25年的家寨“偏奇馆”，于1945年3月10日拂晓，在美机的轰炸下，同他那些心爱的书籍一起被焚为灰烬。他在熟人帮助下，到达冈山暂居在这里。8月15日正午发布天皇敕语时，他正坐在拜访疏散在该地的作家谷崎润一郎归途的车中。回到寓所后才得知“终战”一事。荷风当日执笔记下的日记，其中一节如下：

八月十五日，天阴风凉。(中略)午后二时平安抵冈山车站。在炸毁的街道水管下洗脸拭汗，走走歇歇，回到三门寓舍。S君夫妇说今日正午收音机里播送了日美战争突然停止的公报。恰好日暮时分，染房的阿婆带来了鸡肉和葡萄酒，就此召开休战的祝宴，皆醉酒而睡。(栏外墨写)正午停战。

宣告战败，宣告无条件投降，这种结果对大多数日本国民来说的确很突然，也很意外。然而，这“终战”之报对荷风来说，却决非悲伤之事。当大多数的国民都深感受挫，正茫然若失、叹息日本的悲哀命运、无法设想自己今后的生活时，荷风却将人们的困惑置于身外，欣然开起“祝宴”来。对于荷风来说，“战争结束”是自己十数年来郁结之心获得解放，也意味着是恢复“自由”的快事。

到了战争末期，在“抛弃个人欲念，坚持到胜利”、“前进，一亿玉碎”等口号的薰染下，日本国民们在日常生活中失去了正常感情，一味地受军部和政府意图的驱使。而在此时，孤独的老作家却未舍弃其“个人的、个性的”思想。他在“现代的日本军国主义可与秦始皇的焚书坑儒的政治相比”(《日乘》1944年1月25日)的认识下，盼望早日结束战争，甚至希望日本战败。当他的这种思想在战后被公开时，曾引起很大震动。从昭和十五年(1940)前后起，这位小说家就几乎不再发表什么像样的作品。然而，他直到战后才逐年公开于世的秘藏的日记，却骤然引起了有识之士们的注目。这位小说家的日记不仅展示了作家近半生的赤裸裸的私生活，还记载了作家对大正至昭和前半期的日本的世相、都市风俗变迁的深刻观察，特别是还以尖锐的言辞对军事优先时代的国家与国民的病根做了批判与讽刺。有人认为该“日记”给与后人的价值超过了作家本人的小说。

荷风的“日记”战后仍持续写了十余年，一直持续到昭和三十四年(1959)四月作者老残孤独致死的前夜。这期间一直未曾中断过。这部浩长的画卷般的“日记”的起笔之日可追溯到大正六年(1917)九月。他的“日记”从整体上给人以恰如“长篇小说”之感，但由于本稿无暇就其全部做出详尽的探讨，因而在此仅想将所论的时代大体限定在日中两国关系处在极不幸状态中的15年战争期间内，特别是从——用当时流行的话来说，“满洲事变”、

“中国事变”、“大东亚战争”爆发前后的日记中，择出荷风式的既富于批判精神又带有谐谑意味的言辞，略加些说明和评论。

三

关于《断肠亭日乘》（即荷风自己题名的日记），许多人都注意到了昭和十六年（1941）六月十五日的记事。这一天他捧起喜多衬筠庭的随笔，读筠庭会见文笔上的前辈神泽杜口时，请教有关写文章时的执笔态度，杜口示谕说：“平生宜多柔和，宜多深谋远虑。但拿起笔来，应绝少深谋之想。惮忌世事，文章多有失实”。荷风忽然觉得杜口的这番话竟是针对自己似的。此后，他曾写过如下日记：

> 余读此文心中大感惭愧。今年二月将《杏花余香》一文寄往《中央公论》。是时，曾有所顾忌。世上读此文者必知此文为余多年所录日记，必从中窥知余对时局持如何意见，日常记录何事。为防万一之万一，某夜深更而起，删去日记中不平愤慨之辞。又，外出之际将日记秘藏于鞋箱之中。今读翁草之文，惭愧甚甚。今后余当无所顾忌，所思之事执笔记下，以供后世史家之资料。

此后，作家似乎证明了自己的决心。在《日乘》的原文中，昭和十六年六月以前的那部分里，虽能找出几处删节、抹消的痕迹，但作家后来对此又都做过极认真的复原（行间追补等）尝试。这一点应引起我们的注意。当荷风决心不怕特高警察进宅搜查，决心在记录自我的日记中对抗权力的强压与欺瞒，坚决贯彻“正直”之际，他的《日乘》便更进一步地提高了将来公开发表之时的价值。

荷风又在同年同月的日记中，非常坦率地记述了他个人的观点：

> 此次的日中战争始于日本军暗杀张作霖以及对满洲的入侵。日本军是口称“膺惩暴华”开始侵略中国领土的。然而，因穷于长期战争，又改其名目为“圣战”。这是毫无意味的词句。
>
> 欧洲战起以后，乘英军不振之际，日本政府跟随在德、意的旗帜下，图谋向南洋扩张。然而，此乃无智之军人及猛恶之壮士等所图之业，非普通民众所好之事。政府有令国民皆从。食南京大米未敢言任何不平，皆为恐怖所致。麻布联队叛乱之状便是恐怖之后果也。今日打起忠孝的招牌，讨当今政府的欢心，为的是急于大捞一把。（后略）

这段感慨，作家用朱笔写在前一天“去年今日德军入侵巴黎”的《日乘》栏目之外。他在这不褪色的红色中吐露了真意。这段有关时局的文字，是一幅满洲事变（1931）、日本退出联合国（1933），“二二六”事件（1936）、芦沟桥事变（1937），日、德、意三国同盟（1940）等自昭和初年以来日本对外扩张政策和该时期国内国民内心迷惘的俯视图。在这条历史的延长线上，不久又爆发了“大东亚战争”（1941）。不难想象，永井荷风那出色的洞察力恐怕早已敏锐地预测到这场战争悲剧性的结局。厌恶随声附和，厌恶追随权力，而生性高傲的荷风，其“偏奇”的精神在《日乘》中得到了充分的发挥。

那么，下面就从荷风的时代证言中寻求这15年间“黄粱一梦”的踪迹吧。

四

昭和六年（1931），永井荷风发表了小说《梅雨前后》，这是他冲出数年来的迷茫，引起大作家复活的骚动的一年。这年9月18日发生了“满洲事变”，紧接着于翌年（1932）1月又发生了“上海事变”。之后又是“满洲国建国宣言”（3月）、“五一五事件”（5月）等等。荷风几乎每晚都走出偏奇馆，徘徊于银座，与友人闲谈。不久他的脚步越过隅田川，扩大到本所、深川，进而又扩大到玉井。荷风一面认真地注意观察着下街旧文化与新文化的交替世相，同时注意此间国内军国主义风潮的高涨。

对于日本向中国开战，荷风的心中最初似乎产生过某种特殊的感情。夸张地说，那是一个人完全认识到敌对国文化历史的传统的厚度，并产生谦虚敬畏之念中的一种感情。荷风经常对那些为“胜讯”而雀跃的无关的人们、普通百姓们的喧闹声，而发出悄然“嗟叹”。黩武者的狂妄自傲早晚有一天要遭致破灭。荷风在日记中曾几次想说明这个道理：

> 余年方十九之秋，随先考去上海一游时，（中略）上海尚有道台，中国人的风俗如《清俗记闻录》中所见。日清战争虽然才过了十二年，却无人憎恨日本人。旧城内独自一人信步逍遥也很安全。而今日竟至军兵炮火相交。时势之变实难莫测。

在3月12日的《日乘》里作如此回想的荷风，又于4月9日作了如下记述：

> 余熟忆往事，自日清战争以来，大凡每隔十年便有一战：即明治三十三年的义和团事件，明治三十七年、八年的日俄战争，大正九年的尼港事件，之后便是此番的满洲上海之战。此战所唤起的民意沸腾竟胜过日俄战争之时。迎接军队凯旋而归的场面无异宛如祭礼般的热闹。如今日本举国上下似都沉醉于捷战的光荣之中。听世上风传，日本陆军由满洲进一步挺进，已将蒙古摄为己物。此乃威压俄国之计略云云。若能不重踏曾一度扩张武力到极限的德意志帝国的覆辙便是万幸。百战百胜非善之善者，不战

而使敌兵屈服才是善之善者。这是孙子的金言。此兵法的奥秘，中华人体会得恰到好处。

可以说，这样的词句是荷风毫无掩饰的感想。说明他平时在心底里爱好和平，喜爱传统文化，憎恨破坏和平与文化的战争以及那些傲慢的军人。“五一五事件”爆发，荷风怀疑这是“意大利法西斯主义”在东方的重演，他读了李顿调查团的报告书后，为国家间的弱肉强食理论感到悲伤，(《日乘》10月3日)。日本就在这军事日益优先的社会风潮中，进入昭和八年（1933)。面对如此社会状况，荷风的不快感愈来愈强烈。每逢见到满街都是军人的情景，无论是多么激愤的感怀，荷风都会不由自主地写出来：

正月二十六日，晴，暖。市区电车内贴有广告云：东京市主办（此间九字抹消，以下行间补）的多门中将、依田少将凯旋（以下补）欢迎会今晚在日比谷公园举行。(此间删掉一行，抹消一行。以下栏外补）二三年来军人夸其功绩之举愈来愈甚。“古来征战几人回”已是往事，今日征战皆如肥猪归。可笑可笑。

当日记事中随处可见“抹消”、“删掉”的痕迹，以及后来修补的词语。这类辛辣的追补文句在《日乘》的各处也均可见到。它如实地反映了当时荷风的强烈愤怒。

五

代表荷风后半生的小说名作《墨东绮谭》写于昭和十一年（1936）的秋天（9—10月)。这部小说从设想、取材，到执笔、推敲，各个过程都在《断肠亭日乘》中有极生动的记载。是年作家已58岁，迫于更加老衰之感，作家曾于该年2月下旬写了“遗书”。想不到缪斯又给了他灵感。在时隔好久才复苏过来的真正的欢喜和热衷之中，又如飞般行笔创作。

然而，时代的步伐并没有走向荷风祈愿的“太平”方向，却走上了进一步强化军国体制、对外扩大战争、在文化方面实行统制等更危险的道路。正如昭和十年（1935）二月发生的“批判天皇机构说·明征国体的决议”所表明的那样，日本离思想、艺术的自由越来越远。在这种情况下，日本国民经历了昭和十一年（1936）的“二二六”事件，又在翌年7月发生芦沟桥事变。街头巷尾，随处都可以看见出征士兵的行列。看着这些士兵的行列，傍晚散步的荷风屡屡将脚步迈向了庶民之街的浅草，并开始频繁出入歌剧院。他对世态恶化的所感可从《日乘》昭和十年部分窥见一端：

二月初三。昨夜的细雨不知何时转成雪。午后雪停。(中略）去三越百货店购太阳旗。带竹竿的旗一元六角钱。我自从卖掉大久保的房子以后，至今还未挂过国旗，也未装饰过门松。然而，时闻近年来屡有壮汉闯入未悬国旗的人家施暴之事。为防万一而购太阳旗。

最初，荷风并未谈及作为政治手段的行使“暴力”和官方允许恐怖主义等问题。昭和十一年“二二六”事件发生时，他曾亲自于翌日、后日两天去观看军人骚乱后的痕迹，开始确信“日本现代的病根就在于政党的腐败、军人的过激思想和国民的无觉悟这三件事”。(《日乘》1936 年 2 月 24 日)，并表露出对这个疯狂时代的忧虑。

昭和十二年（1937）10 月 10 日，芦沟桥畔的第一声枪响拉开了“中日事变”的序幕。随着战线的扩大，手摇旗帜列队高唱军歌送壮丁出征的情景，在东京成了家常便饭。

七月十七日，晌晴。暑气不甚。午后开始听到蝉鸣。但仅仅是一两只的叫声。晚八时后去银座餐厅吃晚饭。(中略) 街头上男女学生手持白布请行人用红线缝太阳旗。说是要以此赠送燕京出征军人。何时学得此国风习，真滑稽。(后略)

按照岩波《荷风全集》编者的说法，9 月 3 日日记（原本）的后段，有 10 行被重墨抹消了。编者曾费尽苦心辨认这一部分。根据这位编者辨认的结果，荷风写下最终又抹去的这段文字内容如下：

关于此次日华交战之事，日本人以膺惩暴华之词来标榜。余窃思之，华人等在自己领土上的贸易市场逐出日本人之事，同文久年间水户的浪士袭击横浜公开交易市场，同长藩的兵士炮击通过马关的英、荷商船之举毫无异处。英法联合舰队攻击长州时也曾特别提出过如膺惩之类等无意义的主张。本来国与国之间的争斗就很难论究孰是孰非。也无法论究。战争的公平裁判只是后世史学家的任务。

荷风在这里直率地提出了问题。可以说荷风从头脑到心灵，的确已摆脱了当时的战争狂热。

六

昭和十四年（1939）9 月，德国在欧洲发动了第二次世界大战。日本是跟随这场战争的动向而行的，终于背逆和平走上了悲剧之路。昭和十五年（1940）9 月日本与德、意结成“三国同盟”。在日本国内，国粹思想的猖獗达到顶点。创立了“大政翼赞令”（10 月），举行了“纪元两千六百年奉祝活动”（10 月）等。日本又于翌年（1941）一变为由现役军人宰相掌权。这边与中国的战争尚未解决，那边又陷入“大东亚战争（太平洋战争）”（12 月）的泥沼。

此时的荷风已如前所述不再公开发表作品。他早在昭和九年（1934）的秋季就曾写道：“订正小品文《枇杷之花》。（此间约一行抹消，以下行间补）实为顾忌军国政府审查之苛刻。”（《日乘》10 月 22 日）。荷风拒绝迎合“国策”，为尊重“个性”而从事的自由题材的创作活动越来越困难了。昭和十五年荷风接到岩波书店欲发行其全集的要求时，答复说：“时势越来越不利于文学，我的全集暂时作罢吧。”

大战中为自己守节的荷风，就这样一直让自己的数篇文稿沉睡到战后。在战争期间维持荷风物质生活的费用全部靠从前创作的印税和亡父留下的股票的遗产。

我们来看一下昭和十四（1939）年的《日乘》。在荷风曾经游历过的欧洲，爆发了第二次世界大战，引起了他的关心，同时也成为他更加深深忧虑的根源。当德军突破东部国境线的消息于翌日传到日本时，他迅即提笔记下了自己的感想：

> 九月初二。（前略）今日报纸登载德国、波兰开战之事。肖邦与显克微支的祖国定会有胜利的光荣。

这与其说是记录，倒不如称为声援队的呼声。

> 六月十九日。（前略）都下各报纸的记事无一同情战败的法兰西。多为肆无忌惮的嘲骂。其文辞之粗俗、卑劣，实不堪一读。

这是“孤独”者永井荷风向至关紧要的朋友——《日乘》吐出的低低的愤怒之声：

> 九月二十日。晴。世人传说，日本与德意志、意大利两国缔结了盟约。（此间三行勾掉，以下栏外补）爱国者常说日本有世界无与伦比的日本精神，是外国所不及的，然而自己低声下气弯腰屈膝与四处侵略的不仁之国结盟，真使国家之耻辱无以复加。（后略）

荷风就是这样于 1940 年代初将第二次世界大战这一地球上几个阵营的国家与国家间的斗争基本上看作“爱文化之国”与“不爱文化之国”的不共戴天的决斗。

七

在当时的情势下，荷风的思想同狭隘的国家主义思想形成了鲜明的对照。荷风是怎么获得自由的，个人主义的，因而也是世界人的思想的呢？

这是一个重要的问题，应该将其探究明白，但是本文实无暇深论这一问题，只概括地谈谈我个人的见解。

关于荷风的思想形成，应该说他青年时期的生活环境及其个人从中取得的经验，是具有绝对的意义的。如果举几个特别的例子的话，第一个就是他的家父（汉诗人）。第二个就是从25岁至30岁先生6年间的国外（美、法）居住的生活。

荷风的家，无论父亲还是母亲都是汉学出身，造诣很深，是极有教养的家庭。特别是他的外祖父鹫津毅堂，是幕末尾张藩的藩儒，一位极受重视的大学问家。他的亲友中还有脱俗的汉诗人大沼枕山。荷风父亲（久一郎）的家门中也出了几位可数的儒者、俳人。其父本人在少年时期就是从学于毅堂的学生，后号禾原，成为颇有名气的汉诗人。在这个世界上，培养永井荷风的精神摇篮之一，无疑就是继承“中国文化”的传统。他第一次访问的外国，就是中国（仅3个月的时间）。时年19岁，已作有汉诗习作十几首。

青年时期的两度长达5年以上的在国外的居住的生活，也给了他决定性的影响。在美国居住4年、在法国居住了1年，荷风的第二精神摇篮当然是汇集了两国经验的“西洋文化”。特别是他在美国的生活使他悟出了“个人主义”的快乐与尊严。法国的生活又使他体会到了以历史和传统为背景的法国文化的自由主义意味。战争期间他暂居在偏奇馆时，经常不离书桌的首先就是法国书，其次是江户时期儒者的随笔及其他书籍。他那旺盛、勤奋的读书记录，显示了战争中他一贯坚持着的反战思想的实质与深度。应该注意到荷风本人极少有人种上的偏见，这恐怕也和前面提到的原因有关。荷风认为，看待一个民族或一国的国民，第一个前提就是要将“人”当“人”来看待。人必须有能感受到文化性质与价值的心灵。在国家间的对抗状态下产生的优越感或毫无根据的轻蔑心等等，都不过是“野蛮”（未开化）的表现。《断肠亭日乘》中也有多处写下了有关同胞以外的外国人的记述。我认为，荷风对他们一概是目光温和、充满了人间平等之心的。

（林岚　译）

（《社会科学战线》1989年第2期）

麦克阿瑟与台湾（1949—1951）

〔美国〕麦克尔·沙勒*

到1949年初，美国政府的经济复兴计划在欧洲和日本取得了重大成功。华盛顿控制了新计划的大部分，这排除了在东京的占领军司令施加影响和获得进一步荣誉的机会。1948年总统预选中的政治失败和杜鲁门的当选，使麦克阿瑟在国内外的影响力都遭到了削弱。

新国务卿迪安·艾奇逊不仅是将军的老对手（自从1945年以来，他们就对占领政策发生争论），而且打算重新设计美国的全部东亚政策。艾奇逊重视从经济上对日本和崛起于中国边境的国家进行援助。这些国家以弧形分布在日本和印度之间。他对国会说，援助这个"大月牙"，会遏制共产主义，减少美国的军事卷入和把东南亚发展成为日本的主要亚洲贸易伙伴。②

国务院对区域性的亚洲经济（某些人公开称之为新的"共荣圈"）的援助，既需要日本的复兴，又需要其主权的恢复。国务卿坚持认为，只有这样才能平息"日本佬日益增长的抵触情绪。"艾奇逊警告说，旷日持久的占领会消耗美国资源，并驱使东京走向"亚洲的共产制度"③。

军事当局，包括参谋长联席会议，国防部长路易斯·约翰逊（他于1949年初取代了患有精神疾病的詹姆斯·福雷斯特尔）和陆军部副部长特蕾西·沃里斯赞成维持现状。参谋长联席会议认为，由于共产主义在中国的"泛滥"

---

* 作者单位：美国亚利桑纳大学历史系。

② 关于把日本发展成为地区贸易网工业中心的决定的讨论，见沙勒《美国对日占领》；威廉·博登《太平洋联盟：1947—1955年美国对外经济政策与日本的贸易复兴》，威斯康星州麦迪逊市，1984年；安德鲁·罗特《通向越南之路》，纽约州伊萨卡市，1987年。

③ 国家安全委员会13/3，1949年5月6日，载《1949年美国对外关系文件》第7卷第2部分，第730-736页；艾奇逊致某些外交官，1949年5月8日，载《1949年美国对外关系文件》第7卷第2部分，第736-737页。

和“随着共产主义潮流而来的弥漫于亚洲大陆的混乱”，美国不能放松对日本的统治。那里的基地可以使“我们对亚洲大陆和苏联部署我们的军事力量”。完全不顾日本人的意见，防御计划者们甚至要求杜鲁门迫使东京重新武装和布署其自己的军队。①

在日本问题上的僵局掩盖了对中国和台湾政策的更大分歧。艾奇逊和他的顾问们认为，忍耐与温和会使中国共产党人同克里姆林宫脱离联系。军事当局指斥这个观点无知，支持一个较为对抗性的计划，其中包括在经济上孤立中国，增加对台援助，对法属印度支那进行军事援助和保留在日本的主要军队。（国务院官员主张在占领结束后的日本仅仅保留有限的美国军队）军事官僚机构不像文职计划制定者那样关心日本的区域经济作用，他们认为在亚洲的遏制主要是一个军事问题。

尽管麦克阿瑟对华盛顿政策制定者们的积怨由来已久，他也赞成一个以艾奇逊的建议为原则的条约。两人都赞成一个非惩罚性的解决，尽早撤出大部分美国军队和仅仅保留占领后的有限基地。由于相信在太平洋其他地方的基地能够保卫日本和反击来自亚洲大陆的共产党的任何威胁，麦克阿瑟赞成一个“中立的”日本。如果不受制约，他甚至许诺将从俄国人那里取得尊重这一中立的有约束的“保证”。但是，由于政府几乎一致反对同苏联人谈判，他放弃了这个建议。②

部分地是由于讨好国防部，部分地是由于他基本上不同意艾奇逊影响到台湾的区域政策，将军在向杜鲁门施加影响方面向艾奇逊提出挑战。1949 年 11 月，麦克阿瑟派遣斯坦顿·巴布科克上校向参谋长联席会议下属的联合战略审视委员会报告，他认为“福摩萨不陷入共产党之手是最为重要的事”。“我们

① 参谋长联席会议：《美国对日本安全需求的战略评价》，载《1949 年美国对外关系文件》第 7 卷第 2 部分，第 772-777 页。

② 麦克阿瑟致艾奇逊，1949 年 6 月 16 日，载《1949 年美国对外关系文件》第 7 卷第 2 部分，第 778-781 页。将军和乔治·凯南几乎是孤立无援地支持同苏联签订一项条约，以使日本中立化。关于对麦克阿瑟对占领后军队态度演变的讨论，见马克斯·毕晓普《同麦克阿瑟谈话备忘录》，1949 年 2 月 16 日，载《1949 年美国对外关系文件》第 7 卷第 2 部分，第 656-657 页；克洛西·休斯顿备忘录，1949 年 7 月 16 日，《1949 年美国对外关系文件》第 7 卷第 2 部分，第 806 页；威廉·西博尔德致 W. W. 巴特沃思，1949 年 7 月 26 日，《1949 年美国对外关系文件》第 7 卷第 2 部分，第 808-812 页；西博尔德致艾奇逊，1949 年 8 月 20 日，载《1949 年美国对外关系文件》第 7 卷第 2 部分，第 830-840 页；西博尔德同麦克阿瑟谈话备忘录，1949 年 9 月 21 日，载《1949 年美国对外关系文件》第 7 卷第 2 部分，第 862-864 页。

必须千方百计地使它免于落入共产党之手。”麦克阿瑟提出几项计划，其中包括在一些其他“安全国家”的控制下，使台湾成为美国的“托管地”，或者甚至把它还给日本人（即盟军最高司令部）。①

国务院也在考虑把台湾同大陆分开。数月以前，乔治·凯南提出一项建议，通过组织其他亚洲国家干涉，或者通过美国的直接行动使“福摩萨分离主义者”取代蒋介石集团。华盛顿需要以老罗斯福所拥有的“决心、速度、无情和自信”去行动。但是，凯南很快地放了他自己气球中的气，这个意见也跑到九霄云外去了。②

尽管国防部对台湾问题的敏感性不亚于麦克阿瑟，但是军事当局拒绝支持一个日本条约，这就引起了同盟军最高司令的尖锐对立。路易斯·约翰逊、特蕾西·沃里斯等人不仅要求保留美国的主要基地和日本的重新武装，而且，不可思议地，要求苏联和中国接受这些规定作为一个条约的先决条件。参谋长联席会议坚持认为，“保持我们在日本（军事上）的统治地位”是应该首先考虑的问题。

五角大楼担心，任何条约都会限制在同苏联和中国进行战争情况下使用空军和海军基地。一个和约可能会阻止建立一支在亚洲的战斗中为美国地面部队提供补充的新的日本军队。而且，军事当局要握有日本这个抵押物，用以同总统和国务卿在对华政策上讨价还价。除非国务院同意保卫台湾，拒绝承认共产

① 罗伯特·费尔里的会谈备忘录中“麦克阿瑟对日和约的观点”，1949年11月2日，载《1949年美国对外关系文件》第7卷第2部分，第890-894页；同斯坦顿·巴布科克上校会见的记录，1949年11月10日，联合战略审视委员会，388. 1日本部分，第一部分（9-1-47），参谋长联席会议档案，登记号218。巴布科克为盟军最高司令和参谋长联席会议之间的联络官。

② 凯南的PPS53草案（后被取消），“美国对福摩萨和佩斯卡多尔列岛政策”，载1949年7月6日，载《1949年美国对外关系文件》第9卷，第356-359页。对中国革命的最为完全的讨论发现于罗伯特·M. 布卢姆《划条线：美国在东亚遏制政策的起源》，纽约，1982年；威廉·W. 斯梯克《对抗之路：1947—1950年美国对中国和朝鲜政策》，北卡罗莱纳州查佩尔希尔市，1981年；南希·塔克《尘埃中的模式：1949—1950年的美中关系与承认的争执》，纽约，1983年；多萝西·博格、沃尔多·海因里希斯编《不确定的年代：1947—1950年的中美关系》，纽约，1980年。

党中国和维持实质性的美国在日部队，军方代表反对结束对日占领。①

国务卿迪安·艾奇逊既蔑视五角大楼的气势汹汹的反共主义，又轻视国会内主要是由共和党人组成的“中国集团”关于尊敬蒋介石的鼓噪。尽管他本人在思想上是一个不屈不挠的反共战士，艾奇逊却嘲笑那些企图扭转中国革命形势的大而无当的空谈。国务卿赞成采取有限的措施，以维持台湾的非共产党政权，但是反对美国直接干涉，因为这会疏远亚洲的民族主义或把中国更紧密地推向苏联。

在1949年和1950年期间，麦克阿瑟将军与国防部长路易斯·约翰逊一直在设法减弱艾奇逊对亚洲政策的控制。作为一名在保险业上成绩显赫的总经理，艾奇逊通过于1948年预选中筹集到必不可少的资金而赢得了杜鲁门总统的赞赏。他把下面这一情况弄得尽人皆知，即在他看来，国防部长的职位无非是在国家机构中进一步高升的阶梯。艾奇逊把浮华虚饰的调头（尤其是关于中国）同促使消减军费的运动结合起来，导致军费一直在年约140亿美元左右徘徊。

不顾艾奇逊对一项日本条约的反对，麦克阿瑟仍寻求国防部长在扭转对华政策上合作。跟麦克阿瑟一样，国防部长也认为台湾是一个可不冒同俄国一战的风险和代价，而足以阻挡亚洲红色浪潮的象征性阵地和理想地点。

麦克阿瑟赞成由陈纳德提出的一个建议。陈是二次世界大战中的飞行英雄，蒋介石的军事顾问，民航运输队的共同拥有者。这是由华盛顿建立的美国志愿人员组成的空军。它拥有500架飞机和一小队海军，任务是保卫台湾及“封锁与摧毁中国沿海城市”。在1949年后期，中央情报局发现麦克阿瑟实际上允许一些日本飞行员去台湾旅行，以支援国民党空军。

---

① 同巴布科克上校会见记录，1949年11月10日；联合战略视察委员会，388. 1，日本部分，第1部分（9-1-47），参谋长联席会议档案，登记号218，联合战略审视委员会对参谋长联席会议关于“早签对日和约对美国战略需求的影响”的报告；1949年11月30日，参谋长联席会议1380/75，约翰·哈伍德同戈德思韦特·多尔会谈备忘录，1949年12月8日，载《1949年美国对外关系文件》第6卷，第1128页；陆军部副部长特蕾西·沃里斯关于麦克阿瑟对日和约观点的笔记，1949年12月14日，CJCSO92. 2，1950年日本和约，参谋长联席会议档案，登记号218；卡特·B. 马格鲁德致参谋长联席会议，1949年12月3日，载参谋长联席会议，1380/76，日本部分，第一部分（9-1-17）；参谋长联席会议，1380/77，1949年12月10日；约翰逊致艾奇逊，1949年12月23日，参谋长联席会议致国防部长备忘录附件，1949年12月22日，载《1949年美国对外关系文件》第7卷，第2部分，第922-923页；马克斯韦尔·汉密尔顿同布莱德雷与伯恩斯将军会谈备忘录，1949年12月24日，载《1949年美国对外关系文件》，第924-926页。

麦克阿瑟希望在日本问题解决之前，他对台湾的承诺能够重新振作约翰逊和参谋长联席会议的力量，甚或推动他们推荐他负责该岛的防务。除了在思想上和军事上对国民党基地的亲密关系之外，麦克阿瑟想获取对该岛的防务责任也有他个人的打算。像他希望的那样，如果对日占领于1950年结束，他需要有个新的地方落脚。麦克阿瑟不愿在总统选举前两年，以一个70岁的退休老将军的身份回到美国。自从1935年任菲律宾的军事顾问以来，在亚洲服役构成了他个人政治传奇中的精彩篇章。1948年，尽管有来自于他助手们的巨大压力，他仍然拒绝离开东京去追求他梦寐以求的总统提名。他解释说，在被“拟定”作为被提名的候选人之前返回美国，会把他的形象降为“政客”。作为在亚洲最为卓越的美国人，他有“某种神秘主义”。他的脚一踏上美国土地，就成为一个“政治目标”①。

即使对日占领并未给国防部长带来什么收益，他仍然反对所有赞成和约的提议。而与此同时，艾奇逊和杜鲁门反对以他为代表的较为强硬的对台湾和中国的立场。在1949年，艾奇逊获得杜鲁门对国家安全委员会一系列决议的支持。这些决议旨在通过减少对中国大陆反共势力的支援，拒绝对台湾的军事保护和允许中美贸易（战略物资除外）以限制同中国的冲突。②

然而，从1949年中期开始，麦克阿瑟和五角大楼变换各种策略以达到他们的目标。1949年7月提交国会的共同防御援助计划创造了一个机会。该计划主要用来给北大西洋公约组织资助武器。在该计划于10月份通过时，它包

① 同麦克阿瑟会谈备忘录，1949年2月16日，载《1949年美国对外关系文件》第7卷第2部分，第656-657页；麦克阿瑟将军同陈纳德会见报告，1949年11月21日，NLT-12，中央情报局；麦克阿瑟对休伯小组扼要介绍的情况，1949年9月5日，参谋长联席会议452，中国（4-3-43），第7部分第5节，参谋长联席会议档案，登记号218；9月11日日记，1947年12月20日，1948年5月1日，艾克尔伯格文件；麦克阿瑟致罗伯特·E. 伍德，1947年11月16日，麦克阿瑟档案，罗伯特·E. 伍德文件，赫伯特·C. 胡佛总统图书馆；麦克阿瑟致汉福德·麦克奈德，1947年10月14日，麦克阿瑟总统候选档案，汉福德·麦克奈德文件，上引书。

② 国家安全委员会第41号决议，“美国对华贸易政策，”1949年2月28日，国家安全委员会档案，国家档案馆现代军事分馆。于1949年3月3日得到国家安全委员会和杜鲁门总统批准。也见南希·B. 塔克：《战后美国对中日贸易的政策：政治与繁荣》，载《外交史》1984年第8卷第3期，第183—208页。麦克阿瑟在中日贸易问题上发牢骚，在原则上谴责它，而同时，在实践上鼓励有利可图的贸易。见R. 马吉尔致菲利普·斯普劳斯的备忘录，1949年5月20日，中国事务全档，第15箱，登记号59；麦克阿瑟赞成对中国的商业封锁，同时预言中日贸易将有大的增加。见洛：《朝鲜战争之起源》，第76页。

含了一项条款（第303款），给总统7500万美元在“中国范围内”实施遏制共产主义的行动。道格拉斯·麦克阿瑟、路易斯·约翰逊和迪安·艾奇逊都希望控制这一计划。

在国会对第303款进行辩论时，蒋介石的支持者们要求答应使用该资金来保卫台湾或攻击大陆。众议院中的几位共和党议员要求把在东亚的所有特殊防御支出的支配权交给麦克阿瑟。但是，国务卿艾奇逊说服绝大多数议员支持利用这笔资金去“防止共产主义这个危险蔓延到整个东南亚”，并推动从日本到巴基斯坦这个大弧形地带的各国间的经济、政治和军事合作。①

德鲁·皮尔逊报告说，麦克阿瑟在9月份加入了争取共同防御援助计划资金的行列。当时他要求杜鲁门总统让他把钱用于阻碍中国共产党对中国大陆的控制。将军建议资助在中国西部仍“拥有大批军队的中国军阀”。艾奇逊和杜鲁门讥笑这主意，认为那是舍近求远。②

杜鲁门签署援助法案时，约翰逊和艾奇逊对控制共同防御援助计划的竞争升级了。国务卿在几个层次同时行动，以建立一个支援“温和”计划的阵线。这些工作包括发表有关中国的“白皮书”（记述国民党人咎由自取的垮台）和组织一个远东协商会，以及向总统和国会游说避免同人民共和国军事对抗的重要性。③

同时，约翰逊派国防部参谋人员到国家安全委员会帮助草拟一份好斗的“反击”亚洲共产主义势力的计划。10月，他们发表了一项40页的报告，告诫说苏联正在努力建立一个把中国、日本和东南亚囊括在内的亚洲“共荣圈”。报告警告说，通过把日本的工业基地和北亚、东南亚的资源结合在一起，苏联将取得对西方的巨大优势。为了防止这一点，该项研究主张保卫台湾，武装东南亚的反共势力，由美国军队承担起“反击苏联控制”亚洲任何地方的义务。成功取决于任命一位“高级人物”去指挥“美国反对中国共产

---

① 在国会听证会的两套文件中详细记载了此项目的来源及其争论。见美国参议院对外关系委员会：《军援项目：1949年由对外关系委员会和军事委员会联合举行的秘密听证会》，第81届国会第1次会议，华盛顿，1974年；美国国会众议院国际关系委员会：《1943—1950年该委员会秘密听证会文件选编》第5卷“军援项目”第1部分，1949年共同防御援助法令，华盛顿，1976年；对第303款最为透彻的分析，见布卢姆《划条线》。

② 1949年9月17日记事，节选自德鲁·皮尔逊文件，林登·B. 约翰逊图书馆，德克萨斯州奥斯汀市，布卢姆也认定政府对该计划感兴趣见《划条线》。

③ 艾奇逊给杰塞普准备的备忘录，1949年7月18日，中国事务全档，第14箱，登记号59；关于白皮书的起源和影响，请见塔克《尘埃中的模式》和布卢姆《划条线》。

主义的所有行动”和发动整个地区的“冷战。”当然，五角大楼的计划者们打算让麦克阿瑟担此重任。①

艾奇逊及其助手努力工作以更正体现在国家安全委员会48号决议中的强硬派的亚洲政策文件。作为一项策略，他们决定保留其夸夸其谈的反共词汇，同时删去所有关于进攻中国保卫台湾的具体措施。②

麦克阿瑟在两个层次上参加了这场争论。他向亲台湾的共和党人提供的情报是如此之多，以致于德鲁·皮尔逊在同国会议员谈完话之后得出结论，将军“在激起国会对福摩萨的热情方面甚至有比国务院所认识到的更多的事情要做”。麦克阿瑟也赞同国防部利用共同防御援助计划资金同中国对抗和保卫台湾的建议。他告诫说，如果台湾陷落了，共产党人将打破整个太平洋防御线。在9月份，他警告一群访问东京的国会议员说，莫斯科计划通过首先征服亚洲以使欧洲就范。为防止这种情况发生，他建议建立一支由陈纳德领导的“志愿的”美国空军，给国民党军舰贷款以保卫台湾和“封锁与摧毁中国的沿海城市”。麦克阿瑟和他的情报局长查尔斯·威洛比将军允许一些日本军官和飞行员到台湾去旅行，这助长了盟军最高司令有一个“阻止共产党接管”台湾的秘密计划的传闻。将军还给美国的“企业家”和雇佣军们（诸如陈纳德，前战略情报局局长威廉·多诺万、普雷斯顿·古德费洛和威廉·波利）打气。

---

① 1949年8月至10月的国家安全委员会第48号决议草案现存于根据信息自由法令可以阅读的档案之中，该材料部分现存于国家档案馆现代军事分馆。

② 杰塞普对顾问们关于远东看法的声明，1949年11月3日，第846箱，890.00DOS，登记号59；总统回顾远东和亚洲政策提纲，1949年11月14日，载《1949年美国对外关系文件》第7卷，第1210-1214页；艾奇逊同总统谈话备忘录，PPS档案，第13箱，登记号59；沙勒：《美国对日占领》，第203-207页。

这些人出售武器给国民党，并充当台湾与五角大楼官员之间非正式联系的纽带。①

国民党驻华盛顿大使顾维钧报告说，从1949年后半期开始持续到1950年，麦克阿瑟个人发起了一个安排蒋介石退休的行动。他间接地向台湾放风，说蒋介石继续掌权危及了美国的保护和援助。将军劝蒋介石“到国外旅游”，把对台湾的控制权交给吴国桢。威洛比也到台北访问，讨论“来自麦克阿瑟将军助手的一名军官”充任军事“顾问”的可能性。顾维钧、董显光和其他国民党官员得出结论，麦克阿瑟“一定是已经得到至少是来自华盛顿的劝说委员长离开福摩萨的建议，如果不是指示的话”②。

在12月份，麦克阿瑟告诉来访的陆军部副部长特蕾西·沃里斯说，共产党接管台湾将是对美国在太平洋安全的“致命”打击，甚至比“日本在敌人手里”还要危险。麦克阿瑟建议，由杜鲁门宣布台湾为“中立”区，禁止共产党对台湾进攻，也禁止国民党从台湾发动进攻。他认为，这样会在没有美国军队卷入的情况下保证台湾的安全。以后，美国就能在福摩萨资助一个“独立的”中国人政权。他主张动用7500万共同防御援助计划资金保卫台湾。③

麦克阿瑟、路易斯·约翰逊和参谋长联席会议一致认为，保持一个非共产党的台湾会推迟国际上承认北京和使东南亚免于中国军事压力。主要是由于将军的热情，在12月23日，国防部长及其参谋人员请求总统批准“有限的军事措施”以保卫台湾，其中包括派遣海军部队。他们还要求允许“紧急视察”

① 在L. L. 兰尼兹尔将军致参谋长联席会议的备忘录中，讨论了在共同防御援助计划之下进行秘密活动的军事计划，1949年9月13日，参谋长联席会议1868/107，P和O091中国，第2部分，第27条，登记号319；博尔特致科林斯，1949年11月10日，091中国TS，上引书；联合战略审视委员会关于对中国军援的报告，1949年10月6日，参谋长联席会议11721/37，CCS45d，中国（4-3-45），第7节，第5部分，参谋长联席会议档案，登记号218；麦克阿瑟向休伯小组扼要介绍情况的备忘录，1949年9月5日，P和O091福摩萨TS，登记号319；21号文件，统帅部为参谋长联席会议代举举行的研讨会，“世界范围的政治形势同CINFE使团的关系”，1949年10月1日，上引书；台北总领事致艾奇逊，1949年9月7、8日，载《1949年美国对外关系文件》，第9卷，第385-386页；节选自德鲁·皮尔逊文件，1950年1月18日；在他即将出版的关于朝鲜战争起源著作的第2卷中，布鲁斯·康明斯详细叙述了陈纳德、波利、多诺万等人在此时期的暗中活动。

② 口述历史，顾文件，第6卷第10部分。

③ 约翰逊和沃里斯希望说服麦克阿瑟放弃其争取日本条约的运动。在东京，沃里斯建议盟军最高司令和国防部长集中精力于把“温和的”中国政策调到适当的位置。沃里斯同麦克阿瑟会见笔记，1949年12月14日，P和O福摩萨，091TS，登记号219。

该岛的未来军事需求——他们设想由麦克阿瑟来执行这一任务。①

在一次同参谋长联席会议的会谈中，艾奇逊愤怒地指责他们的建议是走向同中国对抗的第一步。他相信，这是约翰逊争取通过强硬的国家安全委员会第48号决议草案和取得对亚洲共同防御计划支配权运动的组成部分。艾奇逊还指控参谋长联席会议受制于麦克阿琴和国民党人。国务卿争辩说，如果参谋长联席会议真想阻止亚洲的共产主义，他们应该帮助结束对日本的占领和加强东南亚的“中国的邻居”。他坚持认为，转移援助方向或冒在台湾或中国进行军事卷入的风险会使东南亚更加易受攻击，而使日本坐享其成。

参谋长联席会议主席奥马尔·布莱德雷将军和他的同事们（霍伊特·范登堡、J. 劳顿·柯林斯将军和福雷斯特·谢曼海军上将）很快同麦克阿瑟的亚洲未来系于台湾的断言拉开了距离。台湾是有一定的军事重要性，当然不应轻视这种重要性，指挥官们说他们是受了麦克阿瑟的热情感染而误入歧途，太热衷于取得对共同防御援助计划资金的控制权的某些戏剧性的行动了。

艾奇逊的指责取得了成效。那天以后，国家安全委员会和总统赞赏国家安全委员会第48号决议中的“温和的”词句。决议重提击退亚洲共产主义的号召，却避开了任何具体内容。美国将仅仅局限于以“外交上和经济上”的行动保护台湾。对中国本部的反共势力将不进行任何实质性的援助。同台湾的外交关系将继续保持。但是，如果“事态表明这样做符合美国利益”，中华人民共和国可以予以承认。美国将既不反对同盟国对中华人民共和国的承认，也不反对它们同后者进行通商。②

1950年1月5日，总统通知结束对台湾的“中国军队的军事援助和指导”。（但是，无论是杜鲁门还是艾奇逊都挑明，一旦发生战争，美国可以干涉或在台湾取得基地）艾奇逊在参议院秘密听证会上和在1月12日的一次公开演说中强调了不干涉中国而对处于亚洲“真正中心”的非共产主义的民族主义者进行援助的重要性。这个真正中心就是由“以日本为一端，印度为另

---

① 1949年12月16日联合战略审视委员会报告，CCS381，福摩萨（11-3-48），第2部分，参谋长联席会议档案，登记号218；格伦瑟致参谋长联席会议，1949年12月22日，P和O福摩萨TS，登记号319；参谋长联席会议致约翰逊，1949年12月。

② 艾奇逊谈话备忘录，载1949年12月28日，载《1949年美国对外关系文件》第9卷，第463-467页；国家安全委员会第48号决议，48/2，1949年12月30日，国家安全委员会档案，国家档案馆现代军事分馆。由于参谋长联席会议和国防部的反对，政策文件只是敷衍了事地谈了关于日本条约问题。它直接要求“改善”那个国家的局势。该讨论也流露出对印度支那日益增长的焦虑。该文件号召法国将权力移交给诸如保大“皇帝”之类的越南人，以削弱对胡志明的支持。

一端所构成的月牙形或半圆形地带”。美国对那里的支持将在遏制共产主义的同时建立一个区域经济。国务卿还要求结束对日本的占领和把日本纳入太平洋防御圈之内——这是一条美国能够用自己的力量来保卫的防线——它包括阿留申群岛、日本、琉球群岛和菲律宾。①

面对强有力的总统政策，国防部长约翰逊和奥马尔·布莱德雷降低了他们支援台湾的调门。甚至麦克阿瑟也稍有退后，他告诉菲利甫·C. 杰塞普（当时正代表艾奇逊周游亚洲）说，路易斯·约翰逊和参谋长联席会议夸大了亚洲的共产主义军事威胁。将军赞成艾奇逊的支援日本和东南亚的建议，称之为差不多是“日本的共荣圈概念也不足与之相比的基本上最为完善的概念”。在制止共产主义方面，经济一体化和日本和约比额外的基地更为有用。

麦克阿瑟指责国防部长对非共产主义亚洲制造了几乎同对中国和苏联一样大的威胁。愚昧无知的路易斯·约翰逊迫使效率低下的参谋长联席会议，反对对日和约和要求过分的基地权。将军坚持东京的安全可以通过有限的驻军和同苏联签订一个中立化协议而得到保证。

占领军司令感到百思不得其解的是，杜鲁门为什么不像他对待台湾那样对在日本的国防部机构实行全面控制呢？如果政府支持日本和约的话，将军保证全力支持反对约翰逊和参谋长联席会议。他敲着桌子说，“国务卿一旦做出决定”，它们就是“美国的决定，他将忠实地贯彻决定”。他暗示，如果艾奇逊推动同日本签订条约，今后他将缓解对中国政策的批评。

不久，麦克阿瑟开始诋毁约翰逊和沃里斯的荣誉及智力，甚至嘲笑参谋长联席会议主席在西点军校的分数！他们对亚洲一无所知，只把日本简单地视为“在战争时期对俄国采取空中行动”的前沿阵地。麦克阿瑟还通过采取一个较为温和的对华路线来赢得国务院对日本和约的支持，而同时通过采取一个较强

① 关于杜鲁门的生明和艾奇逊的说明，见国务院的《新闻简报》1950 年第 22 卷，第 79、81 页；艾奇逊在新闻俱乐部的讲演，《新闻简报》1950 年第 22 卷，第 114-115 页。艾奇逊在参议院外交委员会上的证言，1950 年 1 月 10 日，世界形势回顾，1949—1950 年世界形势秘密听证会，第 81 届国会第 1 和第 2 次会议，华盛顿，1974 年，第 113-117，134-135，154-170 页。

硬的路线确保国防部的支持。①

然而，国防部官员们掌握日本的决心似乎是坚不可摧的。在1950年2月从东京短暂访问归来后，参谋长联席会议通知杜鲁门说，他们“仍坚持认为此时签订条约为时尚早”。参谋长联席会议的一个官员不无感慨地说：“前敌人的‘祖国’不仅成为最为坚实的基地，而且大概是太平洋胜利果实所剩下的唯一实质性的东西。”②

饶有讽刺意味的是，1950年初同中国关系的恶化给麦克阿瑟提供了使国家防御观点一致的机会。1月，共产党人没收了在北京的美国领事财产，造成所有美国外交官的撤离。2月，参议员麦卡锡发起了针对所谓国务院内的共产主义势力的惊人的指控攻势。当月，中苏友好条约的签订瓦解了关于早期分裂的预言。这些事件削弱了政府中“温和派”的地位，为麦克阿瑟和其他“强硬派”创造了机会。③

是年春，路易斯·约翰逊成功迫使在1月停止的向台湾运送武器工作得到了有限的恢复。作为对此的一项补充，一个由“私人”活动分子组成的暗网把额外的武器送给国民党。这些人包括陈纳德、普雷斯顿·古德费洛和威廉·多诺万。多诺万参与了帮助台湾获得在香港的一队中国政府飞机的行动。国民党人声称已将飞机卖给了陈纳德。但是，北京坚持，它们是中国政府的财产。

1950年初，多诺万在伦敦、香港和东京进行了紧张的活动，四下游说。

---

① 杰塞普同麦克阿瑟会谈备忘录，1950年1月5、8、9日，694，001/1-1050，DOS，登记号59。经过整理的关于此事的记载出现于《1950年美国对外关系文件》，第6卷，第1114-1115页；卢修斯·巴特尔致威廉·麦克威廉斯，1950年2月10日，载《1950年美国对外关系文件》；巴特沃思同麦克阿瑟谈话备忘录，1950年2月5日，载《1950年美国对外关系文件》，第1133-1135页。

② 同杜鲁门讨论的备忘录与概要，载约翰·哈伍德致W. W. 巴特沃思，“日本和约与安全问题”，1950年3月9日，载《1950年美国对外关系文件》第6卷，第1138—1149页；参谋长联席会议的观点包含在哈伍德致巴特沃思之中，《1950年美国对外关系文件》第6卷，第1133页。

③ 关于领事财产的争执，见迈克尔·沙勒《O. 埃德蒙·克拉布总领事，约翰·P. 戴维斯与1949—1950年美中冲突的不可避免》，载，《外交史》1986年1月；沙勒：《美国对日占领》，第221、251页；对麦卡锡影响的分析，见布卢姆《划条线》，第187-191页；斯梯克：《对抗之路》，第143-146页。关于麦卡锡十字军的起源，见托马斯·C. 里夫斯的《乔·麦卡锡的生平及时代》（纽约，1982年）以及丹尼尔·奥斯辛斯基《如此巨大的阴谋：乔·麦卡锡的世界》（纽约，1983年）。艾奇逊助手们对该参议员指控的日益增长的关心详细地记载于“秘书例会记录，1950年2月—6月”，执行秘书处档案，登记号59；中苏条约的注释，《1950年中美关系文件》第6卷，第311页。

这时，盟军最高司令的情报局长查尔斯·威洛比将军同多诺万讨论了在中国设立间谍网，援助大陆反共游击队的联合计划。麦克阿瑟赞赏他们的努力与行动。①

普雷斯顿·古德费洛是一个接近辛格曼·里和麦克阿瑟的美国人。1950年初，他穿梭于汉城、东京和台北之间，鼓吹组建一个由中国国民党和朝鲜部队组成的“外国军团”，以承担对北朝鲜和中国的军事行动。在1月，还有一次在3月，古德费洛告诉顾维钧：麦克阿瑟“同情……制定一个在大陆进行地下活动的计划”。威洛比以及盟军最高司令参谋部的其他人员主张通过东京把资金用于这些行动，绕过政府的“根深蒂固的反对”，向仍由蒋统治的台湾提供直接援助。②

在国内的压力和北京的明显敌视面前，艾奇逊也一直在调整策略。他公开威胁，如果中国对其邻国进行“冒险”，美国将予以反击，同时宣布承认印度支那的保大傀儡政权，参与五角大楼赞同对东南亚进行军事援助，撤销W.沃尔顿·巴特沃思远东署署长职务（共和党人指责他过于反蒋），以及任命“强硬派”迪安·腊斯克和约翰·福斯特·杜勒斯为最高亚洲顾问。③

同麦克阿瑟一样，腊斯克和杜勒斯构思了一个联结台湾和日本的区域政策。如果总统同意保卫前者，五角大楼和国会内的共和党人可能会因而支持结束对日占领。两人一致认为，日本未来的稳定要求保持同东南亚、澳大利亚和新西兰的关系密切。让台湾独立于中国的控制之外，会使“共产党军事力量

① 威廉·M. 利里：《危险的使命》；《民航运输队和中央情报局在亚洲的秘密行动》，阿拉巴马大学出版社，1984年；斯莱塞致P. 佩利，1949年12月30日，FO371/83012；弗格森致盖斯科因，1950年2月11日，FO371/83012；沙勒：《美国对日占领》，第251页。陈纳德最终控制了有争议的飞机。

② 口述历史，顾文件，第6卷第10部分。

③ 艾奇逊1950年3月15日讲演，国务院《新闻简报》第22卷，1950年3月27日，第467-472页。在3月和4月期间，国务院和国防部派遣一个军事——经济顾问团前往西贡视察共同防御援助计划资金和武器分配情况。见沙勒，《美国对日占领》，第234-245页。《纽约时报》1950年3月28日；范登堡致艾奇逊，1950年3月31日；艾奇逊同杜勒斯谈话备忘录，1950年4月5日，迪安·艾奇逊文件，第65箱，杜鲁门总统图书馆；任命杜勒斯为艾奇逊顾问的命令，1950年4月6日，约翰·福斯特·杜勒斯文件，第47箱，普林斯顿大学图书馆；《1950年美国对外关系文件》第6卷，第1160-1161页；迪安·艾奇逊：《参与创建：我在国务院的岁月》，纽约，1969年，第337、482-533页；关于鲁斯克的生平，见沃伦·科恩《迪安·鲁斯克》，新泽西州托托娃市，1980年。

的主要注意力和行动”不致转向东南亚。①

日本官员也主张这种安排。5 月，日本首相吉田茂和他的两位最亲密的助手对美国外交官说，日本人民对一个和约的要求太强烈了，他们可能会禁不住苏联人的诱惑。但是，如果华盛顿行动迅速，东京会接受将苏联人和中国人排除在外，而同意在占领结束后给予美国基地的解决方案。从麦克阿瑟那里得到暗示，大藏大臣指出，放弃台湾的传闻与对印度支那和南朝鲜承诺的朝令夕改使日本“在寻找坚固的基础中感到绝望”。他们对“美国在什么时候，什么地方会坚定其立场，什么是美国的坚定立场”搞“不明白”。②

杜勒斯认为，这是把日本和约同台湾防御联系起来的信号。他指出，大多数亚洲人认为中国革命是“力量平衡变动”的先导。他们迷惑不解，究竟美国是立场坚定，还是“往后退缩而让前途未卜的地区落入苏联共产主义之手”呢。安抚神经紧张的盟国的最好方式是“在同样的疑惑不定的时刻迅速采取能表明我们信心与决心的强有力行动”。

准确地说，福摩萨似乎就是一个对之“必须采取坚定立场”的那种“前途未卜”的地方。通过使该岛“中立化”，美国能够给“世界的注意力”一个印象。不采取行动将促使亚洲、中东和欧洲的骑墙派保持中立或倒入共产主义阵营。“国家的威望”要求政府通过保护台湾“在维护自由世界中”发挥一种“必不可少的作用”。③

同时，助理国务卿迪安·腊斯克同约翰逊的助手约翰·H. 伯恩斯将军进

---

① 鲁斯克为艾奇逊做的备忘录，1950 年 4 月 26 日，载《1950 年美国对外关系文件》第 6 卷，第 333-335 页；约翰·哈伍德的会谈备忘录，“日本和约”，1950 年 4 月 7 日，载《1950 年美国对外关系文件》第 6 卷，第 1161-1166 页；约翰·哈伍德会谈备忘录，“日本和约”，1950 年 4 月 24 日，载《1950 年美国对外关系文件》第 6 卷第 1175-1182 页；1950 年 5 月 14 日与 5 月 24 日日记，参议员 H·亚历山大·史密斯文件，普林斯顿大学。

② 巴特沃思致艾奇逊，1950 年 5 月 3 日，694，001/5-350，DOS，登记号 59；布林为艾奇逊做的备忘录，1950 年 8 月 2 日，载《1950 年美国对外关系文件》第 6 卷，第 1262-1263 页；日本大藏大臣 1950 年 5 月 2 日声明，见里德致巴特沃思，1950 年 5 月 10 日，载《1950 年美国对外关系文件》第 6 卷，第 1194-1198 页；巴特沃思为代理国务卿韦伯做的备忘录，1950 年 5 月 12 日，载《1950 年美国对外关系文件》第 6 卷，第 1198 页。

③ 杜勒斯为迪安·腊斯克，保罗·尼采及副国务卿韦伯做的备忘录，1950 年 5 月 18 日，载《1950 年美国对外关系文件》第 1 卷，第 314-316 页；杜勒斯关于不管其客观重要性保卫领土的许多观点重复了一项主要政策文件，国家安全委员会第 68 号决议，该 文件是在保罗·尼采的领导下准备的。（尼采是政策计划局局长凯南的接班人）该文件谈到“击回”和“解放”，而不是遏制。见国家安全委员会第 68 号决议，“美国国家安全的日标与计划”1950 年 4 月 14 日，载《1950 年美国对外关系文件》第 1 卷，第 237-292 页。

行了讨论。他们讨论了增加对国民党的军火销售和发起“支援福摩萨抵抗力量的秘密活动”计划。腊斯克宣称，通过保卫台湾，增加对东南亚和朝鲜的援助，以及推动日本问题的解决，“在亚洲划线”的时刻已经到来。

腊斯克在给艾奇逊和杜鲁门的一份详细报告中建议华盛顿安排蒋介石“退休”。他的继承人应要求联合国的保护，并且，在未做出决定福摩萨地位的决议时，第七舰队应“防止发生由福摩萨发动的或针对福摩萨的扰乱其和平的行动”。对菲律宾和印度支那的军事援助也应加强。腊斯克实际上为杜鲁门起草了一份包括这些内容的讲话稿。他在讲稿中留下一处空白，以便把当一个相应的共产党挑衅行为发生时进行干涉的正义性这样的内容填充进去。在朝鲜战争爆发几周之后，这个文件改头换面地抛出了。①

麦克阿瑟代表台湾的行动较之杜勒斯、腊斯克以及五角大楼官员们的行动有过之无不及。证据表明，在5月份，麦克阿瑟、退休的海军上将查尔斯·库克（当时为蒋的一名顾问，并向国会的“中国集团”提供情报）和国民党将军胡士奇（译音，盟国东京对日委员会成员）试图在台湾和南朝鲜之间达成一项军事条约。胡后来告诉顾维钧，麦克阿瑟让蒋在南朝鲜布置几千国民党士兵，以阻止和击退预料中的北方入侵。但是，蒋要求的筹码过高，延误了决定的作出，“当朝鲜战争实际上已经爆发时，讨价还价还在进行”。

顾问国防部官员和杜勒斯为麦克阿瑟商讨了一项独立的计划。根据该计划，麦克阿瑟可以在“未得到华盛顿正式同意的情况下”从日本向台湾运送武器，飞机和飞行员。大使暗示一些援助已经通过这条“暗道”得到，麦克阿瑟、威洛比正同库克、陈纳德、古德费洛及多诺万一起在中国建立一个情报网，并向台湾和大陆的反共游击队提供武器。②

① 伯恩斯给鲁斯克做的备忘录，1950年5月29日，载《1950年美国对外关系文件》第6卷，第346-347页；费希尔·豪致W. 帕克·阿姆斯特朗的备忘录，1950年5月31日，载《1950年美国对外关系文件》第6卷，第347-349页；鲁斯克1950年5月31日的报告，中国事务全档，第18箱，DOS，登记号59。鲁斯克希望，如果台湾的新领导人抛弃了他们对中国大陆的要求，两个政权可能共存。他也玩世不恭地提议，北京放弃其对台湾的要求，以换取联合国，或者，也许是美国的承认。关于鲁斯克对此问题的进一步讨论，见沙勒《美国对日占领》，第260-271页。

② 胡士奇（Ho Shi-Chi）将军于1970年向顾透露了麦克阿瑟在1950年春季把国民党部队带往南朝鲜的主意。胡的记忆力似乎颇佳，他提供了把这个计划区别于蒋在朝鲜战争爆发后要求派遣队计划的细节。见顾文件，第6卷第1、10部分；同保罗·格里菲恩谈话备忘录，1950年6月3日、7日，顾文件，第180箱，顾同杜勒斯谈话备忘录，1950年6月12日，载《1950年美国对外关系文件》第6卷；见沙勒《美国对日占领》，第267-268页。

5月中旬，库克告诫麦克阿瑟说，有一个共产党接管台湾后为苏联提供空军基地的既定计划。由于知道参谋长联席会议担心对该地区交通线失控，麦克阿瑟向参谋长联席会议递交了一份热情洋溢的恳求，他把台湾比作美国太平洋防线上的“不沉的航空母舰和潜水挺供应船”。如果台湾掌握在共产党手里，他们的海空力量将控制东南亚，迫使美国回到夏威夷和西海岸。布莱德雷将军发现，这个告诫是如此直言不讳，以致于把它送交“总统亲阅”①。

麦克阿瑟在大量的报告和谈话中论证说，美洲与亚洲的安全依赖于台湾免于共产党势力的控制。如果台湾陷落了，无论是在东北亚还是在东南亚都没有反击共产主义的基地。危险的严重程度致使他宣称，应重新评价同日本缔结条约的“迫切要求”。

在一个关于条约是否明智的讨论中，他也许希望促使国务院对台湾采取行动。作为向约翰逊和参谋长联席会议的一个让步，他许诺支持结束占领后的更为广泛的安排，以及命令对日本共产党采取严厉措施。

麦克阿瑟的行动同约翰·福斯特·杜勒斯（带领一个国务院代表团）、路易斯·约翰逊及奥马尔·布莱德雷将军对东京的访问相吻合。杜勒斯等人希望讨论条约条款，路易斯·约翰逊和布莱德雷则反对条约，赞成重新武装日本，并在他们结束“俄国统治满洲和中国”的计划中，主张使日本成为一个较为

① 库克揭示的内容见海军参谋长致参谋长联席会议的备忘录，1950年5月1日，参谋长联席会议1966/27，CCS381福摩萨（11-8-48），参谋长联席会议档案，第3部分，登记号218；库克致麦克阿瑟，1950年5月2日，麦克阿瑟文件；库克致参议员威廉·F. 诺兰，1950年5月23日，威廉·F. 诺兰文件，第273箱，加州大学伯克利分校；蒋介石致麦克阿瑟，没有日期，查尔斯·M. 库克文件，第2箱，斯坦福大学胡佛研究所；K. C. 沙为库克海军上将做的备忘录，1950年4月7日，载《1950年美国对外关系文件》第6卷；库克为委员长做的备忘录，1950年5月，载《1950年美国对外关系文件》第6卷；布莱德雷致约翰逊，1950年5月31日，载《1950年美国对外关系文件》第6卷；麦克阿瑟致陆军部，麦克阿瑟文件，C56410，1950年2月20日，福摩萨档案，第2箱，登记号6。

“积极的同盟”。①

麦克阿瑟向国防部建议，如果国务院同意保卫台湾，国防部应减少其对日本的军事要求。由于以台湾为基地的苏联空军和海军能封锁日本及东南亚以使之就范，所以，这两个政策是相互依赖的。他论证说，台湾的象征意义甚至超过其军事价值。被迫在“共产主义和西方之间做出抉择的亚洲人把台湾看作是这样的一个地方，在这里，应该划出一条“在它之外共产党的扩张应被制止”的界线。华盛顿必须派他去视察保卫台湾的“军事、经济和政治需求”，要不就准备“放弃”亚洲。②

当约翰逊和布莱德雷拒绝在日本问题上让步时，麦克阿瑟几乎陷于绝望。在6月23日，他同意停止一切有关一个“中立的日本”的谈论。占领军司令同意，和约应特别指出日本的“整个区域”……是美国陆、海空军的“潜在基地”。将军还同意迫使日本发展军工生产，并且，可能的话，重建其武装部队。尽管布莱德雷和约翰逊对关于台湾的建议充满热情，他们离开东京时仍反对一个日本条约。③

麦克阿瑟确实认为台湾是亚洲力量平衡的支点吗？他真正认为保持日本的主要基地是生死攸关的问题吗？这样说似乎是公正的，即将军并未严肃地根据军事意义做出其判断。对于他个人来说，无论最终和约的条款是什么，日本已经成为他职业上死亡的终结地。即使政府允许他主持一个和平会议，伟大的政

---

① 占领区代理特别助理卡特·B. 马格鲁德少将致奥马尔·布莱德雷将军和约翰逊国防部长，1950年6月5日，CJCS092.2；1950年日本和约，参谋长联席会议档案，登记号218；杜勒斯为艾奇逊做的备忘录，1950年6月6日，载《1950年美国对外关系文件》第6卷，第1207-1212页；杜勒斯备忘录，1950年6月15日，载《1950年美国对外关系文件》第6卷，第1222-1223页。在汉城非正式旅行期间，杜勒斯代表团成员，威廉·马修斯从一个“匿名美国人”（可能是库克上将）那里得到一些传言，即里（Rhee）和蒋谋划某一事件，以确保美国军援，见上引书，第1229、1260页；约翰·艾利森的谈话备忘录，1950年6月19日，载《1950年美国对外关系文件》第6卷，第7卷，第107-109页；西博尔德：《同麦克阿瑟在一起》，第252-253页；马修斯致杜勒斯，1950年6月20日，杜勒斯文件。

② 麦克阿瑟在口头上和两个备忘录中提出了这些观点。见麦克阿瑟关于福摩萨的备忘录，1950年6月14日，载《1950年美国对外关系文件》第7卷，第161-165页；麦克阿瑟关于和约问题的备忘录，载《1950年美国对外关系文件》第6卷，第1213-1221页。

③ 奥马尔·布莱德雷将军致参谋长联席会议的备忘录，1950年6月26日，参谋长联席会议主席092.2，日本和约，1950年，参谋长联席会议档案，登记号218；麦克阿瑟关于战后日本安全概念的备忘录，1950年6月23日，载《1950年美国对外关系文件》第6卷，第1227-1229页。

治象征主义时刻也已经过去。只有一些亚洲前哨阵地的英雄地点能够使失去光泽的麦克阿瑟传奇重放异彩，或使他摆脱令人讨厌的文职人员的掣肘。台湾对美国或亚洲安全的重要性是值得怀疑的。但作为对于年迈将军的一味兴奋剂，它却是无与伦比的。绝望中，他渴望得到保卫国民党城堡的责任，以一种新的面貌出现在世人面前。

麦克阿瑟的设想同华盛顿对政策的重新评价不谋而合。国防部的计划制定者先是主张保卫台湾，而后则欲将其作为对中国大陆进行游击骚扰的基地。在6月初，甚至迪安·艾奇逊都告诉英国大使奥利弗·弗兰克斯爵士，他将找到一些方法——排除直接的军事干涉——来保护台湾。助理国务卿迪安·腊斯克代表艾奇逊提出了各种不同的选择。在同国防部、中央情报局和国民党官员会谈之后，他力促推行一个使蒋介石离职的计划，并且，可能的话，置该岛于麦克阿瑟的指挥之下。

腊斯克的许多同事赞成对蒋采取行动，但他们不愿由麦克阿瑟负责此事。几个人警告说：麦克阿瑟将军离船踏上福摩萨（视察其防御要求）的时刻，“我们就将对该岛及其领导人负责”。蒋必须走在麦克阿瑟到来之前，不然华盛顿也许要扎在他这根刺上。①

（王学良　译）

（《社会科学战线》1989年第3期）

---

①　关于艾奇逊对弗兰克的评论，见洛《朝鲜战争的起源》，第53页。把蒋的去职同保卫台湾联系起来的讨论见《1950年美国对外关系文件》第4卷，第346-347页、第347-349页、第351-352页；1950年5月31日鲁斯克报告及其附件，中国事务全档，第18箱，DOS，登记号59；鲁斯克致艾奇逊，“关于中国一福摩萨问题的两党政策”，1950年6月9日，政策规划局档案；哈伦·克利夫兰致保罗·霍夫曼，威廉·福斯特和小理查德·比斯尔，“福摩萨政策，”1950年6月23日，经济合作行政档案，53-A-405，登记号286；肯尼思·T. 杨致伯恩斯将军，“关于福摩萨的行动”，1950年6月19日，CD-6-4-6，国防部长办公室档案，登记号330；利文斯顿·麦钱特致迪安·鲁斯克，1950年6月23日，694.001/6-2350，DOS，登记号59。关于此问题的讨论也见沙勒《美国对日占领》，第263-266页；康明斯：《朝鲜战争的起源》，第2卷。

日本汉学家吉川幸次郎与中国

〔日本〕李廼扬*

一、在中国北大留学

吉川幸次郎（1904—1980），号善芝，日本神户人。神户自古与中国大陆畅通，为华侨集居之地。吉川先生自幼常与中国孩童玩耍；及长，对唐人街的中华文物很感兴趣。1923 年，考取京都帝国大学，选修中国文学，成为汉学家狩野直喜（1866—1947）的得意门生。狩野教授与清帝宣统退位时亡命日本的国学大师王国维有深交，经其传授清儒的治学方法，因而奠定了“京都学派”的实事求是的学风。

1928 年，吉川先生留学向往已久的北京大学，拜硕儒杨锺义为导师，从马裕藻、钱玄同、沈兼士，专攻中国音韵学。平时喜逛琉璃厂，成了古书铺的常客。杨师精通考据学，也是诗人，“雪桥诗话”为其不朽名著。吉川先生学成归国之际，杨师作《赠吉川善之归日本》七言律诗，用文中子《中说》书中王通与程元、仇璋师生对话，形容师生情感，收载于《圣遗诗集》：

肇左陈书久放纷　日西方晏喜逢君　程仇一见情先洽　鲁汲穷探意独勤
桂帙未酬车上语　搴裳长望海东云　创通大义平生愿　忠汉犹期话旧闻

吉川先生难忘中国，喜穿长袍，一口北京腔，有句口头禅：“恨未生为中国人!”话颇幽默，表露了与中国学人友好的热情。

* 作者单位：日本京都中文出版社。

二、实事求是的学风

吉川先生最初任教于母校京大，讲《韩昌黎文集》。京大附设东方研究所，从天津藏书家淘湘氏购进了将近3万册的明清线装古籍，先生负责整点。他用四部分类编成《东方研究所汉籍目录及作者书名索引》，一鸣惊人。东方研究所是用中国人民的血汗，即清朝对日的“庚子赔款”开办的学术机构，是硕学鸿儒荟萃的学府。年轻的副教授吉川先生主讲《毛诗正义》，并加校勘，表现了雄厚的功底。此外，每周还以定期“会读”的方式，研究《尚书正义》，探讨中国帝王主持君臣会议以及历代鼎革放伐之诏勅，一时成为学术热门。先生为自己的书房题名“唐学斋”；后来由于会读《元曲选》，书房又改称“诂典居”；着手主编《元曲辞典》。

“会读”是吉川先生的发明，废止从来死板的单独授课方式，师生共聚一堂，集思广益，公开讨论，相互砥砺。研究员都必须具有懂中国语的能力，因为先生主讲惯用中国语朗读。学者们上课多穿中国服，他们把每天必经过研究所附近的草径，命名为“哲学之道”，为今日旅游京都，留下了富有诗意的胜迹，闻名遐迩。

1940年前后，太平洋战争方酣，京大学人多因反战而被投狱，吉川先生因亲华而受监视。“邦有道则知，邦无道则愚。”他闭门写作；1943年以《元杂剧研究》著作，获文学博士学位。

吉川先生是“京都学派”的代表人物，讲学认真，与“东京学派”针锋相对。东京学人保守，有时歪曲历史。当时轰动全国的论争，因1927年郭沫若在日本发表的《中国古代社会研究》著作而引发。书中用唯物史观以甲骨文字论证中国古代社会的原始形态。京都学人不仅赞同，进而作深入的研究；东京学人却对之口诛笔伐，认为商朝纯属虚构，并无其国，说甲骨文也是伪造。后来这种谬论不攻自破。

1967年，吉川先生在人文科学研究所所长任内退休，改聘为名誉教授，获国家文化勋章。1974年，郭沫若率领中国文化访日团到日本，受到日本学术界的盛大欢迎。翌年，日本政府任命吉川先生为团长回访中国大陆，并以珍藏《永乐大典》残卷原式影印本赠送给中国社会科学院。先生视北京为第二故乡，目睹文化古都遭到长达10年之久的“文化大革命”的破坏，触景伤情，回国后在报告讲演中，毫不客气地严加批评。

三、稀世文章

吉川先生著作等身，《吉川幸次郎全集》26 厚册，洋洋 400 余万言，皆为有关中国学术之论著。他的代表作则是另一大部头的《杜诗集注》，为 1400 首杜甫诗详加注释，是他平常在家中主持小型“读杜会”的成果。

日本学者写中文，滥用助辞，焉、哉、乎、耶，堆积满篇，而吉川先生行文却简洁、生动。他曾应友人之请，为已故风云人物石原莞尔答何柱国将军书简鑑跋，成了稀世之文。

石原莞尔（1889—1949），日本山形县人，曾任关东军参谋，是发动“九一八”事变的侵华元凶。何柱国（1898—1985），广西容县人，曾留学日本士官学校，与石原同学。“七七”芦沟桥事变，中日战争爆发后，何将军任中央军第五十七军军长，与日寇先后转战于榆关、热河以及黄汛区和平汉铁路。日本偷袭珍珠港前夕，石原任大本营作战科长，反对以美国为敌，主张进攻俄国，更提倡“昭和维新”，劝阻军人干政。唯孤掌难鸣，反被赶出军部，以中将要塞司令隐退。日本投降后，发动战争之主犯都被判处绞刑，唯有石原莞尔因有“反战纪录”，未受法办。何柱国念旧，致书慰问，石原表示忏悔。无奈中日断邮，回信未克送达而暴卒。两人的函件由汤川愧平妥藏，20 年后交其子携往台北，其时何将军已病逝于北京。

石原莞尔答何将军书简系日文亲笔。汤川氏以原件请吉川先生鉴定赐跋，兹由笔者借影印公开，可为穷兵赎武，好战者戒焉。

吉川先生为石原莞尔答何将军书简跋：

弘光乙酉，明之南都，沦于贝勒。后三百年甲子五周，我日本亦滨于亡。石原将军以亡国之大夫，屏退里居，书空度日。中华民国何公，其故人也。愍皇天之降灾，使二国不以玉帛相见，修书唁之。将军感激，裁此书答焉。然败绩之邦，邮政亦缺，未遽能达，而将军薨。汤山君愧平以旧府僚获之于遗簏，谨臧之者余二十年。今其合嗣蓝一郎君将游台湾，命携之往，拟呈何公。盖青简尚新，宿草已列，何公读之，其有秣陵之悲乎！汤山君国变后亦隐于市，以庖丁之技为活命。其居曰：一壶春。性爱文学，晋宋小乐府唐人小诗，翻为倭语，饶有逸韵，亦振奇人也。命幸次郎书其始末。昭和丁未岁暮，善之老人吉川幸次郎

石原莞尔答何将军书系日文，今也以译文（笔者）附于此：

拜启：日本降伏后，拜读稻叶氏转来华翰，不胜感激之至。败战日本所遭天谴，我等深感凄惨。当今正为复兴日本而寄与东亚之再兴，始能赎

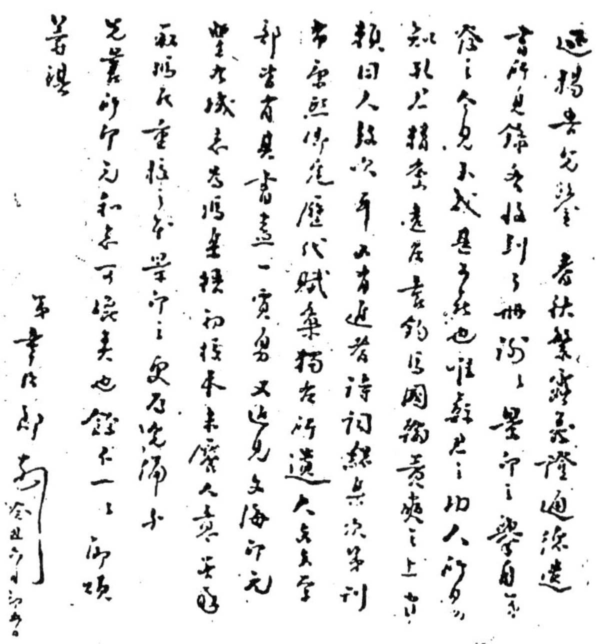

过去侵略以中国为首的东亚各国所犯罪行于万一也。敬乞格外鞭导，不吝教言为盼。

石原莞尔 敬具

何将军阁下执事

四、吉川先生与中文出版社

1952 年，余创办经售中国典籍的海风书店于日本东京神田书街，时逢“日本中国学年会”在大东文化大学举行，海风当场书展，得识该会理事长吉川幸次郎博士。日本京都为世界汉学中心。1958 年，余再创办东海风书店于京都，地址在大学后门的文化街，距离吉川先生住宅很近。吉川先生不时光临，谈古论今，买书的顾客们洗耳恭听，常使小店变成临时讲堂，几无立锥之地。

日本收藏中国古籍甚丰，其中善本珍集不一而足，尤其是失散于本土而保存在日本的佚书，更是价值连城。此外，日本近世盛行汉籍复刻，称为“和刻本”，其所使用的底本，多为元、明之书，也有明复刻宋本。吉川先生建议，设法影印推广，并愿提供书种，乐观其成。

当中国大陆发生“文化大革命”之际，红卫兵造反，贬儒批孔，古书多遭焚毁，日本市场一时缺货，大学文科无书供应。吉川先生为解救书荒，积极考虑办法。余深受感动，遂于 1974 年，毅然辞去海风与东海风总经理职务，借债独资在京大人文科学研究所附近，创办了专门影印古籍的中文出版社。吉川先生出其家藏。第一部影印者为《御定历代赋汇》，先生惠撰长达 1 万字的影印序文，以示赞助。

中文出版社由于吉川先生的支持，学界都愿提供书种，几年之间，影印古籍已逾 500 多种，其中“和刻本”占 1/5，掀起了其他同业效仿的热潮。吉川先生目睹如雨后春笋般的影印景象，感动非常，乃赐书于余，说：“影印之举，自弟发之，今见玉成，甚可喜也。”

余手存吉川先生华翰，皆为影印书设计。选择版本之商榷，以及惠撰序跋等墨宝，他日当整理专刊之。

五、最后的遗憾

吉川先生晚年皈依佛教，嘱余为之影印惠栋所著《太上感应篇笺注》，作讲演中国人之宗教情操及性格之参考。一般人印此书系赠送之，用以警世。吉川先生利用此易读易解之书，说明道家之书由儒家笺注，证实道士果报之说，可援证于儒言，故《道藏》中多儒书古本。跋文中附记：“此本流传较鲜，乃付李廼君，景印广之。”

吉川先生藏书，向不外借，但却自发地给中文出版社提供影印，这使吉川夫人也无法理解。先生平生最喜爱的中国古籍为汲古阁辑刻之《津逮秘书》，该书久已罕传。时值严冬，吉川先生患胃癌，卧病家中，谢绝访客。一日，余忽接通知，嘱前去取书一谈。见面后，吉川先生声音嘶哑，两手发抖，再三表达，盼在有生之年；得见此书影行，以广流传。隔年二月，余在台北赶印此书之际，忽噩耗传来，吉川先生仙逝，已归道山。惜书虽影行，而先生未能一见，深为憾事。

回顾自1974年创办中文出版社以来，迄今已历15个春秋，在日本已故汉学家吉川幸次郎的赞助及其他日本学者的支持下，规模日益发展，已刊中国汉文古籍逾500种，其中有些是近于湮没的孤本与珍本。今日，本社刊行的中国汉文古籍行销于日本及世界其他地区专攻汉学研究群体之间，对于流传中国古代文化，起了微薄的作用。同时，本社的声誉也逐渐闻名于士林。

饮水思源，中文出版社能够在文化交流方面作出微薄的贡献，如无吉川先生的大力赞胁和其他日本学者的支持是不可能的。为此，对吉川先生更缅怀不止。

1989年5月于日本京都

（《社会科学战线》1989年第4期）

司马门事件及其他

——论曹植对继承权及文学声誉的追求

〔美国〕 高德耀*

本文试图弄清曹植曾一度在其父王曹操心目中占据着特殊的位置，为什么没成为曹操的继承人，最后竟陷入被猜忌怀疑的境地。论文包括两部分：第一部分是所谓司马门事件。这事件使曹操、曹植之间出现了日益严重的裂痕；第二部分便是随之而来的对司马门事件产生原因的思考。这里涉及曹植的雄心壮志和垂名思想等问题。

一、关于司马门事件

大约在217年的某一天，曹植做了一件使自己与父王关系陷入僵局的事情。《三国志·陈思王植传》说："植尝乘车行驰道中，开司马门出。太祖大怒，公车令坐死，由此重诸侯科禁，而植宠日衰。"

曹操对此事的关注程度，在他所签署的三条法令中得到了进一步的反映。曹操在第一道法令里曾说："始者谓子建，儿中最可定大事。"但第二条法令就变了："自临淄侯植私出，开司马门至金门，令吾异目视此儿矣！"第三条法令更说："从子建私开司马门来，吾都不复信诸侯也。"①

曹操对曹植的行为为什么如此不满，我们可以从汉代的法令中找到解答。在汉朝的一些案例中，驰道及司马门的使用是有规定的，违反规定就要受到严厉的惩罚。例如，大约在公元前168——前157年间，汉文帝的太子和梁王入朝，经过司马门时没有下车，张释之便追赶他们，阻止他们进宫，并奏请文帝弹劾他们不尊重皇权。结果，文帝对张大加赞赏，拜他为中大夫。《史记》如

* 作者单位：美国威斯康星大学东亚语言文学系。

① 《三国志》19，第558页。

淳注曰："宫卫令：诸出入殿门公车司马门，乘轺传者皆下；不如令，罚金四两。"①

一个多世纪以后，侯魏弘、丙显骑至司马门，不敬，被削爵一级，降为关内侯 。②

有关误用驰道的案件，至少在公元前2世纪就已经有了。公元前118年，昭涉昧由于经过驰道而被解除平州侯。③ 通常对此类违反规定的惩罚是没收车辆、马匹。武帝在位时，馆陶长公主经过驰道，被江充看到，江充指责公主。公主解释说"有太后诏"。江充以为有太后诏公主可以通行，但她使用的车马必须没收。《汉书》如淳注曰："骑乘车马行驰道中，已论者，没收车马被具。"④

后代君主中对此类事情更为慎重的是汉成帝。当他还是太子时，曾接到元帝的紧急传谕。但为了避免经过驰道，他选择了一个迂回的路线，因而耽误了觐见时间。当他解释迟到的原因时，元帝大喜，发布公告，特许他使用驰道。⑤

历代帝王为什么要对驰道和司马门的使用作出如此特殊的规定呢？我们可以从其作用上得到解答。《汉书》应劭注说："驰道，天子所行道也。"⑥ 在《文选》注释中，李善经常引用这一解释，并补充说：驰道是专供帝王使用的，帝王要乘车骑马，因而称之为"驰"。

关于司马门，《汉书》颜师古注："司马门者，宫之外门也……每面各二司马，故谓宫之外门为司马门。"⑦

《史记》裴骃的解释略有不同："凡言司马门者，宫垣之内，兵卫所在，四面皆有司马，主武事。总言之，外门为司马门也。"⑧ 毋庸置疑，进出王宫要受到严格控制，司马门就自然成为最主要的控制区了。

如果说使用驰道是帝王的特权，司马门则是关系到宫廷的安全。这是不是意味着曹植的行为是对皇权的蔑视呢？我的答案是否定的。曹植所误用的驰道和司马门，大概并不属于皇帝的，而是曹操的。其地点也很可能是邺（现河

---

① 《史记》102，第2753页。

② 《汉书》18，第696、701页。

③ 《汉书》16，第607页。

④ 《汉书》45，第2177-2178页。

⑤ 《汉书》10，第301页。

⑥ 《汉书》10，第302页。

⑦ 《汉书》9，第286。

⑧ 《史记》7，第309页。

南临漳县），而不是《水经注》所指的洛阳。像曹操这样有权有势的人物，有如此特权并不使人感到意外。《后汉书》李贤注说："王宫门有兵卫，亦为司马门。"① 张载在左思《魏都赋》的注释中也曾直接提及邺有司马门。

但如上这些清楚的线索却因有关司马门事件中的另外两种说法而变得复杂起来。其中较早的一个记载认为，曹操本人是整个事件的策划者：

太祖遣太子（丕）及植各出邺城一门，密敕门不得出，以观其所为。太子至门，不得出而还。修先戒植："若门不出侯，侯受王命，可斩守者。"植从之。故修遂以交構赐死。②

第二个说法有些不同：

人有白修与临淄侯曹植饮醉共载，从司马门出，谤讪鄢陵侯彰。太祖闻之大怒，故遂收杀之，时年四十五矣。③

这两种不同的说法都将杨修的死与他和曹植出司马门的行为联系在一起。在曹植传中，杨修之死确实紧接于司马门事件之后，但却没有任何迹象表明两者之间有任何关系。事实上，那两处所谈到的只是为杨修之死提供了一个很主观的看法。我们现在来看一下这些理由。

曹植和其兄曹丕在角逐王位中的竞争异常激烈，有人希望曹丕能因长子身份的优势自然而然地得到王位，但这个愿望有落空的危险。有很多迹象表明曹植是曹操最宠爱的儿子，这一点在《三国志·陈思王植传》中也有记载。许多事实也证明只是在司马门事件后，曹操对曹植的宠爱才日益下降，而在初期曹操曾认定曹植是他最有才能的儿子。

曹植争取继承权的努力程度很难得知。《三国志·陈思王植传》告诉我们，曹操曾多次想指定曹植成为太子，"而植任性而行，不自彫励，饮酒不节。文帝御之以术，矫情自饰，宫人左右并为之说，故遂定为嗣"。

如果曹植如上所述并不努力扩大自己的势力，那么可能如伊藤正文所猜想的，对王位继承权的角逐，与其说是王子之间的竞争，倒不如说是他们的追随者、支持者之间的竞争。在建安 22 年（217）冬，曹操指定曹丕为太子。曹丕和其支持者，包括曹植岳父的兄弟崔琰胜利了。但曹植本人也不由自主地证明了自己是王位强有力的竞争者，并且也有许多强有力的支持者，其中就有丁氏兄弟。为此，他们在曹丕建魏之后遭到族诛。另外一个支持者就是杨修。曹

① 《后汉书》14，第 559 页。

② 《三国志》19，第 561 页。

③ 《后汉书》54，第 1790 页。

操曾经犹豫不知立哪个儿子才好，他没有轻率决定，而是决心暗中选择，他杀死杨修以封其口。

《三国志·陈思王植传》中提到杨修之死时写道：“太祖既虑终始之变，以杨修颇有才策，而又袁氏之甥也，于是以罪诛修。植益内不自安。”杨修犯的是什么罪过并不清楚，文章并没有将他之死与司马门事件，甚至和曹植联系起来，没有说到门卫被杀（如同《世说新语》中关于事件的说法），也没有提到有人喝醉、诽谤曹彰（如同《续汉书》中的说法）。曹操忧虑的看来是另外两件事：其一是杨修可能在将来以其才能阻挠曹操计划的实行，这无疑包括曹丕即位；其二是杨修的家庭关系有问题。袁家是曹操的宿敌，在曹氏占领邺城之前，他们一直是邺城的占领者。而且杨修舅舅袁术曾野心勃勃地欲称天下。曹操认为，杨修对计划有威胁，可能是很正确的。从其他一些材料中也可看出杨修与一些政治集团有牵连。这种牵连肯定使曹操认为杨修不可靠，甚至会威胁实现自己的目的。总而言之，我们可以看得很清楚，曹操对司马门事件的恼怒和对杨修的处决，都是在其自身条件下发生的。正史自然没有将两件事联系起来。但是这两件相对独立的事，却都与继承权有关。当曹植明目张胆地违反法令及习俗滥用特权时，我想曹操最担心的就是继承权的不稳定程度。因为在他看来，曹植是受人爱戴的，是继承权的竞争者，但行为上却对王权如此不恭不敬，大概这使曹操非常忧虑。如果说曹植的行为因为所处时代的敏感性和牵涉继承权问题而极富政治性，那么杨修之死很可能也同样是政治上的原因，虽然曹操的确找到一些杀杨修的借口，但这借口不会是司马门事件。

这事件中还有一些问题需要考虑。许多学者都奇怪曹植在那天为什么要那样去做。他们的结论各不相同，但持续时间最长的一种观点则出自《三国志·任城陈萧王传》注解中。《传》说：曹操临死时驿召曹彰，却在曹彰到来之前死去。注解引用三国人鱼豢的《魏略》：“彰至，谓临菑侯植曰：‘先王召我者，欲立汝也。’植曰：‘不可，不见袁氏兄弟乎。’”袁氏兄弟是指曹操的劲敌袁绍的儿子，在对抗曹操的同时，他们内部也勾心斗角。因此曹植不想步袁氏兄弟的后尘而与曹丕争夺王位。

曹植有意不去竞争继承权的说法，在隋唐时期的《中说》中也提到。在清代，朱绪曾认为司马门事件是有意图的，目的就是使曹操无法让曹植继承其位。言外之意就是曹植所有看来不负责任的举止都只是个计谋：自己退让出来，支持曹丕。① 最近仍追随这一观点，认为曹植有意避免继承王位的是刘卫

① 邓永康：《曹植年谱新编》上，第19页。

冲（译音）。刘接受了《续汉书》的说法，认为曹植的作品经常表现其欲统帅天下的渴望。刘说对于与杨修酗酒，违背司马门及驰道的法令，曹植肯定自有他的道理，这个目的很可能就是想要消除其兄曹丕的猜疑和嫉妒。① 我很怀疑曹植的行为是希望让位于曹丕。我以为，曹植的那些行动，看起来更像是单纯的冲动，如同219年他喝得大醉以致无法接受曹操的重要指令，和221年他对朝廷使者的无礼与恫吓那样。所以，我怀疑，如果真的授予他继承权，他会拒绝。这些怀疑是合乎情理的，这在下一部分会看得很清楚。

二、曹植心中的名望及不朽

众所周知，曹植一生虽经历坎坷，却始终渴望身担重任，发挥其才能以报效国家。这点毋庸置疑。曹植的这种雄心在一些地方得到反映。我们先看那篇写于223年的自传式的四言诗《责躬》：

愿蒙矢石，建旗东岳；庶立毫氂，微功自赎。危躯授命，知足免戾；甘赴江湘，奋戈吴越。

这是他写给其皇兄的诗。在这首诗中，悔悟的曹植表示他要大败吴敌，以功补过。在他写给皇侄的《求自试表》中，更表现其雄心壮志：

写给必乘危蹈险，骋舟奋骊，突刃触锋，为士卒先。虽未能擒权馘亮，庶将虏其雄率，歼其丑类……使名挂史笔，事列朝荣，虽身分蜀境，首悬吴阙，犹生之年也。

在呈给他的皇侄《陈审举表》和一些诗中，也反映了他的尚武精神及爱国感情，其中最著名的就是《白马篇》无疑是曹植和《杂诗》的第五、六首。《白马篇》无疑是曹植诗中选家们所必选的名篇了。诗的前半部分描写了一位年轻的爱国英雄的勇武及高超的射术，后半部则主要描写了他的爱国热情。在这里，我们看到了建安诗篇的异调。这里没有白骨露于野，没有饥病交迫的士兵，没有四处漂泊的飞蓬，而代之以表彰了那些以国家利益高于家庭、高于生命的战士，他认为死在战场是英雄的行为。即使像 James J. Y. Liu 这样不满于对传记滥加解释的批评家，也注意到在这首诗中曹植“表现了他受挫的爱国欲望和因其兄阻挠而未能实现的战争雄心”。② 郭茂倩也说，《白马篇》“言人

① 刘卫冲：《曹植评传》，第53–55页。

② James J. Y. Liu, *The Chinese Knight Errant*, p. 59.

当立功立事，尽力为国，不可念私也”①。

下面这首诗是以第一人称写的，虽然这并不是写实际情况，但我相信它确实反映了曹植个人爱国雄心及受挫的感情：

> 仆夫早严驾，吾行将远游，远游欲何之？吴国为我仇。将骋万里途，东路安足由？江介多悲风，淮泗驰急流。愿欲一轻济，惜哉无方舟！闲居非吾志，甘心赴国忧。
>
> ——《杂诗》六首之一

有些学者想考证这首诗的创作时间。因为在第六句出现的“东路”，在《赠白马王彪》中第八行也出现了，所以有人认为这首诗是在223年创作的。但我认为不一定那么可靠。两首诗中的“东路”一词，只是与诗的主题有关罢了。无论如何推敲诗中词义，我们都可以看出，诗中只暗示曹植感受到政治上的失意，他被迫离开全国的政治中心，走上远离全国政治中心的“东路”。而其他人则争相成为皇宫或战场的主角。

在《杂诗》第五首中，曹植还把“水”描写成为实现其壮志的障碍。在曹植诗中用水的隐喻如此普遍，大概水就是他受挫的象征。如《杂诗·仆夫早严驾》：“淮泗驰急流，愿欲一轻济，惜哉无方舟。”《杂诗·飞观百余尺》是曹植最后一首述志诗：

> 烈士多悲心，小人媮自闲。国仇亮不塞，甘心思丧元。抚剑西南望，思欲赴太山。弦急悲声发，聆我慷慨言。

这首诗所表现的和那些“表”的思想是一致的，和那些表现曹植怨恨强敌未灭、壮志未酬的诗篇也是一致的，所以我们不能忽视它们之间的联系。他在所有作品中一再反复表现的情感就是为国捐躯。

如果对所有有关曹植爱国抱负的篇章加以考虑，我们就应该寻找一下他的动机，例如，他在《求自试表》写道：“冀以尘雾之微补益山海，荧烛末光增辉日月。”难道他仅仅是恭敬、含蓄地陈述了一下全心全意保卫魏国的愿望吗？作为魏文帝的弟弟，他的爱国之情是真诚的，这恐怕毋须怀疑，但我认为，正如我们将看到的这与他追求不朽盛名也是分不开的。

曹植希望名声长存的强烈情感在他的作品中可得到印证。这类作品包括前面已提到一些篇章。例如，《求自试表》中，追求盛名占了重要篇幅，但曹植又特别强调建立军功。

按以往的程式，建德高于建功，而建功又优于立言，这种观点在《左传》

---

① 《乐府诗集》63，第914页。

中表现得最清楚，即所谓："太上有立德，其次有立功，其次有立言。"① 曹丕在《与王朗书》中也正是这样表述："唯立德扬名，可以不朽，其次莫如著篇籍。"

但这并不是表明立言不重要，以著书立说而求不朽的观点在曹丕早期写的《典论·论文》就提出了：

> 盖文章经国之大业，不朽之盛事。年寿有时而尽，荣乐止乎其身，二者必至之常期，未若文章之无穷。是以古之作者，寄身于翰墨，见意于篇籍，不假良史之辞，不托飞驰之势，而声名自传于后。

一些学者认为这段文字把写作的成就看作通向不朽的重要道路。但我认为这离开了作者的原意。曹丕在这篇论文中没有提到其他的途径，但并不能表明文学可替代其他活动而成为使人名声长存的最好途径。我同意了 James Liu 的看法，这里通过文章以达到不朽的观点是来源于我们前文所引用《左传》的有关说法。如果这一点是正确的，那么这对那些通过其他更重要的途径而获得不朽的方法便不会产生什么根本的影响。其实，曹丕的专论只是对汉代作品一种重述。那些作品很重要的一篇是司马迁的《报任少卿书》。近来这篇文章被恰当地称为"受挫之书"。任安给司马迁写信建议他推荐贤人。司马迁认为这是不可能的，他说自己为什么在受宫刑后没有自杀，主要原因是他认为自己必须完成不朽的著作《史记》。

这篇文章的含意在于：当一个人发挥才能的主要道路被堵塞之后，他可能会转向写作。可见司马迁将文学上的成就排在其他业绩之后。这一点在文章结尾又得到了强调。

司马迁信中所反映的对写作的态度，在汉代文学的其他篇章中也有反映。我们在《文选》卷 45《设论》中就可以看到，扬雄的《解嘲》和班固的《答宾戏》，这些实际上就是 Hellmuf Wilhelm 所称"受挫之赋"。② 扬雄和班固在赋中反驳了评论家们对他们的嘲弄。他们讽刺扬、班对文学作过分无谓地追求，缺乏伟大的功绩，尤其是无法取得高级职位等等。但扬雄和班固都暗示自己将坚持所从事的著作事业。扬雄最后写到："故默然独守吾太玄。"班固最后也写到："故密尔自娱于斯文。"

很明显，扬雄和班固都将著书立说和保持盛名联系在一起。但是并没有迹象显示著书是通向不朽的最好的道路。在这些散文赋中，赋家都在为其生活道路作大力辩护。扬雄作的辩护主要是他生不逢时，生活在一个辉煌的时代，即

---

① 《左传》襄公 24 年。

② Helmut Wilhelm，"The Scholais Frustrati on: Notes on a Type of 'Fu'".

使平庸的人也可以得到高位，成功和失败主要是靠运气而不是才能。而作为一个出色的官员可能是很危险的。班固同样暗示在伟大的汉代，命运决定着一个人能否升迁。他相信，君子的特征就是开始陷入困境，而最终得以垂名。这两个例子使我感到文人们只有在官场失意后，才会将著书当作通向最终不朽的另一条道路。

在转入曹植关于文学名声的主要论述之前，我想简要提一下有关声誉的传统态度在后代文学的表现，比如：我们可以在唐代的一些诗歌及散文中同时看到这样的迹象。如杜甫的《旅夜书怀》有这样的句子：“名岂文章著，官应老病休。”James J. Y. Liu 说诗人是哀其官场失意。但有一点很清楚，杜甫是在抒发他无法取得声誉的悲痛。由于年老体弱，他无法取得成绩。他直率地询问：文章能否获取盛名。在唐传奇《枕中记》中，青年书生卢生也抱怨自己的失意：

> 士之生世，当建功树名，出将入相，列鼎而食，选声而听，使族益昌而家益肥，然后可以言适乎。吾尝志于学，富于游艺……

在这里，学业和文学在某种程度上同样落在建功立业之后，是处在次要地位的，它仅能取得比较称心的生活和名声。这种情况在英国伊丽莎白时代，在真正职业作家出现之前的英国文坛上也可看到，例如斯宾塞和其他作家等，文学艺术比之于更重要的官场升迁可谓是微不足道的。

这里有两个主要材料谈到曹植的文学成就观，一个是 216 年曹植给杨修的信，另一个是题为《薤露行》的诗。在信的最后一段曹植写道：

> 吾虽薄德，位为藩侯，犹庶几戮力上国，流惠下民，建永世之业，流金石之功，岂徒以翰墨为功绩，辞赋为君子哉！若吾志为果，吾道不行，则将采庶官之实录，辨时俗之得失，定仁义之衷，成一家之言。

在这封给杨修的信中，年轻的曹植看起来对前途相当乐观，很明显，曹植所寻求的很可能就是垂名青史。他承认如果他的主要目标不能实现，他将转向创作——大概是历史性的或哲学性的——作为谋求永恒之路。同时他认为纯文学是没什么价值的。在《薤露行》中，曹植也认为文学是处于活跃的政治、军事活动之后，是第二种选择。《薤露行》写道：

> 愿得展功勤，轮力于明君。
> 怀此王佐才，慷慨独不群。
> 鳞介尊神龙，走兽宗麒麟。
> 虫兽岂知德，何况于士人。
> 孔氏删诗书，王业粲已分。
> 骋我迳寸翰，流藻垂华芬。

这首诗表现了诗人渴求建功立业的愿望。诗的后半部分，作者笔锋一转，陈述了自己将从事创作，以求获取不朽之名声。最后，曹植愿以孔子为榜样，发誓要著书立说，达到不朽。

作为魏室成员，曹植总是真挚地渴望为国家效劳，也渴求不朽之名，根据传统价值观，他认为战功是通向不朽的最佳途径。正是基于这些原因，我们得出结论，曹植根本不可能有屈从或让位于曹丕的想法。

令人啼笑皆非的是作为一位作家的曹植，他对中国文化所作的贡献，比起他梦寐以求的战功不知要大多少倍！

（《社会科学战线》1991 年第 1 期）

晚明茶人集团的饮茶性灵生活

（台湾）吴智和*

讲求闲适、真趣、清赏的生活态度，是晚明茶人集团意识的一种精神追求方式。在传统文人的文化生活中，饮茶是透过茶品的谦德、幽趣的内涵，来达到超升性灵层次的高品位生活模式。

性灵即指灵性，或称童心、性情、元神、精神等，描述各异，而皆就人所内具的心性着眼①。而饮茶性灵生活，在此是指称日常饮茶生活中，茶人的真性情、真性致的自然流露而言。晚明名士陈继儒描述文人性灵生活态度说："净几明窗，一轴画、一囊琴、一只鹤、一瓯茶、一炉香、一部法贴。小园幽径，几丛花、几群鸟、几区亭、几拳石、几泄水、几片闲云。"② 明白传统文人的室内户外生活态度，就知晓晚明名士为何视饮茶为性灵生活文化中不可欠缺的精神食粮的缘故。

传统文人在帝制时代，不论是在朝或居野，都有共通的时代苦闷与际遇不顺。而晚明的社会，外有国家存亡的危机，内有安身立命的困忧。文人处此境遇，各有其调适的方式，或与世不争，或恬退放闲。此类狷行的文人，与狂者恣意酒乡不同，而以茶为性灵之寄托，借以寓志罢了。

本文主题与范畴，是借着明代晚期文人集团中的隐逸茶人与寄怀茶人，对饮茶、性灵两者的不同生活范畴，如何地进行结合为一以及其精神内涵的真貌，作一介绍。借以了解饮茶生活文化，在此一时期的具体成就与影响。为便利说明，将主题范畴，析为以下 5 个层面来探讨。

---

* 作者单位：台湾新文化大学历史系。

① 曹淑娟：《晚明性灵小品研究》，台北：文津出版社，1988 年，第 176 页。

② 陈继儒：《小窗幽记》卷 5《集素》，台北：文津出版社，1985 年，第 68 页。

一、居家园庭的饮茶性灵生活

明代文人性情雅好居家园庭的闲适，嗜茶者，类于园庭中别置一茶寮，如适园无净居士陆树声在《茶寮记》中说："园居敞小寮开啸轩埤垣之西，中设茶灶，凡瓢汲、罂注、濯拂之具咸庀。择一人稍通茗事者主之，一人佐炊汲。客至，则茶烟隐隐起竹外，其实禅客过从余者，每与余相对结跏趺坐，啜茗汁，举无生活。"① 陆氏性嗜茶，著《茶类七条》。所至携茶灶，拾堕薪，汲泉煮茗。

费元禄于先人家业甲秀园中"隙地构一小馆，颜曰晁采，清闳幽适，差足自适"②，"於声华势利一切嗜好泊如也，居恒箕踞晁采，凡一琴，香一鼎，竹炉、茶灶一具。味爽栉梳，辄诵羲文、易象、虞夏、周书、公旦、典礼，览仲尼之春秋、左、国、两司马诸史。倦则消遥双树侧"③。

上引陆、费二氏，一位居高官而恬退在野，一位绝意功名而隐居不仕。前者是寄怀茶人，后者则为隐逸茶人的典范人物。饮茶仅是茶人性灵生活的借助物之一，它可以独立存在，也可以伴随他物而存在，端视茶人的心境而变化之。茶人饮茶之时，最习见的癖好就是焚香。香之为用，其利最溥，随其所适，无施不可的特性，与茶的特性最相近。④ 因此，焚香品茗，遂成为茶人的时尚习气，与一代生活文化的标志。

晚明茶人集团，一般而言，对于居家园庭的布局，意在营造出一种出尘超凡的格局，花木扶疏、明窗净几，固然为不可欠缺的要项之一，而嗜茶的茶人，多刻意与留心茶寮的规划，如陆树声的《茶寮记》、程季白的《白苎草堂记》中所叙述的。茗无茶寮的专设，多半于书斋、书屋中摆置茶具，以备品茶之时的需求，如费元禄的《晁采馆》、周履靖的《梅墟书屋》，皆于斋室中备置茶炉、茶器。知己友朋来访，或萧然独处一室，汲泉烹茶，也最合适茶人的身份与清课。

晚明茶人对品茶的流程，抱持一种敬慎的态度。李日华认为："茶以芳洌洗神，非读书谈道，不宜用。然非真正契道之士，茶之韵味亦未易评量"⑤。

---

① 陆树声：《茶寮记》，载《饮馔谱录》，台北：世界书局，1976 年，第 1 页。

② 费元禄：《晁采馆清课》，《宝颜堂秘笈》本，第 2 页。

③ 吴中行：《晁采馆清课叙》，《宝颜堂秘笈》本，第 1–2 页。

④ 徐光启：《农政全书》卷 39，台北：明文书局，第 53 页。

⑤ 李日华：《六研斋笔记》卷 1，《文渊阁四库全书》本，第 34–35 页。

晚明松江文人集团的陈继儒，对居家园庭品茶的见解颇有深刻的体会："庭前幽花时发，披览既倦，每啜茗对之。香色撩人，吟思忽起。遂歌一古诗，以适清兴。"① 又如"结庐松竹之间，闲云封户。徒倚青林之下，花瓣沾衣，芳草盈谐。茶烟几缕，春光满眼，黄鸟一声。此时可以诗，可以画"②。李氏在此强调茶品不宜亵用，陈氏则突显居家名茗幽趣。晚明社会的文人集团，目睹国事蜩螗，一部分则褪脱文人身段，而以茶人自居。这是表明在日常生活中要突破常轨，找寻安身立命之计，而选择淡而有味的茶品，必定有其时代的意义蕴涵其内。

茶味苦而后甘，淡而清远，颇契合佛道两家思想。而居家园庭的择地布局，以不隘、不旷、不喧、不阻为首要条件，不外乎求得日常生活起居的安适。而僻地以居的本意，原在寻求心灵的安顿与灵静。所谓"独坐丹房，潇然无事，烹茶一壶，烧香一柱，看达磨面壁图，垂簾少顿，不觉心静神清"③。就是晚明茶人在纷扰的外在时局中，企求内心宁谧世界的共同心志。他们与当代一批以讲学为平生志业的理学中人，是异曲别调。

也正因晚明茶人侧重于内向心性的追求，心灵的安置，成为居家的日课。胡应麟在《二酉山房记》中载："二酉山房，余所构藏书室也"，"湘竹榻一，不设帷帐，一琴、一几、一博山、一蒲团，日夕坐卧其中。性既畏客，客亦畏我，门屏之间，剥喙都绝。亭午深夜，焚香鼓琴，明烛隐几，经史子集，环绕相向"。④ 胡氏的二酉山房既是其藏书室，也是其起居室。他绝客自娱，有道家的清绝，佛家的禅修，也有儒家的情怀。三教思想影响广及晚明人士，于此可见一斑⑤。

二、器物赏玩的饮茶性灵生活

黄省曾说："自顾阿瑛好蓄玩器、书画，亦南渡遗风也。至今吴俗权豪家，好聚三代铜器，唐宋玉、窑器、书画，至有发掘古墓而求者。茗陆完，神品画累至千卷，王延喆三代铜器万件，数倍於宣和博古图所载"⑥。器物赏玩，

① 陈继儒：《小窗幽记》卷6《集景》，台北：文津出版社，1985年，第86页。

② 陈继儒：《小窗幽记》卷6《集景》，台北：文津出版社，1985年，第82页。

③ 陈继儒：《小窗幽记》卷4《集灵》，台北：文津出版社，1985年，第45页。

④ 胡应麟：《少室山房集》卷90《二酉山房记》，《文渊阁四库全书》本，第1–3页。

⑤ 详见《小窗幽记》中所载。

⑥ 黄省曾：《吴风录》，《百陵学山》本，第4页。

必自经济富厚之地伊始，必由权豪之家滥觞。而物换星移，器物赏玩也将与时尚风气相推涌。沈德符说："玩好之物，以古为贵。惟本朝则不然，永乐之剔红，宣德之铜，成化之窑，其价遂与古敌。盖北宋以雕漆擅名，今已不可多得，而三代亲尊彝法物，又日少一日。五代讫宋，所谓柴、汝、官、哥、定诸窑，尤脆薄易损，故以近出者当之。始于一二雅人，赏识摩挲，滥觞于江南好事缙绅，波靡於新安耳食诸大估。曰千曰百，动辄倾囊相酬，真赝不可复辨。以至沈、唐之画，上捋荆、关；文、祝之书，进参苏、米，其敝不知何极"①。

袁宏道也认为："近日小技著名者尤多，然皆吴人。瓦瓶如龚春、时大彬，价至二三千钱，龚春尤难得。黄质而腻，光华若玉"。"一时好事家争购之，如恐不及。其事皆始於吴中猾子，转相售受，以欺富人、公子，动得重资，浸淫至士大夫间，遂以成风。然其器实精良，他工不及，其得名不虚也"②。上引3条史料，说明器物赏玩的风尚，是从苏州文人集团、权豪缙绅起始，而由新安商人集团媒介以成，甚至于紫砂壶器之微，价至二三千钱。器物赏玩的时风既起，赏鉴家则渐次辈出。在书画方面，有明一代的名赏鉴家，董其昌指出有周宪王、宁献王、徐有贞、李应祯、沈周、吴宽、都穆、祝允明、陆完、史鉴、黄琳、王鏊、王延喆、马愈、陈鉴、朱存理、陆深、文征明、文彭、文嘉、徐祯卿、王宠、陈淳、顾定芳、王延陵、黄姬水、王世贞、王世懋、项元汴等人。③ 颇可注意者，上列书画赏鉴家，大半都是当代著名的茶人，甚至为董氏《筠轩清·录》写序的陈继儒以及董氏，都是嗜茶人士。为何器物赏玩，与茶事合而为一，其间消息颇堪玩味再三。

董其昌在书画题跋中说："世人但学兰亭，而欲换凡骨，无金丹、山谷语与东坡同，意正在离合之间，守法不变，即为家奴耳。因临此本及之，四月六日，过俞彦直斋中，晴窗啜新茗重题。"④ 书法题跋，本质上即是赏鉴之意，而在啜茗流程中重题，则是器物赏玩与茶事合一的佐证。陈继儒说："茶笋初肥，梅风未困，九月莼鲈正美，秫酒新香，胜客晴窗，出古人法书名画，焚香评赏无过此时。"⑤ 陈氏提出评赏古人法书名画五官，其中之一为春茶初肥之时，可以焚香评赏。董、陈二氏皆为松江文人集团领袖之一，又是寄怀茶人与隐逸茶人的典范人物。正说明器物赏玩，与焚香品茗之间，有互通合一的文化

① 沈德符：《飞凫语略》，《学海类编》本，第6页。

② 袁宏道：《瓶花斋杂录》，《学海类编》本，第10页。

③ 董其昌：《筠轩清闷录》，卷下，《叙赏家》《学海类编》本，第2–3页。

④ 董其昌：《容台集》卷4，台北：中央图书馆，1968年，第48–49页。

⑤ 《岩楼幽事》，《宝颜堂秘笈》本，第17页。

现象。

李日华在《春门徐隐君传》中，也提到二者结合为一，提升饮茶性灵生活的例子说："绝意进取，日繙庄老，哦陶杜诗自适。产不及中人，亦时采计，然什一以佐釜瘐，日中既罢，则下簾闭肆。洁一室，炉薰茗碗，萧然山泽之癯也。性嗜法书名画，评赏临摹，日无虚晷。亦时损七箸，购藏一二佳者，务悦其意，不以夸客射赀也"①。徐氏隐君子，则是隐逸茶人中饮茶性灵生活的典型人物。晚明文人集团，绝意进取功名者，有一部人士则投身器物赏玩，日以品茗焚香消融为事，被目为清流的人物，后逐渐由文人集团中分衍而出。

晚明江南五府，商品经济发达，器物赏玩号称大家，前有嘉兴项元汴②，后有松江董其昌、陈继儒等，其他名家好事者不胜枚举。又因饮茶风气日盛，壶器尚紫砂，名家壶制，价至数金。名壶、名茶流进豪富赏鉴家、文人集团成员居家生活中，逐渐成为赏析评之时的清品。

三、山水揽胜的饮茶性灵生活

晚明茶人集团，本质上还是具有传统文人的习性，皆有山林游癖。所以，敖英说："古者士大夫闲居，必有高人韵士，与之杖履倘佯于水声林影之间，寻幽吊古以畅冲襟"③。莫是龙也认为："身心俱旷，饮啄自适，放恣形骸之外。盘礴溪山之间，俯仰无累于情"④。

山水揽胜，能蝉脱尘俗之累，霞外清音，幽绝之景，则令人心地清凉畅舒，也是性灵生活的一端。而茶是清心之品，最宜于山林水际，因此大量的山水茶事，为茶人杂记传世，增广茶史文献。宋彦说："山房夜坐，遣人携瓶汲宝藏泉归，沦松萝茗。雪涛初泻，碧绡破剪，满室作九碗香气，恨无人共赏。适小童在都城来，携仲含柬至，中云二十二三当访余山中。览之喜甚，回还复阅瞰至七碗，乃罢"⑤。宋氏为松江茶人，自言："凡待山水而适者，必其心先有所不适者也"。"能自适者，触影寓物，每得其真"，"余非能适者，而登山临水时，能以清恬闲旷心记之"⑥。清恬闲旷心境，就是游心物外的误解，

① 《李太仆恬致堂集》卷25，第12页。
② 详见郑银淑：《项元汴之书画收藏与艺术》，台北：文史哲出版社，1984年。
③ 敖英：《东谷赘言》卷下，《宝颜堂秘笈》本，第7页。
④ 莫是龙：《笔尘》，《奇晋斋丛书》本，第6页。
⑤ 宋彦：《山行杂记》，《宝颜堂秘笈》本，第18页。
⑥ 宋彦：《山行杂记识》，《宝颜堂秘笈》本，第1-2页。

也是山水饮茶生涯的本心。

费元禄有晁采馆，有湖近馆，“置舟一，以淡胜；南园置舟一，以浓胜。南园命棹，辄鼓吹行酒，余惟携笔床、茶灶，令童子吹短笛而已。兴致不同，亦各言其适也”①。这是近家的山水揽胜，其趣浅近，意在求得性灵之适而已。“雪水烹茶，味极清洌，不受尘垢，所谓当天半落银河水也。偶忆入白水山房，得见世外佳景。是时，春雪稍霁，庭敞积素。行眠低地，山白排云。水压平桥，水流半咽。万树梅飞，幽香自媚。方啜茗破寒，消遥阁道。即未能幽冷摄心，颇觉清凉入脾，足洗胸中柴棘”②。“啜茗破寒”以下这一段世外佳景的记事，说明山水性灵生活与饮茶之间的圆融幽趣之意。

晚明名士山阴祁彪佳以为：“儒者性分之乐，不在境遇间”，“就予身自为证，当居官之日，亟思散发投簪，以为快心娱志，莫过山水园林”③。于三月初八，“游芝圃，盘桓良久。至大禹禅寺，访三空师，同之入舟至阜庄，登高阁甚畅。方徘徊而主人出，饮茶而别，复叩朱氏庄游焉。比入城，雨转甚。别二师及董友，泊舟白马山房，与管霞标诸友习静”④。五月二十五日，“移舟南堰门，待客便道，至镜波馆。及午，陈毓之至，同游琶山，探玉带泉，各啜数杯返”⑤。祁氏官宦中人，明末名臣，身处乱世，而喜山水。访僧登阁入庄饮茶而别，泊舟山房与友习静。晚明文士谈禅习静，对品茶风尚有助长的正面效应。

胡应麟在与王长公《第三书》中谈及：“五亩之隙，旁构小园，蓬蒿蔽亏。辟行径，仅容双屐。飞流千顷，环带其前。乔木数株，掩芾其右，蒲团竹几，了无人声。散发赤脚，坐送余日。篱根系小舴艋，兴至出游。于篷底沦佳茗焚妙香。沿洄落花，信其独往。当景物会心，划然长啸”⑥。小园以雅致取胜，有蒲团可习静，小舴艋可游，舟行焚香品茗。性灵生活中，山林习静之乐与焚香品茗之适，相得益彰。

袁中道在《荷叶山房销夏记》中载：“中郎同诸衲聚于荷叶山房，予宿于

① 费元禄：《晁采馆清课》上，《宝颜堂秘笈》本，第3-4页。

② 《晁采馆清课》上，第32-33页。

③ 祁彪佳：《祁忠敏公日记》，载《居林适笔引》，杭州古旧书店复制远山堂原本，1982年，第1页。

④ 祁彪佳：《祁忠敏公日记》《山居拙录》，杭州古旧书店复制远山堂原本，1982年，第7页。

⑤ 祁彪佳：《祁忠敏公日记》，杭州古旧书店复制远山堂原本，1982年，第19页。

⑥ 《少室山房集》卷111，载《第三书》，第9-10页。

乔木堂。早起，共聚山房前大槐树下”，“诸叔携茶来，共燕笑，即于松阴下午餐。饱后，穿万松中，至珊瑚林，僧能煮新茶以供。日已西，各归浴”①。荷叶山房中，文士、禅衲齐聚销夏，松阴下品茶燕笑，本就是一幅饮茶性灵生活的写意图。晚明文人、僧家性灵生活的开展。通常都是在山林水涯或禅房蒲团，透过焚香品茗等流程营造而出的。

《茶说》著者吴从先有《赏心乐事五则》，其三：“弄风研露，轻舟飞阁。山雨来，溪云升。美人分香，高士访竹。鸟幽啼，花冷笑。钓徒带烟水相邀，老衲问偈，奚奴弄柔翰。试茗，扫落叶，趺坐，散坐，展古贵蹟，调鹦鹉。乘其兴之所适，无使神情太枯”②。“赏心乐事”4 字，最足以剖析“性灵生活”的内涵；而“乘其兴之所适，无使神情太枯”十二字，则是“性灵生活”的最确切的注脚。

居家环境的选择，本质上也是一种性灵生活的反应。如城居、郊居、乡居、山居等，由近而远，由喧而静。尤其是文人山居的抉择，主观上就是要离群索居，追寻宁静的性灵生活的一种方式。祁彪佳在《寓山草堂》中说：“寓山之高，极於铁芝峰。草堂平分之而在其右。似与峰相拱揖者。堂方广仅二十尺，望之不当一小亭。而入户豁然，翼若垂云之宇。与客踞胡床，学清言，送难意，欣欣适也。吾堂所少者，丝竹鼎彝之类。至於髹几竹榻，茶灶酒枪，殆亦不乏。若夫晨光夕曦，云峰霞岭，以此娱客，似谓过之。居园者，不能使人作室迩人遐之叹。若俗子十往返不一见。虽受怒骂如张牧之，固不惜也”③。寓山园有四十八景，草堂为其中一景。祁氏尽金开园，自谓：“四时之景，都堪泛月迎风；三径之中，自可呼云醉雪，此在韵人纵目，云客宅心，余亦不暇缕述之矣！”④ 可是寄怀茶人的祁氏，无福消受寓山园林，后以南都失守，年四十有四绝粒而死。隐逸茶人的费元禄、陈继儒等人，却得以悠游山林以终。所以，乱世的文人集团变换茶人身份，也是苟全性命，且得闲适清赏的一种逃世方式。

---

① 袁中道：《荷叶山房销夏记》卷 12，载《珂雪斋集》，第 54 页。

② 《明人小品集》，台北：淡江书局，1956 年，第 37 页。

③ 祁彪佳：《祁忠敏公日记》，载《居林适笔引》，杭州古旧书店复制远山堂原本，1982 年，第 65 页。

④ 祁彪佳：《祁忠敏公日记》，载《居林适笔引》，杭州古旧书店复制远山堂原本，1982 年，第 50 页。

四、艺文流连的饮茶性灵生活

晚明的社会，不论是文人或茶人集团，诗文的酬酢往来，本质上就是各人取得社会地位、集团认同的必备条件，也是树立个人声望位阶的才华展现。如费元禄，以一介文士，“轮蹄舟楫，交错吴会闽楚间”。陈继儒“以虚声倾动寰宇”，“甚至茶肆酒栈，皆悬其画”。就是由于二氏“为歌诗落笔数千言”，“长於诗歌文辞”① 等艺文方面的长才有以致之。所谓茶人集团的菁英分子，除具备传统文人的格调，另披上嗜茶、擅茶的外衣而已。

李日华认为：晚明文人集团诗文酬酢风尚说：“今之为诗者，非悬令甲，非本性情一率为酬也游也而已矣！”李氏在此指称，时人为诗之弊，率为酬与游两端。而酬酢与交游，正是文人集团之所以能成群结聚，营造声势，瞰名一顾的主因之一。

李氏高悟端雅，工诗善书，于书无所不谈，著述甚富，性嗜茶品。自言：“余家角里舍旁，有合围树荫覆一亩。谈书斋适处其西偏，又杂莳花药焦竹。春夏斐然，秋冬则寒樾戛空，大有山林之致。余性懒人间书疏，往往沉废。独士友以故业来质者，僭为定甲乙，日染习之，因触发故的。年来遂有此二十余草，漫置之箧笥，一日曝书见之”②。李氏批评时人诗文之弊，也自认“余其终不免於诮乎”！但无论如何，诗文是文士“各运心灵，竟设机杼”，取得声誉名望的手段之一。而性灵生活中的茶史文献，还是要透过艺文酬与游二端。“独见创语，以自标异”③，才能传诸久远。

袁中道在《徐乐轩樵歌序》中说：“清水丹山之间，有隐君子，姓徐名吉民，别号乐轩居士”、“以数试不利，遂去诸生，怀终隐之志”。④ 袁氏慨叹：“诗文累于应酬也久矣！居士隐于樵，故谢绝一切人间应酬”，落笔即有烟云之趣。徐氏则是类近隐逸茶人之流。

晚明社会，文人朋比派分，积习难解。谢绝酬游者，如徐乐轩，只能终隐植茗自适。不肯下人者，如姜子干，则被排摈于集团之外，尚需借势延誉自存。不然，就须如袁中道之辈，积极酬游，攀托集团领导人物。

---

① 潘介祉：《明诗人小传稿》，台北：中央图书馆，1986 年，第 158、177 页。

② 李日华：《六研斋笔记》卷 16《美荫斋漫草自序》，《文渊阁四库全书》本，第 23 页。

③ 李日华：《六研斋笔记》卷 16，《文渊阁四库全书》本，第 23 页。

④ 袁中道：《珂雪斋集》10，第 467-468 页。

文人集团与方外野禅，素来交契达趣，而禅僧不乏艺文长才者在。李日华在《秋潭禅师传》中载："公筑秋水庵于郊南，住二十年。词豪名德，就而与同匡床、共茗枕……倏聚倏散，公视之如晴虚云影也"①。晚明禅僧性近茗枕，话禅习静，甚至艺文之间，茶烟袅袅而起。其性灵生活阔然无涯，借助自然生态的陶冶，品茗的清课，以涌动艺文创作的心扉。

袁中道在《创立黄柏庵田碑记》中载："十方檀施，极非细事，耕种而食，虽较劳苦，而食之无愧。且古大善知识，皆亲自锄田栽菜，腰镰荷锸，不以为苦"，"次者盰盰饱食，塔帽长衣，烧香煮茶，作山人冶客之态。耕种之事，愈所弃而不为。末法衰替景象，於此可见"②。袁氏在此批判晚明一干禅衲，放弃自种自食的祖训，甚至烧香煮茶，故作山人冶客的俗态，大表不满。而对于黄柏，创始人无念禅师等本色衲子，开荒种畦，不为虚浮，安分度日，"无求於世，居然有古丛林之风"③。诗文酬游以及焚香品茗的性灵本色生活，部分被口角圆滑，言行无忌之徒所假借。此风渐次由文人、茶人集团，波及于禅僧衲子之间。如秋潭、无念两位禅师，一者豁达无岸，一者老实修行。在晚明混沌教海中，可视之为两种不同的清流人物。

五、四民皆宜的饮茶性灵生活

以上所述4项，说明饮茶在性灵生活文化中，是因人有别，因事有异，而有所倚重倚轻的。至于在四民皆宜的范畴中，特别是四民之首的士人，无疑性灵生活是以饮茶为核心主题。文人集团中，不论是寄怀茶人或隐逸茶人，他们都以茶相互交结，乐此不疲，所谓的茶人集团意识，最为鲜明。尤以隐逸茶人最擅品茶，放闲多暇，走茶运水，晨夕比论。费元禄在晁采馆品论诸茶，是一则颇具有典范的史例之一。"孟坚有茶癖，余盖有同嗜焉。异时初至五湖，会使者自吴越归，得虎丘、龙井及松萝以献。余为汲龙泉石井烹之，同孟坚师之叔斗品弹射。益以武夷、云雾诸芽，辄松萝、虎兵为胜，武夷次之。松萝、虎丘制法精特，风韵不乏，芽性不耐久，经时则味减矣！耐性终归武夷，虽经春可也。最后得蒙山，莹然如玉，清液妙品，殆如金茎，当由云气凝结故耳。予所饮过三十杯，孟坚、叔氏俱不能予十之一，则陆处士、卢同辈焉得擅其胜

① 《李太仆恬致堂集》卷25，第34页。

② 袁中道：《珂雪斋集》卷18，第743页。

③ 袁中道：《珂雪斋集》卷18，第743-744页。

乎！孟坚又以虎丘比闺房之秀，蒙顶故是林下风致，知言矣！"① 吴孟坚是费氏馆中二友之一，皆有茶癖。在馆斋斗品虎丘、龙井、松萝、武夷、云雾、蒙山诸茶，对于上述茶类的性质、制法等了若指掌，慧眼独到之见，不在当代著名茶人之下。

晚明文人多解茶，于天下茶品，知之皆甚详。王士性官宦在外，有游记传世。他说："虎丘、天池茶，今为海内第一。余观茶品固佳，然以人事胜，其采揉焙封法度，锱两不爽，即吾台、大盘，不在天池下，而为作手不佳，真汁皆揉而去，故焙出色味不及彼。又多用纸封，而苏人又谓纸收茶气，咸盛以磁罐，其贵重之如此。余入滇，饮太华茶，亦天池亚，又啜蜀凌云，清馥不减也"②。王氏认为山川清淑之气，使天下古今茶品常有异动。而茶品"以人事胜"，在于作手的优劣有别。论评茶品的见解，鞭辟入里。

闽人谢肇淛《论茶》中说："茶之于人，功力最钜。无论其品色、香味为大雅所宜，即益精神消壅滞，亦服食家之所不废也。綦毋旻乃著论云：释滞消壅，一日之利渐佳，瘠气耗精，终身之害斯大，信斯言也。则必饮酒食肉，膏腴厚味，使肥腯若太牢而后为佳耶？移此论人，必以蹠之寿为是，夷之夭为非；季氏之富为高，而颜子之空为下矣。鄙俗之谭，莫此为甚，而举世莫知非之，何也？"③ 谢氏引申綦毋氏的茶论，认为茶有一日之利，却有终身之害，而饮茶者为节制茶弊，以膏腴厚味为手段，是本末倒置的作法，并移此论世人为俗见所蔽而不自知。

冯时可有《茶录》一卷传世，是松江文人集团人物，宦游在外，性嗜茶。他说："雁山五珍，谓龙湫茶、观音竹、金星草、山乐官、香鱼也。茶一铃、一旗而白毛者，名明茶；紫色而香者，名玄茶。其味皆似天池，而稍薄。"④ 李日华载："余友王毗翁，摄霍山令。亲治茗，修贡事，因著六茶纪事一编，每事咏一绝。余最爱其焙茶一绝，云：'露蕊纤纤才吐碧，即防叶老采须忙。家家篝火山窗山，每到春来一县香'。"⑤ 又说："余方立论排虎邱茗，为小芳而乏深味，不足傲睨松萝、龙井之上。乃闻虎邱僧尽拔其树，以一傭待命"⑥。雁山五珍之一的龙湫茶，在明代名望不著，冯氏记录之，意在增广文献。明代

① 费元禄：《晁采馆清课》下，《宝颜堂秘笈》本，第23-24页。

② 王士性：《广志绎》卷2《两都》，载《笔记小说大观》第43编第5册，第33页。

③ 谢肇淛：《文海披沙》卷6，台北：中央图书馆藏明善本，第13页。

④ 冯时可：《雨航杂录》下，《宝颜堂秘笈》本，第17页。

⑤ 李日华：《恬致堂诗话》卷4，台北：广文书局，1971年，第15-16页。

⑥ 李日华：《六研斋笔记》卷2，《文渊阁四库全书》本，第33-24页。

贡茶以叶茶取代唐、宋饼茶的苛扰，也解除顾渚茶的繁复失味。唐、宋著名的顾渚茶贡额骤减，茶名也一落千丈。而虎丘寺僧厌苦官司的横索，而刈绝茶本，李氏以“血必比丘”称赞之。三则茶事纪事，提及品评的茶有龙湫茶与虎丘茶，其中虎丘茶的兴衰，尤具有启示性与反讽性。

品茶第一要件为水品。明代有关水品的著述，较著名的有田艺蘅《煮泉小品》、徐献忠《水品全秩》等书，其他散篇札记，不可胜数，要在活水洁净而已。而唐代品第天下名水的知识，至明代成为茶人的水契泉约，甚至水符的别识，是茶人瓮汲烹点的日课。天下名泉所在之地，也成为茶人聚集之地。陈文烛说：“玉山程孟儒善书法，书茶经刻焉。王孙贞吉绘茶具，校之者余与郭次甫。结夏金山寺，饮中冷第一泉”①。文人的茶兴好事，于此可见一斑。

文人的好事不只此一端，如出之于茶人作手的社会福利性质的募建茶庵，茶亭之施茶消渴最有功德于四民的旅人与游客。如《六安州菊花店建茶庵募缘疏》，是比丘某立弘愿，“置茶灶以饮途喝”，“所以济物之慈”②。《东门三里庙募建茶亭疏》，是上人某，要“大开甘露之门”，“任从大众沾尝”，“但逢涓滴滴之施，便作醍醐之供”③。从而施茶的目的，是“取之杯杓之间，而所活者至不可计”，“足以少舒其困顿之苦，而发泄其羁旅无聊之况也”④。

结　语

饮茶性灵生活文化，是晚明茶人集团的追求与共识。它是借着时尚的走茶运水、焚香习静等为手段，以居家园庭及山水揽胜为背景，达到器物玩赏与艺文流连为目的。因此，5个范畴之间，与主题有时呈现交互融会的生活文化现象。说明饮茶生活一旦与性灵文化交会，两者之间必然深刻地混融为一，颇难区隔彼此之间的主客本末之别。

另外，在此必须一提的是，晚明士绅社会各集团之间，大致区分则有理学义理集团、政治诉求集团、考据情学集团、诗文辞章集团、艺术器玩集团等等，分合渐别。各集团与饮茶性灵生活之间，也呈显泾渭分明之态。前二类集团，也就是理学阵营与政治派阀，各有其心性与权力的热衷，与饮茶性灵生活，绝少有交会契合。而后两类集团，也就是文人名士与珍藏大家，与饮茶性

---

① 陈文烛：《二酉园续集》卷1《刻茶经序》，台北：中央图书馆藏明善本，第28页。

② 庄天合：《庄学士集》《六安州菊花店建茶 募缘疏》，台北：中央图书馆藏明善本。

③ 夏树芳：《消喝集》，台北：中央图书馆藏明善本，疏，第16页。

④ 袁宏道：《潇碧堂集》卷16，台北：中央图书馆藏明善本，第2页。

灵生活，则大多有消融混同的文化现象。而考据博学集团是居间两者，似无还有。饮茶生活与性灵文化的分合现象，在晚明渐趋多元化的社会里，成为集团成员间不同的追求生活文化模式，颇值得观察与留意的时代现象。

（《社会科学战线》1992 年第 4 期）

牢记历史教训，维护世界永久和平

——为纪念战胜日本帝国主义五十周年而作

〔新加坡〕孙炳炎*

孙炳炎，新加坡人。1912年1月6日生于中国福建省同安县。1926年随家迁居新加坡，并创办“森林”公司。1937年芦沟桥事变后，参加爱国华侨领袖陈嘉庚的抗日救国活动，被选为新加坡芽笼区华侨筹赈分会主席。曾著文怒斥日本侵华罪行。1945年新加坡光复后，一方面致力商务活动，一方面投身公益事业。曾任新加坡中华总商会会长、同安会馆主席等多种职务。并在新加坡力促将汉语普通话与汉字列为与英语等同的国语，1990年始定期举办振兴中华文化传统的国际学术会议，对弘扬中华传统文化贡献颇大。

一、痛苦的经历与沉重之铭记

我很感谢《社会科学战线》主编先生邀我著文，谈谈世界反法西斯战争胜利50周年，亚洲各国人民战胜日本帝国主义及其侵略战争50周年的感怀。

我走过漫漫的人生长路，曲折万千，胜败无数。然而，在我一生中，给我留下最难以磨灭的痛苦之经历和记忆的，莫过于日本帝国主义对新加坡的野蛮战争和统治了。

中国朋友也许不太了解我，我在新加坡独立后曾以新加坡中华总商会会长的身份，提出向日本追讨战争血债的事，曾出任日本占领时期蒙难人民纪念碑建碑工作委员会主席的职务，在对待日本帝国主义侵略我国的事，我历来毫不含糊，黑白分明，态度严峻。

当芦沟桥事变发生时，我即为日本帝国主义的全面侵华战争所激怒，在中华民族生死存亡的关头，我们海外子孙也有救亡的责任。那时爱国华侨领袖陈

* 作者单位：新加坡中华总商会。

嘉庚先生大义凛然，在新加坡和南洋各地积极组织救亡运动，成立南洋华侨筹赈祖国难民伤兵总会，支持中国抗日战争。我那时 20 来岁，血气方刚，义愤填膺，一心想报效祖国。受到大家的拥护，被推选为芽笼区筹赈分会主席。当时陈嘉庚先生和抗日知名人士活动的中心是怡和轩俱乐部。参加怡和轩必须有人介绍，由董事会批准。我经过陈老先生的推荐与介绍，经董事会通过，正式成为怡和轩会员。加入这个抗日的俱乐部，使我广开社会视野，更积极地投身到崇高社会事业和反抗日本帝国主义的斗争中去。先生对我的鼓励和信任至今历历在目。

日本与德、意法西斯结盟，将侵略战争扩大对亚洲的侵略。1941 年 12 月 8 日，日军对新加坡狂轰滥炸，英军损失惨重。随后日军很快由马来西亚柔佛州进攻新加坡。随着日军侵略的战火渐渐逼近新加坡，大家都准备逃难。我原计划与母亲、姐妹等家人搬到马来西亚柔佛州一个叫笨珍的小乡镇。母亲到那里看过后，认为乡村天气冷，她年老体弱，恐无法适应。我从小孝顺，敬重我的母亲，虽然此事关系重大，我还是遵照她老人家的意愿，改变计划留在新加坡，在樟宜菜市口修建了一个内设防空壕的大型茅屋，作为新的避难所。这个避难所可容纳多人，当日军飞机轰炸新加坡时，不仅我的家人在此避难，周围的百姓也到我们这个避难所来。后来日军侵占笨珍时，残酷屠杀当地的父老乡亲，许多幼童被日军抛向天空，再用刺刀挑死，其状惨不忍睹。我暗自庆幸幸运之神拯救了我全家。

然而灾难仍威胁着我。1942 年 2 月 15 日，日军攻占了新加坡，紧接着就开始了法西斯的血腥大屠杀。他们将华人的头砍下来示众于芽笼桥头，以此向全新华人施杀鸡警猴之威。到月底，又在全岛进行以搜捕和杀害抗日分子为目的“大检证”。当时我住在芽笼，公司也在那里，我哥哥要求我去参加检证以获得通行证，但我拒绝了哥哥的意见。我曾担任星华筹赈总会芽笼分会主席，是日军搜捕的重要对象，我去参加检证无异自投罗网。为了逃避日本兵，我东藏西躲，当日本兵在芽笼检证时，我逃到樟宜，待樟宜区实施检证，我再潜回芽笼。后来，我买通在日军中担任通译员的台湾人李先生，方破财消灾，逃过鬼门关。但我仍被叫去宪兵部训话。日本兵当我的面对被捕者施以酷刑，用吊打、通电流、香烟烧等方式折磨，迫害抗日志士及无辜百姓，意在警告，恐吓我，他们盘问我的职业，又追问南侨筹赈会主要负责人，如陈嘉庚、刘牡丹等人的去处。我以我是个建筑材料商回答，并承认说和刘牡丹等有业务上的往来，因为刘从事建筑业，但我不知道他们在何处。我还说，我也正在寻找刘牡丹。最后日本兵要我随叫随到，与他们好好合作。这样勉强躲过了这场拷打。

但我仍未真正脱离险境。1942 年 4 月，清明节前夕，我的挚友，曾担任南侨筹赈会万礼区分会主席的陈锦章先生来到我在樟宜的避难所，告诉我外面风声很紧，日本兵正四处搜捕我们。我们决定出逃。第二天清晨 5 点多，我们化装成老人，准备暂到杨厝港一位印度人家中避难。那天是清明节，沿途多见人家杀猪杀鸡，祭祖扫墓，十分热闹。锦章自称可带路，但我们走了两个多小时仍未到达目的地，一问才知我们在原地转圈，未走出樟宜区。后经人指点，再走一个多小时，方抵达目的地。

我们在印度人家中暂时没有安全问题，但情况并不乐观。日本宪兵不时到该地巡逻。每当见日本宪兵的汽车，听到车门关闭的碰撞声，我们总是心惊肉跳。为了不连累这位印度朋友，也为了增加安全感，我们应在周围租了洋房，把太太搬来同住。这样便于掩人耳目，躲避日本军的搜捕。

我前面说，日本侵略新加坡给我留下难以磨灭的痛苦，这并非仅仅指我个人而言。个人事小，国家、民族、正义事业事大。在日本侵占新加坡的 3 年 8 个月里，新加坡，马来西亚华人残遭日军屠杀，死者伤者成千上万。这种生灵的绝灭，让我痛苦万分，终生难忘。在多少和我一起战斗、工作、交往的朋友死于日军的枪刀之下，有多少平民百姓，父老乡亲惨遭凌辱。当时新加坡的人口不超过 80 万，华人不超过 60 万，却有 7 万余人倒在日寇的屠刀之下。当年的樟宜海滩、榜鹅海滩、巴西班让海滩、惹兰培本山谷等地，都是集体大屠杀的地方。据死里逃生的人回来说，日军将“检证”搜捕的人反绑双手，穿成串，用机枪扫射，然后待海水上涨，将尸体冲进大海，战后在实乞纳七英里山谷、樟宜三百英亩、南洋女中背后山腰等多处，相继发现被杀害者的遗骨。据惹兰培本山谷大难不死的目击者说，当时日军动用 40 余辆卡车，每车载五六十人，送到这里集体枪杀。战后，这里发掘出的较为完整的尸骨就有 2176 多具，证实日本侵略者令人发指的大屠杀是千真万确的事实。

日本侵占新加坡的时间虽然只有 3 年 8 个月，但它的掠夺屠杀与血腥统治给新加坡社会造成的破坏，给平民百姓带来的痛苦确是巨大的。

这些都是我痛苦的经历与记忆，如今都已成为历史，讲起这些，不是为控诉，而是想说明一个道理，那就是日本帝国主义是侵略者，是犯罪方。新加坡与中国是被侵略者，是受害者，是公理方。

历史事实终归是历史事实。我所经历的这段历史是很痛苦的。这段沉重的经历我将铭记不忘。新加坡人民也将铭记在心。在国际关系史上，在新加坡和日本的关系史上，乃至在中日关系史上，侵略与被侵略、正义之战与掠夺之战必须明确区分，不能含糊。只有这样才能有公正国际和平关系，也才能有世界子孙的和平。

二、新加坡的历史特点与解放使命

现在，日本某些头面人物说，当年日本发动的战争，使“几乎所有的亚洲国家托它的福，从欧洲殖民地的支配地位获得独立”，教育普及，经济繁荣，民族兴旺。(日本前环境厅长官樱井新)① 日本某些人总是梦为自己圆。

新加坡当年是英国的殖民地。我们新加坡人民有民族解放与独立的使命。然而我们是依靠自己力量来争取独立的。在为民族独立解放的斗争道路上，我们从来也没有求你日本出兵，你凭空闯进来，有什么道理。

日本某些人耍了一个不高明的手腕，说是客观上起了从英国殖民地统治下解放的作用。这不是日本某些头面人物的无知，而是他们的秉性难移。

世界各国、各民族都有自己的历史之路，新加坡也有自己的历史特点。中国是亚洲的大国，有悠久的历史，在日本发动全面侵华战争前，曾遭受列强凌辱，处于半封建半殖民地状态。九一八事变始，日本妄图将中国变为殖民地，七七事变后更是全面地对华战争，中华民族到了危亡的关头。新加坡人民，特别是新加坡的华人，支援中国抗战，是义不容辞的。当时，日本与德国意法西斯结成同盟，意欲称霸全世界，西欧的法国、荷兰、比利时、卢森堡、奥地利、捷克、波兰、苏联等国先后都遭受希特勒法西斯的蹂躏。在亚洲，日本不仅要灭亡中国，而且向南亚诸国悍然发动侵略战争。全世界面临民主阵营与法西斯帝国主义的决死斗争。

新加坡人民当是面对的最紧迫的任务，是与中国、反法西斯民主阵营结成同盟，以求战胜日本法西斯。在当时，新加坡与英国殖民地的矛盾，只能推移到战胜日本法西斯之后解决。事实是新加坡人民靠了自己的力量，在战胜日本帝国主义之后，从英国取得了民族的解放与独立。天下人之无耻，莫过于强盗自称自己是救世主。

现在让我回顾历史，看看日本帝国主义当年到底对新加坡干了些什么。

1942 年 2 月 17 日，在日军侵占新加坡的第三天，日本国家大本营就通过决定，将新加坡岛改为“昭南岛”，将新加坡市改为“昭南特别市”，由大本营任命日本高级军人出任市长，将新加坡直属于日本管理之下。这种“待遇”当时只有被列入日本版图的朝鲜、台湾、辽东半岛才有。翻开当时日本地图会看得一清二楚。日本国涂为红色，朝鲜、台湾、辽东半岛也被涂得和日本一

① 《日本政客为何又妖言惑众》，新加坡《联合早报》1994 年 8 月 21 日。

样，表明是日本领土，而新加坡与马来西亚不同，也被涂为红色，意为日本自家之物。所谓“昭南”，并不是为新加坡人的解放，而是为日本所有罢了。

当年日本占领新加坡和东南亚各国，名为“大东亚共荣圈”，实际是在侵华战争走投无路，与法西斯德意配合，与美英关系紧张等条件发生的，目的是为了争夺石油、橡胶、锡、木材、粮食等重要物资及控制战略交通线。1941年12月8日，日本发表《宣战诏书》，宣称此次太平洋战争是“排除美英之暴政，使东亚恢复其晴朗之本来面貌”。战争头号罪犯东条英机说，日本发动的战争，“欲使东亚各民族各得其所”①。今天日本某些头面人物的话和当年战争罪犯如出一辙。所以，我说他们秉性难移。

三、侵略的历史事实不容含糊

人类历史是有继承性的。为了建设和平的世界，就要搞好国际关系，搞清侵略与被侵略的历史，这是至关重要的大事。在全世界反法西斯胜利50周年，在抗日战争胜利50周年的今天，正是回顾历史，区分邪正，增强国际友好交流的时机。在亚洲近代的历史上，日本曾是侵略战争的策源地。现在日本在经历了战争失败之后，又成长为经济巨人，日本和亚洲各国的关系怎样，日本对当年帝国主义侵略历史怎样认识，都是很重要的问题。遗憾的是，日本不少执政的人，叫得响的学者，对他们过去的侵华，侵略东亚各国的历史一直没有正确的认识。前时，我国的资政李光耀先生答日本《朝日新闻》记者问，指出日本应坦率面对历史，公开讨论侵略事实。李先生说：“重要的是日本对上次战争所抱的基本态度，这个态度将决定日本来对于可能产生的冲突所持的态度。”② 李先生的见解，立论我完全赞同。

日本是有一亿人口的经济大国，曾是向亚洲各国发动过侵略战争的国家，如果对历史上的侵略事实采取模棱两可，含混不清的态度，那对未来的亚洲和国际关系，必然产生重大的影响。

我在这里讲讲迄今日本某些让人遗憾的舆论的情况，以求共识。

（1）战争结束以来，美化日本侵略事实的言论，在日本始终居于重要地位，最初较叫最响的是“大东亚战争肯定论”，伪满洲国是“王道乐土”等。

---

① 1942年1月21日，东条英机在日本第79次帝国议会作关于《大东亚建设的设想》的演说。

② 李光耀答记者问全文，见新加坡《联合早报》1995年1月4、5日。

到了20世纪六七十年代，随着日本国际地位的提高，“南京大屠杀是编造的谎言”等言论叫得特别响，公然为东京审判的日本战犯翻案叫屈。前几天，日本有人出来说，日本在新加坡只杀过千余人，根本就没有什么屠杀。在战胜日本帝国主义50周年来临之际，日本文艺春秋社属下的《马可·波罗》杂志发表文章，为德国法西斯奥斯维辛集中营毒气大屠杀翻案，明眼人不难看出，这是为日本帝国主义大屠杀进行辩解而已。《马可·波罗》虽然被迫停刊，人们不会忘记文艺春秋社等其他杂志为南京大屠杀洗刷的事实。这几年日本某些人物和报刊在为日本侵略洗刷时，态度傲慢，气焰嚣张，有时公然指摘曾被其侵略，奴役的中国，好像拿枪的侵略者倒是菩萨，中国倒成了被告。日本某些人的这种态度、立场，难道不值得亚洲被侵略国家警惕吗？

（2）值得注意的是，是日本执政者和政界有些要人出面为日本帝国主义侵略罪行进行洗刷。仅仅一个向亚洲被侵略被奴役的国家的赔礼道歉，就成为历届日本内阁的难唱曲。从去年到现在，日本内阁阁僚前后数人，因为侵略翻案叫屈而下台。然而下台的只管下台，翻案叫屈的照闹不误。李光耀先生指出，日本对侵略进行洗刷主要是出在“日本的领导层”的“主流领袖”，并指出“主流领袖是在自由民主党内”。这见解很正确，“主流领袖”是当权者和主宰者，国家、民族命运大半操纵在他们手中。他们的影响力很大，拥护者不少，能左右政策，很容易造成严重的后果。国家事，上至内阁，下至平民，都有责任。但责任更大的是内阁和政界、财界要人。

（3）现在日本有种怪现象，国家“主要领袖”的一些人对于当年日本帝国主义对外扩张侵略、对外进行战争的事实拒不反省，百般否认对南京、对新加坡进行过的大屠杀，芦沟桥“没有打第一枪”。而另一方面积极要求占有联合国常任理事国的椅子。作为一些“主要领袖”采取这种态度，不是在坚持旧的亚洲“盟主”的立场，就是在政治上不负责任。

以上诸种事实告诉我们，亚洲侵略战争责任的日本方，至今动态令人不足信任。我期望日本的当权者、政界头面人物都需在反法西斯胜利50年来临之际，作出负责的反省。不然的话，世界和平从何而来？

四、世界的和平与稳定

世界很快就进入21世纪了。回顾20世纪，是充满浩大残酷战争的时代，也是世界各被压迫民族争取独立解放的时代。在即将进入21世纪的今天，全世界迫切需要的是稳定与和平。世界各国民族都须为消灭不义的战争而斗争，为和平而斗争，为人民生活幸福繁荣而斗争。亚洲各国各民族为迎来21世纪，都负有崇高的使命与责任，特别是在纪念战胜日本帝国主义侵略战争50周年、纪念全世界战胜德意日法西斯侵略战争50周年的今天的亚洲，更有必要沉思如何才能推进世界的和平、安静与建设。

第一，日本曾是世界大战的发源地之一，曾以野蛮的侵略战争荼毒了大半个亚洲，日本的领袖们有责任向亚洲和世界各国人民表明态度，反省侵略，不再军国武装，成为与世界各国人民共存的和平国家。日本不应老为自己洗刷，更不应该不改旧性。日本应该自省，在全国公开讨论对外侵略战争的罪行，别再欺人。这方面的问题前已有表明，故不再赘述。

第二，长期遭受帝国主义侵略，压迫的亚洲各国今天已走上和平建设的道路，有了巨大的民族觉醒，经济高速增长，国力提高，人民生活改善，引起全世界的注目。这是非常重要的大事。世界和平与稳定，亚洲的和平与稳定，有赖于各民族各国民的和平建设与发展。彻底摆脱再次被奴役，唯一之路是民族的独立和国家的富强。如果没有这一前提，即使日本某些人收起他们的军国主义的论调，道了歉，也难以维护一个民族、国家政治上的、经济上的独立。

第三，人类的生存，世界和平与发展，需要世界各国各民族的友好交流与支持。今天的世界是人类历史最紧密、最相互依存的时代。世界任何角落的一次冲突，都会震动全球，甚至会酿成灾祸。世界各国应以积极的态度和平共处。国家不分大小，都应该相互尊重，平等交流，消除摩擦，求同求荣，世界人类就会走向幸福之路。

第四，中国是我的母国，中国曾为反抗反法西斯战争作出重大的牺牲和贡献，我期愿加强新加坡和中国的友好关系，共同为世界和平事业尽一份力。

1995年5月1日于新加坡

（《社会科学战线》1995第4期）

随西方传教士引进的大炮及对明金态势的改变

（香港）马楚坚*

1994年为耶稣会士在华以学术传教方式实施415周年，是利玛窦改穿儒服，俨然以“神学家与儒者”身份传教①，公然以中国天主教适应儒家学说、礼仪中国化②400周年；亦为代表中国天主教赴罗马谒教宗亚历山大六世陈情而获教廷颁谕“悉如所请”（juxta exposita）以息争端的功臣——卫匡国诞生380周年③及中华首位西洋大炮推上战场作主导地位之军事家袁崇焕410周年纪念。今适逢政、教之见渐弥而中西文化交流机转之际，作本文以为纪念。

一、卫氏所记对付火枪战术与努尔哈赤

努尔哈赤，卫氏称之鞑靼王子或鞑靼王而不名④。努尔哈赤兴起之原因固然甚多，但何者为其主因之一，实值得吾人深思？按努尔哈赤之军队虽善于野战，众所周知，此亦其一统女真原因之一，但明于辽驻守边军数目比他多，且城池坚固，“并都持有火枪”保卫，而努军“除战刀外，只有弓箭和使用弓箭的熟练技巧；他们最害怕的是火枪子弹”。即畏惧已配备仿制葡萄牙传入之欧式火器的驻边明军，则又何以能扭转战局，吞下辽东？

《鞑靼战记》中有一资料至今尚少为人所留意，而我则以为乃一重要关

---

* 作者单位：香港大学中文系。

① 利玛窦：《致罗马总会长阿桂委瓦神父书》，载《利玛窦书信集》上，台北：辅仁大学，1986年罗渔译本，第202页，时为1595年11月4日，撰于南昌。

② 方豪：《明末清初天主教适应儒家学说之研究》上，载《方豪六十自定稿》，台北：自刊本，1969年，第203-254页。

③ 方豪：《中国天主教史人物传》第2册，香港公教真理学会，1967年，第114页。

④ *Bellum Tartaricum*，pp. 13，15；又参见戴寅译《鞑靼战记》，第5-6页。

键，即努军对付明军火枪的战术，云：

> 他们最害怕的是火枪子弹，于是使用计策，出敌意料外地减少神秘火枪之杀伤力。鞑靼王命令第一批攻城部队用坚硬的木板做盾牌，如同一堵木墙，后面跟着携带云梯之登城队，最后为骑兵部队。他以这般阵势四面包围城地。先用木墙挡住火枪的火力，云梯于顷刻间已经架上城头，不等敌人第二次开火，先锋士已经登上城墙冲入城市。鞑靼人迅猛而敏捷（在这方面他们超越了所有的民族，并以此为主要的技能），他们能够在瞬息之间进退自如。在这场战争中，中国军人使用火枪的那点技术没有起甚么作用，尚来不及开第二枪就被鞑靼士兵蜂拥而入的浪潮所赫倒，立刻慌不择路地四散奔逃，却遭到飞快的鞑靼骑兵所追击，大部分都随着城市的陷落而覆灭。这个城市被占领后，鞑靼人又像一股洪流般淹没很多不太有名的城镇，其中有壮丽的广宁城（Evamgning），又迅速占领了整个辽东。①

这里所云火枪，即我国的火铳。火铳乃元、明、清三代对火枪、火炮等军用管形火器之统称。火铳与火药皆我国所发明，火药发明据袁成业②、松全才先生之研究，推订为发明于公元前1世纪，称之硝石雄黄体系火药，但形成硝、硫加灰的火药则于隋唐，走上军用则始于晚唐③，从而补充李约瑟先生所论之缺。

按中国火铳发展虽慢，但在军事上，却不少卓见者敢于运用其功能而建功立业，如朱元璋部队于元至正二十二年（1362）二月在诸全以铳炮败张士诚部④，至正二十三年（1363）在南昌“以火铳击退”陈友谅之来攻军队⑤，随之以“火炮、火铳、火箭”诸火器而胜陈友谅于鄱阳湖，陈氏本人也在明

---

① *Bellum Tarttaricum*, pp. 16–17；又参见戴寅译《鞑靼战记》，第6页。

② 袁成业等：《我国火药发明年代考》，载《中国科技史料》第7卷，1986年第1期，第30–36页。

③ 李约瑟（Joseph Needham）：《谈谈关于中国科学技术史的编著情况》，《中国科技史料》1981年第3期；李约瑟：《中国科技史料》第1卷，香港，1975年中译本，第288页；李约瑟、鲁桂珍：《关于中国文化领域内火药与火器的新看法》，《科技史译丛》1982年第2期，李天生译自1981年8月《第十六届国际科技史大会会议纪录第一集》。

④ 谷应泰：《明史纪事本末》第1册卷4《太祖平吴》，北京：中华书局，1967年，第60页。张士信、吕珍率兵十万围诸全，守将谢再兴夜半出击，“金鼓铳炮震天地……士信大溃走”。

⑤ 谷应泰：《明史纪事本末》卷3《太祖平汉》，北京：中华书局，1967年，第41页，陈友谅率兵60万攻南昌，“邓愈以火铳击退其兵”。

军“箭铳齐发”下被射死①，是知明建国之初，即已运用传统火器于每场大战之中。迨永乐命张辅首次讨交趾，命“神机将军罗文等以神铳翼而前”②，大胜安南象兵于多邦城。由是可知，明自始已重视传统火器于战阵之中。永乐五年（1407）太宗为加强火器之威力而成立神机营③，与三千营、五军营合称京军三大营，由中央直接指挥之机动特种军队，并作为内卫京师，外备征战，中护巡狩之新力量④，故于交趾、漠北征战中、火炮亦建殊功。

正德六年（1511），林俊以右都御史致仕隐居福建，至嘉靖元年（1522）再起为工部尚书⑤，而其所以能知火炮式样、火药方，此当为福建海商所引进于1511年海商于马六甲结交葡萄牙海军大将亚尔伯奎（Alfonso d’ Albuquerque），并助其所委公使使暹罗之后⑥，此为民间传入之径。至若葡萄牙正式献赠则在正德十二年（1517），始至广东时由“通事献一個，并火药方”⑦。然该事却不为大员陈金等所重视，反而为小吏东莞县白沙巡检何儒所关注，于查船时“见有中国人杨三、戴明等年久住在彼国，备知造船、铸铳，及制火药之法”，乃观其向化，引其为中国所有⑧，遂得铸造如式，后儒之上司汪鋐遂得以此铳取胜，中葡首战于广东屯门岛（葡人称作达马柯 Tamao，即今香港大屿山）茜草湾（今大屿山东涌与大澳之间）将自正德九年（1514）即强占屯

① 谷应泰：《明史纪事本末》卷3《太祖平汉》，北京：中华书局，1967年，第42-43页。太祖戒诸将：“近寇丹，先发火器，次弓弩，及其舟则短兵击之”……“愈通海复乘风发火炮，焚寇舟二十余艘，杀溺死者甚众。”又见钱谦益《国初群雄事略》卷4，《汉陈友谅》，北京：中华书局，1982年，第103-105页。

② 谷应泰：《明史纪事本末》第1册卷22《安南叛服》，北京：中华书局，1967年，第348页，永乐四年冬十月条。

③ 王圻：《续文献通考》第4册卷161《京兵》，北京：现代出版社，1991年影印本，第2479页，《京兵》，记载年代交代不清。但在清高宗敕撰《续文献通考》卷122，台北：新兴书局，1963年影印本，第3893页，“兵二·定三大营之制”，考为“五年初定交趾，神机营立于此时”。

④ 张廷玉：《明史》第8册卷89《兵志一》，第2176页，神机营条。黄彰健校：《明太宗实录》（缩印本）卷249，第1553页，永乐二十五月癸酉：“时营阵，大营居中……神机营在骑卒之外……”。

⑤ 张廷玉：《明史》卷194《林俊传》，北京，中华书局，1974年，第5136页。

⑥ 萧濬华译：《天主教十六世纪在华传教志》，上海：商务印书馆，1936年，第46页。

⑦ 胡宗宪：《筹海图编》，台北：商务印书馆，1974年，《四库全书珍本五集》本，册3，卷13，第37-38页，《经略三·兵器·佛郎机图说》，刑部尚书顾应祥条。

⑧ 严从简：《殊域周咨录》卷9，北京：中华书局，1993年标点本，第321-322页，《佛郎机》。

门的葡萄牙人驱出中国海域于正德十六年（1512）①。

何儒因关注葡人之长技——佛郎机火器，及留意其能制造之匠师，因是朝中令下，何氏即能办理妥当，致仿造成功。何氏也因而以功升应天府上元县（今南京市江宁县）主簿，令于操江卫门监造佛郎机火器，以备江防。《实录》并为之大书特书云："中国之有佛郎机诸火器，盖自儒始也"以资表扬②。如翁万达、戚继光、易应昌、孙承宗、赵士桢、茅元仪等继何儒之后，对中国新军事工业作出新发展之贡献，不少并予以运用于战阵之中以发挥火器长技之优势，以补地势、军队战斗力之缺而令敌人对此火器为之畏惧③。惜明代此种出类拔萃之人材虽有，然能获得权位相称以发挥其材则罕。

考东北明军拥有传统火器 4 万具④ 之多，各要塞分配如何，尚待新史料之发现才可获其数据，但从万历四十六年（1618）至天启元年（1621）3 年中因辽战发往广宁之各种火器以资补充者：大炮类 18 154 门，佛郎机火器 4090 架，枪类 2080 杆，火药类 1773 658 斤，大小铅弹 142 368 斤，大小铁弹 1 253 200 个之多⑤。虽然不知广宁原已拥有多少？但从此次增加数量视之，可见广宁火器之多非同小可。据孙文良、李治亭先生谓明廷在此 3 年间发往广宁之武器，火器占全部武器一半以上⑥，由此可见广宁火器之多，亦可知其防卫力、攻击力之强，然而却不免于溃败。其原因固多，其中内府所制火器质量甚差，当使用时屡次爆裂，反而自我杀伤，更使燃点者战战兢兢，不敢多用，也是一大主因。就沈阳之陷言之，除内应开门及诸将不遵巡按张铨指令外，后金攻城，明军"连发炮热，装药即喷"而裂，致威力顿丧，给予后金冲锋良机，故有喷后，"贼及时蜂拥过壕者"之说⑦。是知明炮铸造质量奇差，致失陷加速。

---

① 罗香林师：《明代之屯门及葡萄牙人进犯其地之始末》，载《一八四二年以前之香港及其对外交通》，香港：中国学社，1963 年，第 25-27 页；林天蔚：《十六世纪葡萄牙人在香港事迹考》，载《中华民国史料研究中心十周年纪念论文集》，台北：中心中华民国史料研究，1979 年，第 69-111 页；王崇熙：《新安县志》卷 14 下，香港黄氏 1992 年影印嘉庆二十四年刊本，第 121 页；《宦迹略·汪传》《艺文·都宪汪公遗爱祠记》卷 23 下，第 189 页。

② 《明世宗实录》卷 154，第 8334 页，十二年九月丁卯条。

③ 王若昭：《明代对佛郎机炮的引进和发展》，《清华大学学报》（哲社版）1986 年第 1 期。

④ 《徐光启集》《申明初意录原疏》，第 186 页。

⑤ 孙文良、李治亭：《明清战争史略》，辽宁，1986 年，第 210 页，据《明熹宗实录》卷 5，第 13-14 页之统计。

⑥ 孙文良、李治亭：《明清战争史略》，辽宁，1986 年，第 210 页。

⑦ 沈国元：《两朝从信录》第 2 册卷 6，第 690 页。

二、传教士为引进火炮桥梁及徐光启等承传而推于改变态势中之努力

卫匡国神甫于明大势失控于辽东后，有载传教士对双方军力消长关系产生转变之关键，云：

> 两位可敬之基督教士保罗和米歇尔，设法劝说皇帝向澳门之葡萄牙人征求更大火力之火炮及借用更多之炮手，希望借此挽危与促使被驱逐之基督教神甫回来恢复传教。其等之建议产生效果。遂有两人被派往澳门办此事；于是神甫又可以公开传教于华，很多新式葡萄牙兵种被派来作支援。①

按“保罗”为徐光启入教后的教名；“米歇尔”为杨廷筠洗名。二人均为利玛窦神甫之学生。萨尔浒战役后，明军在辽东之军事优势尽失。卓识于济者对明在辽东态势无不究心探讨对策，对祖制虽不敢正面指斥其僵化腐败为失败泉源所在，却倡议引入西洋大炮。徐公何以有此卓见？何以知澳门有大炮威力强于中国所有，葡萄牙人能掌握欧洲新造炮技术及炮战新技术？此又与利玛窦神甫东来有关。

按徐氏于万历三十二年（1604）中进士，入馆为庶吉士，此时利子亦来京，“居礼宾之馆”，徐氏“以间游众请益”，“每布衣徒步，晤于邸舍，讲究精密，承问冲虚”。② 利子亦自言徐氏每天抽空来听讲，并说“他把从我们这里所听见的好事和有益的事，或有关于圣教道理，或是有关于西方科学，凡可以加重我们声誉的，他都笔录下来，预备编辑成书”之事③。则其授受炮术、军事学当在此期间。至若其自成一家言之《兵机要诀》、《选练条格》，及其发挥于挽救态势一切与兵机铸炮、购炮、请葡萄牙炮手来传授明军使用新型火炮技术、新式战术等亦无一不受利子之学而脱颖自成一家言；同时，其兵学、炮术获得传授也曾在得授几何之同时。

利子西方军事学及对铸炮术之认识，主要乃因16世纪为欧洲造炮战术及炮战技术长足发展威力更大，灵活性更强之新炮取代旧炮之时代。对中国军队所拥有火器，利子则有下列之评价云：

> 中国人并没有在火绳枪中太多地使用黑色炸药，因为他们仅有为数很

① *Bellum Tartaricum*, pp. 29–30。又参见《鞑靼战记》，第8页。

② 梁成勉：《徐光启年谱》，上海：上海古籍出版社，1981年，第72页，1604年7月12日条。

③ 《利玛窦书信集》下《致高斯塔神父书》，第290页，1605年5月10日。

少的火绳枪；他们也未在石炮与火炮中太多地使用黑色炸药，因为他们同样缺少这两种重型武器，却把大量的炸药耗费在炮竹、焰火中。每年春节，他们精心设计各种奇妙且五花八门的爆竹、焰火，使看过这种玩闹的人无不为之惊叹。这些炮竹、焰火制作得十分奇特美丽：它们像火树，似银花，如串串葡萄与荔枝，又像硝烟弥漫的战斗场面。它们嘶鸣、腾空，尽情在空中旋转、翻腾、拖曳。人人都在玩这种炮竹。一五九九年，我在南京居住时估算出，在这年的历时一个月的新春欢庆活动中，他们在玩耍炮竹焰火中所使用的硝石与黑色炸药，超过了我们连续两三年战争所需要的数量。①

由此，是知其精于火器及关注中国火器落后之处，又评中国这些城镇要塞堡垒敌台之建筑不符合配合炮战技术所需，在 1605 年致西班牙国驻马尼拉基地代办之书信中云：

尽管，他们确实拥有大量的要塞，许多城市壁垒森严，但却不堪一击。因为，这些防御性城墙不是根据几何原理建筑的：它们既无避弹掩体，亦无城壕沟堑。②

按徐光启、李之藻后来甚重视制造城堡敌台③，并屡言于中央，施于边塞，又传之孙元化，孙氏以之与袁崇焕建立宁远城以抗后金④，此皆承传于利子学得以实践者。李氏也自言曾从利子学炮。

三、崇祯间基督教士之再努力

天启间，袁崇焕两次以西洋大炮击退金军，拯明之劣势，将明节节败绩稳定下来，已为人们所熟知，不再赘述。

思宗继统，于除魏、客之党后，复起徐光启、袁崇焕等人。崇祯元年（1628）帝已重视大炮而有意购募，命“两广军李逢节、王尊德”向澳门接

① 乔纳森·斯彭斯：《马泰奥·里奇的记忆秘宫》，王改华译作《利玛窦传》，西安：陕西人民出版社，1991 年，第 57–58 页。

② 乔纳森·斯彭斯：《马泰奥·里奇的记忆秘宫》，王改华译作《利玛窦传》，西安：陕西人民出版社，1991 年，第 54–55 页。

③ 方豪：《李之藻研究》，台北：商务印书馆，1966 年，《李之藻简谱》，第 204 页。

④ 宋伯胤：《明泾阳王徵先生年谱》，西安：陕西师范大学，1990 年，第 5 页。

洽①。翌年，满兵不敢犯宁远，却由龙井关破遵化。京东诸州县既失陷，十一月初四日，帝御平台，问策于朝臣。徐光启奏对：

> 凡兵不止练战，亦宜练守，今守城全赖火器，非素练不能。若营军出城，则城夫皆属平民，不知火器为何物，一时岂易习教。且胜负难期，一有差失，人心震动。昔辽阳之守，臣再遗书熊廷弼谓城外列营置炮，万分不可，只凭城用炮，自足尽贼。廷弼不听，袁应泰继之，亦然。后大兵出城拒河而守，望散溃散，火器皆为敌有，守陴者遂致无人。后袁崇焕守宁远，不出一兵，残敌万众，二者相去远矣。②

由上是知徐氏欲为帝贡献其新知，力请用西洋大炮，配合其新炮战术，大炮守城尤胜于野战，是坐而胜敌之最佳战略。帝是之。澳门葡人遂“向朝廷进呈大炮十尊，步枪数支。以公沙的西劳（ozales Texeira-Correa）为领队，耶稣会士陆若汉（Jean Rodriguez）作为通事，并带领五六名炮手押炮北进③。他们于崇祯二年二月自广州出发，同年十一月二十二日到达涿州④”。

皇太极率师袭击北京，经此，满人见西洋大炮“边发于城头”，乃不敢惹涿州，“退师三十里，不敢逼，分掠固安、房山、霸州诸路”。十二月初七日徐光启上疏分析以供思宗作出决策，云：

> 敌去京师而不攻，环视涿州而不攻，皆畏铳也……故为后日之计，且今时势，似不得不亟行之法，当用二号西洋铳五六十位，重选千斤以下者；又须精造大鸟铳二三千门，长四尺五寸以上者；其三号铳，则二厂各门所贮，亦可拣试应用也。⑤ 思宗乃允所请。

思宗虽认为有益于战守，却不能毅然批准施行，反令腐败无能之兵部作决策，致自强自保之略延拖无成，仅议造炮仍令为之而已，他者不允所请。

崇祯五年（1632），皇太极破察哈尔部，败内蒙古林丹汗，自是内蒙古之察哈尔、土默特诸部皆臣服于满洲。

思宗见大局动静又操诸满人，乃思用西洋大炮守城御敌，而徐光启又卒于六年（1633）⑥，遂请汤若望、罗雅谷参于城守工作，二大臣皆主张非用“极

---

① 方豪：《中西交通史》第4册，台北：中华文化出版委员会，1974年，第93-94页，陆若汉、公沙的西劳（遵旨贡铳效忠疏）。

② 《徐光启集》卷6，第269-271页。

③ 魏特：《汤若望传》上，杨丙辰译，台北：商务印书馆，1960年，第139页。

④ 《徐光启集》卷6，第280-282页。

⑤ 《徐光启集》卷6，第280-281页。

⑥ 《徐光启年谱》卷6，第203页，1633年条。

大的重炮”①，不足以防御。于是思宗力请“罗雅谷等指授开放铳炮诸法，颇为得力”②，又请汤若望于皇宫旁设厂铸炮，遂“制成战炮二十门，口径多大，有足容重四十磅炮弹者；已而又制长炮，每一门可使士卒二人或骆驼一头负之以行。”③ 大抵清军闻明廷又铸西洋大炮，乃饱掠不敢攻京城即返关外。故明廷有褒耶稣会士之为乃“颇为得力”之书特书，并以其修真“不愿官职，无以酬功”，乃“降旨优给田房，以资传教应用”。④

崇祯十六年（1643），李自成攻京城之前，汤若望“愿献良策”利用西洋大炮来改变态势，“但是宫中那群太监并不向皇帝呈报他的意见”，而此位自以为聪明之思宗在其困难极点之际，竟然将“防守北京的紧急军事交付太监管理”，致精兵、利炮一无用途，因为太监“偷开了城门”，使“心内疑惧”害怕京城上布防有“每一炮眼皆置一尊大炮”的李自成，化惧为喜，大摇大摆入都取替思宗地位。这批“汤若望所铸的大炮”也就因此显不出作用，否则思宗亦不致愤而自缢于其“愚昧可叹的行动”上，明朝也不致沦亡得如此儿戏⑤。

四、皇太极之创造炮队以迎头赶上火器现代化

皇太极受挫于袁崇焕，深知大炮之重要，立即着手筹办，物色筹造人才，竟皆选自降人之中，由满人汉化之额附佟养性负责此事。天聪五年（1631）正月第一批红衣大炮自产成功，赐名“天祐助威大将军”，督造官为总兵官额附佟养性；监造官为游击丁启明、备御祝世阴；铸匠王天相、窦守位；铁匠刘计平⑥。此批人员皇太极皆以重用其技能，给予厚禄，以换取其等效命之心。佟养性，努尔哈赤时已委其总理“汉人军民诸政”，“各官受节制”⑦，据牟润孙先生之研究，佟养性、丁启明等曾从天主教传教士处学习得铸炮技术及炮战

① 魏特：《汤若望传》上，杨丙辰译，台北：商务印书馆，1960 年，第 162 页。

② 黄伯禄：《正教奉褒》，第 16 页。

③ 费赖之：《入华耶稣会士列传·汤若望传》，第 195 页。

④ 黄伯禄：《正教奉褒》，第 16 页。

⑤ 魏特：《汤若望传》上，杨丙辰译，台北：商务印书馆，1960 年，第 205–208 页。

⑥ 《清太宗实录》卷 8，第 109 页，天聪五年正月壬午条。

⑦ 赵尔巽：《佟养性传》，载《清史稿》第 231 册，北京：中华书局，1977 年，第 9323 页。

之法于明地①，则皇太极之以佟氏统筹铸炮大计，可谓慧眼识人。故组统专掌火器营，即委其为昂邦章京，将汉人军民诸政，付之副理②。同年三月，皇太极“出阅新编汉兵，命守战各兵分列两翼，使验放火炮、鸟枪，以器械精良、操演娴熟，出帑金大赉士”，以鼓士气③。天聪五年七月，皇太极侦知明军营建大凌河城，并绕墙安设西洋大炮④，恐其功成，则其西洋大炮威力无法抵挡，乃抢机先攻之，令佟养性所统随营红衣炮，大将军炮四十位，自用挽车牛骡。八月二十三日，双方展开激烈炮战。后金以自制大炮攻大凌河，西南，坏其雉堞四敌楼二。次日，又炮攻东一台，台崩。九月十九日明军自锦州来援，双方炮战。竟战至十一月初四日，明将祖大寿以弹药尽而降，后金因而又获明之先进大小火炮 3500 门，大增力量，于是又令佟氏以炮“隳明所置台壕，自大凌河至广宁”。⑤ 翌年，因功受厚赐，佟氏进言：

> 火器攻城，非炮不克，三眼枪，佛朗机鸟枪持城守器耳，宜增铸大炮。⑥

又以大凌河之役所缴获明军大小火炮 3500 百位，及鸟枪他皆交己管，乃为增编人手而上疏请允多添汉兵及铸炮应即落实，云：“往时汉兵因不用火器，夫火器南朝仗之以因守，我国火器既备，是国夺其长技，目今所编汉兵马步仅三千余，兵力似少，火器不能多拿。”建议将各项汉人编入军籍，“有事出门全拿火器”，“无事归农各安生理。”又请求搜罗各地明军所遗大炮，并配合自产所造火炮，以创建一炮营机械部队⑦，以掌握此种先进武器，以迎头赶上世界火器现代化之水平，以作战场处取得态势之主导地位。

天聪七年（崇祯六年，1633）开始，后金历次大战，必携炮兵为助，而取得改变态势之成效。如，两度攻朝鲜、取皮岛、松锦决战、取塔山四城、歼明兵 13 万等，多尔衮即“以红衣炮直捣燕京”⑧，为清开创基业于中原。

---

① 牟润孙：《注史斋丛稿》，北京：中华书局，1987 年，第 415-444 页，《明末西洋大炮由明入后金考略》。

② 《清史稿》卷 231《佟养性传》。

③ 《清太宗实录》卷 8，第 119 页，天聪五年三月丁亥条。

④ 《明清史料》壬编册 1，第 87 页。

⑤ 《清史稿》卷 231《佟养性传》。参见《太宗实录》卷 10，第 171 页，己酉条；第 178 页，壬子条；第 181 页，癸酉条。

⑥ 《清太宗实录》卷 11，第 154 页，天聪六年正月癸亥条。

⑦ 《清史资料·开国史料·天聪朝臣工奏议》上，台北：台联国风，1969 年，第 220-223 页，《佟养性谨陈末议奏》。

⑧ 《内国史院译档》中，第 1、3、4 页。

自传教士本学问为天下之公器，科学无国界，随其传教而得将欧洲科学技术之一的新式大炮及军事学转折传入中国。惜明之腐败不振已难纳此更新机运，是明君臣之无知，亦明亡之一关键，可谓自弃改变态势之奇技与时机，等于将江山自捧送人。难怪顺治帝对此有所感慨，当其得徐光启有关发展大炮事业以挽危之作时，“读不释卷”，叹曰：“使明朝能尽用其言，则朕何以至此耶!”① 是一针见血，直指西洋大炮于当时确有改变态势之功能，进而改朝易代于对此运作得当。由是知视野开放程度及重视传教士学术引进与一国兴衰大有关系，则后之为政者，未尝不可由史实之借鉴而三思，则传教士之导我文化学术汇流于世界及肇我吸收更新之功，使之改态势之作用，皆应予新评价及借鉴。

（《社会科学战线》1995 年第 6 期）

① 《明清史料》乙编，第 493-494 页。

胥史与贱民

〔美国〕赵　冈*

中国历史上有没有作为一个社会发展阶段的奴隶社会时期，是一件大可商榷之事。但中国历史上有奴隶制存在，则是不可否认的。有奴隶存在并不一定构成奴隶社会。奴隶社会是以奴隶制为主要生产方式，在这一点上史家始终未能举出令人信服的确切证据。

中国历史上有奴隶制，而其存在之时期是世界之最长者。远在殷商，即有奴隶出现，以后各朝均有，直到清宣统元年（1910）清室正式宣布废止奴隶制度。但这个废奴令只是使中国历史上行之数千年的奴隶制在法律上失效。这以后，普通人家购买及蓄养女婢者仍时有所闻，即俗称丫鬟者。也未闻有使用丫鬟者受到法律制裁之事。

中国历史上的奴隶通称之为奴婢。奴婢又分为官奴婢及私奴婢两大类，前者出现早，后者较晚。殷商与东西周都只有官奴婢，私奴婢是私家资产，在战国后期私有财产制形成后才有私奴婢出现。《汉书·王莽传》将私奴婢市场之创始，归罪于秦，是有道理的。

官奴婢之来源有二：犯罪者或其家属充配，及以战俘为奴。两者都是惩罚性的措施，以战俘为奴，相当于今天对战犯之惩罚，对之加以奴役。《说文》女部解释奴字是："奴、奴婢，皆古之罪人也。"商周时期只有官奴婢，这是一致的结论。

官奴婢属官府所有，除一部分被派去担任生产工作或为贵族家庭服役，一部分则被派去担任官署中低级工作。《左传》昭公七年（前535）楚芊尹无宇曾说：

> 故王臣公，公臣大夫，大夫臣士，士臣皂，皂臣舆，舆臣隶，隶臣

* 作者单位：美国威斯康星大学经济系。

僚，僚臣仆，仆臣台，马有圉，牛有牧。

这是说明当时的政府官署及官僚系统中的10个等级，再加上为官署养马放牛之人。这些等级之人又分为两大阶层：王、公、大夫、士属于官僚系统中之高级阶层或贵族；从皂开始则为官奴婢被分派担任官署低级工作者。

在官僚系统以外的是老百姓，包括鄙野中务农的庶人及城中国人从事工商业者。他们共成一个中间阶层。就整个社会而言，一共有3个阶层：在上者为王、公、大夫、士；中间一层是不参政的庶人及工商业者；最下一层是官奴婢担任皂舆以下做八等低级公务者。《左传》哀公二年（前493）晋赵鞅誓曰：

克敌者上大夫受县，下大夫受郡，士田十万，庶人工商遂，人臣隶圉免。

据杜预的解释，“遂”者“得遂进仕”，即可以进入官僚系统参政；“免”者“复免”也，即免除官奴婢的奴隶身份，恢复为自由人。

官署中的低级公务员由官奴婢担任，其工作受到歧视，列为贱业，变成中国历史上的特殊传统，残留了几千年之久。这些工作统称为“吏”的工作。吏又称“皂吏”、“隶吏”、“胥吏”，都表示其职业之卑贱及其从业者身份之低下。皂、隶直接点明其奴隶身份，胥的含义亦然，由“胥靡”一辞而来。《荀子·儒效篇》杨倞注：

胥，相靡系也……颜师古曰：联系使相随而服役之。

《汉书·楚元王传》注引应劭说：

胥借为接，靡借为縻，接縻谓罪人相接而縻之，不械手足使役作。

故犯罪之人被派去执行官署工作时，尚要用绳索相系而行。《韩非子·六反篇》说：

刑盗，非治所刑也。治所刑也者，是治胥縻也。

《墨子·天志下》说：

以攻伐无罪之国……民之格者则刭拔之，不格者系操而归。丈夫以为仆圉胥縻，妇人以为舂酋。

从这些字眼可以清楚看出胥吏的身份。

秦汉时期，名称略有变更，但工作性质大体仍旧。官奴婢称“隶臣妾”，其工作主要是执官府杂役。又有司寇者，备守也，仍是官署中之低层业务及维持地方治安、守卫、巡更、警戒等工作。

秦汉时期已有私奴婢，与官奴婢并列为两类。政府推行户籍及私人财产登记制度，对私奴婢与官奴婢分别处理。《居延汉简甲编》第1862号说：

吏奴下簿，贱多所迫。

私奴婢列于主人户籍之下，算是户下之附籍人口。私奴婢又列名于主人的财产登记表上，算是主人财产的一部分。主人要依户籍，为其奴婢缴纳人头税的算赋。人百二十为一算，要人与奴婢倍算。至于官奴婢，由政府掌管，另立户籍，与民籍相区别。《三国志·蜀志》卷三注引蜀书称，后主降时：

送士民簿，领户二十八万，男女口九十四万，带甲将士十万二千，吏四万人。

吏是另有户籍，单独计算，不入民籍与军籍。

两晋南北朝仍维持官奴婢旧制。南朝的官奴婢主要用于官营手工业的生产工作，如奚官、织室、中署、尚方和东冶。另外一部分则分派给各级官署衙门，从事较低级的公务，称为“吏僮”、“僮部”、“县僮”。在北方各朝，这类人士被划归为所谓的“隶户”或“杂户”一类管理。据《隋书·刑法志》说：

魏虏西凉之人，没入名为隶户。魏武入关，隶户皆在东魏，后齐因之，仍供厮役。建德六年齐平后，帝欲施轻典于新国，乃诰凡诸杂户，悉放为百姓。自是无复杂户。

由这条史料可见，隶户与杂户实乃一事，在被放免以前，身份低于百姓。

隶户或杂户之来源，一是战争中之浮虏，二是普通刑事罪犯。北朝后期，战争逐渐减少，战俘人数锐减，杂户的来源变成以罪犯为主。北周武帝于建德六年（572）放免杂户之事，在《周书·武帝纪》中曾略加说明：

八月壬寅……诏曰：以刑止刑，世轻世重。罪不及阙，皆有定科。杂役之徒，独异常宪。一人罪配，百世不免。罚既无穷，刑何以措。道有沿革，宜从宽典。凡诸杂户，悉放为民。配杂之科，困之永削。

这是取消刑犯世代为奴之宽典。

事实上，杂户制度并未因周武帝一次放免而彻底取消。隋唐仍保留杂户之制度，只是在待遇上有所改善。《唐律疏议》规定在一般平民百姓之下，官奴婢这一系统中有3个等级的贱民，即官奴婢、官户（番户）、杂户。官奴婢一免而为番户，再免而为杂户。换言之，官奴婢势必经过两次恩免，才能恢复为编户齐民。唐代的法律，除了云贵、四川等特殊地区外，不许掳战俘为奴，但犯罪被收之办法则仍然有效。《唐令拾遗》四一条规定重罪者本人死刑，家属没官：

凡反逆相坐，没其家为官奴婢。

除了少数官奴婢被恩免升格外，大多数官户太杂户乃前朝配隶相生之后嗣。《唐律疏议》卷三名例条说：

杂户者，谓前代以来，配隶诸司，职掌课役，不同百姓，依令；老免进丁受田，依百姓例，各于本司上下。官户者，亦谓前代以来，配隶相生，或有今朝配没，州县无贯，唯属本司。

官户及杂户仍属贱民，“不与良人同类，止可当色相娶，不合与良人为婚。”在其他方面，待遇则有所改善。在服役方面，官奴婢终年服役，官户一年三番，杂户二年五番，番皆一月。官户与杂户亦可受田，官户受田减百姓口分之半，杂户受田依百姓例，并不减半。值得注意的是，杂户的职掌是“配隶诸司，职掌课役”。依然是老的传统，低级公务员由贱民充任。

到了宋代，低级公务员正式被称为胥吏。政府虽然未再为胥吏专设一种贱籍，但仍称其工作为贱役。《宋会要稿》说：

府吏胥徒，考之成周。

承认这是周代皂隶牧圉延续下来的传统。胥吏各别具体的工作名称则有孔目、曹司、书吏、贴书、录事、主书、胥长、胥佐、书手、押司、贴司、弓手、勾押官、堂吏等，主要是掌管官署日常文书案牍。在神宗熙宁三年（1017）以前，胥吏工作，皆无俸禄可拿。即如司马光所说：

府吏胥徒之属，居无廪禄，进无荣望。

沈括《梦溪笔谈·官政》中说：

天下吏人，素无常禄……熙宁三年，始制天下吏禄。

工作而无廪禄，正是官奴婢残留的特征之一。另一个残留的特征是胥吏工作是世袭的。叶适《水心别集》卷十四吏胥条说：

官无封建，而吏有封建。

《宋会要稿·职官》卷六十说：

而为吏者，传袭及于子孙。

陆九渊也说：

吏人则长子孙于其间。

皆明言胥吏世袭之特色。

最令人感到矛盾的是，到了历史后期，胥吏的权威渐渐超过了官员。不但官员要受到胥吏的胁制与左右，百姓受胥吏的影响更超过官员，即所谓“民之所悬命”。换言之，胥吏在各地已经变成当地最有权势的人物。然而在法律上仍保留了受歧视的身份。这种矛盾到了清朝更变本加厉。

到了清朝，中国的奴隶制起了重大变化，也可以说是一个新的转折点，明太祖曾颁布一项法令，只许有功名之家存养奴婢，不许庶民存养奴婢。《明律集解附例》卷四户律规定：

若庶民之家存养奴婢者，杖一百，即放从良。

庶民人家旧有之奴婢，因此改为其他名义，如义子或世仆等。私奴婢之人数难以增加，奴婢占总人口之比例日趋下降。但是清人入关时，情形大变。清人蓄奴之风本已极盛，在与明军争战时又有大批被俘官兵及人口化为奴婢，进关以后又接受了大量的投充人口。为了维持奴婢制度，清政府不再限禁庶民蓄奴。所以清代奴婢人数大增，可能是中国历朝奴婢人数最多之时。

其次，在宋代及明代，刑法渐趋完备，详列各种惩罚罪犯之方式与刑期，罪犯及家属没入官奴婢之措施已被取消，官奴婢已在自然消亡中，社会中只存私奴婢。但是清人入主中原后，其皇室及王公的包衣制度，加上辛者库等措施，使官奴婢制再度复活。

最重要的是，清政府对于良贱之定义与概念有了基本的改变。从秦汉到唐，法律都是以人的身份来划定良贱。秦汉时官奴婢及私奴婢归入贱籍，其他人都是编户齐民。唐律比较复杂，贱籍之中又划分为若干等级，官私奴婢、部典、番户、杂户均属贱籍。这些人都是“不与良人同类，止可当色相娶，不合与良人为婚”，但是在其他方面则有各种差别待遇。总的来说，唐律中之良人与贱籍是以身份为划分标准。宋及明代，在这方面没有大变动，仍以身份定良贱。

清律则大不同，是以职业划分良贱。清律首先认定某些职业为贱业，然后将从事贱业之人列入贱籍。在认定贱业时，清律是采列举方式，而且清代各朝皇帝常以诏令增减之。对此，瞿同祖《中国法律与中国社会》（第 304–306 页）一书中曾有说明。《清会典》规定“四民为良”，即民籍、军籍、商籍、灶籍；奴仆、倡优、隶卒为贱。奴仆为贱是老的传统。倡优则是以职业划定，从业之人不必一定有卖身之举，可能是独立经营的个体户。另外有些地方性之族群也被列为贱籍，如山陕乐户、江南丐户、浙江之九姓渔户、广东之蛋户、皖南之伴当及世仆。至雍正五年（1727）上谕撤销了伴当及世仆之贱籍。不久，乐户、丐户、蛋户、渔户之贱籍也奉旨豁免。

剩下的贱业主要限于衙门应役之人。除库丁、斗级、民壮仍列为良籍齐民外，皂隶、马快、步快、小马、禁卒、门子、弦兵、仵作、粮差及巡捕番役，皆为贱役。这些人不必是世袭，也没有卖过身或犯过罪，只要选择了上述职业之一，便身列贱籍。这种以职业来定良贱，有时是十分可笑的。例如民间的收生婆原系良民。有时衙门会碰到一些奸奸案件，如果女方原是处女，被奸后衙门就要请人来检验是否已非处女，若收生婆应衙门之请担任检验之人，则此收生婆便立即沦为贱籍，因为这种检验工作性质属于仵作，为贱业之一种。

清律以职业定良贱，对于贱籍人士的人身自由并无多大影响。主要的不利之处是不准参加科举考试，《学政全书》对上述各种在衙门应役之贱籍人员，明文规定不准应考。嘉庆二十二年（1817）的《刑案汇览》中对此有所解释：充贱役者若与平民一体应试出仕，其祖父即可上封典，如此便不足以清流品而重名器；如果充贱役者放弃了贱役，其子孙不得立即应试，须三代之后才能改贱为良，方许应试。所以，清末废科举、兴学堂后，良贱的分野便模糊不清。

从历史演变的过程来看，早期是以官奴婢充任政府低级公务工作，这些工作自然受到歧视。这种传统发展到清代，在衙门应役之工作继续受到歧视，不论何人担任这些工作均被列为贱民。但是社会发展的结果，这些低级公务员已经变成地方上有权势的人士，皂隶门子可以左右百姓能否见官诉讼；马快、步快、巡捕番役则是地方上维持治安的人员，相当于公安局的员警。庶民百姓对于这些人一般都是相当敬畏的，必要时还要贿赂逢迎。这就造成了清代地方上的普遍矛盾现象——以贱压良或以贱欺良。

（《社会科学战线》1997 年第 1 期）

日本关于中国东北史的研究

〔日本〕山根幸夫*

日本关于中国东北史的研究，始于因日俄战争而获得辽东半岛及南满铁路租借权的20世纪初。就任满铁社长的后藤新平，委托东大教授白鸟库吉在东京分社设置了“满鲜地理历史调查部”，并把松井等、稻叶岩吉（君山）、箭内亘、津田左右吉、池内宏等集中在这里，开始了研究。先是完成了《朝鲜地理历史调查报告》，继之，于1913年刊行了《满洲地理历史调查报告》。由于满铁提供了充足的研究经费，研究工作进行得似乎很顺利。不久，撤销了设在东京分社内的调查部，委托东京大学文学部接办。其研究成果，则揭载于《满鲜地理历史研究报告》，1915年发行第1号，1937年以第16号终刊。也可以说，以此满鲜地理历史调查部为基础，日本的东北史研究开始发达兴旺起来。

下面介绍日本研究中国东北史的文献目录。战前，《历史学研究》第5卷第2号（1935），作为“满洲研究特辑”，在介绍每一时期“满洲”史研究之动向的同时，于卷末载有详细的东北史论文目录。战后，则有河内良弘编的《日本的东北亚研究论文目录》（天理大学，1972）。此外，还有杉山正明的《日本的辽金元时代史研究》（载《中国——社会和文化》12，1997）。该文，与其说是具体介绍研究动向，毋宁说是表述杉山对辽金元史的见解。

下面，以单行本为主（论文过于烦琐，因而省略），介绍一下从渤海开始到清朝前期，日本关于中国东北史的研究。

---

* 作者单位：日本东京女子大学。

一、渤海史

渤海国与日本具有长期国交，故在日本那珂通世、内藤虎次郎、津田左右吉、鸟山喜一等很早便开始了研究。最初刊行的专著为鸟山的《渤海史考》(1915年，1972年由原书房复印)，另外，鸟山还有《消失了的王国——渤海国小史》(翰林出版，1949)、《渤海史上的诸问题》(风间书房，1968)。另有新妻利久的《渤海国史及与日本国交史的研究》(东京电机大学出版局，1969)。关于研究论文，则有松井等、日野开三郎、三上次男等的许多论文，不一一列举。

在考古学的调查研究方面，关于上京龙泉府（东京城），有原田淑人、驹井和爱的《东京城》(东亚考古学丛刊，1939)、鸟居龙藏的《满蒙的探查》(万里阁，1929）等。关于东京龙原府，则有驹井和爱的《中国都城·渤海研究》(雄山阁，1977)、鸟山喜一和藤田亮策的《间岛省古迹调查报告》(朝鲜总督府，1942)、斋藤优的《半拉城及其他史迹》(真阳社，1978）等。

二、契丹·辽朝

关于辽朝史的研究，在日本以岛田正郎的业绩为最多。如按年代顺序列举，则有泷川政治郎、岛田正郎的《辽律之研究》(开明堂，1943)、《辽代社会史研究》(三和书房)、《辽制之研究》(汲古书院，1973)、《辽朝官制的研究》(创文社，197年)、《辽朝史研究》(创文社，1979)、《契丹国——游牧之民契丹的王朝》(东方书店，1993)。岛田从各方面研究了辽朝史，特别是作为法制史家，他对官制及法律显示出强烈的关心。最新出版的《契丹国》，以一般读者为对象，汇集了迄今研究成果。此外，田村实造也有许多论文，集为一册，则为《中国征服王朝的研究》上（东洋史研究会，1964年)。

作为辽代考古学的研究成果，在鸟居龙造的《从考古学上看到的辽的文化·图谱》(东方文化研究所，1953）之外，还有关于庆陵的详细的调查报告。田村实造、小林行雄的《庆陵》上、下（京都大学文学部，1953、1954)，是田村、小林于1939年对辽朝第6代的圣宗、其子兴宗、其孙道宗三代陵墓发掘、调查结果的详细报告。与此相关，田村还有《庆陵的壁画》(同朋舍，1977)。本书分壁画、雕饰、陶瓷三篇进行叙述。更有《庆陵调查纪行》(平凡社，1994)，是以田村自己的日记以及小林等的笔记为基础，讲述了他们的调查旅行。另外，作为考古调查，还有岛田正郎的《祖州城》(中泽印刷，1955）。

其次，关于辽代的文化，则有神尾弌春的《契丹佛教文化史考》（满洲文化协会，1937）、野上俊静的《辽金的佛教》（平乐寺书店，1954）二书。

三、女真・金朝

在关于女真、金朝的研究中，三上次男和外山军治的研究成果较多。战前，两人也曾进行联合研究。三上于战前曾有《金代女真的研究》（东方文化学院，1937），战后则刊行了包括此书内容的《金史研究》三册（中央公论美术出版，1972—1973）。其第一册为“金代女真社会的研究”，第二册为“金代政治制度的研究”，第三册为“金代政治・社会的研究”，收入了丰富的内容。外山的《金朝史研究》（东洋史研究会，1964），是他将迄至当时发表的论文集成一册。田村实造的《中国征服王朝的研究》中（东洋史研究会，1965），是对女真、金朝的耕耘，爱宕松男的《东洋史学论集》（3）（三一书房，1990），也是以金代为对象的。

其次，在对金代文化的研究中，有洼德忠的《中国的宗教改革——全真教的研究》（法藏馆，1967）。而关野贞、竹岛卓一的《辽金时代的建筑及其佛像》（东方文化学院东京研究所，1934—1935），则由竹岛予以修订，以同一书名由龙文书局于1944年刊行。还有园田一龟的《吉林・滨江两省的金代史迹》（满洲古迹古物调查报告，1941年；1976年由国书刊行会复印）。

作为工具书，则有小野川秀美等编《金史语汇集成》3卷（京大人文科学研究所，1950—1952年），以及梅原郁、衣川强编《辽金元人传记索引》（京大人文科学研究所，1972）两书。

四、明代的女直

作为资料集，有东大文学部编《明代满蒙史料・李朝实录抄》（1954—1959），本书包含的史料，几乎都是关于女直民族的。还有京大文学部编《明代满蒙史料・明实录抄・满洲篇》（1954—1959）、《蒙古篇》。在京大还参与该史料集刊行的人们所执笔的《明代满蒙史研究》（京大文学部，1963）。

园田一龟在伪满洲国时代是《满洲日日新闻》的编辑局长，在从事本职工作的同时，曾继续研究满洲史。战后，出版了《明代建州女直史研究》（国立书院，1948）和《明代建州女直史研究续篇》（东洋文库，1953）。和田清的《东亚史研究・满洲篇》（东洋文库，1955）也是集成了著者有关女直史和满洲史的论文，包含了发表于上述《满鲜地理历史研究报告》中的论文。

再一部，收录了有关女直史研究之最新成果的著作，是河内良弘的《明代女直史的研究》（同朋舍出版，1992），务请参照。

作为考古学方面的，有稻叶岩吉的《兴京二道河子旧老城》（建国大学，1939）。另有园田一龟的《满洲金石志稿》（私家版，1936），以及安马弥一郎的《女直文金石志稿》（私家版，1943）等。作为战后刊行的，清濑仪三郎的《满洲语言及书写的研究》（A Study of the Jurchen Language and Script）（法律文化社，1977），亦很见研究功力。

五、清代初期的女直

主要是介绍一下入关前的有关女直史的文献。首先是作为基本文献的《满文老档》以及《旧满洲档》。关于《满文老档》，战前有藤冈胜二译的《满文老档》（岩波书店，1939），为未定稿。战后，东洋文库的满文老档研究会（神田信夫、松村润等）曾以日本语试译，先将满洲文转写成罗马字，然后逐字翻译（并逐句译意），终于刊行《满文老档》全部7册（东洋文库，1955—1963）。神田、松村等还译出《旧满洲档——天聪九年》2册，由东洋文库于1972、1975年刊行。满文老档研究会编的《满文老档·旧满洲档对照表——太宗朝》，还被收入《游牧社会史探究》别册（1978）。此外，满文老档研究会还作成《八旗通志列传索引》（东洋文库，1965）。据以上所述，东洋文库满文老档研究会在清朝前史研究上取得的成果，可以说是非常巨大。与此有关的，还有今西春秋译的《对校清太祖实录》（国书刊行会，1974）。《五体清文鉴译解》上、下（东大内陆亚细亚研究所，1966、1968）等。

其次，作为历史研究有三田村泰助的《清朝前史之研究》（东洋史研究会，1965）。而周藤吉之的《清代满洲 土地政策之研究》（河出书房，1944）以及他的《清代东亚史研究》（日本学术振兴会，1972），也许在此有一举之必要。

作为有关民族、文化的，最早有秋叶隆的《满洲民族志》（东光书苑，1938），大间知笃三、户田茂喜译的《满洲族的社会组织》（刀江书院，1967）及赤松智城的《满蒙的民族与宗教》（大阪书号，1941）诸书。另外，还有园田一龟的《韃靼漂游记之研究》（满铁总局庶务科，1939年，1980年由原书房复印），此为1644年漂流到珲春方面的日本人被送往沈阳、北京的旅行记，很好地说明了清军入关当时的满洲、北京状况。

上面，仅介绍了日本人对渤海以来兴亡于中国东北之诸民族及国家研究的单行本出版物。之所以限于单行本，是因为包含论文便过于繁琐。但它终究是不完备的，实在简略得很。如依上述内容而能够了解到日本关于中国东北研究的状况，则幸运之至。

此文系作者1997年8月来中国长春参加明史国际学术讨论会时，应吉林省社会科学院历史所之约准备的讲演稿，经作者同意译出并发表。

(顾铭学　译)

(《社会科学战线》1980年第3期)

东北沦陷时期鸦片所充当的社会角色

〔加拿大〕Norman Smith　任玉华*

1932年，在伪满洲国成立之初，日伪当局就打造了一个反鸦片制剂的平台，建立了“鸦片专卖公署”。这个垄断的鸦片“专卖”被反鸦片的改良派、抗击伪满洲国的活动家和西方评论家谴责为一个骗局。在强劲的鸦片生产与售卖之中，一个受压迫的殖民地氛围和一些有争议的禁毒方案，使整个反鸦片日程变得臭名昭著。同时也充分暴露了日本侵略者从政治上毒化中华民族身心、从经济上疯狂掠夺的真实目的。

一、鸦片在中国东北的泛滥与伪满洲国《鸦片法》的出笼

鸦片在康熙年间就被引进到中国东北，大概从1860开始种植，于1885年初次课税。农民很快发现了东北这块土地为鸦片的生长提供了一个理想的混合壤质沙土。在边界区域，鸦片所充当的角色“类似加利福尼亚州新拓居地的黄金”，它吸引来自中国其余省份的移民从事这项有利可图的冒险行当。① 鸦片如同香烟和茶点一样通常被提供为礼貌待客的社会需求，使其广泛地成为第二产业，妓院、酒店、餐厅和商店等均受到鸦片贸易幅度波动的影响。随着对鸦片需求的迅速增加，在地方经济中异常活跃起来，鸦片业很快成为重要的经济支柱。尽管在1906年当局发布了试图禁止鸦片的命令，但直到1912年清朝灭亡之际，鸦片在地方区域的农业产品中仍位居前三名。

---

* 作者单位：Norman Smith，加拿大Guelph大学妇女研究中心；任玉华，吉林大学文学院。

① Joho M. Jennings, *The Opium Empire: Japanese Imperialism and Drug Trafficking in Asia, 1895-1945*, London: Praeger, 1997, p. 78.

虽然随后的张作霖政权（1873—1928）虚情假意地延续了禁令，但是鸦片仍保有最高状态。东北九省① 擅长鸦片的种植、各种鸦片制剂的生产和分配：鸦片（大烟）、黑金子、下霜烟草、海洛因（白面儿）和吗啡等名目繁多的品种大量涌入市场，鸦片工业指数迅速地膨胀。在20世纪20年代的中国东北，鸦片收入是张作霖政权的一个主要经济支柱："鸦片被当作攫取高额利润，进一步扩大领地，进而统治全中国的经济杠杆。"② 张作霖挖空心思、采取各种手段来控制鸦片市场，从中渔利。"鸦片专卖公署"在奉天成立了，接着沿着南满铁路（SMR）所辖界内之县迅速扩充。鸦片收入从北京转寄到张作霖名下，并用于其军队开支。1928年，张作霖死后，统治东北九省的重任历史地落到他的儿子张学良（1898—2001）身上。1929年，张学良重申了鸦片禁令，然而他同样地使鸦片教化失去法律保护而无效。两年后，张的统治随着"九一八"的炮声而宣告结束，此时他正在为戒掉自己旷日已久的鸦片和海洛因瘾在北京接受康复治疗。

1931年10月，SMR估计"大概占伪满洲国总人口3000万的5%，即150万人，是鸦片和麻醉剂的上瘾者"③。伪满洲国官方的出版物指责张政权的衰败。官员们和禁烟的改革派也把鸦片作为"人类的撒旦"公开地进行攻击，主张限制耕种和停止进口。1932年11月，当局政府正式公布了《鸦片法》和《鸦片法实施令》。依照法律规定，允许那些接受康复的成年人（日本瘾者除外）领取许可证。从1933年开始，伪满洲国的鸦片垄断组织"鸦片专卖公署"监督鸦片法律的实施。一时间禁毒和建立现代化满洲国被提到重要的议事日程。

二、日伪的毒化策略及其产生的恶果

批评家们认为，日本人炮制的鸦片专卖方案，掩盖了他们从中渔利的阴谋，是生产合法化的投机行为。在日本统治之下，大连港被转换成偷运鸦片的中心，吗啡和可卡因的年度吞吐量居全球之首。中国批评家谴责《鸦片法》是"杀人不见血的利刃"，是日本殖民主义者逐步实现使中国人亡国灭种计划的证据，是攫取高额利润以巩固本国工业基础的手段，鸦片制剂被前所未有地

① 东北九省是中华民国时期一度使用的东北地区行政区划方式。

② Ronald Suleski, *Civil Government in Warlord China: Tradition, Modernization, and Manchuria*, New York: Peter Lang, 2002, p. 207.

③ Jennings, *The Opium Empire*, p. 83.

政治化了。

西方批评家也参加了谴责伪满洲国鸦片业的大合唱。1934 年，“日本建立一个新殖民地”，著名记者埃德加·斯诺（Edgar Snow）在《星期六晚报》详述了他对伪满洲国的印象。斯诺认为垄断鸦片制剂的专卖“极大地刺激了生产和消费”。① 他责备日本人将哈尔滨变成一个人间地狱。在《日本间谍：一个关于日本帝国主义的手册》中，Vespa Amleto 认为在哈尔滨没有人能找到一条没有烟馆或贩卖麻醉品商店的街道。Vespa 引用一本日本军事命令小册子声称日本人寻求“毒害整个世界”：

> 麻醉药的使用对像日本人这样优秀人种是不值得的。唯有劣等的、衰弱的种族，例如华人、欧洲人和东印第安人才沉溺于麻醉药的使用。这是他们注定要成为我们的仆人直至最后消亡的原因。②

这一种族主义的辞令与伪满洲国年鉴中所言明的满族人和蒙古人共享“在历史上世袭”吸食鸦片成瘾的论断如此相似。同时印证了伪满洲国反对日本人使用麻醉药的禁令。亚历山大（Alexandre Pernikoff）认为日本人通过在农民（包括专利拥有者的“试验报告”和对孩子来说比面包还便宜的“年少剂量”）中随意耕种或者人造便宜的麻醉剂的广泛传播，以寻求满洲的“道德败坏”，促使廉价的卖淫和家庭的瓦解。③ 这些西方批评家认为当日本军队监督并且鼓励它，获取极大的经济利益时，东北九省正在慢慢地遭毒害致死。当他们断言“日本正在产生世界 90% 的不法药物”时，OAC 联盟的多数国家都被事实说服了，都相信伪满洲国的垄断专卖实际上被设计为鼓励、而非控制，即药物财政。

三、鸦片扮演了“经济掠夺”与“政治毒化”的双重角色

反吸食鸦片的改革派们、抗日活跃人士和西方批评家们谴责“日本人把东北九省变为世界的主要麻醉药的供给基地”。1944 年，官方估计殖民地的瘾者数字达到令人无法想象的 120 万之多。这些资料意味着“专卖”对减少伪

---

① Edgar Snow. “Japan Builds a New Colony,” *Saturday Evening Post*, 1934, p. 206, p. 35, p. 84.

② Vespa Amleto, *Secret Agent of Japan*, 101, This text is also cited in Mark Gayn, *Journey From the East*, Now York: Alfred A. Knopf, 1944, p. 418.

③ Alexandre Pernikoff, *Bushido: The Anatomy of Terror*, Now York: Liveright Publishing Corporation, 1943, p. 105.

满洲国吸食鸦片上瘾的人数从未起过任何作用。

日伪当局在推行他们自己美化宣传的断禁政策时充分表现了无能与腐败，充分暴露了其政权的非合法化。在整个东北沦陷期间，鸦片工业扩大化，生产成本廉价化，药物效力强烈化，贩毒吸毒合法化。伪满洲国的《鸦片法》被日本经销商和那些经历了鸦片剂的生产和分配几乎不能真正制约他们的韩国和中国合伙人挖空了基础。

鸦片业所带来的高额利润填充了伪满洲国税收金库，为日本的经济和军事发展提供了财政收入。但是当在殖民地领土上鸦片制剂给那些控制工业的统治者带来财富和声望的时候，它使那些承诺要建造一个“天堂乐土”的改良派们变得非常沮丧，使人民大众的身心在流血，使上百万鸦片瘾者成为流离失所、家破人亡的“东亚病夫”。“鸦片专卖”充分暴露了日伪当局以药物经营行为的表面掩盖残酷寄生掠夺的实质，它不仅无力实现被官方和批评家冠冕堂皇地主张的社会变革，而且助长了日本侵略者妄图侵占全中国的野心，垄断掠夺和亲善友好这两副面孔同属于一个时代的议程。他们所做的一切努力，实质上都是为自己经济的发展或“神圣”的战争扩张作贡献，他们不可能真心实意地根除鸦片业，也不可能使批评家保持沉默，鸦片确实在东北沦陷期间充当了日本侵略者满足经济掠夺需要和达到政治毒化目的的双重社会角色。

是执政的中国社会主义者的革命彻底结束了鸦片在满洲的盛行，结束了几十年的外国统治，也结束了那些在伪满洲国抗击鸦片的战争中最坦率的中国人的生涯。共产党（CCP）胜利了！彻底结束了流毒甚广的鸦片买卖和上瘾。历代政权声明的、长达数十年寻求的，在社会主义初期就成功实现了。鸦片在东北地区的支配地位彻底结束了！

（《社会科学战线》2008 年第 7 期）

外来和尚会念经？

——基于民国西式教育本土化的考量

〔美国〕柯任达*

迫于美国、日本和欧洲列强对于国家安全的压力，中国政府在20世纪初迅即推行教育改革政策，采纳了与西方模式较为接近的学校体制。然而，改革者的努力成效微乎其微。由于实施大规模的教育改革，社会发展的非稳态现象非常明显。教育改革者希望现代教育能在某种程度上将士人转变成为世俗精英。但是现代教育并没有赐福给现代学校的毕业生。在社会转变中，他们只能是无立锥之地。20世纪20至40年代，知识分子未完全就业的问题一直在加剧。现代教育的到来不仅削弱了知识分子的影响力，伴随知识分子精英与权势阶层的分离，知识分子渐渐疏离了中国的主流社会。

空间的疏离

作为一个整体，知识分子被剥夺了传统的社会政治角色，其地理空间上的一致性也在传统教育向现代教育的转变中削弱。在以往的科举中，尽管城市地区确实比乡村地区占有更多的优势，但是，君主政体通过控制学子向上流动的科举配额，在一定程度上维持了乡村和城市地区间科选的平衡。① 不仅一些及第而未获官宦的士人，能够在家乡占据重要的位置和在地方区域及团体中发挥领导作用，那些远离家乡在朝廷做官的士人，在受任命的空隙或荣休之后，也会回乡为绅。不管是为官的士人还是未获官宦的士人都和地方社会保持着紧密

---

* 作者单位：美国圣心大学历史系。

① P'an Kuang-tan and Fei Hsiao-t'ung, "City and Village: The Inequality of Opportunity," in Johanna M. Menzel, ed., *The Chinese Civil Service: Career Open to Talent?* Boston: D. C Heath and Company, 1963, pp. 9-21. 费孝通等人通过研究915个晚清进士，发现他们40%以上的人来自乡村地区。

的人际联系。然而，现代教育呈现出来的结果则是把那些受教育者特别是那些受过较高层次教育的毕业生，从中国的乡村地区和小城镇中分离出来。停废科举加强了县级市和城市区域对高等教育的控制。毕竟，越来越多的学生，一旦他们年轻时从乡村地区出来，进入现代学校学习，他们就不大可能像过去的士人那样再回到他们家乡去领导地方社会。尤其是大学毕业生，在他们长期求学期间，通常会断绝与其家乡社会的联系，并且逐渐习惯新的生活方式和一套系统的思想，他们与乡村地区仍存在很大的差异。正如费孝通所说，这些差异足以使他们疏离其宗族和家乡。即使一个毕业生回到了他的家乡或乡村，他也未必能够在乡村找到适合他的舒适家园，因为他们在现代学校里习得的知识和习惯，不能使他很好地适应乡村地区的工作类型和生活方式。因而，他可能就留在城市里，寻找适合的工作。① 同时，乡村中国亦不能准确领略新教育体系的内涵，乡村中国民众仍秉持读书做官的理念。

或许现代教育与地方社会领袖之间的分离并不像费孝通说得那么彻底。斯蒂·艾乌尔指出，当地精英对现代学校这一制度的正负面评价，取决于学校在地方发挥的影响。② 然而，和以往的士人相比，归国留学生和大学毕业生更不可能回到地方做士绅。萧邦奇指出，浙江省的归国留学生回浙江工作的就很少，更不用说回到他们出生的乡村了。③ 但是，当我们从基层教育观察，就会发现低层级学校的毕业生仍旧非常可能回到乡村地区工作或是回到家乡充当社区的领袖。根据舒新城所说，一半没有升入高等教育的中学毕业生都在小学做了教员。④ 既然乡村小学往往比中学多，对于一个中学毕业生来说，他在乡村地区就业的机会明显要比大学生多。但是，即使在中学毕业生中，那些来自相

---

① 费孝通：《中国绅士》，北京：中国社会科学出版社，2006 年，第 134 页。

② Averill, "Local Elites and Communist Revolution," in Joseph W. Esherick and Mary Backus Rankin, *Chinese Local Elites and Patterns of Dominance*, Berkeley: University of California Press, 1990, p. 297; Stephen C. Averill, " Party, Society, and Local Elite in Jiangxi Communist Movement," *Journal of Asian Studies*, Vol. 46, No. 2, May 1987, p. 283; Averill, "Education and Local Elite Politics in Early Twentieth Century China," paper presented at the annual meeting of the Association for Asian Studies, Honolulu, 1996, passim; Thomas D. Curran, "Educational Reform and the Paradigm of State-Society Conflict, " *Republican China*, 18. 2, April 1993, pp. 26-63.

③ Schoppa, *Chinese Elites and Political Change*, Cambridge: Harvard University Press, 1982, p. 67.

④ 舒新城：《中学生的将来》，载《中国近代教育史资料》，北京：人民出版社，1981 年，第 121 页。

对发达地区的毕业生和内地的毕业生之间也存在一定的差异。舒新城认为，那些来自城市或城市郊县的毕业生趋向于留在城市，在现代化的部门寻找工作，而不是回到家乡。一方面，由于来自城市或城市郊县的毕业生数量的猛增，发达地区的中学毕业生也就难以确保都能够获到有影响的职位。而来自富裕地区的毕业生又很少愿意回到家乡担任重要的领袖职位。舒新城指出，这样的一些中学毕业生已经不再位于社会的顶层了。① 但与此同时，在商业、教育和行政体制相对比较发达的城市，也确实存在着一些更可能被中学毕业生开发利用的职业机会。总之，在比较发达的地区，就业方面的压力，推动了中学毕业生与家乡的分离。

另一方面，舒新城发现，在通讯交通不发达的内地省份，中学毕业生几乎没有什么工作可以做，只有回到家乡。即使在内地省份，中学通常也是位于生活标准相对来说比较高的省会和县城。一向愤世嫉俗的费孝通指出，即使毕业生聚集在这些省会和县城，他们也无事可做，只能在这些地区游荡，尽管如此，毕业生仍然会聚集在这些地方。② 事实上，他们中的许多人也确实回到家乡，做了地方士绅传统领袖的角色。毕竟，那些能够支持孩子读完中学的家长，是能够具有足够主导权的，这样他们的孩子才有可能回到他们掌控的区府和市镇，从而很自然地掌握其持有的地方权利。萧邦奇指出，浙江省“地方精英教育”实际上是省级和县级的中学和师范学校或低级别的学校。③ 舒新城也指出，许多内地的中学毕业生也确实服务于当地的一些团体和自治的政府机构。④

叶文心最近关于浙江省教育和社会流动的研究表明，中学生和师范学校学生的出身与职业路径之间存在很大的差异。省师范学校的学生往往来自于浙江省北部内陆核心区以外县城里的家庭，所居职位大致在社会的中等阶层。相比之下，那些省级中学的学生的家庭与长江下游地区经济转型和商业利益联系在一起，处在位置优越的县城的上层。此外，师范学校的学生目睹了他们家庭财富的衰落，因为他们的社会经济地位被那些现代化的精英所超越，这些精英在

① 舒新城：《中学生的将来》，载《中国近代教育史资料》，北京：人民出版社，1981 年，第 123 页。

② 费孝通：《中国绅士》，北京：中国社会科学出版社，2006 年，第 136 页。

③ Schoppa, *Chinese Elites and Political Change*, Cambridge: Harvard University Press, 1982, p. 67.

④ 舒新城：《中学生的将来》，载《中国近代教育史资料》，北京：人民出版社，1981 年，第 123 页。

中学就受益于以上海为核心辐射的经济改革。这两个群体的职业轨道是非常不同的，那些位于城市核心区的中学生继续升学或在城市核心区域追逐有丰厚利益的职业，而师范学生则要回到他们自己的县城，通常是去做小学教员。①

大体来说，从民国现代教育的历史来看，在中国知识分子精英内部存在一个分流过程的观点是成立的。30 年前，周锡瑞认为 20 世纪早期现代化改革的引进将传统士绅分裂成两部分，一部分成为城市的精英，引领了省一级层面的改革进程；一部分成为地方的精英，维持了传统士绅对于县和县以下层面事务的掌控。② 传统士绅实际上是同时沿着两条路线裂变：其一是教育层次和水平的不同；其二是居住地域和空间差异。如果按照受教育阶层所维持的与他们家乡联系的趋向来分，那么，一端是那些来自内地核心区域受过最高等水平教育的知识分子，他们最主要的趋向是脱离其区域性团体，流向商业性或更专门和职业性的领域；另一端是那些来自外围县城或边缘省份的一些人，特别是湖南省的南部和西部地区，③ 他们只接受了中学教育，最主要的流向是回到家乡，或多或少承担着传统知识分子的角色。在这两端之间是来自乡村地区的大学毕业生、城市地区的中学和中学以下学校的毕业生，前者倾向于离开家乡到城市，后者则离开城市地区的机会较少，但他们可能从村教员这类岗位慢慢往上攀爬。

近来学界较为认同的看法是，在传统科举制度影响下的中国精英是一个活跃的阶层，他们拥有财富、学问和政治影响力，能够在政府官员与地方士绅之间游刃有余。他们既为官宦又为地方社会的领袖，能够在城市和乡村的世界自由穿梭。但是到民国时期，现代教育精英内部已经出现分裂。那些来自乡村地区的学生，尤其是那些中学毕业后不再继续升学的学生，趋向于回到家乡维持其在地方的利益。他们在所受教育的种类上，与城市同龄人差别不大；事实上，往往进入同样的学校。然而，他们比城市同龄人更可能与家乡团体保持紧密联系，并且在毕业后往往回到家乡在地方占据领袖的位置。与此同时，来自

① Wen-hsin Yeh, *Provincial Passages*, Berkeley: University of California Press, 1996, pp. 94-101. 叶文心表明不同的职业路径也有着深刻的政治结果。那些来自中等家庭没上过重点学校的学生，比那些来自精英家庭的在毕业后更可能保险地在城市文化支配的区域扎根的学生，更有可能采取激进的政治策略。

② Esherick, *Reform and Revolution in China*, Berkeley: University of California Press, 1976, pp. 106-112.

③ 舒新城：《中学生的将来》，载《中国近代教育史资料》，北京：人民出版社，1981 年，第 123 页。

城市地区的毕业生会在学术、政府或是现代企业部门寻找工作，对于地方事务表现出越来越少的联系，或是越来越少的兴趣。那些来自城市地区的毕业生，他们构成了中国新式知识分子精英的主要部分，比以往更可能为了进入商业或专门的职业圈子而离开家乡。他们不大可能回到乡下地区，成为地主、地方资本家和具有地方影响的人物。① 因此，至少那些来自较好发展地区并具备最高现代教育水平的知识分子，他们“返乡做士绅，在地方担任各种职位的理想”一去不复返了。②

文化的疏离

城乡精英之间不仅存在着有形的疏离，与此同时，城乡之间文化的差距也在扩大，也就是文化上的疏离日益明显。现代教育发展的一个结果是，受教育者与文盲之间增加了文化屏障。在传统时代，士绅与普通人被一套共同的价值观与信仰联系在一起。这种合乎规范的联系又由传统的教育结构所强化。然而，在西方教育模式的导向下，现代教育切断了这种价值观和信仰的联系。正如我们已经看到的，采自西方教育模式的课程与教学方法，与大多数中国人的生活可能没有什么相关性。因此，那些接受现代教育的人，很可能发现他们疏远了那些乡下人，也疏远了他们文化的根。无需深入探寻便可发现，如此环境孕育出的观念并不和谐。到20世纪20年代，许多受过现代教育的中国人是明显反对传统观念的，这是普遍认可的事实。在现代学校被正式引进之前的很长的一段时间里，这些现代精英对于传统教育的功效已经丧失信心，教育改革又加剧了他们对传统教育的反感，这就使得那些完全接受现代教育的精英很快失去了与他们自身传统的联系。海外留学人员和受学院式教育的学生成为彻头彻尾的“西化者”，归国留学生在中国团体政治中成为一个孤立的群体，他们所接触的激进的新式思想，和归国后所需要作出的心理调适，极大地削弱了他们对于传统生活方式的依附。③

到20世纪20年代，穿着西服、说着洋文的学者，成为中国文学圈内尤爱

① Nathan, *Peking Politics, 1918–1923*, Berkeley: University of California Press, 1976, p. 15.

② Schoppa, *Chinese Elites and Political Change*, Cambridge: Harvard University Press, 1982, p. 57.

③ Roger F. Hackett, "Chinese Students in Japan, 1900—1910," *Papers on China*, Vol. 3, 1949.

讽刺的对象。就老舍这样一个对现代中国教育各个方面都很熟悉的作家来说，这种穿西服、说洋文的新式学校体制培养出来的知识分子的不断涌现，标志着文化的式微。① 通过对留美大学生归国后不能很好适应中国生活的嘲讽，老舍指出，归国留学生宁愿保持着西洋的污泥，也不愿进入中国的大缸沐浴，尽管沐浴能够使他们洁净。② 正如上面所提到的，或许老舍只是用一定的文学语言表达他的这种观感，但对像陶行知和一些教育家们来说，他的批评则具有现实意义。老舍笔下所描述的归国留学生，在民国时期确实是很现实的，不仅他们在家乡人眼中是外来人，而且他们自己也是这么认为的。

新式学校教育质量不高和学生本身习惯选择法学或人文类学科所带来的结果是，许多毕业生发现自己以另一种方式与中国人的主流生活相脱离，他们感受到某种程度的挫折，谋生无门。失业就是他们与社会隔膜的证明。20 世纪二三十年代，教育家和社会分析家在论及知识分子阶层时，他们反复提到的就是知识分子阶层的“毕业就是失业”和“所学非所用”。有人可能认为，这种情况除了说明中国评论家所说的中国的教育和机会结构之间存在着严重的不相适应外，其他什么也说明不了。当然，这并不能说明，在中国学校培养出来的人才和中国实际的人力需求之间确实存在着差距。不过，这样的看法是如此强烈并且是如此普遍，所以应该值得重视，这表明，不仅是知识分子发现自己偏离了通往官僚权势的轨道，他们也难以找到维护其精英形象的工作岗位。这就意味着求学不再是到达或接近社会金字塔的保障。现代知识分子一步步地失去了特权阶层的合法性。

最初教育改革者有两个主要目标。其一，希望培育出既掌握技术又懂得管理的知识分子阶层，借此推进中国的现代化进程。其二，希望建立一种可以促进国家团结与统一的学校体系，引领大部分中国人过上现代化的生活。对于第一个目标，改革者的努力与他们的期待似乎相差很远。尽管无法描述这一差距，但据与中国教育有关的人观察，学校虽培养出大量的毕业生，但这些毕业生并不是改革者眼中所需要的各种人才。事实上现代学校毕业生面临严峻的就业问题，大多数教育改革者认为，知识分子失业，成为教育改革目标与大众期待落差的证据。对于第二个目标，中国教育改革的历史表明，新的教育体系完全没有达到改革者的预期。

---

① Lao She, *Cat Country*, trans. by William A. Lyell, Jr. , Columbia: Ohio State University Press, 1970, p. 185.

② Excerpted in Masonn Gentzler, eds. , *Changing China*: *Readings in the History of China from the Opium War to the Present*, New York: Praeger Publishers, 1977, pp. 189–190.

现代教育对于中国社会的影响并非始终如一。在横向和纵向上都存在着变化。首先，现代教育主要集中在城市地区，这些地区最容易受到国外思想的影响。在这些地区，现代学校取代了传统学校。此外，通常来讲，在内陆地区，私塾（已改革过的或以另外的方式存在）维持着学校组织的主要形式。因此，按照教育部专家和教育改革团体自由派领袖所制订的方针，改革家推进新式教育的行政目标，在极大程度上遭到地方的抵抗和各级政府部门的阻碍。

总的来说，现代教育在精英人群中的影响亦是很强大的。新式学校基本上是服务于本地企业和城市中产阶级利益的精英机构。所以接受现代教育就主要是富裕阶层的特权。现代学校不仅仅是学费高昂，而且学校的位置集中于城市地区。对于那些付不起高昂食宿费的学生来说，他们基本上是无法接受现代教育的。通过增加赋税，即使中国的农民承担着支持现代学校的很多负担，但是他们的孩子在很大程度上被现代学校拒之于门外。因此，他们不能够和中国的精英分享现代教育经验，他们与精英群体之间的文化和社会差距也在扩大。

最后，在知识分子精英内部，现代教育对城市地区和部门的影响最强烈。城市精英群体推进改革最有力，他们受惠于新教育亦最多。乡村士绅只要自己能够维持对于现代学校的控制权，他们有时是愿意支持现代学校的。但是，普遍的事实是，传统科举考试制度的废除，使得城市精英能利用其较为强大的资源，攫取较大比例的教育蛋糕，城市精英所占的教育份额远远超过乡村精英所占的份额。① 此外，不像那些以职业发展为导向的城市精英，乡村精英尤其是那些仅仅接受过中学教育的乡村精英，通常更趋向于留在他们的家乡社会发挥影响。

来自职业教育家的看法证明了改革的局限性。事实上，恩斯特·斯文彻认为职业教育没有真正失败，因为它并没有被真正试验过。民国时期，教育受到财政上和政治上的困扰，黄炎培和他的同盟没有任何机会实施他们的计划。事实是职业教育家和其他教育家一样长期面临资源短缺。显然，他们能够做的事情很有限。事实上，他们很清楚所谓教育现代化的“文化”障碍，尤其是对于大众的反弹和敌视态度，他们也心知肚明。毕竟，那些计划是旨在纠正知识分子的性格缺陷。众所周知，知识分子对其社会效能存在不切实际的幻想。教育改革者断定，在19世纪末20世纪初，中国文化存在某种连续性，其中就包

① 这在中国人今天的生活中仍旧是一个突出的特征，见张祖华《民间教育提案》，《北京之春》2004年第4期；周洪宇《应实行农村九年义务教育完全免费制》，《教育研究》2003年第4期。

括关于教育目的与知识分子地位的传统态度。

近来学者也逐渐认识到现在与过去的连续性。一方面来看，中国教育改革家是在根深蒂固并且相互关联的传统上推进改革的。他们宣扬其领导社会的权利，事实上，他们就是在扮演中国历史上传统士人的角色。即使他们谴责人们将教育作为攀爬精英社会地位的跳板，他们本身也带有高人一等的优越感。

有人可能从其他根源上认为改革者具有传统的一面。比如刘桂林就颇费周折地指出职业教育者的思想渊源可以追溯至19世纪。① 当然，他的看法有一定的道理，其他人特别是艾尔曼就指出，中国历史上曾多次尝试实用主义教育改革。但是，晚清与民国之间也存在着巨大的断裂性，实用主义改革行动本身就是一个令人惊奇的例子。刘桂林未能看到的是，20世纪职业主义者的实用主义观点已经发生了急剧的变化。同治时代的改革者确实认为学习经典是实用的，他们认为通过学习经典来教化学生可以带来实效。艾尔曼认为八股文的程式在测量智力方面具有非常实际的用途。② 然而，20世纪的实用主义改革者，比如蔡元培彻底放弃了这种程式。他们不再掌握新儒学和古典文体的写作，不再掌握从政和从事公共管理的传统途径。相反，实用主义是指对于工作技能和态度的系统掌握和能在一个现代部门很好地从业。毫无疑问，这样的观念已经与19世纪改革先行者们在认识上存在根本差别。

正如格雷德教授所指出的，基础教育和职业教育遭到抵制，在世纪之交的战乱年代，中国文化亦得到延续。显然，这种对于教育和知识分子传统角色的态度一直保持到了20世纪，教育改革者本身也和19世纪的士人一样坚决主张他们在决定公共事务过程中的权力。另一方面，文化传承中也存在着巨大的断裂性。特别是，当考虑教育家思想体系的内涵时，很明显，他们也跨出了一大步。他们是或多或少受到西方价值观吸引的城市精英，致力于沿着西方道路来改革中国的学校。他们寻求新的途径来促进国家统一，积极投身改革中国民族文化的运动。

斯特兰德·大卫的著作表明，到20世纪20年代，中国城市社会本身已经具有很强的包容性和整合性，教育改革家仅是其中的一部分。中国的城市聚集着为数众多的现代的机构，比如报业、政党、大学、工会、出版社、教育家、毕业生与学生的联合会，这些成为中国城市文化的纽带，促进了新的现代特性

① 刘桂林：《中国近代职业教育思想研究》，北京：高等教育出版社，第15-23页。

② Elman, *A Cutural History of Civil Examination in Late Imperial China*, Berkeley: University of California Press, p. 576.

的形成。① 但是，斯特兰德也指出，改革的过程亦充满各种矛盾。例如，那些为了修建道路而拆掉城墙的城市现代化者的行为对于民众既具有建设性，同时也有破坏性。这些“自封”的改革家或许是在努力建立新的社会统一的秩序，但是，他们也损坏了他们自身和许多人的利益。② 他们成为人们印象中的统一中的分裂因素，这种现象容易成为民国时期现代教育改革历程的写照。

杜赞奇也注意到中国文化中传统和现代因素共存的现象。在其现代民族主义的论著中，他指出人们往往过于强调现代与前现代之间的对立。他把国家看做由各种成分组成的混合体，其中一些成分是传统的，一些成分是具有创新性的。③ 有学者认为，当日常成为探寻的主题时，我们就会发现社会内部的变化并不平衡。比如，何晓明就认同这种看法，认识到现代化过程中存在深刻的矛盾，在社会内部，传统和现代并存，他写道：“考察世界各国现代化的具体进程，我们可以发现，无论在什么地区、什么时候，现代化总是摆脱不了与传统因素的关联、纠葛，二者之间既有冲突，又有容纳，而绝非前者对后者的断然否定与简单抛弃。”④ 改革者们感到沮丧的正是这两种元素如何在教育中运作。

教育改革家和社会大众对教育目的在观念上不无冲突，而社会大众观念在很大程度上又是合理的。⑤ 公众对于他们孩子的期望往往与改革家的希望不一致，改革运动的历史表明改革者的观念与民众的观念之间存在巨大的鸿沟。用梁启超的话来讲，正是改革者试图去“革新”民众的观念。显然，这样的创造力，中国教育家是望尘莫及的。他们总是考虑如何使其方案满足中国消费者的需求。然而，他们很少取得真正的成功，因为其产品最终不是灵丹妙药，而

---

① David Strand, “A High Place is No Better Than a Low Place: The City in the Making of Modern China,” in Wen-hsin Yeh, eds., *Becoming Chinese*, Berkeley: University of Colifornia Press, 2000, pp. 98-136; David Strand, *Rickshaw Beijing: City People and Politics 1920s*, Berkeley: University of California Press, 1989, passim.

② David Strand, “A High Place is No Better Than a Low Place: The City in the Making of Modern China,” in Wen-hsin Yeh, eds., *Becoming Chinese*, Berkeley: University of Colifornia Press, 2000, pp. 114-115.

③ Duara, *Rescuing History from the Nation*, Chicago: University of Chicago Press, pp. 51-56.

④ 何晓明：《百年忧患——知识分子命运与中国现代化进程》，上海：东方出版中心，1997 年，第 48-49 页。

⑤ 斯特兰德认为改革家并不总是作出理性的选择。例如，在城墙这一例子中，至少北京拆迁工程的一个批评家认为城墙仍旧承担防御的功用。David Strand, “A High Place Is No Better Than a Low Place: The City in the Making of Modern China,” in Wen-hsin Yeh, eds., *Becoming Chinese*, Berkeley: University of Colifornia Press, 2000, p. 117.

是实实在在的洋货。尽管他们发起改革中国的运动，但是因为其倡导的教育模式在本质上和中国的国情太疏远了，也就很少能穿过中外文化之间的那层细纱。

综上所述，现代教育对中国社会具有较大的破坏性。鉴于传统教育承担着大量综合的功能，新的教育结构趋向于使中国的社会两极分化。普遍被称做“洋八股文”的现代教育，它对于中国社会的影响是加剧了民国时期社会的分化，这一点众所周知，而这也绝不是晚清与民国时期教育改革家所希望的。

（朱修春　译）

（《社会科学战线》2010 年第 10 期）

1500—1949年中国的环境变迁

〔美国〕彭慕兰*

引言：中国的环境和发展规划

在最近的两个世纪，中国时常充当着西方环境发展趋势假定的对立面。这就意味着它有时候被称赞，比如基于对土地的热切关注或基于毛泽东思想对追求物质享受的漠视；有时候它又被责难，比如对鼓励生育的短视、对斯大林主义重视重工业的迷恋。但是最近，不少人反而认为，中国并没有显示出与西方的巨大差异：它已经接受了“西方的”消费主义者对美好生活的观念、外国技术与市场准则相结合的原则、国家的作用在于把增长当作达到美好生活的途径而为之创造先决条件的理念。因此，中国的环境挑战与西方所面临的相同问题，有着很大的相似之处——尽管中国因人口之巨大而更加严重。如何解决这些问题，将在很大程度上取决于工程师、经济学家以及那些借鉴了其他地区使用此法的专家治国论者。因此，20世纪精英的崛起，既是环境管理的重大事情，又是之后中国历史大部分时期的重大事情，在现代工业出现以前及毛泽东时代，他们在处理这些问题中的作用，要么被忽视了，要么是在付出了高昂的代价后被接纳了。

本文提出了不同的看法。我认为，长期形成的历史惯性，仍然对中国的经济发展和环境管理产生着巨大影响。它包括：（1）保持庞大的农村人口数量，并鼓励农村发展工业（无论是手工业还是机械化），而不是将纯粹的农村和工业城市分开；（2）中央政府的治国方略是，在经济和生态脆弱地区，对民众有能力保持稳定而规范的家庭生活，给予积极的支持；而对较富裕地区的经济，

* 作者单位：美国加州大学尔湾分校（UCI）历史系。

除了向他们征税外，较少进行干预；（3）与自由主义的传统相比，这些治国方略强力造就的一系列的物质条件，意味着环境保护在中国有着非同寻常的意义。其实，自 20 世纪以来，中国已采纳了许多有关发展规划的自由主义观念，并且其中的一些部分，比如像广泛依赖于价格定制的市场，甚至可以回溯到数个世纪之前（当然，直到最近，还不存在自觉的自由主义）。但从环境意义上讲，以上提及的关于中国长期形成的历史惯性的描述，总是被加以粉饰。总体而言，我认为，帝制时期中国的发展，并不像常说的那样，迥异于西方程式化的发展路径，也不像许多人宣称的那样，类似于近来的发展模式。

自由主义/发展主义规划与中国的变异：一个晚期帝制中国的视角

这里所说的“自由主义规划”，并非是指任何实际历史经验的全部，而是近几个世纪中，在世界范围内，针对某些不断引起关注的目标和进程，经常不经意地被许多历史参与者和现代学者故弄玄虚援引的一个模式。它强调经济，尤其突出了 19、20 世纪自由主义“发展”的层面，并强调这样一种观念，即有用的知识可以产生人们为追求物质利益而改造自然的能力。所谓的“物质利益”，很大程度上由个人的消费水平来衡量，此外，还需考量一个处于动荡状态下的国家政治地位及安全状况。（在 19 世纪晚期，国人用文言文来对译形形色色的西方自由主义思想家的这些目标时，多称之为“富强”或“富国强兵”）① 在这些目标之外，自由主义者在此方面的重要特征是，很少有人能对何为美好生活的问题说得清道得明——除了与政治、经济目标相关外，它对两性角色、崇拜方式和美感都并不在意（对人们选择消费方式的长短不作评论，自由主义的这种做法，也很难说明任何特定分配主张的优劣，比如说，给某个人增加一美元的收入，可能会比给其他人发挥更大的作用，但对以不同投资方式以期财富积累的人，或诸如国防之类的国家目标来说，则属例外）。此外，在这个术语的使用中，像古典自由主义中至关重要的自决、公开讨论以及被统治者认同等政治价值观，充其量是次要的，它们常常被技术官僚们的增长导向型的计算所忽略。只有用这些观念，才可以说现代中国或许多其他国家是受了“自由主义规划”的影响。正是因为这个原因，在引言中，我才选用这

① 对中国自由主义最好的概括，即强烈反对将其视为是对西方自由主义的简单“误读”，详见 Benjamin Schwartz, *In Search of Wealth and Power: Yan Fu and the West*, Cambridge: Harvard University Press, 1964.

个并不十分具体的、古老的，却被更广泛使用的“发展主义规划”这个说法。然而，伴随着18世纪晚期以来西方国家的发展，特别是发展主义自由派的观点，已经变得十分重要，其影响范围也远远超出了自由主义的发源地。接下来，在追溯至少自近代早期以来的政府在提高生产、增加国家收入等方面的广泛义务时，我仍将会使用“发展主义规划”这个提法，但我也要用更具体的“自由主义规划”，以便对特别是过去两个世纪里中国的种种战略和困境，提供一个可以比照的对象。

简言之，自由主义的环境史对“自由主义规划”进行了这样的描述：“首先人们学会征服自然，富裕后再继之治理环境。”此外，有人主张，随着技术力量的增强和古老禁忌的消亡（通常是与因自由主义改变的宗教生活目的有关的），人们实现了物质繁荣和生活方式的转变，他们更愿意和能够为环境保护与恢复付出努力。但是，来自贪求税收的国家，以及以市场取向的自私的个体的压力，使得依靠资源获利的观念仍占主流，其他的观念则仅通过立法而不是市场机制得以发挥作用。因此，起初为完成资源商品化并已打破旧俗障碍的国家，后来又常以国家的名义干预某些资源的商品化，取消对其经常性的使用；并且坚持对那些经常使用资源使资源退化的人（如人口稠密地区的空气和水），至少课以一定的费用以恢复环境质量。

相较于该想象的序列分析，中国政府早已因环境目的而对资源的使用进行干预了。而且，那些目的也通常被当作持续的特殊经济活动的一部分，而不是用市场来支配资源，或干脆让其远离市场。对环境资源集中使用产生阻碍现象的，一般只发生在少数民族人口大量聚居的边境地区，而有人认为，从文化和战略角度上说，要深入发展这种地区可能会带来不稳定的因素。在中国的核心区，环境政策始终致力于支持所有人维持生存而使用主要资源的权力，以及为改善某种特殊的能提升社会和文化产品的生产而优先使用资源的权力。这些因素，与自由主义、发展主义规划的其他形态以及国家自身不断变化的需求一道，相互影响，但它们从未过时。

中国参与生态治理已经有很多个世纪了。基于政府对“水利社会”控制的“东方专制主义”理论早已声名狼藉，但它还保留了一些合理的内核。对水的控制长期以来一直备受政府关注，尤其在华北地区，那里有限而不规律的降雨，使得缺少灌溉的农业面临风险，也让黄河经常面临着泛滥的威胁（其他的生态问题也值得注意，但本文只集中于水的问题）。尽管一度有人认为，国家几乎没有持续地或深入地参与对水的控制，但它一直参与了一些重大的工程，并且国家对良好环境和经济秩序的远见，也为其他的参与者定下了基调。

贯穿明清时期的大部分时间，那个蓝图影响了经济发展，但“自由主义规划”的影响却并非如此。从本质上讲，明清两朝的统治者，将经济活动看作是为实现社会和文化实践提供的物质基础。这需要稳定的家庭生活，并能够在最广泛的独立农户中实现。农业不仅提供物质食粮，而且还让人们实现了天赋的过程——在宇宙中人类角色的重要组成部分，即工作与崇拜合二为一的观念。均分田地并不意味着是地方完全自给自足的美好前景，它常常还有别的意思。明清两代的政治家熟谙分工的裨益，为确保尽可能多的人的生存，他们常常把市场的作用发挥到极致。然而，更普通的市场及经济生产并非其目的本身：它们是让更多的人实现儒家式美好生活的措施的一部分。因此，人均持续增长远低于总量的增长及分配的保障量，将确保人人有足够的经济手段按照某些价值观进行生活；积累并非衡量人们满足感和良好社会自身的一个量度。

这个经济观还引出了一个环境管理的特别理念，即在中国的核心区，农业适度繁荣的物质基础的再生产是其中心任务，由于中国人向山坡、河边屯垦，降低了地下水位，屯种贫瘠的土地使生态环境变得越来越脆弱。同时，对于许多非汉族地区，环保政策还力图确保该地区逐渐变化的景致和经济得以重塑，如果是全部的非汉族区，中国的经济和环保政策仍会打上这些理念的烙印。

环境交集概念化的方式至少有两个不同方面，即经济和国家。首先，操控环境和经济长期存在的益处是可以增强国家权力，尤其是军事实力。这种努力的例证之一是，超过 1000 英里的大运河，将南粮大量转运到北方的首都，这些大都市多因战略原因而坐落于贫瘠不能自养的华北平原。另一例子是，在西北边陲，军户的垦殖团和配套的灌溉工程开垦了很多沿边地区的土地，而这些土地如果不被垦殖则很可能成为游牧者的牧场；而从 1950 年代后期到 1970 年代中期，某些地区坚持粮食自给（有些地区付出了巨大的代价）。20 世纪在不同地点建设内陆工业中心，则是更进一步的例子。虽然这些项目偶尔极具破坏性，但它们有时仍和那些强调在生态脆弱地区要保持国人生活基准的“再生产主义者”积极地呼应着，即使这需要从富裕地区给予补贴。其次，在 20 世纪，中央集权论者和再生产主义论者（通常较少）的规划已经融入了全球的“自由主义规划”。因为中国的政治家们逐渐地意识到，在欧洲、北美和日本，工业是如何增强国家实力的，以及重工业的发展在保护国家主权和人民方面越来越重要。稍晚，无限消费的自由主义观念、不断增加的公共设施以及环境政策逐步显效，使得究竟什么是经济地满足人需要的观念发生了改变。随着自由主义规划渐增的显效对技术官僚的影响作用不断地扩大，以及基于美德选择通才作用的降低，无论政府自身，还是较正式的地方机构，都时常地设想并实施治水工程。最后，自由主义规划的普遍性和感知到的经济发展的紧迫性，已经消解了（虽然不是完全抹去）帝制晚期治国之策的差别，即在西南边地促进农民化（peasantization）的运动（比如帮助人们进入两广的山区而时常逐走苗民）和在真正的边疆如中国东北和新疆地区阻挠农民化运动的差别：现在，在从西藏到黑龙江的边疆地区，发展都是一个假定的目标。尽管如此，通过这些政治经济的和政治生态学的古老传统，自由主义规划在中国仍有着强大的影响力，并以中国在全球的困境中产生深刻变化的方式体现出来。

帝制晚期的水政策

到 1420 年，靖难之役后的皇位继承问题稳定了下来，帝国许多重要的环境政策得以落实。国家的首都改定在华北平原的北京，而不是长江下游地区。北京将需要大量的南方粮食，这些粮食要么经由海运（在山东半岛开凿运河运程会缩短一些），要么经由大运河运达。① 海运相对廉价，且较少涉及朝廷托管的水利工程。内陆的水运则要安全得多。起初，明朝想保持两套运输体系，但到 15 世纪中叶，海运已基本停止了，而内陆的水运体系则承担了更大的运输量。②

明朝退出海洋的政策转变是个很吸引人的说法，典型的例子是 1430 年代郑和的航海活动中止了。一些史学家还进一步地将此视为是明代的重农抑商及转向排外的重要标志（特别是与元代蒙古人的世界性相比），或者两者兼而有之。这些说法似乎被夸大了，即使是 15 世纪，甚至 16 世纪，在中国既可看到特别繁荣的商业，又可看到与外国人频繁的交往。但在其他方面，至少到 19 世纪 50 年代，在巩固政治与经济联系的取向上，大运河一直发挥着重要的功能。因为中国更加注重中华帝国的重构，而不是对外部资源的征服，以及管理帝国巨大的生态和经济差异。

尽管明朝的政治家们强烈地意识到中亚游牧部落的威胁，但他们最重要的任务仍是遏制可能来自内部的威胁。这主要体现为两种形式：心怀不满的群众运动（比如他们的发动者曾饱受政府折磨）和富足的权力精英对君权的干政

① 星斌夫『大运河——中国の漕运』東京：近藤出版社、1971；Edward Farmer（范德），*Early Ming Government*：*The Evolution of Dual Capitals*，Cambridge：Harvard University Press，1976，pp. 153-162；侯仁之：《续〈天下郡国利病书〉山东之部》，《燕京学报》1941 年，参阅 Washington，D. C.，*Center for Chinese Research Materials*，p. 21.

② Edward L. Farmer，*Early Ming Government*，Cambridge：Harvard University Press，pp. 156-162，有一概要。

(他们很多人直接供职于官僚政府)。① 后者主要来自于富庶的长江三角洲地区，前者是国内各个最贫困的地区，尤其是人口稠密，且常面临着严重的洪水和干旱困扰的华北，以及大多是农业的边缘地带的西北地区，那里地处中亚汗国与华北腹地的中间过渡地带。

在这些生态脆弱地区，明代特别是清代，为个体农户提供了各种各样的农业补贴（在西北一些地区，这些都是世袭的军户家庭，但在大多数地方，他们是自耕农）在西北的缺粮区，政府将盐引颁给那些将粮食运至该地的商人。② 对人口稀少的地区，政府则通过向人们提供土地、贷款、种子与信息的方式以资鼓励。③ 在不同的时间和地区，对挖井也给予补贴。④ 土地税率很低，且复垦土地常常完全免税。⑤ 常平仓既可以缓解青黄不接，也可以放贷以理顺季节性供应和价格波动，尤其在贫困的北方可以得到国家更多的支持。⑥ 在清代，政府还强有力地在这些地区推进蚕桑业和棉纺业，因为这既能为农户提供额外的收入，还培养女性为创造体面的家庭生活而所需的勤劳与其他品

---

① G. William Skinner（施坚雅），"Cities and the Hierarchy of Local Systems，" G. William Skinner，ed.，*The City in Late Imperial China*，Stanford：Stanford University Press，1977，pp. 307–346.

② 壽田隆信『山西商人の研究』京都：東洋史研究會、1972、17–80、101–106、120–157 頁。

③ James Lee（李中清），"The Legacy of Immigration in Southwest China，1250–1850，" *Annales de Demographie Historique* 18，1982，pp. 284–293；孙晓芬：《清代前期的移民填四川》，成都：四川大学出版社，1997 年，第 30–34 页。

④ Susan Naquin（韩书瑞），Evelyn Rawski（罗友枝），*Chinese Society in the Eighteenth Century*，New Haven：Yale University Press，1987，p. 24；Ming-te Pan（藩敏德），*Rural Credit Market and the Peasant Economy 1600—1949：The State，Elite，Peasant and Usury*，Ph. D. Dissertation，University of California，Irvine，1994，pp. 116–118.

⑤ Wang Yeh-chien（王业键），*Land Taxation in Imperial China，1753—1908*，Cambridge：Harvard University Press，1973，pp. 26–31，88，95，113，128.

⑥ Carol Shiue（薛华），"Local Granaries and Central Government Disaster Relief：Moral Hazard and Intergovernmental Finance in 18th and 19th Century China，" *Journal of Economic History* 64，No. 1，2004，pp. 297–298. Pierre-Etienne Will（魏丕信）and R. Bin Wong（王国斌），*Nourish the People：The State Civilian Granary System in China，1650–1850*，Ann Arbor：University of Michigan Press，1991，pp. 114–115. 薛华认为，国家的赈灾主要针对的是市场整合地理条件差的地区，这并非针对每个贫困地区，但这里仍和这个论点相兼容。

质。①

大运河和黄河对治理这个国家来说极为重要，尽管一开始可能没有完全理解这些说法。从长江三角洲向北，大运河穿过黄河，几乎成直角状通向北京。这意味着，如果不能有效控制黄河，运河则是无用的。过强的水流会阻塞或涌进运河。上游堤岸崩裂又意味着水太少而运河无法“借用”，或许意味着黄河水在错误的地方进入运河河床。而且还因为运河是北京的“咽喉”，在18世纪中叶，南方的贡粮对首都的供应可能占到一半以上（在东北南部的粮食生产有了长足发展之前），到19世纪中叶，仍占到1/3②，让运河阻塞是不可想象的。因此，为保护华北平原的居民免受大洪涝会不惜任何代价（有一个例外是，直到20世纪，穿越运河至海的最后200英里的黄河，确实是受到保护最少的河段）。这部分的费用，则由长三角地区及其他一些富裕区的纳税人通过对贡粮增征附加费的方法分摊了。这个附加费是从至北京的贡粮额中分取，其中大部分用于治理黄河和对运河的维护上。自1732年③到1821年，这些“运输”费用上涨了5倍，对大运河和黄河的养护消耗约占政府支出总额的10%—20%（尚不包括大量的徭役）。④

另一方面，长江上的此类事则由地方精英管理并承担费用，地方官员的监督是有限的。事实上，长江下游地区的地方精英们获得了相当的自主权，政府允许他们在广泛的范围内参与防洪，以便让他们在复垦、灌溉和运输中受益，而他们则需承担让其贫穷的北方同胞脱离困境的费用。

这并非说政府不用让北方人付出什么。接受中央政府的慷慨，意味着首先要服从中央政府。对于农民来说，在沿黄河外的边墙到第一防线之间进行垦殖，以及从运河取水灌溉则都是非法的。运河造成一些局部的小河的阻塞，则

---

① Susan Mann（曼素恩），“Household Handicrafts and State Policy in Qing Times,” in Jane Kate and John Watt Leonard, ed. , *To Achieve Security and Wealth: The Qing State and the Economy*, Ithaca: Cornell University Press, 1992, pp. 75-96, especially 86.

② 这些数字必然是近似的，尤其是在赋粮常被接收者为了接收当地的新粮而变卖或再分配之后，例子参见 Alison Dray-Novey and Lillian Li, “Guarding Beijing's Food Security in the Qing Dyansty: State、Market and Police,” *Journal of Asian Studies* 58, No. 4, Nov. 1999, pp. 1000-1004. 吴建雍：《清代北京的粮食供应》，载《北京历史与现实研究学术研讨会论文集》，1989年，第167-186、172-173页。

③ 星斌夫『大運河-中國の漕運』東京：近藤出版社、1971、223-227頁。

④ Kenneth Pomeranz（彭慕兰），*The Making of a Hinterland: State, Society and Economy in Inland North China, 1853—1937*, Berkeley: University of California Press, 1993, 166-168.

会伴生着渍涝和土地的盐碱化（如顾炎武在 17 世纪 40 年代就已经注意到的那样）。贡赋和征役有时是相当沉重的负担。① 但总的来说，与它本该付出的相比，有效地控制洪水，以及本来可能缺乏的南北交通运输更让这个地区受益(此外，对于后者，如果沿河地带的人们必须用土地密集型的产品达到自给自足的话，木材和石头的加速输入，则还可以养活更多的人)。总之，华北农村供应北京补给品所产生的环境效应，和其他许多近代早期的首都，如马德里、柏林和巴黎等城市腹地的经济和生态苦难，形成强烈的对比。② 在紧挨京师的地区，运河也加剧了一些排水问题，但国家给予了更多的补偿，大笔的资金用于防洪、灌溉和维护城乡的食品价格上。③

对于国家来说，这个体制有着显而易见的好处和不明显的收益与代价。它供给京师并在战略上稳定华北，它不必精心考虑海防，它符合对皇家的仁爱和乡村生活美德的传统理解（在华北，一小块有永业权的地产，比富裕的有更多城市和更高租赁率的长江下游地区——在某种程度上说来——更符合中国农村的理想)。该体制也有助于明清两朝的统治者遏制他们已感到威胁的长江下游地区的精英势力。它不仅要拿走这里的财富，否则这些财富将会持续一些明清统治者已察觉到的奢靡生活方式，而且还将他们的管理理念集中于地方工程，而不是中央政府的。

同时，国家在干预某些最富裕地区生态方面付出了代价。到 18 世纪末，沿长江各地严重过度建设的地方水工程，导致了洪水和其他生态问题的增

---

① Charles Greer, *Chinese Water Management Strategies in the Yellow River Basin of China*, Ph. D. Dissertation, University of Washington, 1975, p. 35. Hu Chang-tu, "The Yellow River Administration in the Ch'ing Dynasty," Journal of Asian Studies 14, No. 4, 1955, pp. 503-513; 水利部黄河水利委员会:《黄河水利史述要》, 北京: 水利电力出版社, 1982 年, 第 321-322 页。

② David Ringrose, *Transportation and Economic Stagnation in Spain*, Durham: Duke University Press, 1970, p. 27; Charles Tilly, "Food Supply and Public Order in Modern Europe," in Charles Tilly, ed., *The Formation of National States in Western Europe*, Princeton: Princeton University Press, 1975.

③ Lillian Li, *Fighting Famine in North China: State, Market and Environmental Decline, 1690s—1990s*, Stanford: Stanford University Press, 2007, pp. 38-249.

加。① 这无论对政府自身，还是对长江三角洲地区那些名门望族来说，都是很显见的（他们对维持官僚机构、朝廷、课税基础和社会整体稳定等方面健康发展的兴趣，往往大于与地方其他田主共享的更狭隘的利益）。但所有清除起反作用的私人堤坝的努力失败了，像努力改革税收制度和为政府控制水利工程而增征更多的钱一样。② 在长江流域的丘陵地带，尽管朝廷较成功地限制住了那些更穷苦人的过度开荒，相比于国家已意识到的并无法阻止那些于低地地带的精英们的开垦行为来说，前者或许能多少减少一些洪水泛滥问题。③

这个制度还是被大规模的人口、经济和生态的发展渐渐地破坏了，部分归结于发展的成功。16 世纪初，中国的长江下游和一些沿海地区步入了一个较长的商业和经济增长期，而到了 17 世纪中晚期则出现了严重的衰败，直到 18 世纪才又开始其更快的发展。大致在 1750 年，长三角地区的人口约为每平方公里 500 人（而荷兰仅为 62 人），④ 是当时世界上生活水准最高的地区之一。⑤

为此，大部分必要的资金来源于有非凡生产力的精耕细作的水田，部分也源于有效的资源节约：高效的炉灶、薄炊具、最低限度使用大牲畜牵引以及劳动密集型的燃料采集等。但它也依赖于输入大量的初级农产品：谷物、棉花、

① Peter Perdue（濮德培），*Exhausting the Earth*：*State and Peasant in Hunan* 1550－1850，Cambridge：Harvard University Press，1987，pp. 211－219；James Polachek，"Gentry Hegemony in Soochow，" in Frederick Wakeman（魏斐德）and Carolyn Grant，eds.，*Conflict and Control in Late Imperial China*，Berkeley：University of California Press，1975，pp. 219－20，26.

② Perdue（濮德培），*Exhausting the Earth*：*State and Peasant in Hunan 1550－1850*，Cambridge：Harvard University Press，1987，pp. 219－233；James Polachek，"Gentry Hegemony in Soochow，" in Frederick Wakeman（魏斐德）and Carolyn Grant，eds.，*Conflict and Control in Late Imperial China*，Berkeley：University of California Press，1975，pp. 226－249.

③ Anne Osborne，"The Local Politics of Land Reclamation in the Lower Yangzi Highlands，" *Late Imperial China* 15，No. 1，1994，pp. 25－31，37－38.

④ Colin and Richard Jones McEvedy，*Atlas of World Population History*，New York：Penguin，1978，pp. 62－63；王业键：《18 世纪长三角地区的食物供给和谷价》，载《第二届中国近代史学会论文集》，第 427 页，长江北岸的扬州、通州和海门三个地区不包括在内。

⑤ Kenneth Pomeranz，*The Great Divergence*：*China*，*Europe and the Making of the Modern World Economy*，Princeton：Princeton University Press，2000，pp. 37－38，116－121，27－38；and Appendix F.

木材、糖及大豆（主要做豆饼肥料）①。作为交换，长三角地区则输出制成品（主要是布）；一些邻近的道府县也同样依赖于产品输入，最繁盛的当数盐及相关产品。

这些行业的贸易规模，让 18 世纪其他商品贸易相形见绌。② 只要保持江南的繁荣，政府就允许它继续支持其他地区。

增长的极限与中华帝国晚期的治国方略

但是，即使是江南地区卓越的商业网络也不能永远适应扩展的需要：市场、国家、文化和已知的外部世界。在其重要的外围地带，出口机会和普遍的商品化加速了人口增长（包括移民及自然增长），人口增长最终蚕食了本来用于输出的盈余农产品。此外，有几个外围地区开始生产自己的手工业品，在通常输出大量原棉的华北，在一旦解决了如何纺纱之后，就会在旱季就地开始自己的纺纱织布；在长江的中上游地区，也开始种植更多的棉花（茶及后来的罂粟）并生产自己的布料。③

在一定程度上说，这是一个以市场为导向的比较优势转换的过程。随着那些最好的水田被淤塞了、最易获得的森林被砍伐了以及不断增加的当地人口使专业化更合算时，一些劳动者一定会从农业转向手工业，并且该地有更多的非食品生产者必会减少输出。在这个领域中，大多数的技术是廉价的、机器易于

① Pomeranz, Great Divergence, 34-5, 225-39, 42-4, 对于更多的细节，有趣的是，在江南的饮食结构中，鱼占很大的部分，大部分来源于河流及近海的养殖，中国的外海渔业发展要差得多，而日本及西北欧相反，在那里它是一个重要的营养来源和环境支柱。最好的深海渔场并不在华北和东北，那里的海事传统和人口压力要小得多。参见 Hiroshi Kasahara, *Fisheries Resources of the North Pacific Ocean* , Vancouver: Institute of Fisheries, University of British Columbia, 1961, p. 8-9。

② Pomeranz, *Great Divergence: China, Europe and the Making of the Modern World Economy*, Princeton: Princeton University Press, 2000, pp. 34-35.

③ 关于华北，参见 Francesca Bray, *Technology and Gender: Fabrics of Power in Late Imperial China*, Berkeley: University of California Press, 1997, p. 217; Pomeranz, *Great Divergence: China、Europe and the Making of the Modern World Economy*, Princeton: Princeton University Press, 2000, pp. 139-144. 关于长江中游参见 Li Bozhong, *Agricultural Development in Jiangnan*, 1620-1850, New York: St. Martin's Press, 1998, p. 108. 关于长江上游参见 Yamamoto Susumu, "Shindai Shikawa No Chi-Ikikeizai," *Shigaku Zasshi* 100, No. 12 , 1991, pp. 7-8, 10-11, 15; Yamamoto Susumu, "Shôhin Seisan Kenkyû No Kiseki," in Mori Masao, ed. , *Min Shin Jidaishi No Kihon Mondai*, Tokyo: Kyûko shôin, 1997, p. 88。

摹仿以及一旦远离河岸就会急增的运输成本，这样的发展代表着对市场的合理反应，并不是核心区进一步工业化的任何形式的“市场失灵”和制度“障碍”。的确，我在别的地方曾详尽辩论过，正是西欧的外围地带、有着制度“障碍”（农奴制、奴隶制和殖民垄断）的东欧和美洲抑制其发展，如此延缓了他们的出口取向①。在整个疆域内，越来越开放的市场更易于推广原始工业化——以相当大的代价，来促进明清时期生产的发展，以期增加江南地区进一步的分工和行业发展的机会。

但国家并没有将这些都交给市场。我们看到税收政策、支持移民及诸如外围地带受惠性的增长，都是以牺牲先进地区为代价的。清代的官员尤其热衷于促进这些地区的丝织和棉纺织业的工艺，这不仅出于经济的原因，还出于他们将此类工作当做是向女性灌输美德的有效方法。大多数的中国家庭还认为，让妇女不离开家庭而为家庭增加收入，比在外抛头露面（包括田间劳动）更好。另外的原因是，外围地带变得更加繁荣时，他们并没有将所有劳力都投入到为输出而最大化地生产农产品当中并输入布料，尽管在某些地区（尤其是长江中游），对农业的额外投入，仍比手工业可以提高产量及价格趋势。在这种情况下，发达地区的人均收入增长停止了，其人口增长也远低于平均水平，1770—1850 年间，全国人口几乎翻了一番，与此同时，长三角地区的人口竟然没有什么变化。②

正如稍后将看到的，在现代经济增长开始之前，对中国腹地外围区较密集的移民开拓，都很难依赖于大量初级产品的输入，这意味着面对经济发展和环境保护，“先致富，再治理”的模式对中国可能不是一个适当的选择：政策的重点必定是在工业化过程中侧重于预防浪费与平衡不同资源的需求，除了娱乐性较低的用途外，不设置大规模的（偏远西部的非汉人居住区除外）奢华禁地（正如尼古拉斯·孟泽斯指出那样，中国人已经较少关注那些未开发的

---

① Pomeranz, *Great Divergence: China、Europe and the Making of the Modern World Economy*, Princeton: Princeton University Press, 2000, pp. 75-80、215-217.

② Ho Ping-ti, *Studies on the Population of China* 1368-1953, Cambridge: Harvard University Press, 1959, pp. 46, 64, 281-282；李伯重：《从“夫妇并作”到“男耕女织”》，《中国经济史研究》1994 年第 3 期；G. William Skinner（施坚雅），“Cities and the Hierarchy of Local Systems,” p. 213; and to adjust, G. William Skinner, “‘Sichuan's Population in the 19th Century: Lessons from Disaggregated Data,’ *Late Imperial China* 8, No. 1, 1987; Compare Wang Yeh-chien, “Food Supply,” p. 427.

“荒地”，并将其视同蛮荒，① 出于政治的而不是“中国”自身的考量，这些非汉人居住区也许不宜变化过大，这也是个事实）。

短期之内，核心区增长的放缓，让他们承受那些国家用于稳定其他地方生态的财政负担更加困难，在欠发达地区，负担反而因人口的增加而上升了。例如，在中国的西北地区，严重的毁林开荒，增加了黄河上游地带的侵蚀，进而使得黄河比世界上任何河流每立方米的含沙量都要多得多（是尼罗河的 34 倍，是比较浑浊的科罗拉多河的 3.4 倍）。②

同时，管理运河和黄河水利的政治基础有助于确保这项工作每年都进行，但不是很有效。以前人们认为，必须不惜一切代价保持运河的功能（至少要保证漕粮的运输），即使缺乏技术手段和下层民众的参与，国家亦需把黄河河道疏浚（尽管困难重重）。相反，当淤泥抬升河床时，治河的官员每年都在加固河堤，到 19 世纪初，黄河下游 400 英里长的河床已高出地面 40 英尺。这就意味着，在遇到新的通道以前，任何洪水都可以运行得更远，所以，连同其他更多的基础性周期重建的工程，大堤加固每年都要进行，做妥这件事比审议和降低开支更加重要。③ 在 1820—1850 年间，黄河和运河每年的维护费用约占中央预算的 12%，另有非常沉重的非预算开支：许多州县用于此的开支，略少于战争、债务和维护法庭费用的总和。④ 1700—1820 年间，将南方的赋粮运至北方的价格上涨了 5 倍，而这些费用几乎全由长江流域的纳税人承担了。⑤

其他的压力也与日俱增。尽管清廷努力保持东北大部地区的封禁，但在 17、18 至 19 世纪初，有大量的汉人农户移入东北的南部地区，在首次输出原

---

① Nicholas Menzies（孟泽思），“Strategic Space: Exclusion and Inclusion in Wildland Policies in Late Imperial China,” *Modern Asian Studies* 26, No. 4, 1992, pp. 719-733.

② Charles Greer, *Chinese Water Management Strategies in the Yellow River Basin of China*, Ph. D. Dissertation, University of Washington, 1975, p. 19; He Bochuan, *China on the Edge: The Crisis of Ecology and Development*, San Francisco: China Books and Periodicals, 1991, p. 30, has an even higher figure.

③ Hu Ch'ang-t'u, “The Yellow River Administration in the Ch'ing Dynasty,” *Journal of Asian Studies* 14, No. 4, 1955, pp. 505-513; Kenneth Pomeranz（彭慕兰），*The Making of a Hinterland: State、Society and Economy in Inland North China, 1853—1937*, Berkeley: University of California Press, 1993, pp. 167-168.

④ Kenneth Pomeranz（彭慕兰），*The Making of a Hinterland: State、Society and Economy in Inland North China*, 1853—1937, Berkeley: University of California Press, 1993, p. 167.

⑤ 星斌夫『大運河-中國の漕運』東京：近藤出版社、1971、223-227 頁。

木以后，这里的居民开始大量地向长三角地区输出大豆，大部分用作棉田的肥料。① 到19世纪初，他们亦将大量的粮食输到北京，到1850年，供应量占首都粮食供给量的1/3，② 同时，把大豆运送至长三角，再将布、铁运回东北的船，北返时往往有不少的闲舵（制成品比等值的大豆所占的空间要小得多）。当运河遇紧急情况封锁时，这些空舱则被用来北运漕粮（1820、1824和1826年就是这样做的）③。长三角地区的一些地方精英希望这能够成为惯例，④ 简言之，以市场为导向供应北京的方式正在形成，并吸引着追随者。但是，放弃运河会在环境方面对华北有很大的破坏，这并非是必需的，直到内乱和外国入侵改变了中国的根本性质。

太平天国运动在19世纪中叶的四个农民起义中规模最大，或许还是历史上最具破坏性的内战。它使中央政府失去了对最富裕地区的控制长达12年。战后对长江流域的社会重建，亦需对该地区进行大规模的减税。这些减税，成功地让在战时逃到上海的富人回到农村，鼓励他们重建水利、学校、寺庙，并继续在社会上充当领导者的角色。⑤ 请注意，这里不像贫困地区，地方政府没有自我调控的功能。事实上，无论是清廷武装力量失败后严重依赖地方武装战胜叛军，还是重建的重任，都大大增强了地方精英对长江流域社会的控制。⑥

① Keiki Adachi, "Daizu Kasu Ryutsu to Shindai No Shogyoteki Nogyo," *Toyoshi Kenkyu 37*, No. 3, 1978, pp. 35-63.

② 尤其是基于东北贸易的估算，参见吴建雍《清代北京的粮食供应》，《北京历史与现实研究学术研讨会论文集》，1989年，第173-174页。

③ 星斌夫『大運河-中國の漕運』東京：近藤出版社、1971、219-230頁。Jane Kate Leonard, "Controlling from Afar': Open Communications and the Tao-Kuang Emperor's Control of Grand Canal-Grain Transport Management," *Modern Asian Studies* 22, No. 4, 1988, pp. 665-699.

④ James Polachek, "Gentry Hegemony in Soochow," in Frederick Wakeman（魏斐德）and Carolyn Grant, eds., *Conflict and Control in Late Imperial China*, Berkeley: University of California Press, 1975, pp. 226-227, 52-55.

⑤ James Polachek, "Gentry Hegemony in Soochow," in Frederick Wakeman（魏斐德）and Carolyn Grant, eds., *Conflict and Control in Late Imperial China*, Berkeley: University of California Press, 1975, pp. 223-227; Kenneth Pomeranz（彭慕兰）, *The Making of a Hinterland: State、Society and Economy in Inland North China, 1853—1937*, Berkeley: University of California Press, 1993, pp. 273、275; Mary Wright, *The Last Stand of Chinese Conservatism*, Stanford: Stanford University Press, 1962, pp. 163-167.

⑥ Philip Kuhn（孔飞力）, *Rebellion and Its Enemies in Late Imperial China*, Cambridge: Harvard University Press, 1970; Mary Rankin, *Elite Activism and Political Transformation in China: Zhejiang Province, 1865—1911*, Stanford: Stanford University Press, 1986.

然而，如果赋粮的负担显著减少则这种削减是可能的，这反过来又要求放弃他们对运河和黄河水运系统所承担的义务。同时，战争期间对黄河失于保养，继之洪水泛滥，致使黄河入海口向北移了 400 英里，留下大段无水源的运河，并且使恢复旧水系更加昂贵。

然而，这个优先转换从内部消解了过去治国之道的恢复，其他的势力则从外部对其构成破坏。因为在以后的几十年里，中国面临外国列强越来越大的压力（这也有助于缓解太平天国起义的压力）。很显然，在与众多的民族国家竞争中求得生存，必需谋求工业的发展以及大规模的商业化，首先是沿海地区似乎最适合工业化。另外，在通商口岸、租界等威胁清朝主权的一些地区，因公共服务的缺失而使得这种威胁变本加厉。西方人用维持治安和道路工程为借口，努力扩大他们对上海周边地区的控制；日本和俄国的军队则扬言，如果不能建立现代公共保健措施以及外国人的权益受到威胁之前没有控制住流行病，他们就要占领满洲更多的土地；并且日本后来也威胁，如果不改进防洪，他们就要占据黄河河口附近的地区（在现有的租借地附近）。①

在这种环境下，20 世纪中国的民族主义者开始评估中国与帝国主义的斗争中中国的各种问题。例如，林业部门的官员宣布，那些靠近铁路线的地带将是重新造林的优先地区；而那些沿海地区目前正在“消耗”外汇以进口木材②（一份出版物估计，有多少中国的路权抵押可以用这种“消耗”方式从外国银行中赎回。在注意到一些进口木材被用来做棺材时，孙中山写到甚至连死亡都要依赖于外国而感到蒙羞）③。而在因木材短缺正致使人们付出更高代

① Carl F. Nathan, *Plague Prevention and Politics in Manchuria, 1910—1931*, Cambridge: Harvard University Press, 1967, V. p. 5, 42, 74; Frederick Wakeman, *Policing Shanghai, 1927-1937*, Berkeley: University of California Press, 1995.

② Kenneth Pomeranz（彭慕兰）, *The Making of a Hinterland: State, Society and Economy in Inland North China, 1853—1937*, Berkeley: University of California Press, 1993, pp. 138-142；值得注意的是，人们在越来越多地讨论鸦片与卖淫时，并非将其当作是家庭和个人的问题，而是将其当作对国家资源的浪费。Alexander DesForges, “Opium/Leisure/Shanghai: Urban Economies of Consumption,” in Timothy and Bob Tadashi Wakabayashi Brook, eds. , *Opium Regimes*, Berkeley: University of California Press, 2000, p. 178; Gail Hershatter, *Dangerous Pleasures*, Berkeley: University of California Press, 1997, pp. 249-250。

③ Kenneth Pomeranz（彭慕兰）, *The Making of a Hinterland: State、Society and Economy in Inland North China, 1853—1937*, Berkeley: University of California Press, 1993, p. 140; 吴金赞：《中华民国林业发展之研究——民国元年到民国三十五年》，台北：中国文化大学博士学位论文，1982 年，第 71-73 页。

价的内陆地区——部分原因是他们不能进口木材，另外的原因是在生态补偿期他们逐渐人口过剩了——几乎被完全忽略了。①

新的治国之道在两方面改变了黄河的工作。首先，治河资金通常大幅减少，特别是1890年以后，这笔钱直接被用于去偿还银行本息、实现军事现代化及沿海地区的一些“现代化”工程（诸如挖深港口）。其次，本用于防洪的钱被用于不同的地方。更多的花在保护沿海和铁路枢纽附近的新战略要地上，过去受眷顾的贫困地区被抛弃了。狭义地说，这个战略奏效了：在中国与外国列强发生战争时候，一些地区的洪水发生率的确下降了，但在内陆，洪水的泛滥却创下了最糟糕的记录。②

在大多数情况下，自19世纪末到20世纪30年代，这个新治国之策以及环境灾难一直存在着。诚然，在相对便捷的总是遭受着各种各样创伤的地区，并没有发生更严重的环境恶化：对外贸易常常为土地密集型产品提供新出路，政府增加了相当的资助性关怀（为维护主权和发展主义的原因）以及在更多的城市化地区涌现出的民间组织提供技术援助、救灾和其他有益的生态服务。但对许多内陆地区，增多的洪水泛滥只是普遍下降的生态环境的一部分，还有日益严重的干旱和水土流失（部分原因是在极度缺乏燃料的地区过度砍伐森林），增加土壤盐渍化等。

在1930年代之前，至少有两种应对这种危机的策略。其一主要是专家治国论，我们姑且将其与“发展主义规划”相关联，他们构想大型多功能水坝、全流域规划，以及由中央政府实际控制的大规模工业化。其二是民粹主义/复辟论的反应，他们设想了一系列乡土气十足的劳动密集型的调整，以使人民再回到基于种田、手工业和小商业能够独立生存的生活状态。虽然在充满暴力和混乱的1930—1940年代，这两种论调都不会有什么结果，但在1949年以后，这两种论调对新社会和生态均产生了重要影响。

更确切地说，民粹主义的主张，脱胎于华北农民在日益恶化的环境中所面临的为维持生存而增加收入的需求，生态衰退和人口压力往往意味着手工业和商业在这些农民的生存策略中变得越来越重要。在河北武功县，那里地下水位

---

① Kenneth Pomeranz（彭慕兰），*The Making of a Hinterland*：*State*，*Society and Economy in Inland North China*，*1853—1937*，Berkeley：University of California Press，1993，pp. 138-142，46-52.

② Kenneth Pomeranz（彭慕兰），*The Making of a Hinterland*：*State*，*Society and Economy in Inland North China*，*1853—1937*，Berkeley：University of California Press，1993，pp. 159-162，201-211.

下降（这导致了1740年至1930年间垦地面积的下降），连同不断加重的税收、匪患，以及取多予少的其他国家指标，使得这里传统的搓绳业和劁猪业成了当地更重要的产业部门（至少在一定程度上他们与干旱无关）。这些“副业”实际上成了抗战期间共产党在农村建立的“农业”合作社得以生存的关键。①

同样，在豫东，黄河改道后土壤的盐碱化增加了，使得很多土地不适用或根本无法用于农业。但同时，这也促成了私盐业的繁荣，后来，在制革、酸洗甚至是制造炸药等其他副业中都使用盐（无论在帝制还是在共和政体中，中国都实行食盐专卖的制度，它可以对产盐区课以重税）。虽然这些活动使该地区更加繁荣了一段时间，在国民政府时期，他们也和国家的复兴之路相冲突，因为用食盐专卖的收入作为抵押向外国贷款的新政府，在实施垄断方面变得越来越迫切和残酷。正是这个和国家的冲突——比农村的阶级斗争或日本的侵略更突出——似乎使得这些地区成为共产主义革命的沃土。②

无论是豫东的农民，还是华北根据地的同胞，都没有用资本主义或国家社会主义的模式思考过现代化的发展项目。相反，他们的目标是利用增加市场参与来恢复他们的经济稳定，以确保他们接近美好生活的传统观念：有能力婚丧嫁娶、适当地庆祝他们每年的节日。一时间，这些农民都投入了共产党的怀抱，这为其反对国民党统治和抗日提供了稳定的支持，亦使其一度朝着民粹主义方向转化（淡化或放弃了当时该项目的其他要素，诸如从快速工业化到集体农庄，再到妇女权益）。③ 但从长远看，大多数的共产党人是致力于发展主义议题的，这常常与民粹主义者所倡导的相抵触——在民国时期，这对那些研究环境或其他危机早期形态的专家治国论者有着更大的亲和力。

技术专家研究治河的方法主要源于国外的模式，特别是美国、德国和苏联。正如威廉·科比所说，一旦国民党控制了中国的大部分地区，它将会把一些工程师（大部分受训于国外）分成若干小组，对中国的快速工业化进行规划，尤其

① Edward Friedman, *Paul Pickowicz and Mark Selden*, *Chinese Village*, *Socialist State*, New Haven: Yale University Press, 1991, pp. 1, 9-10, 13-14, 70, 73-74.

② Ralph Thaxton, *Salt of the Earth*, Berkeley: University of California Press, 1997, pp. 23-197.

③ Ralph Thaxton, *Salt of the Earth*, Berkeley: University of California Press, 1997, pp. 198-319. 也参见 Friedman, *Chinese Village*, *Socialist State*, pp. 111-130; Judith Stacey, *Patriarchy and Socialist Revolution*, Berkeley: University of California Press, 1983, pp. 108-194。

是与国防相关的重工业。① 在很大程度上，这些小组免受政治进程的影响，也不在意他们的规划是否获得大众的赞同（事实上很少有热情）。他们的终极目标类似于“发展主义”和“重商主义”，如我所说的，它出现在19世纪后期。然而，1930年代特殊的情况，赋予了这些规划以一些重要的新元素。

首先，他们设想了一个比以前的发展更加强调国家中心的模式。政府对主要的防洪工程进行规划、建设，并负责其运行，灌溉和水电设施几乎没有让地方投入，所产的水电也直接分配给政府优先发展的新兴行业，而非按市场的机制。这反映了中央集权的因素。一个因素是一组当时著名的模式——尤其是苏联模式、第一次世界大战时的战争经济（特别是德国）以及早期的法西斯政权。当它涉及水利项目时，即使是美国的工程师和他们的学生所描绘的发展规划中中央集权的程度较少的模式，对国家来说也发挥着非常大的作用。此外，尽管美国西部的水利工程最终产生了大量的电能，但发电主要还是后来的事情：在部分的水利工程规划中，在防洪和灌溉方面（通常无视经济逻辑），更加突出对强调私人利益的声音的重视，这对大多数国民政府的规划师来说，却是第二位的。面对咄咄逼人的日本压力而凸显的国防规划的紧迫性、国民政府的国家建设综合战略，以及诸如水电必屈居防洪、灌溉和运输之后的流行看法与政府的规划不相吻合的事实，都让中央集权的做法备受鼓舞。

即使是眼前的危机要求优先考虑防洪，国民政府的治水规划也因其非参与性成为了不起的规划。在1914—1920年，当北洋军阀政权在制定大运河和鲁西地区邻近水道的重建规划时，规划者征求了地方精英们的意见，何者才是当务之急。作为回应，他们拟定了一个计划，强调土地改良，并通过出卖改良的土地和对其征税来提供大部分的资金；他们也还给地方精英委员会委以重大权力，以裁决对土地的现行诉求。因此，这一计划的许多方面（最终因政府财政和国际政治而被破坏了），借鉴了晚清对地方治水工程（和/或富裕地区的中小型工程）的管理模式。10年后，当国民政府开始管理这个地区的防洪时，他们的做法是：撇开地方势力的参与，在外来士兵的监管下，通过强制劳役的使用，无须大量的财政支持；上面下派的工程师被赋予了绝对的权威，来处理和工程相关的所有与地方的冲突（包括地权）；几乎没有向在野的地方精英进行咨询；地方官员的角色（从地方行政官员到村长），主要局限在将劳役负担

---

① William Kirby, “Engineering China: Birth of the Developmental State, 1928—1937,” 载叶文心主编 *Becoming Chinese*, Berkeley: University of California Press, 2000, pp. 141-152; 参见 David Pietz, *Engineering the State: The Huai River and Reconstruction in Nationalist China*, 1927—1937, London: Routledge, 2002。

分配给每个相关者方面。①

与晚清的发展规划相比，国民政府时期军事规划的重要作用也体现为，重新关注内地的发展，尤其在日军攻击不到的安全地区，发展重工业体系（水电作前提）。这些计划的核心是在长江的三峡地区建造一个大型的水坝。这一蓝图最初是孙中山先生在 1921 年提出的，从那以后，它一直是个时断时续的国家工程（以及中国现代化的标志）。② 类似的计划是在黄河上游地带建造一些多功能的大坝，这些大坝对防范下游地区经常性的泛滥效果并不明显，但却比在冲积平原上孕育着更大的能源潜力（当黄河到达距海口 400 英里的开封时，这里地势平坦，其发电的潜能已相对较小）。③

1937 年，自从中国的全面抗战爆发以后，由国民政府的工程师们勾勒的大型工程蓝图，一个也没有得到实施，但却成为 1949 年以后新中国水治理的丰富遗产。开展基础测绘，编定可行性计划文件，以及对这些计划进行所谓中立的（虽然常被操纵）定量成本效益分析的评估，都制度化了。而且，许多将实施这些工程的实际工作人员，获得了早期的专业经验和持久的习惯。④ 虽然水利政策呈现出经常性的变化和曲折，但也有一些重要的东西延续下来：发展规划中技术官僚占主导的传统，以及在实现发展和环境管理中我称之为“民粹主义”的因素。

结　论

与以往相比，1949 年以后的中国政府有了更大的组织能力，也获得了更强大的技术力量。然而，它所面临的一些环境挑战，似乎和明清时期没什么两

① Kenneth Pomeranz（彭慕兰），*The Making of a Hinterland*：*State*，*Society and Economy in Inland North China*，*1853—1937*，Berkeley：University of California Press，1993，pp. 222-34，53-65 有这两个故事。

② William Kirby，“Engineering China：Birth of the Developmental State，1928—1937，”载叶文心主编 *Becoming Chinese*，Berkeley：University of California Press，2000，pp. 138，51-52；Lyman Van Slyke，*Yangtze*：*Nature*，*History and the River*，MA：Addison-Wesley，1988，pp. 181-189。

③ Charles Greer，*Chinese Water Management Strategies in the Yellow River Basin of China*，Ph. D. Dissertation，University of Washington，1975，p. 22.

④ Charles Greer，Chinese Water Management Strategies in the Yellow River Basin of China，Ph. D. Dissertation，University of Washington，1975，pp. 69-85；Kirby，“Engineering China，”pp. 143-153. 也参见 Pietz，*Engineering the State*，122 对于淮河工程中的类似发现。

样。在华北农村，这方面尤其如此，随着人口的增长，那里洪水问题依旧存在，水资源短缺仍在加剧。种植更多的粮食有很大的压力，比如，在冬季降水稀少的地区增加冬小麦的种植以及为了促进中国工业化的发展而增种棉花也有很大的压力；新中国对这些半干旱地区长期存在的需求，并没有从根本上改变。有时，新技术似乎能应付得了旧的挑战，但从长远来看，这还难以实现。比如，在华北，为了打破对降水的依赖，在各地允许使用油及电力的机井，以汲取深层地下水并改造当地的农业。具体讲，在山东，灌溉的农田面积，从1949年的不及3%升至1980年的78%。① 但到了20世纪90年代，这些地区地下水的耗竭变得更为严重，水资源短缺现在又成了一个非常严重的问题。

随着抑制环境选择的许多古老条件的存在，旧政策的辩论依然保持着相关的内容。那些专家治国论者在20世纪早期倡导的治水方法，有了更多的论据：现在中国有着比世界上其他任何国家更多的大型水坝，也越来越依赖于水电来推进其工业化的快速发展。这样的项目必然会以国家的名义侵占地方的利益，并且经常地将人民和地方置于相当的环境风险之下，而这个风险则是基于由中央确定及自上而下强压的成本效益核算。同时，在广大的中国农村中人口密度非常高，以及政府希望能够控制住城市化的步伐，都意味着，即使在严格的经济意义下，那些旨在稳定农村的措施不够“理性”，但在生态脆弱的地区，它们仍然非常重要。努力改善人民的生活并尽可能地让他们留居在农村——无论是通过户口制度，还是毛泽东时代的自给自足、自力更生，抑或20世纪80、90年代乡镇企业的繁荣、今天的努力减税，及创建社会主义新农村等活动——在1949年以后的政策中都一直是持续的，尽管其间历经曲折；他们极欲要避免重蹈拉美、非洲及亚洲的一些地区为了“解决”农村资源和生计压力而导致城市失控的老路。近年来，已有越来越多的远离城市中心的市郊地区开始了城市化，但那并不等于说市场驱动的逻辑被接受了。比如，今天在天津，工业消耗1加仑水要比同量的水用于华北的农业能产生数倍的经济效益，但农业用水的下降只是缓慢的，② 而通过对水资源的彻底再分配来扰乱当地社区的风险则太大了。直到20世纪90年代末，随着农村人口在绝对数量上的持续增长，“民粹主义”的方法仍是今在昔在的、非常重要的。

---

① 关于灌溉率的变化，参见 James Nickum, “Is China Living on the Water Margin?” *China Quarterly*, 156, 1998, p. 884; Vaclav Smil, “Will There Be Enough Chinese Food?” (Review of Lester Brown, Who Will Feed China?), *New York Review of Books*, February 1, pp. 32-34。

② Sandra Postel, “China's Unquenchable Thirst,” *Alternet*, *January* 24, 2008.

事实上，尽管“民粹主义者”和“专家治国者”的治水方法在理论上存有抵牾之处，但在原则上他们不仅共存，有时候还相辅相成。比如，减少灌溉用水的难度，甚至在效率较低的灌区，时常在地方政府的要求下，在生态治理上，很显然与我称之为“民粹主义者”的方法有很大的关联。然而，撇开这些战略，已让中央政府更倾向于通过南水北调工程来缓解北方城市的缺水问题。如果是这样的话，后者这个“专家治国论者”的方法：一个由中央政府规划并实施的计划，预期将是历史上最大的建设工程，每年将从长江流域调470 亿加仑的水到华北，对亿万人民来说则是个巨大的且难以预见的后果。① 它也可以被看做是历史上国家动员南方的资源以期稳定人口稠密的但在环境上关切较少的北方的最大例证。

不管别人对这个战略组合还有什么其他的说法，很显然，它是受到中国早先的环境及演进的治国传统的影响，并不是简单地重复西方人构建的“发展主义规划”的模式。这有很多方面的原因，但是，也许其中最根本的是易于把握的。如同我在这篇文章中前面提及的那样，西方环境史可以粗略地概括为“先致富，再治理”，那是中国根本行不通的路。假若再给国家所面临的环境压力加压，在有着大量贫困人口的情况下，对中国也好，对世界也好，用这样的方法，任何试图增加和维持都是灾难性的。

（王剑、张艳萍　译）

（《社会科学战线》2011 年第 4 期）

① 关于此方面更多的表达，参见 Liu Changming, “Environmental Issues and the South-North Water Transfer Scheme,” *The China Quarterly 156*, December, 1998, pp. 900-904；亦见 Gavan McCormack, Gavan McCormack, “Water Margins: Competing Paradigms in China,” *Critical Asian Studies*, *Vol.* 33, *No.* 1, March, 2001, pp. 19-20；United States Embassy in China, “South-North Water Transfer Ready to Start Work,” *Beijing Environment Science and Technology Update*, No. 16, 2001, pp. 1-2。

分析历史学视角下的苏联改革与解体原因

〔俄罗斯〕A. H. 梅杜舍夫斯基*

国家的产生和灭亡总是笼罩着神秘色彩。如果国家的建立离不开神话传说（由母狼喂养大的罗马城建立者罗穆尔和雷姆的形象，或者苏联的无产阶级革命神话），那么国家的瓦解也不可避免地会伴随各种神话和问题——谁之过，何以至此？关于罗马帝国衰亡的原因，人们众说纷纭：社会风气日下（K. 塔奇特，M. 阿夫列利）；① 神学论观点（Бл. 奥古斯丁）；② 接纳异族人入伍导致民众对政权和战争日渐不满（H. 马基雅维利）；③ 征服东方富裕国家后，官兵日渐羸弱，勇猛士气丧失殆尽（Ш. 孟德斯鸠）；④ 基督教广泛传播，罗马帝国的宗教基础受到侵蚀（Э. 吉本）；⑤ 所有制关系发生变化及阶级对抗（马克思和恩格斯），或者外敌入侵（Л. 古姆彼洛维奇）；⑥ 种族发展失衡或者近亲婚姻导致帝国衰落（Ж. A. 戈比诺、X. C. 张伯伦等）；⑦ 文明矩阵终结理论（O. 施本格勒）；⑧ 传统的贵族阶级宪法影响力下降（T. 蒙森）；⑨ 农业

* 作者单位：俄罗斯科学院俄罗斯历史研究所。

① Тацит К. Анналы, Спб. , 1993.

② Августин Бл. О Граде Божем. М. , 2000.

③ Макиавелли Н. Рассуждения о первой декаде Тита Ливия. М. , 1996.

④ Монтескье Ш. Л. Размышления о причинах величия и падения римлян. М. , 2002. С. 305–308.

⑤ Гиббон Э. История упадка и разрушения Римской империи. Спб. , 1997. Т. 1–6.

⑥ Гумплович Л. Общее учение о государстве. Спб. , 1910.

⑦ Гобино Ж. А. де. Опыт о неравенстве человеческих рас. М. , 2001.

⑧ Шпенглер О. Закат Европы. Очерки морфологии мировой истории. М. , 1993.

⑨ Моммзен Т. История Рима. М. , 1935. Т. 2. С. 315.

关系和宗教认识发生变化（M. 韦伯）;① 罗马帝国的掠夺性政策以及殖民主义的经济和人口基础受到冲击（M. 罗斯托夫采夫）;② 跨文化扩散，生态和技术因素等，或者这是一系列因素综合作用的结果。③ 苏联解体是20世纪世界历史发展进程中的重大事件之一，其影响丝毫不亚于20世纪初苏联成立对世界的冲击。关于苏联解体的原因，学术界有不同意见。当代历史编纂学中，关于苏联解体原因、意义及历史影响的评价有时甚至截然相反。苏联解体是共产主义制度及其变形存在先天缺陷的结果吗？为什么在国家军事实力处于巅峰的和平时期发生这种巨变？是诸多不利形势的巧合吗？解决这些问题不仅对于认识具体事件具有重大价值，而且对于理解当代史学研究方法论也颇为重要。

目前对此问题的争论大多带有意识形态性质，很少涉及解体过程的本质和对事件作出科学的阐述。但是在纪念苏联改革25周年和苏联解体20周年背景下，迎来了全面和科学研究苏联改革与解体原因的时代。这两个日期不仅使学者们的争论更具现实意义，而且为相关分析创造了一定的时间距离。科学解释苏联解体的先决条件是准确把握导致国家衰落的关键因素，而非简单罗列原因。本文试从分析历史学角度论述苏联改革与解体原因，其基础是信息认知理论方法。

一、现有理论的局限性与分析方法的论证

当代文献关于苏联解体原因的解释可以归纳为7种观点。第一种观点——帝国论。该理论认为，苏联是一个大帝国，甚至是俄罗斯帝国的直接延续，其倾覆的原因也同其他帝国别无二致（在现代化条件下政局动荡、民族冲突）。根据这种观点，帝国属于特殊类型的国家。与其他国家不同，帝国必须维持世界格局的平衡，否则将导致帝国过度膨胀和其他国家的衰落。此类帝国具备3个基本特征：首先是一个大国；其次不是单一民族国家，而是拥有众多民族和超民族的国家管理结构（帝国精英）；最后，依靠强力控制帝国，尽管维持国家统一的基础可能存在差异（从经济和军事制度到宗教或者思想意识形态）。如果失去任何一个系统构成特征，那么国家注定会瓦解。反对者则指出，“帝国”概念本身具有不确定性，难以区分“帝国”与“非帝国”的界限，尤其是苏联与传统的殖民帝国存在极大不同，因为联盟中央与共和国的关系不能归

① Вебер М. Аграрная история древнего мира. М. , 2001.

② Ростовцев М. И. Рождение Римской империи. Пг. , 1918.

③ The Decline and Fall of the Roman Empire. Harmondsworth, 1985.

结为宗主国与殖民地的关系。第二种观点——民族主义理论。这种观点认为，国家解体的原因是苏联未能建立真正的公民国家；或者相反，主体民族没能掌控国家形势。苏联的共产主义意识形态危机导致以民族为特征的社会动荡，最终形成热衷于控制本地区政权和财产、追求私有化的民族精英。俄罗斯的民族主义战胜了苏联的弥赛亚思想，成为国家解体的主要破坏性因素。尽管这种观点表面上很有说服力，但实际上它偷换了原因和结果，以苏联解体的结果来解释解体的原因。第三种观点——民族和人口理论。该理论强调，危机的根源是苏联的民族基础受到冲击，以民族为特征的社会关系发生变化——从帝国向民族国家发展。这种观点反映了苏联解体前的民族和人口形势，但却不能解释其他与苏联情况不同的帝国崩溃的逻辑原因。第四种观点——经济社会理论。该观点认为建立在计划和强制劳动，而非市场基础上的经济体制效率低下，导致国家发展停滞，政治制度破坏殆尽，进而引发革命危机和苏联解体。这类国家与当代世界发展潮流背道而驰，而试图摆脱计划经济困境常常导致国家瓦解。但是，该理论首先不能解释苏联长期存在的原因，此前国家也曾遭遇经济发展困难；其次，没有回答“为什么不能在保持稳定的情况下使现行体制适应新的经济发展条件”的问题；再次，没有揭示动荡后传统政权精英事实上得以保存下来的原因。① 第五种观点是现代化危机论。顺利实现传统社会向工业社会过渡后，苏联没能及时重建后工业社会条件下的经济社会制度。在保持对外扩张的趋势下，造成国家技术和军事落后，冷战失败和意识形态危机是最好的例证。现代化危机转变为帝国危机。② 这种观点未必能解释苏联现象的本质，因为以前曾经存在技术落后的问题（在整个苏联时期，改变技术落后面貌的任务使共产主义制度合法化），而意识形态危机和国家解体恰恰发生在军事鼎盛时期。第六种观点认为外部压力、内部阴谋，或者二者与消灭苏联的目标结合在一起导致国家分裂（准确地说是“肢解”，即有意而为）。这个理论没有回答一个主要的问题，即为什么苏联像罗马帝国一样无力预防类似事件的发展，而其他国家却成功地做到了这一点。毋庸置疑，存在外部因素，但未必有充分的理由将其绝对化。一些人将苏联解体归咎于戈尔巴乔夫，或者戈尔巴乔夫与叶利钦之间的冲突及两个人的虚荣心。第七种观点属于复合理论，即认为

---

① Крыштановская О. Анатомия российской элиты. М. , 2004. С. 375.

② Алексеев В. В. , Алексеева Е. В. Распад СССР в контексте теории модернизации и имперской эволюции //Отечественная история, 2003, № 5.

不存在导致苏联解体的唯一主因。① 这种理论排斥科学解释，因为“苏联解体不是历史决定的，而且也不是某种历史规律作用的结果”②；或者认为苏联崩溃是文明冲突的结果，结合了以上全部或者部分因素，包括民族主义和政治极端主义。③ 列举以上观点表明我们仍未弄清苏联解体的根本原因，不能对国家的病症作出精准的医学诊断。

上述理论不具有普遍意义，仅仅解释了苏联解体的某些方面。无论单一因素的解释，亦或多因素的解释都存在一定缺陷：没有揭示各种危机指数之间的系统关系，忽视了不同阶段危机的变化，有时带有宿命论性质，因为其依据是国家注定会瓦解；或者相反，陷入历史唯意志论的对立极端，将一切归咎于领袖人物的情感意志和失误。不失公正地说，这些解释未必适用于所有的多民族专制大国，且很不具体：如果苏联注定会解体，那么它缘何存在了相当长的时间？为什么国家解体发生在 20 世纪末，而不是 20 世纪 20 年代或 60 年代？当时曾存在上述所有因素。这些理论的共性缺点是实际上重复了以往论述罗马帝国和其他帝国衰落原因时提出的论据，试图以 19 世纪的理论解释现代史现象，至少是使用一个时代的术语来解释这个时代，而支撑这个时代的思想也是苏联意识形态的产物。从这个意义上说，解释苏联解体原因的理论远非全面。

基于认知理论方法的分析历史学能够充分阐释苏联解体的原因。作为新兴的人文认知元科学概念，信息认知范式是现代信息论与人类思维和行为科学的结合，受个体、社会和世界信息状况决定，并且通过信息资源质量、真实信息与虚假信息的区别、创造性教育与灌输性教育的差异、社会对新现象的认知分裂、操纵信息交流和信息的侵蚀作用等概念表现出来。我们可以从这些角度解释历史上人类有目的行为的动机及其变形，探索证实和预测动机的可能性。④ 建构现实的认知动机具有重要意义。关键性指标和文献资料包括信息与价值取向的变化、决定这些变化的法律规范、立法讨论对构建新型政治制度的作用、

---

① Пихоя Р. Г. Почему распался Советский Союз? //Трагетия великой державы: национальный вопрос и распад Советского Союза. М. , 2005. С. 404.

② Тишков В. А. Этнический фактор и распад СССР: варианты объяснительных моделей//Трагетия великой державы: национальный вопрос и распад Советского Союза. М. , 2005. С. 599.

③ Чешко В. А. Распад Советского Союза. Этнополитический анализ. М. , 1996. С. 52–53.

④ Медушевский А. Н. Причины распада СССР с позиций когнитивно – информационной теории//Перестройке 25 лет. Историческая память современной России. М. , 2010. С. 25–32.

民众和精英的社会与认知适应指标，以及领袖人物战略动机的选择及其在政治改革空间和时间上发生变异的可能性。

二、改革的规模、方案与方法

认知困境——意识到认知选择的错误和国家面临脱离世界文明的威胁——是改革的普遍原因。官方承认，依据传统认识模式无法解释世界和国家发生的变化；人们开始探索新的解释理论（最初在传统意识形态框架内，然后超越传统意识形态的束缚），扩大接触各层次真实信息的范围；克服体制对外部世界的封闭性，建立新的沟通渠道。显然，筹划改革时，戈尔巴乔夫遵循了列宁主义意识形态公理与世界发展趋势相一致的思想。初期的改革方案试图将“文明的经验”与马克思主义的“康庄大道”结合在一起，具有妥协性。① 最初设想只进行局部改革，并不涉及意识形态选择的本质问题和制度的承重基础。但社会逐渐意识到，恰恰这些基础是亟待解决的问题。人们针对改革规模的认识、改革的外部与内部因素的对比、改革初步计划的制定、理性行为与对事件直观反应的相互关系等现代化的典型问题出现分歧。戈尔巴乔夫认为，改革是对20世纪世界全球性变化的回应，意味着苏联国内的根本变化，“结果，两个具有世界意义的过程在苏联形成对立局面。第一，我国的重大改革受到冲击，而且规模堪比1917年革命；第二，欧洲大陆的重要变革处于高潮状态”②。其他代表也指出了扩大改革规模的必要性和改革的全球性质。随着人们意识到不可能保留“现实社会主义”结构的承重基础，改革的范围不断扩大。

结果导致认知失调——社会对“共产主义”、“社会主义”和“社会主义选择”等基本概念的认识出现分裂。传统上，这些形而上学的概念广泛用于宣传，仅仅具有意识形态的性质，难以从法律角度加以划分，因此，在不同发展阶段被赋予完全不同的意义。相应地，无法明确什么是“社会主义的变形”，其偏差究竟有多大。认知误导表现为第一届人民代表大会的部分代表思想混乱，对“社会主义”、“社会主义优越性”等关键问题缺乏统一和明确认识。一部分代表强调，共产主义与基督教相近；另一部分代表则指出二者之间

① Горбачев М. С. //Первая сессия ВС СССР. Стенографический отчет. М., 1990. Ч. X. С. 44.

② Горбачев М. С. //Третья сессия Верховного совета СССР. М., 1990. Ч. XⅧ. С. 81-82.

的对立性：如果基督教的世界观是“我的一切都是你的”，那么共产主义世界观正好相反——“你的一切都是我的”。而社会公正意味着没收他人财产和通过重新分配社会财富强制实现社会公平。① 最后，由于未能从法律上定义这个概念，一些人提议从国家名称中删除“社会主义”一词。保守派则干脆否认存在非此即彼的选择，拒绝提出社会主义选择的问题。

这场争论的关键是对国家危机形势的评价及其本质的认识。此间存在三种观点。官方观点认为，危机的原因是社会偏离了真正的意识形态信念，“这不是社会主义的普遍危机，而是社会主义的一种形式，即国家官僚社会主义的危机”。社会主义新模式的实质是从国家官僚社会向民主、人道和公民社会主义社会，以及列宁倡导的真正自愿的联邦制社会过渡。② 苏联制度的极端批评者提出第二种观点，指出危机的实质是专制制度的崩溃——旧的联盟中央政权处于瘫痪状态，③ 以及苏联后期的制度被认为是传统村社价值观仍占统治地位的“温柔极权政治”④。冲突的实质是社会与政权，确切地说，是社会与执政党之间关于改革规模和政权保留传统精英等问题的矛盾。第三是折中的国家实用主义观点。该观点认为，认知失调的根源在于“苏联社会深陷危机的原因具有社会性质——人们与社会目标和价值观，首先是有益的社会劳动相背离”。按照这种观点，摆脱危机的手段是引进自我调节机制：最初采取“社会主义民主形式——与劳动人民进行对话，然后吸收持政治多元论思想的人士，最后向自由世界进军”⑤。

关于“改革是有计划的还是领导人的即兴之作”问题存在三种观点。认为改革是有计划的人强调，存在计划的某些关键性要素：实行对外开放（摆脱苏联传统的孤立状态，放弃自给自足的经济体系），开展合作与交流；限制书刊检查；政治制度民主化；制定改革的基本任务——向市场关系过渡；实现民族间和共和国之间关系正常化；提高政权威信，加强法制与民主化建设，保

① Третья сессия ВС СССР. М.，1990. Ч. Ⅰ. С. 183.

② Бурлацкий Ф. М. //Первый съезд народных депутатов СССР. М.，1989. Т. Ⅳ. С. 182-183，185.

③ Ельцин Б. Н. //Четвертая сессия ВС СССР. М.，1990. Ч. Ⅷ. С. 61-62.

④ Ельцин Б. Н. Записки президента. М.，2008. С. 15.

⑤ Яковлев А. Муки прочтения бытия. Перестройка：надежды и реальность. М.，1991. С. 193.

持国家和社会稳定。① 认为根本不存在改革计划的人则指出，苏联的局面具有独特性；改革者缺乏经验；不善于借鉴其他国家的经验；最初的认知观点——在社会主义意识形态框架下探索完善国家制度的可能性——具有欺骗性。② 第三种观点认为，存在某种改革的预案，但随着改革的深入被迫对其进行修正。③ 自发调整改革方案的原因是改革者无法预测诸多指数的变化，而且党的精英内部关于改革的意识形态框架问题发生对立。改革前，戈尔巴乔夫未能绝对控制党内局势，为了推动改革，他必须清除异己。意识形态成为双方较量的主战场，相应地，改革手段的选择也充满周折。这种情况下，戈尔巴乔夫的举动只是争夺权力的战术形式，不可避免地具有回应全面挑战的性质，尤其是社会意识自发而迅速的变化。④ 此外，从戈尔巴乔夫的行为中寻找某种“隐秘计划”（例如，“放弃社会主义阵地”、蓄意搞垮苏联或者由特权阶层对财产进行私有化等）的企图完全基于假设，没有得到解密资料的证实，而且以结果偷换原因，最终并未提出严谨的分析论据。基于目前掌握的资料可以判断，戈尔巴乔夫对改革有一定的设想，但缺乏明确计划，因此改革带有较大的随意性，而不是有计划的官僚制度改革，且脱离了旧体制官方机构的监督。这解释了戈尔巴乔夫作用超凡的原因。作为改革的领袖，他具有自己的优势：第一，来自旧体制内部，熟悉其制度设置；第二，他可以打破旧体制保守的惯性发展定势，使其“通过革新获得新的生存机遇”；第三，他充当了团结不同精英集团的角色，因为他集旧苏联与新民主的合法性于一身，在最关键、最合适的时刻走上领导岗位。此外，与其他前任领导人不同，戈尔巴乔夫善于洞察全球和国家政局，能够作出重大政治决断。⑤

同时代人对改革的态度取决于其意识形态选择，基本上使用改革、革命、复辟等马克思主义术语进行评价。戈尔巴乔夫认为，改革应该是由国家实施的彻底变革，“改革应该自上而下开始”，因为“在极权政治条件下不可能有其

---

① Горбачев М. С. //Первый съезд Народных депутатов СССР. М. , 1989. Т. Ⅰ. С. 86；Четвертая сессия ВС СССР. М. 1990, Ч. Ⅷ. С. 35–39.

② Черняев А. Современный исход. Дневник двух эпох. 1972–1991 годы. М. , 2010.

③ Шахназаров Г. Цена свободы. Реформация Горбачева глазами его помощника. М. , 1993；Медведев В. В. Команде Горбачева. Взгляд изнутри. М. , 1994.

④ Грушин Б. А. Четыре жизни России в зеркале опросов общественного мнения. Очерки массового сознания россиян времени Хрущева, Брежнева, Горбачова и Ельцина. М. , 2003. Кн. 2–4.

⑤ Айтматов Ч. //Первый съезд народных депутатов СССР. М. , 1989. Т. Ⅰ. С. 57–59.

他方式"①。叶利钦则倾向于革命的提法，"像任何自上而下的革命一样，随着改革的不断深入，必然触及社会各阶层的利益，但它未必能切实触及政权机器本身的利益"②。在"社会主义选择"的拥护者看来，改革否定了马克思构建社会的革命模式，是反革命，是资本主义复辟和政权的波拿巴化趋势。西方历史编纂学在评价戈尔巴乔夫改革时使用了"革命"、"未完成的革命"、"自上而下的革命"、"改革"甚至"混乱"等词汇。

探索新旧同一性之间的信息认知桥梁未果，导致社会针对革新旧的思想意识形态出现认知失调，迫使社会寻找摆脱认知困境的新模式。

三、宪法转型：名义议会制、政党与国家

世界信息版图发生显著变化，由此导致认知失调。社会针对改革规模、实施的形式和程序、改革中的重大问题，以及政治改革机制问题的解决办法和实施策略的认识出现分裂。

对改革规模的不同认识产生两种改革战略：激进的改革战略和温和的改革战略。前者属于宪法革命战略，后者则是宪法改革构想。实施第一种战略意味着将改革理解为革命，宣布苏联第一届人民代表大会为立宪会议，由其掌握全部立法权，修改法律制度，无需考虑旧苏联的合法性问题。А. Д. 萨哈罗夫称："我们正在经历一场革命，改革就是革命。"他提出：取消宪法第6条；通过联盟法律是人民代表大会的特权；联盟法律只有得到共和国最高立法机构批准后才能在共和国具有法律效力；最高苏维埃是人民代表大会的工作机构；选举国家最高领导人的权利属于人民代表大会。萨哈罗夫与反对派一道，抨击改革的不彻底性、妥协性和温和性。

第二种改革战略则体现了宪法改革思想，其宗旨是在原苏联宪法基础上进行某些修改，从而实现法律制度的转型。这种观点蕴涵了扩大代表机构特权与"党的机器无条件服从代表机构"的思想，符合戈尔巴乔夫对激进改革的认识。③ 该观点不排除彻底修改宪法，但前提是在1977年宪法基础上进行修正。宪法改革机制问题的解决带有妥协性，表现在宪法委员会的建立上。该委员会

① Горбачев М. С. Жизнь и реформы. М., 1995. Кн. 1. С. 281.

② Ельцин Б. Н. //Первый съезд народных депутатов СССР. М., 1989. Т. Ⅱ. С. 45.

③ Горбачев М. С. //Первый съезд народных депутатов СССР. М., 1989. Т. Ⅰ. С. 454.

的职责是整理代表们提交的修改补充宪法议案，并提出相应的立法修改方案。① 这表明宪法改革存在一定的随意性，其主要方向仍受控于精英。

在讨论国家去意识形态化和未来政权结构问题时，两种改革战略的矛盾凸显。由于废除名义上的法律制度不是通过彻底放弃这种制度的途径实现，而是在旧苏联合法性框架内进行的，因此，苏维埃与党的关系问题具有关键意义。"党向苏维埃转交权力被视为回归到苏联政权初期的'民主政治原则'。此举或可在社会主义思想基础上重建权利平等的联盟"②。这种想法完全背离了现实，因为苏维埃从未成为真正的政权和管理制度，从存在之初起，苏维埃实际上就是一党专政的粉饰品。但是，它可以使国家政权制度渐进的去意识形态过程合法化。由此，产生了一系列复杂问题。

问题之一，如何在一党制或者多党制基础上形成新的政权制度。对苏联选举制度基础的讨论使重新进行民主选举合法化——在不记名投票情况下进行直接、平等的普选。布尔什维克革命和 1918 年解散立宪会议后俄国丧失了民主选举的机会。平等原则对社会组织选举的"小团体主义"提出质疑。人们建议政党"应当学会通过诚实的斗争，光明正大地在各民族地区赢得选举"。在苏共中央委员会二月全体会议提出必须修改宪法第 6 条的背景下，综合上述思想，彻底的政治改革已不可避免。③

问题之二，如何应对得到宪法强化的党对政权的垄断。经过激烈辩论，代表们最终就该问题形成三种观点：保留宪法第 6 条、取消宪法第 6 条和无限期搁置问题。第一种观点指出，"修改宪法和对宪法第 6 条展开讨论意味着'不道德的'行径和向党及其领导层发动进攻，是极力向社会灌输异化党、军队和克格勃的思想，不利于改革事业的发展"④。第二种观点认为，宪法第 6 条与政治制度已经不相适应，阻碍了国家的迅速发展，因为保留苏共的垄断地位与"公民自由结合成政治组织及这些组织在法律面前一律平等"原则相矛盾。第三种观点赞同放弃立即解决问题的主张，以便协调民主集中制原则与党的地位问题；或者举行全民公决。⑤ 辩论的内容包括投票的形式和纪律、投票结果的一致性和重新计算投票结果的可能性等。许多人认为，彻底取消宪法规定的

---

① Лукьянов А. И. //Первый съезд народных депутатов СССР. М. , 1989. Т. Ⅲ. С. 305.

② Первый съезд народных депутатов СССР. М. , 1989. Т. Ⅱ. С. 225.

③ Горбачев М. С. //Третья сессия ВС СССР. М. , 1990. Ч. Ⅰ. С. 5.

④ Первый съезд народных депутатов СССР. М. , 1989. Т. Ⅵ. С. 27；Второй сеъзд народных депутатов СССР. М. , 1989. Т. Ⅰ. С. 26–27.

⑤ Второй съезд народных депутатов СССР. Т. Ⅰ. С. 29–30.

苏共的垄断地位相当于“一场革命”。但事实并非如此。应当考虑到，党在苏联体制中的作用从来没有得到宪法的强化（1977 年宪法除外），① 党的决定，而非苏联立法机构的决定是公法的主要来源。苏共在二月全会上作出取消一党专制的决策，这从理论上提出了其合法性问题：不受限制的权力在多大程度上能够自我约束，并且与名义上的宪法规范相适应？

问题之三，在放弃党委优势地位情况下，谁将领导改革进程？如果党是改革的发起者和保护人，那么在多大程度上可以对其加以限制，以及哪些机构应当行使管理职能？党和苏维埃的关系问题只带有意识形态性质，并不具备严谨的认知意义。因为这些制度融于统一的体系，从本质上看，是同一现象——一党专政——的两个方面，尤其是党的机器本身处于深度衰败阶段。② 人们很快意识到，事实上无法改革苏联制度：一方面，制度改革导致地方政权瘫痪，地区、城市、村镇及其他议会争吵不休，无法实施改革；另一方面，体制改革使党委失去影响力。③ 社会纷纷指责党的机器操纵选举过程，热衷于“旧瓶（党的专制）装新酒（选举热情）”，不擅长处理民族问题，不能公正分配社会福利。解决的办法是通过政党法，采取必要措施，限制政党开展生产、商业及其他活动，保障其政治活动。

政治危机导致党的权力垄断危机和提出三权分立构想，但后者并没有排除过渡期内在强势总统框架下党的专权与三权分立临时结合的可能性。④ 戈尔巴乔夫认为，“修改宪法第 6 条和补充第 127 条之间存在有机联系。前者意味着我国将放弃一党制，在某种意义上，甚至可以称之为神权政治。苏联将实行一项主要的民主原则——思想和政治多元化；后者则意味着另一项重要的民主原则，即三权分立制度得到承认”⑤。宪法的修改具有妥协性。实行若干新制度——联邦委员会、总统和副总统制度、安全委员会、内阁，以及过渡期法律、形成农村所有制关系的措施等。⑥

因此，在名义立宪制向实际立宪制过渡的条件下，合法性的冲突问题没有

① Второй съезд народных депутатов СССР. Т. Ⅰ. С. 35，430；Четвертая сессия ВС СССР. М.，1990. Ч. Ⅷ. С. 163.

② Оников Л. А. КПСС：анатомия распада. Взгляд изнутри аппарата ЦК. М.，1996.

③ Собчак А. А. //Четвертая сессия ВС СССР. М.，1990. Ч. Ⅱ. С. 24.

④ Емельянов А. М. Первый съезд народных депутатов СССР. М.，1989. Т. Ⅲ. С. 81–82.

⑤ Горбачев М. С. Жизнь и реформы. М.，1995. Кн. 1. С. 483.

⑥ Четвертая сессия ВС СССР. М.，1990. Ч. Ⅹ. С. 183–185.

得到彻底解决：放弃宪法改革的激进模式产生一系列难题，政权试图通过在传统合法性基础上实施局部改革摆脱困境。党向苏维埃转交权力的思想带有抽象的意识形态性质，无法成为有价值的政改方针，是造成改革失控的重要因素。

四、所有制与公正性：经济社会行为动机新杠杆的探索

在向市场经济过渡过程中，所有制与公正性之间存在密切联系。以全面国家所有制为基础的经济模式效率低下，人们缺乏劳动热情。需要寻找新的动机，使社会正确认识劳动和取得收入的意义。①

分析关于所有制的华丽政治辞藻表明，社会完全混淆了所有制的空间和时间概念。首先应当明确，政权精英对法律意义上的所有制缺乏合理认识。脱离实际和意识形态化的理解，即源于传统集体主义定式的认识占主导地位，常常将所有制与“剥削”联系在一起。这在讨论Л. И. 阿巴尔金提出的《苏联所有制法》过程中得到充分体现。② 他坚持“实行多种所有制形式，排除对所有制进行局部改革的可能性，否认剥削是实现人道、民主社会主义的途径”③。

在辩论过程中，代表们提出了现存所有制形式的合法性问题。第一个问题，什么是所有制，它包括哪些形式？代表们指出，“我们任何一个人，甚至最优秀的理论家现在都无法回答什么是社会主义所有制的问题”。与会者对放弃社会主义所有制持谨慎态度，“所有制关系普遍存在”，应当探索所有制与财产两个概念之间的关系，因为“所有制不是一件物品，而是主体对客体的关系”。片面地将社会主义与公有制、资本主义和私有制混为一谈是不合理的。或许在社会主义条件下，私有制也有其存在的理由。④

在此背景下，关于苏联法律中“集体所有制”概念的争论很有意义。从法律角度讲，这个概念内容空泛，没有实际意义。准确地说，集体所有制“近于某种公社，即存在共同的、不可分割的东西”。有代表指出，用“份额所有制”或者“劳动集体成员所有制”概念代替不成熟的“集体所有制”概念是合理的，这使代表们联想起“人民资本主义”的资本论。社会公正和所有权的再分配属于独立问题，在关于市场竞争与剥削的关系的辩论中得到集中体现。“社会主义选择”的拥护者坚决驳斥“新劳动动机论”。他们宣称，“社

① Горбачев М. С. //Четвертая сессия ВС СССР. М. , 1990. Ч. Ⅱ. С. 119.

② Абалкин Л. И. Спасти Россию. М. , 1999.

③ Абалкин Л. И. //Третья сессия ВС СССР. М. , 1990. Ч. Ⅰ. С. 80–85, 89.

④ Третья сессия ВС СССР. М. , 1990. Ч. Ⅰ. С. 115, 128–129, 136–137, 168.

会主义意味着人人平等，不存在人剥削人的现象”。在这些人看来，社会主义所有制与私有制、剥夺工人的生产资料、剥削和失业等市场竞争的基本要素格格不入。但是，从法律角度界定“剥削”的经济概念的尝试表明这项工作毫无前途，“任何人都无法确定剥削的界限以及剩余产品的规模”。特别是在就业不景气条件下，剥削被视为任何垄断的结果，也就是说，计划经济也可能存在剥削。①

第二个问题是土地国家所有制和私人所有制拥护者之间的冲突与农业改革战略。政府纲要提出确定土地和自然资源所有制的国家属性，批驳了私有制思想。市场经济的拥护者坚决反对这种提法：“国家所有制将加剧农民耕地短缺状况，使其被推向剥削者的怀抱。这是农业的斯大林主义和破坏改革的经济旺代。”② 经济学家 A. M. 叶梅利亚诺夫和 B. A. 吉洪诺夫指出，土地法离不开对所有制关系的法律界定，“如果根本没有所有制的概念，土地法草案是不可能产生的”。尤其是长期存在非正式的土地交易，应当使其合法化。B. И. 贝洛夫指出，“建立在马克思主义基础上的农奴制必须彻底消失。农民应当成为自由人，成为独立于土地之外的一切的自由人。但是，对土地的依附关系应当是自愿的、自由选择的”。C. П. 扎雷金认为，土地规划的组织形式应当借鉴俄国时期地方自治局的经验，“这是非常民主的社会机体”。代表们认为，解决问题的有效办法是取消集体农庄，保障农民平等获得土地的权力。

这些思想遭到猛烈抨击。强大的反对阵营展示了传统集体主义的力量，后者起源于对农民村社和集体农庄生活的历史认识。他们坚决反对“一笔勾销十月革命的成果，背叛父辈们的鲜血，买卖土地和实行私有制”，并指出国家所有制与保留一党专政存在联系，因为“这个党确实来源于土地”。他们认为，由于信任缺失和官僚政治，以及集体农庄庄员的心理与“果断勇敢的多元论者”的思想相去甚远，农民尚未准备好接受土地。在反对派看来，土地私有化是非法赚取钱财者掠夺土地的手段。他们担心，这些人会像“阿拉斯加淘金热”一样投机最好的土地，重新导致边远地区缺少土地，进而破坏小民族的传统生活。改革没有解决土地问题，围绕土地进行的激烈辩论一直持续到 1993 年宪法通过（确立土地私有制）和后苏联时期。

---

① Третья сессия ВС СССР. М. , 1990. Ч. Ⅰ. С. 95–96, 109, 117, 122, 135, 268.

② Первый съезд народных депутатов СССР. М. , 1989. Т. Ⅱ. С. 171; Третья сессия ВС СССР. М. , 1990. Ч. Ⅰ. С. 168.

五、政权与所有制：市场经济的调节机制

所有制分配与分权制度存在冲突。“全民所有制”概念不可避免受到侵蚀，迫使人们必须作出选择：谁是所有者——国家还是共和国；共和国内的土地和自然资源所有权属于谁——共和国还是其人民；如何在共和国之间平等分配所有权（河流、水资源等）。① 向市场经济过渡要求明晰全苏预算与共和国预算之间的关系，尤其是在推行阿巴尔金提出的共和国经济核算、地区经济核算和基本生产环节经济核算等方面。当时曾设想制定共和国经济核算、自筹资金和自我管理的普遍原则。波罗的海三国提出，向共和国经济核算的过渡问题刻不容缓，这场辩论的关键要素形成。而且这一提议得到民主派的一致支持。

但是市场机制导致政治分权。由于政治原因，沙塔林提出的激进的市场改革纲要被反对者否决：其遵循国际货币基金组织为东欧国家提出的错误建议，无视联盟预算职能。由于存在民族界限，必然导致国家经济衰退。实施这项纲要将无法形成中央和共和国预算体系，国家管理不可避免会陷入瘫痪。由此可见，联盟条约和向全苏市场经济过渡互相矛盾。② 戈尔巴乔夫充分意识到这种两难处境，一方面，必须向市场过渡；另一方面，不能跨越实际分权制度与承认共和国主权的界限，防止国家瓦解，以及经济社会陷入混乱。解决的办法是实行可控制的市场经济，国家通过预算、税收、货币和信贷政策、外汇和海关立法、鼓励企业竞争等手段调节市场。但政府已经失去这些杠杆。

如何在市场经济建立过程中保障其调节机制的问题没有得到解决。对大多数参与辩论的人而言，“市场”是一个空洞的概念。许多代表承认自己不知市场为何物。制定市场改革构想完全是无效劳动，是在“钻研炼金术”，根本没有出路，因为苏联经济错综复杂。③ 危机的诊断与保留分配制度、政权无力实施财政调节措施遏制投机和通货膨胀存在联系。④

但是，截然相反的“药方”被视为摆脱这种局面的策略。一部分人将苏

① Первая сессия ВС СССР. М.，1989. Ч. Ⅸ. С. 56；Третья сессия ВС СССР. М.，1990. Ч. Ⅰ. С. 132–133，181.

② Четвертая сессия ВС СССР. М.，1990. Ч. Ⅰ. С. 118；Ч. Ⅱ. С. 91，99，102，105.

③ Третья сессия ВС СССР. М.，1990. Ч. Ⅺ. С. 92；Ч. ⅩⅣ. М.，1995. С. 164，203，233.

④ Первый съезд народных депутатов СССР. М.，1989. Т. Ⅱ. С. 96；Бунич П. Г. Новые ценности. М.，1989. С. 72，220.

联的形势与法国大革命相比较，预言回归国家调控状态不可避免，“等待我们的将是普遍的票证供应制，卢布大幅贬值，黑市和影子经济猖獗，消费市场崩溃，国民经济将被迫在某个时期回到严格的行政命令体制”。相反，另一部分人认为财政调节手段是解决问题的办法，“恢复货币的传统职能，即货币是一切商品的一般等价物。类似新经济政策时期，成功放弃苏维埃纸币，转而发行金币”。第三部分人建议顺应市场的自然发展，允许投机商“赚得盆满钵溢，并防止货币给食品市场带来压力”。第四部分人则指望向第三国追偿债务，并停止无偿援助。①

这些“药方”互相矛盾，甚至迥然不同，表明缺乏一致的“疾病诊断和治疗方法”。这使人们质疑经过70年徘徊后在传统马克思列宁主义框架内继续现代化的合理性。反对派趁机猛烈抨击政权。由于缺乏市场改革的坚实法律基础、没有解决土地所有制的重大问题，以及保留了经济管理的行政方法、官僚制度和特权，政府纲要饱受诟病。批评者指出，行政制度的缺点超过临界质量，崩溃的链式反应已经开始。激进派要求向作为经济改革基础的多种成分经济过渡，要求解决事关政权安危的土地问题，要求废除建立在伪善、谎言与不信任基础上的极权制度。

因此，所有制更多被理解为意识形态概念，而非法律概念。社会对待国有制与私有制关系的立场完全相反，并且认识到所有制与公正性之间存在冲突，尤其是缺乏对市场的认识。出于对意识形态斗争的恐惧，而非理性的考量，人们颇为担心改革可能产生的后果。凡此种种，导致市场改革举步维艰。社会没能解决向新型经济体制过渡的问题，而是使国家陷入困境。

六、联邦制与民族自决权：联盟国家新模式探索未果的原因

国际法两条原则——国家统一与民族自决权——之间的冲突是20世纪的根本问题。解决的途径是实行联邦制，以及不同形式的文化、民族和行政自治。构建新的政治空间要求苏联从名义上的联邦制向实际的联邦制过渡，但其结局不是签订联盟条约，而是国家的解体。其原因有三：

原因之一，苏联实际上不是联邦制国家。从法律角度看，苏联属于邦联制

① Первый съезд народных депутатов СССР. М. , 1989. Т. Ⅲ. С. 49；Третья сессия ВС СССР. М. , 1990. Ч. ⅩⅣ. С. 226；Ч. ⅩⅧ. С. 169；Четвертая сессия ВС СССР. М. , 1990. Ч. Ⅷ. С. 66.

国家（允许民族共和国自由退出）；尽管在宪法上苏联被称为联邦制国家，但根据国家行政制度，苏联是单一制国家。三权分立国家与单一制国家自然对立。统一的国家面临着内外威胁——世界的地缘战略、政治法律和人文经济遭到破坏，即政治和战略均衡被打破，国际法体系崩溃，民族和种族冲突蔓延，苏联核潜力的争夺及其重新分配所造成的威胁，人口和生态灾难等。① 在改革初期，苏联的合法性占主导地位。苏联立宪制的结构基础定势引起改革派和激进反对派双方的关注。为避免国家瓦解，必须回归真正的联邦制，即所谓列宁提出的联邦制。实际上，正是这种国家结构导致国家解体。错误决策造成对改革目标的认识出现普遍混乱。

原因之二，依循苏联的合法性解决联盟以及共和国主权的重大问题，导致联盟国家主权与民族共和国准主权之间的内在根本矛盾暴露无遗。一些人认为，共和国主权是有限的，其本质属性排除了自给自足的经济体系，而且同共和国组成统一联盟国家的原则相一致。另一些人则指出，这种解决办法意味着政府力求保留单一制政体，而使共和国处于无权地位。② 通过国家主权宣言后，各共和国“决定不再履行自己承担的义务”③。问题出现了：共和国主权宣言和联盟条约哪个重要？前者多大程度上决定了后者的内容？鉴于共和国通过国家主权宣言，修改国家最高权力机关职能的建议多大程度上是合理的？如何保障共和国的实际主权和停止“与总统命令无休止的纸上争战？”④ 此外，如果苏联国家管理机构的法令与共和国的宪法和法律相抵触，共和国有权暂停这些法令在其领土上的执行是否合理？⑤ 戈尔巴乔夫提出了一项纯粹心理意义上的解决办法，“形成全苏意识和一致意见，并且反复证明，分离将产生极其严重的后果”⑥。反对派则强调从法律上解决这个问题，声称“需要实实在在的主权”⑦。

原因之三，民族自决乃至分离权成为国家解体的起爆器。在列宁主义意识

---

① 《Сохранение обновленной советской федерации – международные аспекты》. Тезисы Международного отдела ЦК КПСС к проведению общесоюзного референдума о сохранении СССР 17 марта 1991 г. //Известия ЦК КПСС. 1991. №6. С. 105–108.

② Первая сессия ВС СССР. М., 1989. Ч. Ⅰ. С. 10; Ч. Ⅱ. С. 10.

③ Четвертая сессия ВС СССР. М., 1990. Ч. Ⅱ. С. 245.

④ Четвертая сессия ВС СССР. М., 1990. Ч. Ⅰ. С. 32, 52, 56.

⑤ Первый съезд народных депутатов СССР. М., 1989. Т. Ⅴ. С. 488.

⑥ Горбачев М. С. Союз можно было сохранить. Белая книга. М., 1995. С. 77.

⑦ Ельцин Б. Н. //Четвертая сессия ВС СССР. М., 1990. Ч. Ⅷ. С. 61–62.

形态框架下，民族自决权奠定了苏联创建的基础。当时，提出民族自决权原则是为了实现三项政治目标：第一，解决建立世界共产主义联盟的国际政治任务；第二，在一党专政框架下，使名义联邦制合法化，以解决民族问题；第三，为便于管理，将众多的民族自治地区整合为较大的联盟共和国。改革前夕，所有三项目标都失去了存在的意义。世界联盟思想同共产主义乌托邦一起被抛弃；随着从法律上废除一党专政和党的机构实际失去原来的影响力，联邦制名存实亡；在联盟共和国为扩大权力引发的冲突不断加剧的条件下，民族自决权原则的一体化潜力受到质疑。讨论这些问题使与会者想起“恐龙效应”，从而促使人们积极解决共和国的退出问题，并通过有价值的联邦制法律。①

由于“革新的联邦制”构想的合法化意味着回归真正的列宁主义，民族共和国自决权思想重新焕发生机，从意识形态神话变成废除一党专政的现实。1988 年 7 月 14 日，苏共中央政治局在讨论《实现苏联国际关系和谐化的途径》的纲领时发现，无人清楚“民族自决权”如何应用于实践：应当将其理解为意识形态象征还是一种法律规范；它是瞬时的变化还是渐进的过程；在以这种法律形式获得主权的条件下，应该保留联邦制还是需要向邦联制过渡。最终的结论十分含糊，“应当严格界定联盟的权力，联盟权限外的权力归共和国”②。激进民主派认为，出路是向条约邦联制模式过渡，采取强势共和国及由共和国组建中央政府的形式。③ 他们赞成彻底修改苏联宪法，否决了成立宪法监督委员会的建议，因为该委员会可能限制修改宪法。

从诸多角度看，共和国主权的概念是不可接受的。第一，当今世界不存在绝对的主权；第二，在联邦制国家框架内，这种结构从法律角度是空泛的，因为实际上意味着主权分裂；第三，共和国主权思想与人民主权或者民族主权思想相矛盾。发生过类似情况：当共和国自决权（苏联宪法第 72 条）与自治州、自治共和国和自治区的小民族权力发生尖锐冲突时，在联盟框架内，通常牺牲小民族权利，改变其民族属性，并使之从一个共和国转归另一个共和国。④

民族自决权原则的破坏潜力迅速被分离主义分子掌握和利用。一些人提出，只有通过联盟共和国宪法后才能审议《苏联宪法修改补充草案》，尤其是

① Третья сессия ВС СССР. М. , 1990. . Ч. Ⅵ. С. 15.

② Горбачев М. С. Союз можно было сохранить. Белая книга. М. , 1995. С. 64.

③ Второй съезд народных депутатов СССР. М. , 1989. Т. Ⅲ. С. 399.

④ Первая сессия ВС СССР. М. , 1989. Ч. Ⅰ. С. 61.

“需要保证中央不干涉共和国内部事务”①。波罗的海国家代表强调，“为实现多民族联盟国家的相互理解和信任，践行列宁的社会主义联邦制思想和尊重民族自决权至关重要”。所以，“如果共和国不能独立掌控自己的领土和资源，那么就不能认同其是主权国家”，并进一步提出共和国法律优先于联盟法律的要求。② 但这条途径自然引发了国家解体的链式反应，因为根据逻辑发展，产生了在共和国内实现民族平衡发展、自治区的宪法权力及对这些权力的限制、大民族与少数民族的关系等问题，③ 由此埋下了未来民族冲突的种子。

综上之述，苏联解体的机制是其联邦制结构固有的。与其说这种结构是名义立宪制的职能要素，不如说是其表象要素，借助于它只会加剧不正常的社会现象。切实改进国家制度要求运用现代分权模式，参照英国或者中欧国家的一体化方式，在联邦制框架内或者通过不同形式的非均衡分权制度实现国家统一与地区利益的结合。苏联宪法的蛊惑性宣言扼杀了“革新的联邦制”构想。理论上，这一构想可以包括实行新的联邦制原则——修改根据地区经济贡献人为设置的地区界限；使各地区享有不同的地位，根据赋予权力的大小，构建地区等级；将相应地区的地位下调至文化或者语言自治区；通过法律途径解决自治区退出共和国的问题等。

七、一体化与分权过程：保持国家统一的可能性

分析一体化与分权过程的关系揭示了国家解体链式反应的逻辑。一体化趋势表现在所谓的“新奥佳廖夫进程”——在苏联总统主持下，各共和国领导人就新联盟条约方案及其签订程序展开谈判，呼吁“将政治进程纳入合法民主制度发挥职能的合法性框架”④。1991 年 3 月 17 日的全民公决结果是这些谈判合法性的基础。在此次全民公决过程中，大多数公民赞成保留和革新联盟国家。7 月 23 日，各共和国代表团领导人在新奥佳廖夫会晤，最终完成联盟条约起草工作，并于 1991 年 8 月 15 日公布该草案。⑤

戈尔巴乔夫认为，最终未能签署的这份文件有助于终止地方分权过程和保

① Первая сессия ВС СССР. М. , 1989. Ч. Ⅷ. С. 135；Третья сессия ВС СССР. М. , 1990. Ч. Ⅳ. С. 17.

② Первый съезд народных депутатов СССР. М. , 1989. Т. Ⅱ. С. 27, 238.

③ Первый съезд народных депутатов СССР. М. , 1989. Т. Ⅱ. С. 27, 238.

④ Горбачев М. С. Августовский путч. Причины и следствия. М. , 1991. С. 86.

⑤ Горбачев М. С. Союз можно было сохранить. Белая книга. С. 159-167, 186-199.

留苏联，在国籍、保留统一市场、武装力量、对外政策和安全等问题上保证了“共和国利益与联盟中央领导之间的合理政治平衡”。反对派则指出，该条约与宪法相抵触，意味着从法律上承认邦联制和国家事实上的解体，中央政府权力出现真空。1991 年 8 月 19—21 日发生的“8·19 事变”就是这种立场的反映。国家紧急状态委员会的拥护者认为事变的目的是维护宪法和国家统一，反对派则指出这是一场国家政变。戈尔巴乔夫表示，“叛乱分子破坏了联盟改革的政治进程。其行为动机不是保护伟大的国家，而是留恋个人的职位和特权”①。从事变组织者的行动中能够捕捉到宪法政变阴谋的法律特征。叶利钦认为，正是“8·19 事变”引发了共和国退出联盟的连锁反应。镇压这场事变对整个世界产生重大影响，终结了伴随着专制制度和法西斯主义、集中营、种族灭绝、核瘟疫等噩梦的“恐怖时代”。关于戈尔巴乔夫是否掌握保守派即将发动政变的消息，以及俄罗斯领导层（叶利钦及其亲信）应对事变的准备等问题，人们持不同的评价，这决定了后续进程的变异性及社会对其合法性的认同立场。②

回归联盟条约思想的后续尝试彻底失败，苏联帝国末日的钟声敲响。11 月 27 日，主权国家联盟条约的最终方案公布。③ 戈尔巴乔夫作出了八月事变前不可想象的让步：未来的联盟实行邦联制，其成员属于主权国家；在条约而非宪法基础上调节自愿加入联盟的国家之间的关系；实行双重国籍；通过最高法院解决争议问题；保留决定国防、外交和部分财政问题的中央政府；保留唯一的总统，他是遵守联盟条约的保证人，并且在对外关系中代表主权国家联盟；保留两院制议会和总理领导下的中央政府。

众所周知，分权过程最终以国家的解体和别洛韦日协议的签署而告终。1991 年 12 月 8 日，苏联的创始国俄罗斯、乌克兰和白俄罗斯三国领导人确认，“苏联作为国际法主体和地缘政治现实停止存在”，并决定成立独立国家联合体。从事态发展的逻辑角度看，这些结果实际上不可避免，但其法律合理性备受质疑。

提到这些过程的变化，以及八月事变前后保持联盟统一的可能性问题，必

---

① Горбачев М. С. Союз можно было сохранить. Белая книга. С. 328，331.

② Г. Х. 波波夫认为，民主派对事件了如指掌，并做好了应对准备。而 Г. 布尔布里斯在同作者交谈时确认，恰恰相反，八月事变对叶利钦及其亲信而言来得非常突然，也决定了他们做出的反应是自发的。

③ Текст последнего проекта Договора о Союзе Суверенных Государств. //Правда, 1991. 27 ноября.

然涉及俄罗斯领导人的立场及其对苏联解体的“贡献”。改革初期就存在一个问题：俄罗斯被剥夺了按照帝国方式赏赐给其他共和国的权力，它“确实面目全非”，但俄罗斯民族的顽强精神不容忽视。问题的繁难之处在于“俄罗斯的主权化”危险，其实现“意味着联盟将失去核心”。戈尔巴乔夫认为，俄罗斯领导人对国家解体负有责任。“为了彻底埋葬联盟思想”①，叶利钦目光短浅地利用了乌克兰的全民公决。但是在苏联解体过程中，特别是俄罗斯获得主权后，主权和自决权问题的提法发生根本变化。讨论《俄罗斯联邦宪法（基本法）修改补充法》时，突出强调了苏联与俄罗斯联邦制本质的原则区别：前者具有条约性质，后者则具有宪法性质；前者保留了联盟共和国自由分离的权力，后者则不具备此项权力——根据俄罗斯联邦宪法，任何共和国都无权自由退出联邦。条约联邦制与立宪联邦制学说的竞争以俄罗斯通过1993年宪法而告结束。该宪法承认多民族人民而非共和国是国家主权的载体和唯一的政权来源，从而彻底丢弃了“民族自决权”的华丽辞藻。国家政治发展进程更多是在民族政治钟摆框架内，而不是按照民族分权方针发展。②

拒绝对苏联联邦制作出合理修改，尤其是提升“民族自决权”的意识形态神话导致无法提出解决问题的建设性方案，造成国家主权分裂。通过签署联盟条约防止国家解体的尝试带有摇摆不定和短命性质，或可延长解体过程，但不能使之发生逆转。联盟精英以民族为特征瓦解，以及中央政权机构的政治作用受到削弱成为这种趋势发展的关键因素。只有提出全新的公民联邦制概念，制定全民优先政策才能扭转形势。

八、民主与独裁：过渡时期的议会、政府和总统

构建新型政治制度要求解决政体形式和政权制度结构等问题：实行名义上的立宪制还是真实的立宪制、苏联式的议会制还是正常的议会制、议会制共和国还是总统制共和国、国家元首的地位及其特权等，这些问题历史上没有得到法律意义的解决。③

改革初期产生一个问题：新议会应当采取何种形式——继续保留苏联时期

---

① Горбачев М. С. Союз можно было сохранить. Белая книга. С. 64–69，326.

② Паин Э. А. Этнополитический маятник. Динамика и механизмы этнополитических процессов в постсоветской России. М.，2004. С. 308–309.

③ Медушевский А. Н. Демократия и авторитаризм：российский конституционализм в сравнительной перспективе. М.，1997.

的性质还是成立专业议会。一些人按照苏联的传统认为，人民代表大会应当充当这个角色，由其选举产生的最高苏维埃可以作为议会的执行机构。前者善于专业性地起草法律，捍卫国家利益和反对官僚主义。这种结构可以推广到共和国议会。问题最终归结为“解决苏联人民代表大会、最高苏维埃、最高苏维埃主席和政府之间职能的具体分配”①。另一种观点认为，应当放弃“每年召开两次人民代表大会、为事先起草好的法律加盖图章”的旧体制，组建“由人民代表大会按照最高苏维埃形式选举产生的常设议会”。②

在政治格局极化和党内形成高级集团的背景下，大多数党员与国家进步派领导层分裂。代表科研组织和创作联盟的自由主义改革拥护者提议退出全莫斯科代表团，组建独立的跨地区议员团，③ 追求奠定新型政治制度的基础，实现从政党高层的非法政权向议会制民主过渡。④ 反对这一思想的代表提出了有力的政治论据：“党团制度不具备制度能量和积极因素，不能解决我们的问题”。这个建议不合时宜，因为“实现社会团结的可能性仍然存在”⑤。来自官僚机构和莫斯科工人阶层的反对派态度最坚决，提出的理由充满感情色彩。他们认为，建立党团的动机完全是为了达到自由派个人的目的——作为少数派，这些人对自己的现状不满，渴望鼓动民众反对人民代表大会，借口民主满足自己的贪欲。理论上，从立场的分裂可以得出结论，必须拒绝苏联代表选举制度的代用品，向真正的常设议会制过渡。按照官方的解释，这意味着彻底改组苏联的权力执行机构，使之服从于总统，进行大规模的结构和人事变动，组建内阁，包括设立副总统职位。

解决这个问题要求必须改变政体——放弃一党专政，接受三权分立思想。废除政治制度核心（党对政权的垄断）后，通过实行总统制政体该目标得以实现。纯粹的心理原因成为有利于设立总统职位的决定性因素——这项制度与君主政权或者苏联人民已经习惯的总书记大权独揽相差无几。代表们讨论了设立苏联总统职位的法律草案，以及与此相联系对宪法的修改和补充。最终会议

---

① Бурлацкий Ф. М. //Первый съезд народных депутатов СССР. М., 1989. Т. Ⅰ. С. 146; Второй съезд народных депутатов СССР. М., 1989. Т. Ⅱ. С. 423; Четвертая сессия ВС СССР. М., 1990. Ч. ⅩⅢ. С. 78.

② Кудряцев В. Н. Первый съезд народных депутатов СССР. М., 1989. Т. Ⅰ. С. 153.

③ Попов Г. Х. //Первый съезд народных депутатов СССР. М., 1989. Т. Ⅰ. С. 226, 234.

④ Первый съезд народных депутатов СССР. М., 1989. Т. Ⅰ. С. 261; Т. Ⅳ. С. 112.

⑤ Первый съезд народных депутатов СССР. М., 1989. Т. Ⅰ. С. 283, 299-300.

通过总统制和支持召开人民代表大会选举总统。①

针对总统制，代表们基于政治（而非法律）论据提出三种主要观点——赞成总统制、拒绝总统制和折中方案（在遵循一系列条件下设立总统职位）。第一种观点认为，“总统制与集体领导辩证对立，符合时代潮流——国家需要建立在宪法基础上的秩序，有利于从名义上的苏联政权向加强国家法制过渡。在党不再直接管理国家经济的条件下，设立总统职位有利于克服权力真空”②。持第二种观点的人反对总统制，认为其主要缺点是容易滋生专制，主张实行议会制。这一观点最坚决的拥护者来自党的保守派阵营，希望在进行一定修改的条件下保留苏联的集体领导模式。跨地区议员团的激进反对派同样拒绝总统制，认为设立总统职位是企图“将个人的紧急权力合法化”。第三种观点同意在强势议会和独立司法机构的制衡机制框架内实行总统制，排除权力过度集中危险。接受总统制的先决条件包括建立联盟议会；共和国最高苏维埃的预先协商原则；解决苏联总统的权限问题；在多党制基础上，以不记名投票形式，从若干候选人中直接及平等普选总统。③ 同时，必须立法限制国家元首在国家安全、实行紧急状态方面的特权；限制从时间上拖延政治改革的可能性，“根据政治和国家政权民主进程的发展，向总统制过渡”④。未能就政治改革的最关键问题达成一致或许是过渡时期政权机关效率低下的根本原因。

九、新型政治制度的建构：权力争夺与总统职位的设立

社会规范与现实游戏规则的关系是新制度理论的经典问题。在急剧变化的信息空间内，这些指数常常互相矛盾。只有在认知层面，通过充分阐释新制度的意义及职能，构建其法律形式和目的明确的宪政工程——保障行为动机的相应新机制，才能消除这些矛盾。从极权制度向民主以及民主团结过渡的本质就在于此。过渡时期的关键问题——新旧制度的特权——与总书记、最高苏维埃主席和首任总统之间的关系存在联系。据此，代表们要求戈尔巴乔夫卸任总书记职务，因为“集双重权力于一身与法治国家和民主原则相抵触”⑤，与认为

① Собчак А. Хождение во власть. Рассказ о рождении парламента. М. , 1991. С. 168.

② Третья сессия ВС СССР. М. , 1990. Ч. Ⅱ. С. 167–168, 177, 180–182.

③ Станкевич З. А. //Третья сессия ВС СССР. М. , 1990. Ч. Ⅰ. С. 44 – 45; Ч. Ⅱ. С. 137–138.

④ Третья сессия ВС СССР. М. , 1990. Ч. Ⅰ. С. 38; Ч. Ⅱ. С. 151, 180.

⑤ Первый съезд народных депутатов СССР. М. , 1989. Т. Ⅰ. С. 69–76.

他应当留任原职以监督党的机关的意见相矛盾。社会关于国家元首与执政党领袖关系问题出现分歧。① 戈尔巴乔夫相信，“某个时候形势会趋于明朗，绝大多数代表将支持设立总统职位和通过人民代表大会选举首任总统”②。结果，通过《关于设立苏联总统职位和苏联宪法（基本法）修改补充法》③，要求明确联盟政权与共和国之间的关系，保证立法权、执行权、总统和政府权力之间的平衡，向全民选举总统过渡，以及修改宪法。④

在激烈争夺权力的条件下进行政治改革产生了助推苏联解体的三个消极后果。第一，总统制模式推广到联盟共和国。戈尔巴乔夫表示：“毫不讳言，我没料到联盟共和国会设立总统职位。这使我们为提高中央政权威信所取得的成就大打折扣。”但是他强调，此举实属无奈，“任何试图对此提出异议都会产生可怕的后果，导致修改宪法的提议无法获得法定多数。我终于确信，政治是一种可能性的艺术”⑤。第二，由人民代表大会，而非全民选举产生的苏联总统的合法性降低。一些人认为这是国家解体的关键原因。普选还是通过人民代表大会选举国家元首、实行等额还是差额选举等问题一直是激辩的对象。尽管出发点不同，但党内保守派和激进派都赞成直接差额选举。由于选择其他方案可能失去权力，戈尔巴乔夫最终选择了间接等额（通过人民代表大会）选举。第三，联盟总统的权力受到侵蚀。对一部分政治力量而言，戈尔巴乔夫对分权让步过大；另一部分政治力量则认为他的权力过度集中。部分代表强调必须保留总统的象征地位，媒体应当避免发表诽谤和侮辱总统的言论；另一部分代表则指出此举可能严重破坏公开性原则。⑥

引人关注的是，苏联和俄罗斯设立总统职位的原因相同，但结果却大相径庭。叶利钦实际上重复了戈尔巴乔夫的论据，他表示，为了落实国家法律和纲要，俄罗斯需要总统和总统制。⑦ 参照戈尔巴乔夫创建的政权组织模式并借鉴

---

① Первый съезд народных депутатов СССР. М. , 1989. Т. Ⅰ. С. 70, 74.

② Горбачев М. С. Жизнь и реформы. Кн. 1. С. 488.

③ Постановление ВС СССР –《Об учреждении поста Президента СССР и внесении соответствующих изменений и дополнений в Конституцию（Основной закон）СССР》// Третья сессия Верховного совета СССР. М. , 1990. Ч. ⅩⅨ. С. 18.

④ Третья сессия ВС СССР. М. , 1990. Ч. Ⅱ. С. 143–144.

⑤ Горбачев М. С. Жизнь и реформы. Кн. 1. С. 485.

⑥ Третья сессия ВС СССР. М. , 1990. Ч. ⅩⅡ. С. 157; Ч. ⅩⅢ. С. 113, 129–131.

⑦ Ельцин Б. Н. //Четвертый съезд народных депутатов РСФСР. М. , 1991. Т. Ⅰ. С. 5.

其失误，遵循秘密决策和迅速实施的原则，① 叶利钦强力解决了 1993 年宪法危机，解除反对派权力，从宪法上巩固了国家元首近于君主的权力，同地区分离主义进行了长期、艰苦且卓有成效的斗争。

十、危机发展的机制与化解危机机遇的丧失

本研究认为，苏联解体的普遍原因是精英采取的改革战略与占统治地位的社会信息认知定势相矛盾，与社会对改革的过高期望相背离。放弃旧秩序价值观必然受到一体化的制约。后者与信息全球化的主导作用和无法继续闭关自守存在联系，并导致国内失去制度认知优势，结果造成苏联的共产主义意识形态裂变。人们认识到，在封闭国家广泛操纵社会心理和实行强制动员的条件下，不可能实现制度现代化。戈尔巴乔夫向自由的跃进是必要的、合理的和人道的，能够使国家以和平的方式走出一党专政困境。但是，必须在“新思维”框架内及时对外开放成为导致国家解体的重要因素，因为遵循传统社会认知定势并得到共产主义思想强化的社会意识尚未对此做好准备。改革者未能预见信息开放产生的文化震荡的巨大破坏力量。欧洲人打开东方专制国家的大门后，传统社会出现认知失调，针对新型价值观、制度合法性和改革策略的选择，社会出现严重分裂。正是这种文化震荡导致东方专制国家分崩离析。

在不稳定均衡状态下，制度认知混乱的重要表现是改革者缺乏有价值的改革构想。全面的改革概念不仅包括总的改革指导思想，而且包括改革的范围和界限。当局缺乏明确改革目标、实施阶段、社会代价和预期效果，以及深思熟虑的实施办法的改革路线图，尤其是对改革将面临的困难和反对估计不足。意识形态结构优先于实用主义结构，改革的溯及效力——关注过去，而非将来，导致社会基本定势具有妥协性。更重要的是，改革的随意性多于计划性。其代价是浪费时间、经济分散、制度机能失调，以及改革者失去原有的社会认知优势。

结果，在危机蔓延条件下实行系统自动调节机制。改革第一阶段的特点是改革期望值过高，希望以最小的社会代价实现迅速、彻底的社会改革。这个时期精英相对同质，博弈规则相对稳定。改革第二阶段的基础是“相对剥夺感”——同以往的发展阶段和其他国家相比，在经济社会状况相对恶化条件下居民的心理感受（社会失望）。在这种情况下，社会没有拒绝改革，而是要求进行更加彻底的改革。

① Ельцин Б. Н. Президентский марафон. М. , 2008. С. 10.

社会预期膨胀迅速导致民众不满足于政权已经作出的让步，并提出进一步要求：从调整意识形态到拒绝意识形态；从多种经济成分思想到试图一次性过渡到市场经济思想；从完善联邦制到为了民族主权否定联邦制；从在苏联合法性框架内进行温和的宪法改革到要求建立议会制共和国等。此外，从制度的形成角度，亦或活动的方向角度，针对政权制度本身的批评加强。这个阶段的特点是精英阶层分裂为改革派、保守派和温和派，各派关于改革前景问题的冲突激烈。在改革条件下，由于去集中化，周期的第三阶段发生变形，并最终导致国家解体。实行这种机制意味着发起改革的精英失去对局势的控制，导致激进的社会变革，从而在付出沉重代价的条件下重新实现社会稳定。

在危机初期或者蔓延过程中终止这些进程的可能性受限于精英的认知退化——极力将业已发生变化的现实归结为常见的概念化形象，以旧的论据体系应对新挑战。在全球化条件下，由于缺乏认知适应与社会适应的有效模式，以及社会与政权之间的反向联系体系，社会团体及其极端思想家只能以再传统化方式探索同一性，修订传统的信息动员模式和意识定式。模仿过去的信息认知结构成为今天现实政治社会化的基础。

矛盾的具体表现之一，利用苏联名义立宪制的表面结构，实现宪法改革的目标——制定代议制制度、多党制和国家管理现代化；矛盾表现之二，保留联邦制与解决民族问题存在联系的陈旧定式，并使之现实化成为重要的破坏因素。人们开始超越公民国家和国家制度形式的现代概念框架重新考虑苏联的准联邦制。此外，在民族主义和精英对联盟中央的消极认同情况下，联盟一体化机制瓦解。在缺乏新的认知模式条件下，只能通过复旧形式探索同一性。其他多民族国家，以及成功避免国家解体的后苏联时代的俄罗斯的经验证明，这些过程不可避免；矛盾表现之三，不可能防止所有的矛盾累积到一起。社会发展呈雪崩效应：大众意识发生根本变化，要求重建国家意识形态，而后者意味着必须放弃名义立宪制的基础和党的团结作用。在权力真空条件下无法制定新的政治制度，要求建立通过真正选举和三权分立发挥职能的替代性民主制度。但是为此召开的人民代表大会，以及会议上就改革议程关键问题的讨论使党内辩论公开化，结果导致政治制度和新政权制度的合法性资源被压缩、平民主义情绪上升、认知失调和政治极端分子抬头，特别是形成中的党内高级集团被迫寻求其他支持。

社会和精英分裂涉及意识形态、市场经济和民族关系等传统世界信息认知无法解决的关键问题。但政权没有提出迅速解决问题的有效模式，一方面导致社会出现急躁和失望情绪，另一方面滋生了平民主义和极端化要求。这些分裂思潮的结合导致民族主义意识形态被提到首位，因为它提出了最简单的解决公式，依据官方学说和苏联宪法，使地区精英争取权利的主张合法化，同时使他们能够监督共和国内的自治州。不仅共和国与联盟中央处于对立状态，而且共和国之间，首先与力量不断增强的俄罗斯也存在矛盾。联盟共和国通过新的政治改革，以人为的信息认知形式——构建与联盟同一性相对立的民族同一性——寻求自决权。这可以迅速解决政权合法化、财产私有化和特权集团继续执政等问题。形成这种制度的关键要素是实行苏联总统制度，并在共和国设立类似职位（而且在全民选举的更广泛合法性基础上）。精英内部的激烈冲突可能对整个制度造成致命的打击。“8・19 事变”使联盟政府事实上丧失了合法性和政权。

因此，苏联危机发展的逻辑受信息认知过程决定，并且包含“托克维尔定理”的某些要素——放弃旧秩序的价值观；文化震荡和对新旧政治制度的认知失调；期望值过高现象；“相对剥夺感”膨胀条件下的社会危机；实现激进派与赞成复辟的保守派两个对立中心的团结；更为主要的是，由于联盟政府失去控制局势的杠杆，导致中央政权出现真空和各类困难集聚。

这种分析可以使相关文献对改革过程的界定更加明确。以发展民主、公开化为目的的改革不是社会“革命”，因为改革没有提出全新的世界景象——适于输出的弥赛亚思想，没有导致精英发生质的变化，且改革以国家解体，而非在新原则基础上实现社会团结宣告结束；但它也不是“变革”或者“自上而下的革命”，因为渐进和可控制的改革发生中断，自发的制度自动调节和解体过程占上风；同时，这场改革更不是传统意义上的“复辟”，因为没有导致革命前的秩序复活，而且也未以此为目的。历史上与这个过程最为相似的事件当属宗教改革，这场有时被称为“宗教革命”的广泛社会运动始于宗教持不同政见者反对赎罪者、特权和当时天主教的腐败，对罗马教皇及其在炼狱支配灵魂的神圣权利提出质疑，要求实现社会公正和道德复兴，强调公正司法和个人责任。运动最终以修改传统等级制度和意识的彻底现代化宣告结束，确立了近现代更具实用主义色彩的伦理规范和生活方式。苏联改革过程中，通过类似方式彻底改造社会意识，目的是使其合理化，但保留旧制度和统治精英为独裁主义的再传统化和复辟敞开了道路。①

苏联并非被人恶意瓦解，其解体是社会意识到苏联传统的认知结构模式违

---

① Медушевский А. Н. От революции к Реставрации: олигархические тенденции постсоветских политических режимов//Сравнительное конституционное обозрение, 2010, № 4.

反自然规律和效率低下的结果。这些认知模式没能经受住时间的考验，像一座仓促搭建起来的房子，随着时间的发展，机械支撑的完整性失去任何意义。最根本的证明是，在大厦将倾之际，没有人挺身而出保护它。由于精英对制度机制、制度指数和彻底的有计划的改革缺乏相应的认识，并考虑到全球信息化进程，巩固全新政治制度的机遇丧失。在20世纪末全球化条件下，由于离心倾向大于向心倾向，苏联制度的崩溃不可避免。当然，并不排除将来在欧亚空间内出现新的、更成功的一体化方案。

（张广翔、钟建平　译）

（《社会科学战线》2011年第12期）

东汉庇护者与托庇者关系考论

〔美国〕伊沛霞（Patricia Ebrey）*

关于早期中华帝国的历史书写，多数描绘从帝王、摄政王或者少数高官显宦派生出来的政治力量和政策决定权。史书列传描述官僚之形象，通常是服从上级或权衡统治者及其王朝的利益。对于现代学者而言，这幅图景中的瑕疵显而易见。许多重要的决定经常出自位置较低的官僚之手，甚至未经朝堂议论而由地方官吏拍板定案。具备决策权的官僚通常受到相关集团影响力量的制约。诸多明显的决策或许根本不是决定，而是对某些反对帝制权威的群体的妥协让步。帝国官僚通常要自觉或不自觉地维持现状和捍卫特权。现代学者认识到这类政治程序的必然性，而不是将所有权力收归皇权，一般强调由现任官、致仕官、候补官、近亲属及门第相当的人所组成的统治阶层（ruling class）的重要性。统治阶层的权力既没有被视作完全官僚的（源于官僚权力），亦非完全经济的（通过控制佃户、债户以及雇工），而是其整体社会地位的结果。① 然而，囿于史料缺乏，学人尚未对统治阶层力量的性质进行缜密分析。整体而言，统治阶层以何种方式统治社会？其成员采取何种步骤扩大或保护其利益？

---

* 作者单位：美国华盛顿大学历史系。

① 关于汉代（尤其是东汉）统治阶层之研究，参见杨联陞《东汉的豪族》，《清华学报》1936 年第 11 卷第 4 期；英文节译本，参见孙任以都（E-tu Zen Sun）、弗朗西斯（John de Francis）编《中国社会史论著选译》（Chinese Social History），华盛顿：美国学术团体协会，1956 年，第 103-134 页；贺昌群：《汉唐间封建土地所有制形式研究》，上海：上海人民出版社，1964 年，第 166-211 页；宇都宮清吉「漢代的家與豪族」『漢代社會經濟史研究』東京：弘文堂書店、1955；五井直弘「後漢王朝和豪族」、『岩波講座・世界歷史』第 4 卷「東亞世界的形成」東京：岩波書店、1970；矢野主税『門閥社會成立史』東京：株式會社國書刊行會、1976；瞿同祖：《汉代社会结构》（Han Social Structure），载杜敬轲（Jack L. Dull）编《汉代史》（Han Dynasty China，Ⅰ），西雅图：华盛顿大学出版社，1972 年。

其成员于何时又在何种基础上达成一致？在我们切实回答这些问题之前，关于统治阶层力量的讨论必然是隐晦不明。

探讨这个问题的一个途径就是考察上层阶级（upper class）人物之间的私人关系。上层阶级的人物不仅以宗族、婚姻和地域为基础相互联系，而且终其一生，其关系网络可能日渐拓展至其师长、门生、同僚、长官和僚属，还包括分享文化价值和兴趣以及共同占据独尊地位或特权的同道中人。其中一部分关系吸纳地位相当的人，而其他关系则分流为上级长官和下级幕僚；一部分关系与生俱来，而其他的则出于自愿抉择的变化程度。在面临特定的问题或目标时，人们通常依赖其中一种关系而非其他。不仅如此，历史条件一旦变化，作为整体的统治阶层以及其中特色鲜明的亚集团（subgroups），都将重新自我定位。在某个时期，他们可能更多地依赖宗族关系（kinship ties），而在另一时期，其关系将由行政工作所构建，诸如此类。这些变化构成中华帝国社会史的重要组成部分。

笔者曾在先前的研究中考察北朝唐代以宗族和共同身份为基础的纽带对于贵族家庭的重要意义。① 笔者在此以庇护者与托庇者关系为切入点，描述某些特定的非宗族联系。兹将庇护者与托庇者关系界定为基本属于同一社会阶层的人们，并基于共识建立起上下级的隶属关系。这种关系不狭隘地限定为任何一种特殊的功能，但涵括在多种形势下的声援和支持。② 笔者对上层阶级的人物与其徒附或乡人的联系不予置评，尽管他们也可称作庇护者与托庇者关系，但情形殊异。根据时间顺序，笔者将聚焦于 2 世纪，其时庇护者与托庇者关系最受重视，并屡屡充当政治活动的基础。

一、门生故吏

2 世纪时，朝廷高官和地方州郡县的长官身死之后，其托庇者门生或故吏往往为之立碑颂德，并寓名碑阴。30 余份这样的碑阴题名得以保存。《泰山都尉孔宙碑》载其卒于延熹七年（164），碑阴题名镌有 25 名来自 10 个郡的门

① Patricia Ebrey, *The Aristocratic Families of Early Imperial China——A Case Study Of The Po-Ling Ts'ui Family*, Cambridge: University of Cambridge press, 1978.

② 关于研撰庇护者与托庇者关系作为一种双方社会关系的类型以及政治组织的基础之论著，极为丰富，有价值的介绍，参见 Robert R. Kaufman, "The Patron-Client Concept and Macro-Politics: Prospects and Problems," *Comparative Studies in Society and History*, Vol. 16, 1974, pp. 284-308。

生，4 名来自孔宙担任旧职都昌长时的故吏以及 10 名来自 8 个郡的弟子。① 《太尉刘宽碑》载其卒于中平二年（185），碑阴题名刻有 300 余名门生，其中 96 人时任官职，包括 35 名各县令长、17 名郡太守以及 2 名州刺史。另一块独立的《太尉刘宽碑》碑阴题其故吏之名，自高官廷尉以下 50 余人。② 《巴郡太守张纳碑》碑阴题僚佐名 72 人，包括 14 种不同的掾吏和 11 种不同的曹史。③

汉人徐幹（171—218）描述了庇护者与托庇者在社会政治间的互动关系，尤其在汉末政治社会生活中影响甚巨的情况，《中论》云：

> 桓灵之世其甚者也。自公卿大夫、州牧郡守，王事不恤，宾客为务，冠盖填门，儒服塞道，饥不暇餐，倦不获已……文书委于官曹，系囚积于囹圄，而不遑省也。详察其为也，非欲忧国恤民，谋道讲德也，徒营己治私，求势逐利而已。有策名于朝，而称门生于富贵之家者，比屋有之。为师无以教训，弟子亦不受业。④

正如绝大多数社会制度一样，这种庇护者与托庇者关系之发展，契合了东汉现存社会关系的新需求。"门生"一词，原系儒学宗师授业弟子。东汉一朝，硕儒名宿动辄聚徒数百人，有时多达数千人。⑤ 这种师生关系既为私谊，亦含有等级高下之别。⑥ 东汉社会文化生活以孝为本，推崇事亲至孝，事亲之恭敬备至，便可移孝作忠，推尊师道。门生亦为师长服丧送葬。⑦ 他们如诸子

---

① 洪适：《隶释》卷 7《泰山都尉孔宙碑并阴》，载严耕望辑《石刻史料丛书》，台北：艺文印书馆，1966 年，第 4a–7b 页。

② 洪适：《隶续》卷 12《刘宽碑阴故吏名》、《刘宽碑阴门生名》，载严耕望辑《石刻史料丛书》，台北：艺文印书馆，1966 年，第 5a–16b 页；《隶释》卷 11《太尉刘宽碑》、《刘宽后碑》，载严耕望辑《石刻史料丛书》，台北：艺文印书馆，1966 年，第 1a–6a 页。

③ 《隶释》卷 5《巴郡太守张纳碑》、《张纳碑阴》，载严耕望辑《石刻史料丛书》，台北：艺文印书馆，1966 年，第 10b–15a 页。关于县令故吏名称的英译，参见 Patricia Ebrey, "Later Han Stone Inscriptions," *Harvard Journal of Asiatic Studies*, Vol. 40, 1980, pp. 325–353。

④ 徐幹：《中论》卷下《谴交》，载王云五主编《丛书集成初编》，上海：商务印书馆，1939 年，第 23–24 页。

⑤ 例如，著名的通儒马融教养诸生，常逾千人，其他经师如丁恭、樊儵也是如此。参见《后汉书》卷 60 上《马融传》、卷 79 下《儒林 · 丁恭传》、卷 32《樊宏传》。

⑥ 关于这种关系的研究，参见鐮田重雄「漢代的門生故吏」『東方學報』第 7 號、1953；鐮田重雄『秦漢政治制度的研究』東京：日本學術振興會刊、1962。

⑦ 如，永元十二年（100）楼望卒，门生会葬者数千人，参见《后汉书》卷 79 下《儒林 · 楼望传》。

孝敬双亲一样，效忠师长，在其师蒙罪抑冤之际，申理诉状，或集会声援。如东汉初叶，大司徒欧阳歙因在担任旧职汝南太守时所犯臧罪被捕下狱，其祖先累世为博士教授。欧阳歙入狱后，其门生千余人守阙求哀，甚至有自行髡剔者。其中17岁的平原礼震，上书求代其死，宣称欧阳歙若被处决，其学术将永为废绝。①

故吏意为旧吏，或常指旧时属吏。汉代刺史、太守和县令均可自行辟除掾吏，常置百人或更多。② 中央五府（太尉、司徒、司空、大将军和太傅）大员亦辟召属吏。③ 无论地方长官抑或朝廷大员的掾属都需对其举主怀有报恩之心，亦应像对待直接上级一般忠于故主。如门生一样，故吏亦需对府主持丧送葬。④ 实际上，应劭（约180—187）将故吏之前任上级称为“旧君”（former ruler）；争辩儒家经典所论的“君臣之义”是否适用于郡吏与太守之间。⑤ 地方或朝廷长官辟除之人，即便从未就职，也自视为故吏。⑥ 这些不同方式产生的联系不是有限的，而是持久的；即便每次集会转移在其他地方继续举行，故吏也会前往表示对举主的支持，或发哀吊丧。事实上有些人虽然拒绝官僚辟召，但亦为其故吏。⑦

举主与故吏之关系，理所当然地被更为重要的官僚和掾属之关系所塑造。《钟皓传》征引了一条钟皓担任司徒掾期间的轶闻，阐明了这种角色关系中所涵括的礼节及相互责任：

> 皓为司徒掾，公出，道路泥泞，导从恶其相洒，去公车绝远。公椎轼言：“司徒今日为独行耳!”还府向阁，铃下不扶，令揖掾属，公奋手不顾。时举府掾属皆投劾出，皓为西曹掾，即开府门分布晓语已出者，曰：

① 《后汉书》卷79上《儒林·欧阳歙传》。

② 关于这种制度，参见严耕望《秦汉地方行政制度》，载《中国地方行政制度史》甲部，台北：中央研究院历史语言研究所，1961年。

③ 关于这种惯例，参见五井直弘「後漢時代的官僚登用制“辟召”」『歷史學研究』第178號、1954、22-30頁。

④ 例如，1世纪末叶，乐恢年齿尚轻，已展现了对父亲之孝顺及对经师之忠诚，其后仕为本郡吏。当其长官坐法当诛之际，乐恢独自奔丧行服，坐以抵罪。参见《后汉书》卷43《乐恢传》。

⑤ 《风俗通义》卷3《愆礼》。

⑥ 如，立于中平三年（186）的《南阳太守秦颉碑》，碑末刻有被其察举的孝廉12人。参见《隶释》卷17《南阳太守秦颉碑》，载严耕望辑《石刻史料丛书》，台北：艺文印书馆，1966年，第6b-8a页。

⑦ 《风俗通义》卷3《愆礼》；《三国志》卷11《田畴传》。

“臣下不能得自直于君，若司隶举绳墨，以公失宰相之礼，又不胜任，诸君终身何所任邪？”掾属以故皆止。①

显而易见，司徒亦需对其掾属谦恭有礼。另外，汉代墓室壁画中气势壮观的车马出行图展示，僚属亦有责任伴乘长官左右。② 一名掾吏以此种方式事于长官数年之后，他亦可能升迁为长官，但对其故主依然恭敬备至。

二、庇护者对托庇者之选择

在某种程度上，庇护者与托庇者都在精心选择对方，并衡量各种不同的可能产生此种关系的利益权重。对于长官或师长而言，招纳托庇者可显示其隆隆盛名和莫大的吸引力，从而提高其社会地位。庇护者若卷入纠纷事端或党派争斗，托庇者的效忠则是一种潜在的有用力量。反过来，对于托庇者而言，一个优异的庇护者首先为之增加了跻身更高一层社会政治圈的机会。一个年轻人生活在地方州郡，接受过一些儒学教育，但没有重要的家族关系；而欲依秉庇护者，有数条可行之策。若他天资聪睿，在京师或地方的硕儒名师门下问学数年，并由高才妙识获取令名，就有望在京城得到三公之辟除。若他志在四方，却才疏意广，就有可能以门生的身份依托权贵公卿，他们之间并无授业之实。若他既无踔绝之能，又无宏图大志，就会在地方太守或刺史府中担任掾属。若他想通过察举“孝廉”的方式在官僚机构谋取职位，最佳途径就是投于太守门下，因为太守拥有荐举孝廉之权。③

当年轻的有志之士或高才俊杰精心择主之时，绝大多数庇护者与托庇者的关系藉由庇护者的选举而产生，而非出自托庇者的挑选。故吏之辟除部分源于制度，部分出于人为。其时举足轻重、得以进入《后汉书》列传的人物终其

① 《三国志》卷13《钟繇传》注引《先贤行状》。

② 具体例证参见《汉唐壁画》，北京：外文出版社，1974年。

③ 关于这项选举制度的研究，参见 Hans Bielenstein, *The Bureaucracy of Han Times*, Cambridge: University of Cambridge press, 1980, pp. 134–138。应当指出，志在任职正规官僚机构的人似乎不屑为县吏。县吏出身于名望较低的地方精英。这点至少有石刻资料可资佐证。这些石刻铭文详细地记录志主的历任官职及其直接祖先的最后官职。大量例证表明，如果一个人的祖先仅仅担任地方僚佐，其起家官职也如此，但是却能及时跻身正规的官僚机构。没有案例显示担任（或同意就职）县吏者其后升迁高位，抑或郡吏及正规官僚没有追溯曾经担任县吏的祖先。

一生，经常在某个时候拒绝来自地方太守或中央高官的征辟。① 欲招纳最理想的属吏，似乎要提升说服能力。然而，大多数地方长官轻而易举地发现地方精英的子弟乐于托附门下。而且，地方长官经常大幅袭用前任长官的僚佐。

招纳门生蕴含的体制因素则少得多。经师招取门生由于没有数额限制，故其门生数量具有很大的灵活性，并随时招收来自不同地理区域的人才。光和四年（181）《童子逢盛碑》，是一个官僚门下来自两个邻郡的四名“家门生”，为其夭折的12岁孙子逢盛所立。② 《冀州刺史王纯碑》载其卒于延熹四年（161），碑阴题有193名门生，其中90名来自其管辖境内的7个郡，其他门人则来自冀州以外的18个郡。③《太尉刘宽碑》碑阴所列300余门生，几乎遍及北部中国的州郡。④

尽管高官显宦可以从帝国各地招纳门生，但是地域纽带依然是巩固和强化大多数庇护者与托庇者关系的基础。在150年和160年的两次党争以及汉末的军阀战争中，出自相互毗邻的汝南、南阳和颍川三郡的人物占据主导地位。一种解释是这些地区的庇护者与托庇者之网络尤为发达。这些地区的登崇俊良，具有不同寻常的机会可以依附名公重臣，因此较之其他地区的人士而言，更热衷于参加政治活动。太学是另一个吸引庇护者与托庇者的场域。郭泰在太学的追随者来自全国各地。⑤ 窦武从未讲授太学，却散财于太学诸生，以求拥

---

① 如，关于东汉博陵崔氏担任官职的人数，参见 Patricia Ebrey，*The Aristocratic Families of Early Imperial China — A Case Study of The Po-Ling Ts'ui Family*，Cambridge：University of Cambridge press，1978，pp. 46-48。

② 《隶释》卷10《童子逢盛碑》、《逢盛碑阴》，载严耕望辑《石刻史料丛书》，台北：艺文印书馆，1966年，第8a-10a页。

③ 《隶续》卷12《王纯碑阴》，载严耕望辑《石刻史料丛书》，台北：艺文印书馆，1966年，第18b-21b；《隶释》卷7《冀州刺史王纯碑》，载严耕望辑《石刻史料丛书》，台北：艺文印书馆，1966年，第1a-2b页。

④ 《隶续》卷12《刘宽碑阴门生名》，载严耕望辑《石刻史料丛书》，台北：艺文印书馆，1966年，第5b-16a页；《隶释》卷11《太尉刘宽碑》、《刘宽后碑》，载严耕望辑《石刻史料丛书》，台北：艺文印书馆，1966年，第1a-6a页。

⑤ 《后汉书》卷68《郭太传》是郭泰（范晔父泰，故避讳，改“泰”为“太”——译者注）及其弟子的合传。郭泰冠于太学，领袖人伦，参见《后汉书》卷67《党锢列传》。更进一步，还可参见《后汉书》卷76《仇览传》。仇览因其俊才和正直，被考城县令王涣举荐进入太学。仇览常自坚守、修习学问，以致邻近的符融见而奇之，“与先生同郡壤，邻房牖。今京师英雄四集，志士交结之秋，虽务经学，守之何固?”仇览正色回答，天子修设太学，不是使人游谈其中。符融对其更加刮目相看，其后偕同郭泰一并前往拜谒。

护。①

有趣的是，庇护者与托庇者的关系有时能够累世传袭。时人伍琼描述袁绍云，袁氏树恩四世，因此其门生故吏遍布天下。② 杨统出身于煊赫的弘农杨氏，其官位仅至沛相，但拥有 190 余名门生。杨统卒后三年，这些门生仍然与杨氏家族保持联系，因为他们于该年为杨统赫赫有名、辞世 40 年的祖先杨震祢庙立碑，以示纪念。

三、服丧之责

东汉庇护者与托庇者礼仪方面引发讨论最多者，莫过于托庇者对庇护者的服丧义务以及尽可能地处理葬礼诸事。托庇者自行解释服丧义务的外延，记录在案的丧事处理，差异甚大。汉安二年（143），北海相景君的 51 名故吏为其立碑，其后注释部分又云，服丧三年者 87 人。③ 熹平二年（173）的石碑记载，京官司隶校尉鲁峻的 320 余名门生前往今山东地区参加其丧礼。④ 熹平元年（172）的《博陵太守孔彪碑》记载，孔彪在博陵太守之后，继而担任下邳相、河东太守，但该碑完全由其任职博陵期间的 13 名故吏所立，其中 6 人进入正规的官僚机构，或许这 13 人亦前往孔彪故里参加葬礼。⑤

应劭在《风俗通义》中讨论了几件托庇者对庇护者使用持丧礼节错误乖谬的事例。应劭引用了庸碌无为的周乘之例。汝南太守李张把周乘作为六“孝廉”之一，准备向朝廷举荐。然而，不幸函封未发，李张发病故去，其夫人于柩侧帐帷发现六孝廉名单，说道，“李氏蒙国厚恩，据重任，咨嘉休懿，相授岁贡，上欲报称圣朝，下欲流惠氓隶；今李氏获保首领以天年终，而诸君各怀进退，未肯发引。妾幸有三孤，足统丧纪。”周乘于是顾谓左右云，“诸君欲行，周乘当止者，莫逮郎君，尽其哀恻。”周乘与其中一名“孝廉”、郑伯

① 《后汉书》卷 69《窦武传》。

② 《后汉书》卷 74 上《袁绍传》。

③ 《隶续》卷 16《北海相景君碑阴》，载严耕望辑《石刻史料丛书》，台北：艺文印书馆，1966 年，第 3b–8a 页。

④ 《隶释》卷 9《司隶校尉鲁峻碑》，载严耕望辑《石刻史料丛书》，台北：艺文印书馆，1966 年，第 4b–6a 页；《隶续》卷 12《鲁峻断碑阴》，载严耕望辑《石刻史料丛书》，台北：艺文印书馆，1966 年，第 22a–22b 页。

⑤ 《隶释》卷 8《博陵太守孔彪碑并阴》，载严耕望辑《石刻史料丛书》，台北：艺文印书馆，1966 年，第 14b–18a 页。

坚即日辞行，其他四名孝廉留随輀柩，行丧制服。周乘之后的仕途蹉跎无为。① 应劭对这件轶事评议如下：

> 谨按，《孝经》："资于事父以事君。""君亲临之，厚莫重焉。"②《春秋》《国语》："民生于三，事之如一。"③《礼》："斩衰，公士大夫众臣为其君。"④ 乘虽见察授，函封未发，未离陪隶，不与宾于王，爵诸临城社，民神之主也，义当服勲，关其祀纪。夫人虽有恳切之教，盖子不以从令为孝，而乘嚣然要勒同侪，去丧即宠，谓能有功异也，明试无效，亦旋告退，安在其显君父德美之有。⑤

如其所论，应劭认为僚佐应为长官服最重的丧服斩衰，因为儒家经典记载众臣为其君服斩衰。应劭顺理成章地认为，太守即为郡吏之"君"（ruler）。东汉周乘式的人物看来鲜有所闻。与之相比，应劭更加频繁地批评时人对其上级持丧服葬的逾制狂热。他相继引用了一些事例，如大将军掾宣度如子女一般，对其师张文明服丧制杖；又如徐孺子跋山涉水参加司徒黄琼的葬礼，而孺子曾经拒绝黄琼之辟举；又如吴匡放弃行政职责，为黄琼发丧制服，吴匡虽为黄琼频频援举，但从未就任。⑥ 应劭关于泰山士大夫举止的描述，可以洞察这种服丧逾制的社会动态。封子衡担任泰山太守数十日，转迁它职。子衡四从子曼慈复为泰山郡守。其时子衡葬母，泰山郡数百名士大夫，是封子衡或曼慈担任郡守时的掾吏，皆为其母服第二等的丧服齐衰。其中，羊嗣祖已经从中央官河南尹卸任在家，封子衡任郡守时嗣祖亦不在泰山，没有持丧制服。而另外一位致仕的中央官侍御史胡毋季皮，向羊嗣祖询问是否应为子衡母服丧。羊嗣祖认为胡毋既然没有担任子衡掾属，因此无须制服。但是，胡毋季皮却认为其他士人皆服丧，不可与众相异，最终其吊服为裁缟冠帻袍单衣，级别稍低。⑦ 这条轶闻明确显示，如果太守自己故去，毫无疑问，所有的故吏都应该持丧制

① 《风俗通义》卷5《十反》。

② 《孝经》卷5《士章》、卷9《圣治章》。

③ 《国语》卷7《晋语一》，其后云，"父生之，师教之，君食之。"

④ 《仪礼》卷11《丧服》。该句稍有释义，或有文字脱误。有趣的是文本记载，"有地者皆曰君"。还可参见 John Steele，*The I–li or Book of Etiquette and Ritual*，London：Arthur Probstan Bookstore，1917，pp. 9–13。

⑤ 《风俗通义》卷5《十反》。

⑥ 《风俗通义》卷3《愆礼》。人们虽然应该为其领君服斩衰（不缝边），但却无需执杖，哀杖用途是扶持哀痛羸弱之躯。注释35引用《仪礼》之言阐明，众臣为其君无需制杖。

⑦ 《风俗通义》卷3《愆礼》。

服，当地的其他士大夫也会想方设法参加其葬礼活动。

为何如此重视托庇者对于庇护者的持丧服葬？“功能主义”（functionalist）可能解释为，葬礼提供了一种融合地方和国家精英的方式。高官显宦葬礼的吊祭者，包括其历任州郡时各地精英的代表人物，也包括其担任中央官时来自海内各地的属吏。这些吊祭者在此集会场合拥有机会了解其他士人的关注焦点及价值理念，从而缩小与他们之间的差距。“象征主义”（symbolic）的解释可能提出异议。持丧制服显然是一个富有象征性的活动，折射出相互联系和担负责任的程度。不唯如此，该时期以孝为本。吊祭服丧为阐释庇护者与托庇者的关系提供了一个场合，即他们之间，如父子或君臣关系一样坚固有力、浑然天成和益于社会。正如为之持丧的子孙愈多，则其作为家长的形象愈成功；服葬的托庇者愈多，则其被社会推崇的程度愈高。数百抑或数千名托庇者的吊祭集会亦可视作一种政治行为，但其本质上却蕴藉深远；托庇者凭借无可指摘的理由聚集起来参加上级的葬礼，彰显他们之间同气相求，以及对庇护者事业（如果有一些的话）的支持。

四、托庇者之身份

石刻碑阴的繁长题名显示，托庇者身份之获得足以吸引纷至沓来的士子。徐幹描述，时人甚至奉货行贿庇护者，以自固结。① 即便不可能所有的托庇者（尤其是门生）都能够跻身官僚机构，获取职位，但是他们可以借此分享庇护者的政治权力。较之于其他时期其他地区，该时期的人们更愿意担任权贵要员之僚属，而非特立独行之辈。尽管如此，有些人还是发现托庇者地位卑微低贱。正如徐幹所悲叹的那样，门生之于富贵之家，“至乎怀丈夫之容，而袭婢妾之态”②。

关于东汉庇护者与托庇者系统，一个引人关注的方面是，这种关系完全忽视官僚身份在中国素来被认为是主要的社会差异。根据定义，所有的故吏至少皆是卑官或者细吏，但是一个特殊人物的故吏范围，高至极品大员，下至猥官杂吏。即便不是绝大多数，也有诸多门生既非官僚，亦无担任官职之契机。然而，王朝史书经常将他们合称为“门生故吏”。石碑题名中的故吏和门生，通

① 徐幹：《中论》卷下《谴交》，载王云五主编《丛书集成初编》，上海：商务印书馆，1939 年，第 24 页。

② 徐幹：《中论》卷下《谴交》，载王云五主编《丛书集成初编》，上海：商务印书馆，1939 年，第 24 页。

常根据官职等级高低确定先后次第，但是至少在一例碑阴题名中，门生被置于故吏之前。①

庇护者尽管没有根据门生故吏的社会出身或政治前途，划定泾渭分明的界线，但是他们能够决定上门参谒、胸怀壮志的年轻人是收纳为门生还是宾客。② 这种决定更可能取决于阶层高低。门生必须接受教育，具备从事经师、文吏或官僚等职业的发展潜力。门生和宾客有时被要求从事相同的服役，但是其界线分明。门生的身份是暂时的，只要庇护者发现其地位或条件发生变化，门生随时可以离开。而宾客就形同佃户或部曲（dependents），人身依附关系较为长久。再者，门生需对其前任举主持丧服葬，没有迹象显示佃户或部曲亦如此。举主身陷政治困境之际，门生亦负有连带责任。初平三年（192），董卓被讨灭，其政敌讨论、敦劝赦免董卓部曲，因为他们不过是奉命行事而已。③ 对于门生而言，似乎总是推断他们心甘情愿地作为政治选择，支持举主并休戚与共。

五、庇护者—托庇者网络与政治权力

如上所述，庇护者与托庇者之间的二重关系有助于他们攫取政治影响。作为常规样式的庇护者与托庇者关系存在于整个中国历史，而在察举和举荐作为选拔官吏的主要方式之时，这种关系则显得弥足重要。但是，庇护者与托庇者的关系提供了更多的方式以获取或行使权力，他们建立了联系大多数上层阶级人物的网络基础。这些网络在 2 世纪举足轻重。通过在专制主义官僚制度之外进行活动，该网络帮助托庇者获得和行使基本的政治权力。高官显贵与不遵守体制内指挥系统的较低一级官僚之间，负有相互的义务。这个有利条件被永元元年（89）以降轮番执政的外戚家族所利用。外戚通过控制其任命的数百名官吏巩固其政治权力。纵使部分外戚权臣竭力辟举名望英贤，但依照故吏之传统，政府对这些被辟举的名士犹存猜忌之心；一旦外戚家族倒台，即刻免黜他

① 《隶释》卷 7《泰山都尉孔宙碑并阴》，载严耕望辑《石刻史料丛书》，台北：艺文印书馆，1966 年，第 4a-7b 页。

② 关于宾客的情况，参见宇都宫清吉『漢代社會經濟史研究』東京：弘文堂書店、1955、446-447 頁。

③ 《后汉书》卷 66《王允传》。

们的官职。①

庇护者与托庇者网络延伸至外戚家族之外，折射出140年梁氏家族权力之稳固。此时此刻，上层阶级的许多成员逐渐认识到政治决策不再依循他们的意志，政府不再为他们谋取利益。上层阶级试图寻求途径以使政府强烈地体会其影响力，遂着手强化隶属自己的庇护者与托庇者关系，并建立超越官僚体制之外的网络系统。② 据说，名宦胡广之故吏，“自公、卿、大夫、博士、议郎以下数百人。”陈蕃即列其中，其后与胡广并为三司，但每逢朝会，辄称疾避之。③ 领袖官员亦经常教授讲学，部分原因或许是为了延揽门生。例如，活动家李膺以公事免官，还居乡里，教授弟子常千人。④ 交结太学诸生亦有裨益，他们动辄举幡抗议，诉言枉状。⑤ 尤为重要者，该种网络在可行的范围内企图操纵官僚机构。150年，梁冀诬陷李固广选私属，以补令史。⑥ 延熹九年（166），陈蕃和窦武共定计策，谋诛阉宦，首要步骤就是辟用天下名士充任要职，如以李膺为长乐少府，杜密为太仆，刘祐为河南尹。⑦

随着抗议运动如火如荼，地方上的庇护者与托庇者之关系变得尤为重要。基于对这种私人关系有效性的信赖，地方官僚敢于公开进攻外戚和阉寺的托庇者，纠罚奸佞之徒。⑧ 纵令谋划失策，身陷囹圄，他们也坚信托庇者将前来援

---

① 关于外戚家族之研究，参见狩野直禎「後漢中期的政治與社會」『東洋史研究』第23卷第3號、1964。

② 这被学人称为“清流”（pures）运动，得到广泛研究。参见杨联陞《东汉的豪族》，《清华学报》1936年第11卷第4期；金发根：《东汉党锢人物的分析》，《中央研究院历史语言研究所集刊》第34本下，1963年；增淵龍夫「關於後漢黨錮事件的史評」、『一橋論叢』第44卷第6號、1960；川勝義雄「漢末的抵抗運動」『東洋史研究』第25卷第4號、1967；多田狷介「後漢後期的政局——外戚・宦官・清流士人」，『東京教育大學文學部紀要』第76號、1970；狩野直禎「李固與清流派勢力」田村博士退官記念事業會編『田村博士頌壽東洋史研究論叢』京都：田村博士退官記念事業會、1968；東晋次「關於東漢末的清流」『東洋史研究』第32卷第1號、1973。英文论著关于清流运动的概览，参见陈启云《荀悦（148—209）：一位中世纪早期儒士的生平与反思》（*A. D.* 148–209：*The Life and Reflections of an Early Medieval Confucian*，Cambridge：University of Cambridge press，1975，pp. 10–39）。

③ 《后汉书》卷44《胡广传》。

④ 《后汉书》卷67《党锢列传》。

⑤ 《后汉书》卷67《党锢列传》。

⑥ 《后汉书》卷63《李固传》。

⑦ 《后汉书》卷67《党锢列传》。

⑧ 《后汉书》卷64《史弼传》；《后汉书》卷67《党锢列传》。

助。李固被外戚权臣梁冀诬陷下狱后，其故吏百计千谋予以全力救济；当李固被诛杀后，部分门生冒险乞收其尸，襚敛归葬。① 如果一个官员逃脱抓捕，像建宁元年（168）如鸟兽散的许多党人一样，其托庇者甚至仍为帝国官僚，却违反诏令，破家相容。② 如果他伏死舍命，其托庇者则护持遗孤。③ 党人运动失败后，宦官免黜数百名担任官职的党人。然而，他们随后发现不得不将诏令范围延及党人的门生故吏，其在位者免官禁锢。④

党人运动的失败丝毫没有终结对庇护者与托庇者关系及其网络的信任。实际上，170—180 年的立碑颂德是这种关系犹存的醒目见证。无论如何，作为一种独立于官僚体制之外的组织形式，庇护者与托庇者网络是免官削爵者的理想圣境。而且，在阉寺擅权被终结和独立的皇权力量崩溃以后，这种网络亦证明是凝聚敌对组织及军队的有效途径。野心勃勃的军阀，诸如郑太、孔融和袁绍等，都尽可能利用其庇护者与托庇者网络的一切资源。⑤ 有趣的推测是，2 世纪庇护者与托庇者网络之发展，会使上层阶级更加团结一致，形成群体自觉的认同意识。⑥ 一方面，这些网络将上层阶级中来自各地的人们联系起来。

六、汉亡以后庇护者与托庇者联系重要性之消融

庇护者与托庇者关系从未消失，但是其相对的重要性随着汉帝国的崩溃而消失殆尽，直到唐末才再度恢复。如上所述，上层阶级人物所发生的政治事件及其政治理想的变动被证明是庇护者与托庇者关系扩张的渊薮。同样地，其关系之削弱亦源自接踵而至的政治事件。190 年的战争，迫使许多人致力于保全家族、宗人和乡里，必然会为并非迫在眉睫的目标减少其可能付出的精力。徐幹之见解映射出变化多端的历史环境，他批评人们托身追随于庇护者，部分原

① 《后汉书》卷 63《李固传》。

② 《后汉书》卷 67《党锢列传》。

③ 《后汉书》卷 69《窦武传》。

④ 《后汉书》卷 67《党锢列传》。

⑤ 《后汉书》卷 70《郑太传》；《后汉书》卷 70《孔融传》；《后汉书》卷 74 上《袁绍传》。

⑥ 关于这个主题，参见余英时《汉晋之际士之新自觉与新思潮》，《新亚学报》1959 年第 4 期。

因是借此可以离其父兄，去其邑里。① 换言之，庇护者与托庇者关系作为一种途径，能够更有效地达成目标；他们是反朝廷力量形成不可或缺的因素，但是在护佑地方安全方面，这种关系尚不如以宗族或地域为基础的纽带更为实用。

然而，是否利用庇护者与托庇者关系并不完全取决于政治。庇护者与托庇者之间的共鸣和认同产生于儒家教育之熏陶。因此，这种关系之发展壮大需要适宜的社会文化环境。整个2世纪都推崇孝道。3世纪的文化价值观却发生微妙而重要的变化：不同层次的社会关系开始转向为同一阶层。这种现象的产生无疑是复杂的，但是转变的因素之一可能正是延康元年（220）九品中正制的采用。从此以后，出身高门者，无需庇护者和托庇者之援助，只要获得中正高品，就可以平流进取，坐致公卿。他们很快发现只要和狭窄封闭、门第相当的人们保持联系即可获益最多。② 自居社会顶端的人们不再像对待领主一样，面对他们的师长或长官，也不再为之持丧服葬，至于依附他人、甘为门生故吏的人们则逐渐被视作私人扈从，与宾客或部曲等量齐观。③ 在这种变幻多端的社会环境下，无论他们意欲何为，上层阶级的成员都不再将庇护者与托庇者的关系视为自我组织的基石。

（范兆飞　译）

（《社会科学战线》2013年第1期）

① 徐幹：《中论》下《谴交》，载王云五主编《丛书集成初编》，上海：商务印书馆，1939年，第23页。

② 尤其参见越智重明「九品官人法的制定與貴族制的出現」『古代學』第15卷第2期、1968；宮崎市定『九品官人法研究——科舉前史』東京：東洋史研究會、1956。

③ 关于这种情况，参见川勝義雄「魏晋南朝的門生故吏」『東方學報』第28號、1958、175-218頁。